PR für Dummies – Schummelseite

Neun Marketing-Probleme, die mit PR gelöst werden können

✔ Ihre Mitbewerber sind größer als Sie und können mehr Geld für Werbung ausgeben. PR kann wegen der geringen Kosten den Abstand verkleinern.

✔ Ihr Produkt ist das beste auf dem Markt – und keiner weiß es. PR kann das in einer glaubhafteren Weise verkünden, als teure Werbung es könnte.

✔ Ihr Produkt ist nicht besser als alle anderen. PR kann helfen, Ihr Produkt hervorstechen zu lassen, und Kunden davon überzeugen, dass Sie der Marktführer sind.

✔ Die Geschäftsführung hat Ihr Marketing-Budget reduziert. PR kann die Sparmaßnahmen ausgleichen, zu einem Bruchteil der Kosten.

✔ Das Management fordert spürbare Resultate. PR-Erfolge können beobachtet und gemessen werden.

✔ Traditionelles Marketing funktioniert nicht mehr. PR überwindet das Misstrauen, das Konsumenten gegenüber der bezahlten Werbung haben.

✔ Ihre Konkurrenten bekommen die ganze gute Presse. PR kann helfen, die Situation umzudrehen.

✔ Sie brauchen Risikokapital oder wollen neue Wertpapiere anbieten. PR besorgt Ihnen das Ansehen, damit beides leichter geht.

✔ Sie sind medienwirksam. Manche Organisationen, Fälle, Produkte oder Personen üben eine natürliche Anziehungskraft auf die Medien aus. Wenn das auf Sie zutrifft, warum nutzen Sie es nicht zu Ihrem Vorteil?

In Kapitel 1 und 2 finden Sie alles über PR-Lösungen.

Drei wichtige PR-Regeln

✔ Sie müssen anders sein. Konventionelle Publicity-Strategien gehen unter. Sie müssen einen kreativen Weg finden, um sich von der Masse abzuheben.

✔ Publicity zu erzielen, macht Spaß. Aber es ist Zeit- und Geldverschwendung, wenn Sie dadurch nicht Ihr Marketing-Ziel erreichen. Wenn eine Geschichte auf der Titelseite des *Wall Street Journals* nicht hilft, mehr Geld zu verdienen oder den Marktanteil Ihres Unternehmens zu erhöhen, ist es wirklich die Mühe wert?

✔ Sie brauchen keine Medien-Kontakte, um gute Publicity zu erhalten. Sie brauchen Joe TV-Star nicht zu kennen, um in seine Show zu kommen; Sie brauchen nur eine Idee, die seinen Produzenten interessiert.

In Kapitel 22 und 23 finden Sie mehr über diese Ideen.

W0197608

PR für Dummies – Schummelseite

Acht Grundsätze für den Umgang mit den Medien

✔ Legen Sie einen persönlichen Kontakte-Ordner an. Hören Sie nicht eher damit auf, bis Sie mindestens 100 Namen von Medien-Vertretern aufgenommen haben, die Sie persönlich kennen und die Ihren Anruf entgegennehmen, wenn Sie eine Geschichte haben, die Sie veröffentlichen wollen.

✔ Haken Sie nach. Rufen Sie jeden an, dem Sie eine Pressemitteilung geschickt haben – jeden einzelnen mehrmals, falls erforderlich. Tun Sie das und Sie werden beachtet.

✔ Werden Sie derjenige, »den man fragt«. Zeigen Sie der Presse, dass Sie derjenige sind, den man für ein Experten-Interview in Ihrem speziellen Feld anruft.

✔ Schränken Sie sich nicht ein. Vergrößern Sie Ihre Reichweite. Ein Geschäftsführer liest *Capital*, aber er guckt auch die Abendnachrichten.

✔ Bieten Sie eine Exklusivgeschichte an. Wenn es für Sie wichtig ist, in eine bestimmte Publikation zu kommen, bieten Sie dem Redakteur ein Exklusivrecht an Ihrer Geschichte an (d.h., Sie senden diese Pressemitteilung nicht an andere Medien, so lange diese Publikation sie nicht veröffentlicht hat).

✔ Gehen Sie dahin, wo die Kameras schon sind. Anstatt zu versuchen, die Medien an Ihrem Event zu interessieren, fallen Sie bei einem Event auf, den sie sowieso schon beachten. Domino's Pizza ist landesweit auf den Bildschirmen zu sehen, weil sie kostenlose Pizzen am 15. April in die Postämter bringen, um die Steuerzahler der letzten Minute mit Essen zu versorgen.

✔ Erwarten Sie nicht, dass die Medien sich für Sie oder Ihr Produkt interessieren. Sie interessiert lediglich, ob Ihre Geschichte für ihre Leser oder Zuschauer interessant ist.

✔ Denken Sie daran: Die Medien sind Ihre Kunden. Sie kaufen Storys, und Sie verkaufen. Treffen Sie ihren Bedarf, und sie werden Ihre Story bringen.

Lesen Sie Kapitel 12, um weitere Ideen zu erhalten.

Acht Aufhänger, damit Redakteure Ihre Pressemitteilungen drucken

✔ Bieten Sie eine Gratis-Broschüre oder einen Gratis-Bericht an. Leser mögen Gratis-Gaben und Redakteure bieten sie gern an.

✔ Richten Sie eine Hotline ein, die Leute anrufen können, um Rat oder Informationen zu bekommen.

✔ Erfinden Sie einen speziellen oder zeitlich passenden Event oder Gag. Über einen Hersteller von Saftmaschinen wurde berichtet, als er »Saftvorträge« in größeren Städten hielt.

✔ Kündigen Sie ein neues Produkt oder einen neuen Service an. Manche Magazine haben spezielle Rubriken, die über neue Produkte und Dienstleistungen berichten.

✔ Hängen Sie sich an einen aktuellen Trend, eine neue Laune oder Nachrichten und reiten Sie huckepack auf diesen Meldungen.

✔ Rufen Sie zu Aktionen auf. Bitten Sie zum Beispiel Leute, sich an einem Boykott zu beteiligen.

✔ Verknüpfen Sie Ihre Publicity mit Ihrer überall sichtbaren Werbung, wenn diese eine Menge Aufmerksamkeit erregt hat.

In Kapitel 15 finden Sie die Einzelheiten, wie Sie diese Aufhänger benutzen können.

PR
für Dummies

Eric Yaverbaum &
Bob Bly

PR
für Dummies

Übersetzung aus dem Amerikanischen
von Annelies Rokitte

Bearbeitung für den deutschen Markt:
Doppelkopf Kommunikationsstrategien

mitp

Die Deutsche Bibliothek –
CIP-Einheitsaufnahme

Ein Titeldatensatz für diese Publikation ist
bei Der Deutschen Bibliothek erhältlich

ISBN 3-8266-2966-3
1. Auflage 2002

Alle Rechte, auch die der Übersetzung, vorbehalten. Kein Teil des Werkes darf in irgendeiner Form
(Druck, Fotokopie, Mikrofilm oder einem anderen Verfahren) ohne schriftliche Genehmigung des
Verlages reproduziert oder unter Verwendung elektronischer Systeme verarbeitet, vervielfältigt
oder verbreitet werden. Der Verlag übernimmt keine Gewähr für die Funktion einzelner Programme
oder von Teilen derselben. Insbesondere übernimmt er keinerlei Haftung für eventuelle aus dem
Gebrauch resultierende Folgeschäden.

Die Wiedergabe von Gebrauchsnamen, Handelsnamen, Warenbezeichnungen usw. in diesem Werk
berechtigt auch ohne besondere Kennzeichnung nicht zu der Annahme, dass solche Namen im Sinne
der Warenzeichen- und Markenschutz-Gesetzgebung als frei zu betrachten wären und daher von
jedermann benutzt werden dürften.

Übersetzung der amerikanischen Originalausgabe:
Eric Yaverbaum und Bob Bly: PR For Dummies

© Copyright 2002 by mitp-Verlag/ Bonn,
ein Geschäftsbereich der verlag moderne industrie Buch AG & Co.KG/ Landsberg
Original English language edition text and art copyright © 2001 by IDG Books Worldwide, Inc.
All rights reserved including the right of reproduction in whole part or in part in any form.
This edition published by arrangement with the original publisher, IDG Books Worldwide, Inc.,
Foster City, California, USA.

Printed in Germany

Lektorat: Katja Schrey
Korrektorat: Petra Heubach-Erdmann
Fachkorrektorat: Doppelkopf Kommunikationsstrategien, Marie Therese Junkers und Marita Odia
Satz und Layout: Lieselotte und Conrad Neumann, München
Umschlaggestaltung: Sylvia Eifinger, Bornheim
Druck: Media-Print, Paderborn

Cartoons im Überblick

Seite 25

Seite 77

Seite 285

Seite 179

Seite 111

Seite 251

Inhaltsverzeichnis

Kapitel 3
Der PR-Prozess unter der Lupe 55

Kapitel 4
Professionelle PR-Hilfe suchen 67

Teil II
Brainstorming und kreative Ideen   77

Kapitel 25
Zehn Schritte zu einer besseren (PR-)Schreibe   317

Stichwortverzeichnis   327

Einführung

Wer immer Sie sind, wo immer Sie sind, Public Relations verändern Ihr Leben – ob Sie es glauben oder nicht.

Ob Sie ein kleiner Geschäftsmann oder leitender Angestellter sind oder gern ein Großunternehmer wären, PR hilft Ihnen, den Abstand zwischen sich und den größeren, reicheren Wettbewerbern zu verkürzen. Vielleicht können Sie sich ja einen 60-Sekunden-Werbespot während der Übertragung der Fußballweltmeisterschaft nicht leisten, aber wenn Sie in Ihrem Fitness-Center während der Fußballweltmeisterschaft freien Eintritt gewähren, können Sie mit Ihrem PR-Event Schlagzeilen machen.

Wenn Sie in einer größeren Firma arbeiten, haben Sie gesehen, wie das Werbebudget sinkt und die Werbekosten explodieren. Mit einem effektiven Public-Relations-Programm können Sie mit Ihrem Zielmarkt *öfter*, nicht weniger, kommunizieren, ohne die Werbe-Ausgaben zu erhöhen.

Und wenn Sie Verbraucher sind, spielen die Public Relations eine Rolle in Ihrem Leben und beeinflussen Ihre Meinung, ohne dass Sie sich dessen auch nur im Geringsten bewusst sind. Wussten Sie, dass mehr als die Hälfte von dem, was Sie in den Medien lesen, sehen oder hören, von einem Public-Relations-Manager oder einer PR-Agentur platziert worden ist? PR hat einen enormen Einfluss auf die Informationen, die Sie täglich bekommen.

Über dieses Buch

Sie können sich *PR für Dummies* als Ihre »PR-Agentur in einer Schachtel« vorstellen. Alles, was Sie brauchen – Ideen, Checklisten, Formulare, Dokumente und Informationsquellen –, befindet sich direkt in Ihrer Hand, zusammengestellt in einem klaren, leicht zu nutzenden Paket. Wenn Sie das Buch und das Internet benutzen, können Sie Ihr Produkt oder Ihren Service vorstellen, wann immer und wo immer Sie es wünschen – in Zeitungen, Illustrierten und Wirtschaftsjournalen, im Fernsehen, Radio und Internet –, damit die Leute merken, was Sie anbieten, und zu Ihnen kommen, um es zu kaufen. Das Ergebnis? Einen größeren Bekanntheitsgrad, Wiedererkennungswert, mehr Aufmerksamkeit, Nachfragen, Aufträge, Verkäufe – Geld!

Können Sie Ihre eigene PR machen? Ja. Tausende von kleinen und mittleren Unternehmen machen jeden Tag erfolgreiche PR-Kampagnen, für ein paar Cent verglichen mit den Euros, die sie für vergleichbare Werbung ausgegeben hätten. Auch große Unternehmen machen immer mehr PR im eigenen Haus. Dieses Buch wurde geschrieben, um Ihnen zu helfen, mit Ihren eigenen Mitteln erfolgreich zu sein. Sie brauchen weder mich, meine PR-Agentur noch irgendeine andere PR-Agentur, wenn Sie bereit sind, den einfachen Richtlinien zu folgen, die in *PR für Dummies* aufgeführt sind.

Wer dieses Buch braucht

Ob Sie eine Pressemitteilung herausgeben möchten, in der Sie Ihre große Geschäftseröffnung ankündigen oder eine langfristige PR-Kampagne planen, *PR für Dummies* kann Ihnen zeigen, wie Sie den meisten Erfolg mit Ihren Bemühungen erzielen. Wenn Sie Ihre eigenen Public Relations machen wollen, finden Sie genügend Beispiele, Muster und Techniken, um Ihren Produktnamen für die kommenden Jahre im Gedächtnis der Kunden zu halten. Wenn Sie es vorziehen, jemand anderes Ihre PR machen zu lassen, kann dieses Buch Ihnen helfen, den richtigen PR-Berater oder die richtige PR-Agentur zu finden und dann die Arbeit, die man für Sie erledigt, kompetent beurteilen zu können.

Die Taktiken, die in *PR für Dummies* vorgestellt werden, haben sich für die durchschnittlichen Geschäftseigentümer und leitenden Angestellten im ganzen Land bewährt. Sie brauchen kein großes Budget oder spezielle Beziehungen zu den Medien. Sie brauchen keine Vorbildung oder bestimmte Erfahrungen. Alles, was Sie brauchen, ist ein Telefon, einen Schreibtisch, ein Textverarbeitungsprogramm und Ihren gesunden Menschenverstand. Im Internet finden Sie dann noch weitere Beispiele.

Auf der anderen Seite mag der ein oder andere von Ihnen hervorragende Kenntnisse in PR haben oder sogar ein Profi auf diesem Gebiet sein. Wenn Sie zu dieser Kategorie zählen, verzweifeln Sie nicht! Auch wenn ich *PR für Dummies* für den Einsteiger verfasst habe, habe ich es doch voll gepackt mit Ideen, Techniken und Kampagnen, für die meine eigenen Kunden Zehntausende von Euros bezahlt haben, und ich zeige Ihnen, wie Sie diese Ideen für Ihre eigenen Kunden, Produkte oder Dienstleistungen übernehmen können. Um meine Firma anzuheuern, werden Sie mindestens 10.000 Euro für einen einzigen Monat investieren müssen. Aber mit *PR für Dummies* bekommen Sie mich als Ihren persönlichen PR-Berater und Mentor für den Preis eines Taschenbuches. Was könnte fairer sein als das?

Wie Sie dieses Buch benutzen

Sie können *PR für Dummies* von vorn bis hinten lesen oder Sie fangen mit den Kapiteln an, die Sie am meisten interessieren. Das liegt ganz bei Ihnen.

Wenn Sie schnelle Resultate sehen wollen, gehen Sie zu Kapitel 9. Folgen Sie den dort vorgestellten Strategien für die Pressemitteilungen und schreiben Sie eine Mitteilung für Ihr eigenes Produkt, indem Sie den Mustern in diesem Kapitel folgen. Dann verteilen Sie diese Pressemitteilung an die Medien, indem Sie die Richtlinien aus Kapitel 11 beachten. Die Pressemitteilung ist eine der schnellsten und einfachsten Techniken, die in diesem Buch beschrieben werden, und Sie werden kurzfristig den Erfolg feststellen können. Das mag ich, weil Sie greifbaren Erfolg erzielen werden – Zeitungsausschnitte.

Ich habe die Hoffnung, dass Ihr neu gewonnener Enthusiasmus für PR Sie dazu bringen wird, mehr und mehr der Ideen und Strategien auszuprobieren, die in *PR für Dummies* vorgestellt werden. Wenn Sie es tun, werden Sie Ihre Ergebnisse vervielfachen, Ihre Firma berühmt machen und mehr Aufträge erhalten, als Sie verwalten können. Was für wunderbare Probleme!

Wie dieses Buch aufgebaut ist

Die *Für Dummies*-Serie ist für Leute gedacht, die absolute Anfänger sind, und diesem Ansatz folge ich auch in *PR für Dummies*. Teil I behandelt die Grundlagen. Teil II stellt vor, wie erfolgreiche PR-Kampagnen durchzuführen sind. In Teil III finden Sie die PR-Materialien und erfahren, wie Sie sie herstellen. In Teil IV erfahren Sie, wie Sie mit den Medien umgehen sollten, damit Ihr Material veröffentlicht wird. Teil V stellt Ihnen die Instrumente vor, die Sie brauchen, damit die Medien Sie entdecken und über Sie berichten. Und Teil VI ist eine Sammlung von hilfreichen Tipps.

Nun folgt eine kurze Zusammenfassung jedes Abschnitts.

Teil I: Was ist eigentlich PR?

Jeder hat schon von PR gehört, aber überraschend wenige Leute haben eine genaue Vorstellung davon, was es wirklich ist und was es beinhaltet. Teil I gibt einen Überblick über das weite Feld der Public Relations. Kapitel 1 erklärt, was Public Relations ist und wie es mit einer umfassenden Marketingstrategie zusammenpasst. Kapitel 2 untersucht den Nutzen und die Anwendung von PR, indem Fragen wie »Wer braucht PR?« und »Wie nutzt es meiner Firma und mir?« beantwortet werden. Das Kapitel bringt auch Licht in PR-Mythen und -Märchen. Kapitel 3 deckt den Planungsprozess einer PR-Kampagne vom anfänglichen Konzept bis zur Umsetzung ab. Kapitel 4 kümmert sich darum, ob Sie immer Ihre PR selbst machen sollten oder doch gelegentlich professionelle Hilfe in Anspruch nehmen sollten. Es stellt außerdem die verfügbaren Möglichkeiten vor (PR-Firmen, Agenturen, Grafikdesign-Studios und Freelancer), einschließlich wo Sie sie finden, wie Sie sie beurteilen und beauftragen können.

Teil II: Brainstorming und kreative Ideen

PR besteht im Großen und Ganzen aus kreativen Ideen, und dieser Teil zeigt Ihnen, wie Sie bezüglich Ihrer PR kreativer denken und bahnbrechende Ideen entwickeln können, durch die Ihr Produkt oder Ihre Dienstleistung sich von anderen abhebt und das Interesse der Medien wecken könnte. In Kapitel 5 zeige ich Ihnen, wie Sie Ihre eigene PR-Abteilung einrichten, so dass Sie genau das tun können, was auch die großen PR-Agenturen tun, ohne aber die großen PR-Agentur-Rechnungen bezahlen zu müssen. Kapitel 6 zeigt Ihnen einen Weg, um PR-Ideen zu entwickeln. Kapitel 7 ist mein Arsenal von PR-Instrumenten – Taktiken, die wir mit außerordentlichem Erfolg angewandt haben, um die Klienten meiner Firma an die Öffentlichkeit zu bringen.

Teil III: Den PR-Grundstein legen

Herumsitzen und Ideen für eine PR-Kampagne aushecken, macht Spaß, aber es steckt eine Menge harter Arbeit dahinter, wenn die Pläne in eine funktionierende Kampagne umgesetzt werden sollen, die Ihren Namen in die Zeitungen und Ihre Firma in die Abendnachrichten bringt und das alles in einem positiven Licht. Kapitel 8 deckt die Details ab, um dieses Arbeitspferd des PR-Programms in Betrieb zu setzen: den Firmen-Newsletter. In Kapitel 9 werden Sie sehen, wie Pressemitteilungen herausgegeben werden. Kapitel 10 untersucht, wie Artikel geschrieben und platziert werden. Und Kapitel 11 zeigt Ihnen, wie Sie selbst Ihre Botschaft mit Selbstvertrauen und Überzeugungskraft bei Interviews, Pressekonferenzen, öffentlichen Auftritten und anderen Gelegenheiten übermitteln können.

Teil IV: Ihre Strategie in die Tat umsetzen

Die Ideen, die Sie haben, und das PR-Material, das Sie produzieren, wird nicht ein Fitzelchen mehr Aufmerksamkeit oder Erfolg bringen, wenn Sie die Medien nicht dazu bringen, es auch zu veröffentlichen. Teil IV zeigt Ihnen, wie Sie Ihre Ideen an die Medien bringen, so dass Sie die Publicity bekommen, die Sie sich wünschen. Kapitel 12 ist ein Crash-Kurs, wie man am effektivsten mit den Medien-Typen umgeht. Kapitel 13 bis 16 fokussiert jeweils auf bestimmten Medien-Typen: Radio, Fernsehen, Presse und Internet.

Teil V: Aufmerksamkeit erhaschen

Wenn die Dinge in Ihrem Geschäft nicht aufregend genug sind, um das Interesse der Medien auf sich zu ziehen, müssen Sie die Dinge ein bisschen aufbauschen – eben Aufmerksamkeit erhaschen. Kapitel 17 zeigt, wie Events gestaltet werden, die Ihnen und Ihrer Organisation tonnenweise kostenlose Publicity bescheren. Kapitel 18 zeigt Ihnen, wie Sie von Events und Aktivitäten anderer profitieren können. Kapitel 19 deckt ab, wie Sie mit Events umgehen sollen, wenn die Dinge nicht so laufen, wie Sie wollen, und eine Krise bevorsteht, ob nun in Ihrer Fabrik giftige Stoffe freigesetzt wurden oder Ihr Produkt fehlerhaft ist. Kapitel 20 schlägt Wege vor, um die PR-Ergebnisse aufzuzeichnen und zu messen, so dass Sie den Erfolg Ihrer PR-Investitionen bestimmen können.

Teil VI: Der Top-Ten-Teil

Hier finden Sie eine große Menge an sehr nützlichen kleinen Dingen, immer in Gruppen zu je zehn angeordnet: die zehn besten PR-Coups aller Zeiten (Kapitel 21), zehn Gründe für eine PR-Kampagne (Kapitel 22), zehn Tipps, wie Sie als PR-Profi rüberkommen (Kapitel 23), die zehn Dinge, die Sie im Kampf um mehr Publicity nie tun dürfen, weil sie illegal, unethisch, unmoralisch oder auf lange Sicht unproduktiv sind (Kapitel 24) und zehn Schritte zu einer besseren PR-Schreibe.

Symbole, die in diesem Buch benutzt werden

 Dieses Symbol macht auf die besten Praktiken aufmerksam – Sachen, die Sie als PR-Mensch immer tun sollten.

 Diese kleine Bombe warnt Sie vor möglichen Fehlern, die Sie besser vermeiden sollten.

 Der Knoten am Finger weist Sie auf wichtige Themen hin, die Sie nicht vergessen sollten.

 Dieses Symbol ist ein Signal für spezielle Tipps und Tricks.

 Das Ausrufezeichen bietet Ihnen Sachen aus einer Trickkiste, die Sie wohl kaum in den normalen PR-Texten finden werden.

 Dieses Symbol macht Sie auf eine wertvolle Ressource aufmerksam, die Sie im Internet unter `www.mitp.de/dummies/2966/2966.htm` finden.

Wie es weitergeht

Einige von Ihnen werden *PR für Dummies* benutzen, um ein oder zwei PR-Programme zu gestalten, die sie umsetzen wollten, diese durchführen und großartige Ergebnisse erzielen – und das war es dann. Das ist in Ordnung und das ist auch das Schöne an PR. Mit den geringen Kosten und der Leichtigkeit, mit der Sie Ihre eigene PR ohne professionelle Hilfe durchführen können, kann sogar eine einzige PR-Anstrengung gewaltige Erfolge bringen und mehr als das Hundertfache von dem einbringen, was dieses Buch gekostet hat.

Aber ich hoffe, dass Sie tatkräftig und regelmäßig die vielen PR-Gelegenheiten wahrnehmen, die sich Ihrer Organisation bieten. Warum sollten Sie den Medien jedes Mal, wenn Sie etwas veröffentlichen wollen, ein Vermögen für eine Werbekampagne zahlen, wenn Sie sie im Grunde genommen dazu bringen können, die ganze Werbung kostenlos für Sie zu machen?

Kurz und knapp: PR kann die Botschaft Ihrer Firma veröffentlichen und die Marketingziele mit einem Bruchteil der Kosten von bezahlter Werbung erreichen. Jede Firma oder Organisation, die etwas verkauft oder vermarktet, aber keinen Vorteil aus dieser unglaublichen Menge an kostenloser Publicity zieht, wirft Marketing-Euros aus dem Fenster. Aber es ist nie zu spät anzufangen. So tauchen Sie ein in *PR für Dummies*, setzen Sie Ihre Ideen in die Tat um, machen Sie Ihre Organisation oder Ihr Produkt berühmt und werden Sie reich. Wenn Sie dabei ein Millionär oder eine Berühmtheit werden, umso besser für Sie!

Teil I

Was ist eigentlich PR?

The 5th Wave   By Rich Tennant

Auf ein Fowler-Schlagloch
können Sie sich immer
verlassen

Achten Sie ent-
lang der B9 auf
weitere Schlag-
löcher von mir

Ein weiteres
wundervolles
Schlagloch,
gegraben von

Bill Fowler

In diesem Teil ...

Fast jeder kennt und benutzt den Begriff »Public Relations«, aber überraschend wenig Menschen haben tatsächlich eine klare Vorstellung davon, was er eigentlich bedeutet. Teil I gibt einen groben Überblick über »Public Relations« und alles was dazugehört. Kapitel 1 definiert, was PR ist und wie dieser Bereich in eine übergreifende Marketingkampagne hineinpasst. Kapitel 2 untersucht den Einsatz von PR-Aktivitäten und beantwortet die Fragen »Wer braucht PR?« und »Wie kann PR mir und meiner Firma nützen?« Kapitel 3 zeigt, wie Sie einen PR-Plan aufstellen, der alles umfasst – von einer einzelnen Pressemitteilung bis zu einer großen, bundesweiten Kampagne. Kapitel 4 fragt: »Sollten Sie Ihre PR stets selbst in die Hand nehmen oder macht es manchmal Sinn, externe Hilfe in Anspruch zu nehmen?« Auch die Alternativen dazwischen werden behandelt: PR-Abteilung, Freelancer, Berater, Agenturen und wie Sie diese finden, richtig auswählen und einsetzen.

Die Macht der PR

In diesem Kapitel

▶ Was ist Public Relations?

▶ Was macht ein PR-Berater?

▶ Der Unterschied zwischen PR und Werbung

A ls ich ein junger Mann von 24 Jahren und, was die PR angeht, beinahe ein blutiger Anfänger war, gelang es mir mit einem Artikel über meinen Partner und mich inklusive farbigem Foto von uns auf die erste Seite der *USA Today* zu kommen. Dieser Bericht brachte meine neu gegründete PR-Agentur sozusagen aufs Spielfeld der Branche und half dabei, meine Karriere im PR-Geschäft vorwärts zu bringen.

Zu der Zeit hatte noch niemand von meiner Agentur oder mir gehört, und ich verfügte über keine Pressekontakte zu *USA Today* oder irgendeiner anderen wichtigen Publikation. Dieses Fehlen von Kontakten hätte bei der Akquise neuer Kunden leicht zum Stolperstein für unsere junge Firma werden können. Wir machten gute Arbeit, aber größere Auftraggeber aus der Wirtschaft würden natürlich fragen: »Wer sind Ihre wichtigsten Pressekontakte?« Meiner Meinung nach eine naive Frage, aber sie würde kommen. Wenn ich zugab, dass ich den Chefredakteur der *New York Times* nicht persönlich kannte und nicht zu Oprah's Partys eingeladen wurde, konnten potenzielle Kunden leicht das Interesse verlieren und den Auftrag an eine andere Agentur vergeben. Dieses Problem wollte ich so schnell wie möglich lösen.

Also, wie gelangte dann mein Foto auf die erste Seite von *USA Today*? Damals war gerade ein Streik der Baseball-Liga das Thema des Tages. Mein Partner und ich verschickten eine Pressemitteilung, in der wir die Medien davon unterrichteten, dass wir eine neue Organisation mit dem Namen »Strike Back« gegründet hatten, um gegen den Baseball-Streik zu protestieren. Die Idee war ganz einfach: Für jeden Streiktag der Baseballspieler würden wir als Zuschauer jeweils ein Spiel boykottieren, wenn sie die Arbeit wieder aufnahmen.

Tat ich dies aus Liebe zum Baseball? Ja – zum Teil. Aber ich übersah auch nicht, dass, wenn wir so landesweit die Aufmerksamkeit der Medien auf uns zogen, dies (1) unsere Arbeitsweise demonstrierte, (2) unsere Fähigkeit vorführte, in die Presse zu kommen, und (3) neue Aufträge bedeuten würde. Der Bericht in *USA Today* war die erste große Story für meine Agentur, und sie brachte potenzielle Kunden dazu, den neuen Mitspielern im PR-Geschäft Aufmerksamkeit zu schenken.

Diese Anekdote veranschaulicht drei grundlegende Prinzipien der PR, die den Kern unserer Agenturphilosophie sowie der PR-Techniken dieses Buches bilden:

✔ **Sie müssen sich abheben.** Die Presse und die Öffentlichkeit ertrinken in einer Informationsflut, hungern jedoch nach Unterhaltung. Konventionelle Öffentlichkeitsarbeit geht oft in der Flut unter. Sie müssen sich durch Kreativität von der Menge abheben und auf sich aufmerksam machen. Die *Strike Back*-Kampagne ist nur eines von vielen Beispielen, die ich Ihnen in diesem Buch zeigen werde.

✔ **Die Aufmerksamkeit der Presse auf sich zu ziehen macht Spaß, ist aber reine Zeit- und Geldverschwendung, wenn es nicht dem Erreichen Ihres Marketingzieles dient.** Wenn Sie durch einen Leitartikel in der *Wirtschaftswoche* nicht mehr Geld verdienen oder den Marktanteil Ihrer Firma vergrößern, ist dies dann wirklich der Mühe wert? Im Falle der *Strike Back*-Kampagne erreichten wir das spezifische Ziel, dass Geschäftskunden unsere PR-Agentur ernst nahmen und uns einen Auftrag erteilten, obwohl wir weniger Kunden, weniger Erfahrung und weniger Medienkontakte als die großen PR-Firmen hatten.

✔ **Sie benötigen keine Pressekontakte, um große Veröffentlichungen zu bekommen.** (*Strike Back* half uns sicherlich dabei, dieses Prinzip unseren potenziellen Kunden zu demonstrieren.) Eine kreative Idee, ein eindeutiges Marketingziel und eine effektive Umsetzung sind die Dinge, auf die es ankommt. Sie brauchen Lieschen Starmoderatorin nicht persönlich zu kennen, um in ihre Fernsehsendung zu kommen; Sie benötigen lediglich eine Idee, die den Produzenten interessiert. Wen interessiert es schon, dass Sie ein kleines Unternehmen sind und keine Zeit dafür haben, die Presseleute ständig zu umgarnen? In *PR für Dummies* finden Sie heraus, wie Sie die Publicity bekommen, die Sie brauchen, um Ihre Marketingziele zu erreichen – ohne dass Sie PR zu Ihrer Ganztagsbeschäftigung machen.

Was PR ist: Publicity und mehr

Public Relations ist mehr, als Storys an den Mann zu bringen oder Pressemitteilungen zu versenden. PR umfasst eine ganze Anzahl verwandter Aktivitäten, die alle dem Ziel dienen, spezifische Botschaften an spezifische Zielgruppen zu kommunizieren. Wenn Sie die PR-Beauftragte in der Firma XYZ sind, sind Sie verantwortlich für die Kommunikation zwischen Ihrer Firma und allen für Sie wichtigen Teilen der Öffentlichkeit.

Unter Public Relations versteht man üblicherweise folgende Bereiche:

✔ **Marktforschung:** Sie müssen nicht nur Ihre Firma genau kennen, sondern auch ein gutes Verständnis Ihrer Kunden und potenziellen Kunden haben. Was bieten Sie an, was einzigartig oder besonders ist? Wonach suchen die Kunden? Und wie gut erfüllt Ihr Produkt diese Bedürfnisse? Marktforschung und eine interne Firmenprüfung sind die Ausgangspunkte einer erfolgreichen PR-Arbeit. Weiteres zu diesem Bereich in Kapitel 3.

✔ **Strategische Planung:** Definieren Sie Ihre Zielgruppen, die Marketingziele für jede Gruppe und die Botschaft, die Sie an die jeweilige Gruppe kommunizieren müssen, um Ihr jeweiliges Ziel zu erreichen. Kapitel 3 skizziert diesen Planungsprozess.

✔ **Publicity:** Für die meisten kleinen Unternehmen steht Publicity im Zentrum der PR-Aktivitäten – die Produkte, die Firma und deren Besitzer in Print-, Radio- und Fernsehmedien vorzustellen. Ich definiere Publicity als pro-aktive Platzierung von Information in den Medien, um die Marke oder den Ruf zu stärken oder zu schützen. Vereinfacht gesagt heißt das, Abdrucke und Sendezeiten zu erhalten (siehe Kapitel 13 bis 16).

✔ **Beziehungen zu den Bürgern:** Kürzlich sah ich in den Fernsehnachrichten einen Bericht über Bürger, die gegen eine große Ladenkette protestierten, die in ihrer Stadt ein Geschäftsgebäude errichten wollte, weil dazu ein beliebtes Wäldchen mit einem See zerstört werden würde. Diese Ladenkette hat ein Beziehungsproblem mit der Bevölkerung in dieser Stadt. Und die Aufgabe eines PR-Beraters ist es nun, eine Lösung zu finden, die es ermöglicht, das Gebäude zu erbauen und gleichzeitig das Wohlwollen der Bürger gegenüber der Ladenkette zu sichern.

✔ **Beziehungen zur Regierung:** Häufig ist auch die Pflege der Beziehungen zur örtlichen Regierung Teil der PR-Arbeit. PR-Leute müssen oftmals das Verhältnis einer Firma zu den Regierungen in Stadt, Landkreis, Bundesland oder dem gesamten Staat verbessern helfen, und manchmal sogar zu ausländischen Regierungen.

✔ **Interne Beziehungen:** Die Arbeitnehmer sind das interne Publikum. Bei einer niedrigen Arbeitslosenrate sind gute Mitarbeiter schwer zu finden. Und ein gutes PR-Programm kann dabei helfen, Mitarbeiter zu halten und deren Loyalität zu erhöhen.

✔ **Beziehung zu Investoren:** Infolge der unglaublichen Schwankungen im Aktienmarkt haben wir alle gesehen, wie Gefühle und die Wahrnehmung der Öffentlichkeit die Macht haben, Aktienkurse in die Höhe oder in den Keller schießen zu lassen. Hier ist der Teil der PR gefragt, der den Blickwinkel des Unternehmens an Analysten und andere Finanzexperten vermittelt.

✔ **Beziehung zu Stakeholdern: Ein Stakeholder ist jede Person oder Organisation, die an der Leistung Ihrer Firma interessiert ist. Ein wichtiger Verkäufer ist ein Stakeholder:** Gerüchte, dass Sie finanziell auf unsicherem Boden stehen, mögen ihn dazu bringen, Ihren Kreditrahmen einzuschränken. Andere wichtige Stakeholder können sein: Berater, Vorstandsmitglieder, Ihre Bank, Zulieferer, Vertreter, Zwischenhändler und Branchen-Gurus.

✔ **Wohltätige Zwecke:** Wenn ein Unternehmen für wohltätige Zwecke spendet, will es helfen, aber es will aus seinen Beiträgen auch einen Nutzen ziehen. PR-Spezialisten können Ihnen dabei helfen, dass Sie aus der gespendeten Zeit, Mühe und Geldmittel maximale Publicity und öffentliches Wohlwollen erzielen.

✔ **Kommunikationstraining:** In Großunternehmen mögen PR-Spezialisten eine Menge Zeit damit zubringen, Mitarbeiter der Führungsebene in der Kommunikation mit der Presse und anderen Zielgruppen zu unterrichten. Dabei mag es sowohl um die tagtägliche PR-Arbeit gehen, als auch um potenzielle Krisensituationen.

Was PR nicht ist

Public Relations sind ein Wirtschaftsinstrument, das oftmals mit Marketing und Werbung vermischt wird, zwei verwandten, aber unterschiedlichen Aktivitäten. Ich möchte diesen Wirrwarr für Sie ordnen.

Marketing: Produkt – Preis – Vertrieb – Werbung

Marketing wird gewöhnlich über die vier Bereiche Produkt, Preis, Vertrieb und Promotion definiert.

✔ **Produkt** bezeichnet das physische Produkt und seine Verpackung. Bei vielen Produkten – Tee zum Beispiel – ist die Verpackung ein wichtiges Unterscheidungskriterium: Beuteltee ist eine andere Produktkategorie als Eistee im Tetra-Pack. Service kann auch ein wichtiger Bestandteil des Produktes sein. Die amerikanische Firma L.L. Bean, beispielsweise, hat sich dadurch einen Namen gemacht, dass sie auf alles, was sie verkauft, eine lebenslange Garantie gibt.

✔ **Preis** ist das, was Sie für das Produkt verlangen.

✔ **Vertrieb** bezeichnet die Distributionswege, über die das Produkt verkauft wird. Verkaufen Sie in einem Laden oder im Internet? Kaufen die Kunden das Produkt direkt von Ihnen oder über einen Zwischenhändler?

✔ **Promotion** besteht aus Werbung, Verkaufsaktionen, direktem Vertrieb und natürlich Public Relations.

Für Werbung zahlen Sie – PR ist (beinahe) kostenlos

Es gibt einige Unterschiede zwischen PR und Werbung, aber der grundlegendste ist: Werbung wird bezahlt – PR nicht. Wenn Sie für Ihre Firma eine Anzeige schalten, zahlen Sie für den Platz, den diese einnimmt. Wenn Ihre Pressemitteilung eine Zeitung dazu bewegt, einen Artikel über Ihr Unternehmen zu veröffentlichen, bezahlen Sie dafür nichts.

Natürlich ist PR nicht völlig kostenlos. Ihre interne PR-Abteilung oder Ihre beauftragte PR-Agentur muss für ihre Dienste bezahlt werden. Aber im Vergleich zu den Megageldern, die für Werbekampagnen fließen, ist PR ein richtiges Schnäppchen. Viele kleine und mittelgroße Unternehmen, die sich nur in begrenztem Rahmen Werbung leisten können (mit begrenzten Resultaten) können mit einem Bruchteil des Werbe-Etats weit mehr PR machen – und bessere Ergebnisse erzielen.

Der unterschiedliche Kostenfaktor ist also fundamental. Ein anderer Unterschied zwischen PR und Werbung wird oft weniger berücksichtigt, ist aber meiner Meinung nach genauso wichtig: Werbung wird in den Medien klar als solche gekennzeichnet – Leser und Zuschauer wissen, dass dies eine bezahlte Werbebotschaft ist. Publicity wird hingegen nicht als bezahlte

Werbung identifiziert. Selbst wenn ein Bericht über ein Produkt oder eine Organisation vielleicht aus einer Öffentlichkeitskampagne entstanden ist, klärt der Artikel über diesen Umstand nicht auf. (Zum Beispiel werden Sie fast nie einen Zeitungsartikel lesen, in dem steht »Nach Angaben einer Pressemitteilung, die von der PR-Abteilung der Firma So-und-so verschickt wurde, ...«.)

Vier weitere wichtige Unterschiede zwischen PR und Werbung sind:

✔ Kontrolle

✔ Wiederholung

✔ Glaubwürdigkeit

✔ Attraktivität

Manchmal bedeuten diese Unterschiede einen Vorteil für PR, manchmal nicht.

Kontrolle

Wenn Sie eine Anzeige schalten, haben Sie beinahe völlige Kontrolle über Inhalt, Format, Erscheinungsdatum und Größe der Veröffentlichung. Sie legen fest, wie groß Ihre Anzeige sein soll und wann sie geschaltet wird. Sie schreiben den Text und entwerfen das Layout, und Ihr Material wird genau so gedruckt. Was PR angeht, haben Sie dagegen fast keinerlei Kontrolle über Inhalt, Format, Erscheinungsdatum und Größe der Veröffentlichung. Sie können in Ihrer Pressemeldung schreiben, was Sie wollen, aber Sie können der Zeitung weder diktieren, wie der Inhalt gedruckt oder benutzt wird, noch können Sie jegliche Veränderungen kontrollieren oder korrigieren. Sie füttern die Presse mit schriftlichem Material, dass diese benutzt (oder nicht benutzt), wie auch immer sie es für richtig hält. Ihre Pressemitteilung könnte in einem Magazin wortwörtlich abgedruckt werden, könnte aber von einem anderen völlig umgeschrieben werden. Eine Fachpublikation wird aus Ihrem Material vielleicht einen Leitartikel schreiben, eine andere wird eventuell überhaupt nichts veröffentlichen.

Wiederholung

Anzeigen sind wiederholbar – PR nicht. Dieselbe Anzeige kann so oft in einer Publikation abgedruckt werden, wie Sie es wünschen; dieselbe Fernsehwerbung kann Abend für Abend laufen. Was PR angeht, so wird ein Medium eine bestimmte Pressemeldung nur ein einziges Mal abdrucken oder nur ein einziges Mal über einen Publicity Event berichten. Um erneut veröffentlicht zu werden, müssen Sie eine neue Story haben, oder zumindest für das alte Thema einen neuen Blickwinkel oder neuen Dreh liefern.

Glaubwürdigkeit

Konsumenten sind gegenüber Anzeigen sehr skeptisch. Sie glauben im Allgemeinen den Behauptungen nicht, die in der Werbung gemacht werden – zumindest sagen sie das. Viele Leute glauben, dass, wenn Ihre Dienstleistung oder Ihr Produkt so gut ist, wie Sie sagen, dann bräuchten Sie keine Werbung zu machen. Auf der anderen Seite tendieren die Leute dazu, das, was sie im Radio hören, im Fernsehen sehen oder in der Zeitung lesen, für bare Münze zu nehmen. Sie glauben, dass es wahr sein muss, wenn die Zeitungen es drucken. Weil Publicity Promotion im Deckmantel eines Editorials, Artikels oder einer Nachricht ist, nehmen die Leute es nicht als Promotion wahr und sind daher nicht skeptisch, was den Inhalt angeht – tatsächlich nehmen sie es für bare Münze.

In vielen Fällen kann Medienberichterstattung über Ihren Event oder Ihre Story als Unterstützung der Medien für Ihre Organisation oder Ihr Produkt erscheinen – zum Beispiel im Falle eines positiven Berichts über Ihre Wohltätigkeitsspenden in den Abendnachrichten oder im Falle einer positiven Rezension Ihres Software-Paketes in einem Computermagazin. Und, was besonders wichtig ist: Kommentare oder Behauptungen, die eingebildet, eigennützig und unglaubwürdig klingen würden, wenn Sie aus Ihrem Munde kommen und in einer Anzeige gedruckt würden, scheinen vorteilhaft, schmeichelnd und beeindruckend, wenn die Presse sie über Sie sagt.

Attraktivität

Publicity muss einen _Aufhänger_ haben – einen Blickwinkel oder ein Thema, das die Aufmerksamkeit des Redakteurs erregt – um überhaupt eine Chance zu haben, bemerkt, gelesen und veröffentlicht zu werden. Daher muss die Story sowohl für die Redakteure und Produzenten attraktiv sein, als auch für die Konsumenten (Ihre potenziellen Kunden und Zeitungsleser beziehungsweise Radiohörer).

Eine Anzeige muss lediglich ein Publikum ansprechen: Ihre potenziellen Kunden. Es kann Ihnen egal sein, ob die Presse Sie mag oder sich für die Inhalte interessiert, denn sie drucken die Anzeige gegen Bezahlung.

Danke für die schlechte Presse!

Geistliche überall in den Vereinigten Staaten stellten die Schauspielerin Sarah Bernhardt (1844-1923) als »Hure von Babylon« an den Pranger. Das erzeugte ganz gegen ihren Willen massenhaften Zuspruch für ihre Auftritte. Nachdem ein Bischof in Chicago eine besonders kritische Rede gegen Bernhardt gehalten hatte, über die in der Presse ausführlich berichtet wurde, schickte die Schauspielerin ihm einen 200-Dollar-Scheck mit der folgenden Karte: »Wenn ich in Ihrer Stadt auftrete, gebe ich gewöhnlich 400 Dollar für Werbung aus. Da Sie die halbe Werbung für mich getan haben, erhalten Sie anbei 200 Dollar für Ihre Gemeinde.«

Publicity sind Nachrichten

Publicity ist definitiv kostenlose Werbung, aber es sind auch Nachrichten. Indem Sie Medien auf interessante Events, Produkte, Dienstleistungen und Menschen aufmerksam machen, können Sie einen Redakteur dazu veranlassen, über alles zu berichten, angefangen von der Eröffnung eines neuen Restaurants, über die Veröffentlichung eines neuen Katalogs bis zu den Techniken der Akupunktur oder dem Aufkommen eines neuen Trends.

In den frühen Tagen der PR glaubten viele PR-Leute, dass es ihr Job sei, den Namen ihres Kunden so auffällig und oft wie möglich in die Zeitung zu bekommen. George M. Cohan, der berühmte Komponist, wusste, wie PR funktioniert. »Es ist mir egal, wie sie [die Medien] mich nennen«, sagte er, »so lange, wie sie meinen Namen nennen.« Die Schauspielerin Katharine Hepburn gab dieser Idee einen anderen Dreh, indem sie bemerkte: »Mir ist egal, was über mich geschrieben wird, so lange es nicht wahr ist.«

Eine neuere und, meiner Meinung nach, wichtige Definition besagt: »Public Relations bedeuten, die öffentliche Meinung zum privaten Vorteil zu beeinflussen.« In meiner PR-Agentur Jericho Communications heißt PR, die Medien zu benutzen, um das Marketingziel eines Kunden zu erreichen. Indem Sie das, was Sie in diesem Buch lesen, umsetzen, können Sie PR dazu einsetzen, Ihre Botschaft zu kommunizieren, Ihr Image aufzubauen, ein gewünschtes Benehmen zu stimulieren und größere Umsätze und Profite zu produzieren.

Statt Schilder aufzustellen, Banner-Anzeigen über die Computerbildschirme laufen zu lassen oder Verkaufs-Shows zu organisieren, überzeugen PR-Leute die Medien, Nachrichten, Artikel, Beiträge und Informationen zu veröffentlichen, die die Ziele ihrer Kunden fördern – sei es Risikokapital anzuziehen, eine Internetseite zu lancieren oder einer Pizzeria zu helfen, mehr Pizza zu verkaufen.

Ich habe manchmal neuen Kunden zynischerweise gesagt, dass wir die Medien in ihrem Namen ausbeuten. Aber genau genommen stimmt das nicht, denn es sind die Medien – nicht die Publizisten – die die letzte Entscheidung darüber haben, was gedruckt oder gesendet wird und was nicht.

PR – Medien – Partnerschaft

Exakter ausgedrückt ist Public Relations im besten Sinne eine für alle Seiten Gewinn bringende Partnerschaft – zwischen den Publizisten, den Kunden, über deren Produkte sie publizieren, und den Redakteuren. Und so funktioniert diese Partnerschaft:

Die Journalisten haben zu viel zu tun und zu wenig Zeit, um es zu tun. Jeden Tag müssen sie Seiten oder Sendezeiten mit interessanten, unterhaltenden und informativen Inhalten füllen. Die Deadlines sind zu eng und die Redakteure und Reporter sind überarbeitet.

Die Publizisten springen ein und bieten ihre Hilfe an, für das, was der Redakteur braucht – Ideen, Informationen, Interviews und sogar fertige Beiträge – in reicher Menge und absolut umsonst. Die Medien wählen aus den Pressemitteilungen aus, benutzen sie, wie sie sind, oder überarbeiten sie und werfen den Rest weg – ohne jegliche Kosten oder Verpflichtungen für die Publizisten, die die Mitteilungen liefern. Die Medien können ihre Seiten und Sendezeiten füllen, Deadlines einhalten, ihre Leser, Zuhörer und Zuschauer unterhalten und zufrieden stellen und dabei den Werbekunden ein großes Publikum liefern.

Beispiel: Brandschutz

Wenn Redakteure PR-Artikel von Firmen in den Medien platzieren, erhalten die Firmen praktisch kostenlose Werbung für ihre Produkte. Diesen Punkt habe ich bereits angesprochen. Hier ein Beispiel dazu: Eine kanadische Firma wollte ein Produkt bewerben, das sie produzierte, nämlich eine Atemmaske als Schutz gegen den Rauch im Falle eines Brandes. Sie gestaltete ihre Pressemitteilung im Stil einer öffentlichen Bekanntmachung – siehe unten. Die Meldung beschreibt das Produkt und seine Vorteile, aber sie bietet auch Tipps zum Brandschutz, die Redakteure veröffentlichen können.

Brookdale International Systems Inc., Vancouver, B.C.

Pressekontakt: Ernest Moniz, Tel. (604) 324-3822

Pressemitteilung

Neue Gratisbroschüre gibt Brandschutz-Tipps für Familien
8-Punkte-Familien-Fluchtplan kann Leben retten

Vancouver, B.C. – Wenn in einem Wohnhaus ein Feuer ausbricht, haben Familien eine bessere Chance, das Haus sicher zu verlassen, wenn vorab ein Fluchtplan aufgestellt und regelmäßig eingeübt wurde.

Dieser Ratschlag sowie weitere Tipps zum Thema Brandschutz werden in einer neuen Gratisbroschüre mit dem Titel »Wie Sie Ihre Familie im Brandfall besser schützen« präsentiert. Die Broschüre ist ab sofort bei Brookdale International Systems, Hersteller der EVAC-U8-Atemschutzmaske für den Brandfall, kostenlos erhältlich.

»Für Sicherheit im Falle eines Feuers müssen Sie einen Familien-Fluchtplan entwickeln und diesen mit der gesamten Familie, inklusive kleiner Kinder, regelmäßig üben«, sagt John Swann, Präsident von Brookdale International Systems und Autor der neuen Brandschutz-Broschüre. »Sprechen Sie den Fluchtplan gemeinsam durch und spielen Sie ihn alle sechs Monate durch. Zeigen Sie Kindern, wie diese im Notfall das Haus selbstständig verlassen, wenn es nötig ist.«

Die Broschüre beschreibt einen 8-Punkte-Fluchtplan, den Familien als Vorlage benutzen können, um ...

Abbildung 1.1: Eine Pressemitteilung im Stil einer öffentlichen Bekanntmachung

Die sich wandelnde Rolle der PR im Marketing-Mix von heute

Die PR-Industrie verändert sich im Zuge der neuen Marktverhältnisse. PR tritt endlich einen Schritt vorwärts und dehnt ihre Möglichkeiten und ihre Rolle im gesamten Marketing-Mix, das aus PR, Werbung, Internetvermarktung und Verkaufsaktionen besteht, weiter aus.

Von dem Tag an, als ich 1985 meine PR-Firma gründete, habe ich daran geglaubt, dass Public Relations einen größeren Beitrag zum Glück der Kunden leisten können, als die Tradition es zulässt. Der Grund dafür, warum meine Agentur den Kunden so viel Publicity verschafft, ist, dass ich keine Angst habe, die »Regeln« der traditionellen PR zu brechen, die sich mehr mit der Produktion gedruckten Papiers beschäftigen (zum Beispiel mit Routinemeldungen wie »Hans Müller zum Produktmanager ernannt«), als zum eigentlichen Ziel beizutragen. Während andere Marketingbereiche gezeigt haben, wie man erfolgreich neue Wege erfindet, um Geschäfte zu machen, scheinen viele PR-Leute sich mehr um das Befolgen von Regeln zu kümmern. Und seien wir ehrlich: Dieselbe aufgewärmte Geschichte ist für kein Zielpublikum aufregend.

Wenn Public Relations Routine sind, sind meiner Meinung nach die PR-Leute daran schuld, die gewillt sind, für den Erfolg ihres Könnens einen hinteren Platz einzunehmen. Fairerweise sollte ich aber dazu sagen, dass einige von ihnen es schwer haben und für irgendetwas Gutes kaum einmal Anerkennung erhalten, hingegen für alles beschuldigt werden, was in dem Unternehmen schief läuft. Und unter diesen Umständen ist es nur menschlich, wenn PR-Beauftragte Risiken und Kreativität meiden. Über das Übliche hinauszugehen, zahlt sich für sie nicht aus. Das Schlimme ist, dass sie ihren externen PR-Beratern meist auch wenig Spielraum geben.

Aber heutzutage, in der Hochgeschwindigkeitswelt von E-Commerce – wenn Online- und Offline-Kunden sich anstrengen müssen, um ihr Zielpublikum und die Investorengruppen anzusprechen – hat PR an Bedeutung zugenommen. Mit mehr Bedeutung geht mehr Freiheit einher. Plötzlich wird der Wert einer kreativen PR-Arbeit offensichtlich. Die Fähigkeit, das, was ich für die glaubwürdigste Form von Marketing halte, auf eine Art und Weise einzusetzen, die über das Standardprogramm weit hinausgeht, wird nun bewundert.

Zum ersten Mal seit langer Zeit sind PR-Leute, die mehr können, als lediglich einem Publikum eine Botschaft zu überbringen – Leute, die Emotionen hervorrufen können, die ein Publikum *motivieren* – frei, ihre Fähigkeiten voll zu entfalten.

Wie Sie sehen, begeistert mich die PR. Sie benutzen dieses Buch, weil Sie vielleicht auch begeistert sind von dem, was Public Relations alles vermögen. Mein Ziel ist es, Ihnen die Werkzeuge an die Hand zu geben, die Sie benötigen, um Ihre Begeisterung in Resultate umzusetzen.

Wer braucht schon PR?

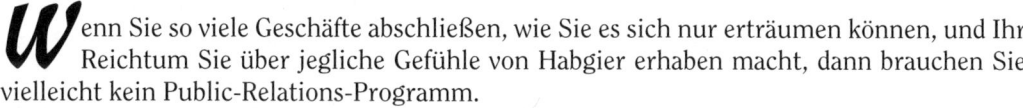

In diesem Kapitel

▷ Finden Sie heraus, wann PR das fehlende Puzzleteil ist

▷ Zwingende Gründe, die für die Einführung eines PR-Programms sprechen

▷ PR-Mythen aufdecken – testen Sie Ihren PR-IQ

*W*enn Sie so viele Geschäfte abschließen, wie Sie es sich nur erträumen können, und Ihr Reichtum Sie über jegliche Gefühle von Habgier erhaben macht, dann brauchen Sie vielleicht kein Public-Relations-Programm.

Eine Krisensituation ist eine offensichtliche Ausnahme. Ein großer Teil meiner Arbeit als PR-Fachmann besteht darin, Kunden zu helfen, die sich in einer Krisensituation befinden, auf die reagiert werden muss. Das kann eine verdorbene Ladung Lebensmittel sein oder ein Spielzeug, das aufgrund eines Produktionsfehlers ein unerwartetes Sicherheitsrisiko für Kinder darstellt. In einigen Fällen mögen Sie also PR-Aktivitäten benötigen, um negative Publicity zu vermeiden oder schlechte Presse richtig zu stellen, obwohl Ihre Verkäufe nach oben schnellen und Sie Ihr Produkt nicht einmal bewerben müssen. (Siehe Kapitel 19 zum Thema Krisenmanagement.)

Aber wenn Sie mehr Geld verdienen, Ihre Verkaufszahlen steigern, Ihr Unternehmen vergrößern und noch erfolgreicher werden wollen, dann brauchen Sie wahrscheinlich auch PR.

Dies ist die eine Perspektive: Ihre Ziele, Ihr jetziger Stand, und wo Sie hinwollen. Gute PR kann die Gewinne eines Unternehmens maximieren und gewöhnliche Leute zu Millionären machen.

Budgets sind eine andere Perspektive: Wenn Sie über Werbemittel verfügen, die sich in der Unendlichkeit verlieren (oder sagen wir, eine halbe Milliarde Euro), und Sie das Geld nicht vermissen, wenn es ausgegeben ist, dann können Sie Ihre Botschaft wahrscheinlich an den Mann bringen, ohne sich auf das subtilere Medium der PR zu stützen. Was nicht heißen soll, dass Sie PR nicht als Teil Ihrer Marketingmaßnahmen verwenden sollten. Aber viele Kunden entdecken, dass ein relativ bescheidener Einsatz für PR-Aktivitäten die Reichweite ihres gesamten Marketingprogramms sehr deutlich vergrößert.

 Und die Kosten sind, offen gesagt, einer der stärksten Anziehungspunkte für PR. Das gilt für kleine Firmen und große Unternehmen gleichermaßen. Kleine Firmen mit begrenzten Budgets können einfach nicht die Mittel ihrer größeren Konkurrenten aufbringen. PR kann ihnen dabei helfen, die ungleiche Ausgangssituation auszugleichen und für weit weniger Geld einen genauso guten oder besseren Werbe-Effekt zu erzielen.

Und was die großen Unternehmen angeht: Wenn Sie für eines arbeiten, wissen Sie, dass es immer ein mühsamer Kampf ist, ein größeres Werbebudget zu bekommen. Mit PR können Sie die Ziele erreichen, die Ihre Vorgesetzten sehen wollen, selbst wenn sie Ihnen nicht die Gelder bewilligen, von denen Sie denken, dass Sie sie dazu benötigen.

Herausfinden, ob PR das fehlende Puzzlestück ist

Was sind die Anzeichen dafür, dass PR der wunde Punkt im Marketingprogramm Ihrer Firma ist? Beantworten Sie für sich die folgenden Fragen:

✔ Scheinen Ihre Konkurrenten alle Aufmerksamkeit der Zeitungen, Magazine und Fachpublikationen auf sich zu ziehen? Fehlt Ihr Unternehmen regelmäßig in allgemeinen Überblicksdarstellungen Ihres Geschäftsbereichs, in Produkt- oder Bezugsquellenlisten? Vielleicht vergisst die Presse Sie, weil sie von Ihnen nichts weiß. Vielleicht ist es an der Zeit, dass sie von Ihnen erfährt.

✔ Verursachen Ihre Mailings eine Flut an Antworten? Ist Ihre Website vor Überlastung blockiert? PR arbeitet Hand in Hand mit anderen Maßnahmen. Je besser Ihre PR-Publicity, desto eher werden Ihre weiteren Marketingaktivitäten ihr Ziel erreichen. Geringe Antwortraten mögen gar nicht das Ergebnis einer schlechten Anzeige oder eines schlechten Mailings sein. Die Totenstille mag daraus resultieren, dass die Menschen, die Ihre Anzeige lesen oder Ihr Mailing erhalten, noch nie von Ihnen gehört haben.

✔ Fällt es Ihren Mitarbeitern leicht oder schwer Geschäfte abzuschließen? Bekommen Sie von möglichen Kunden zu hören: »Ich habe von Ihrer Firma noch nie etwas gehört«? Gute PR setzt Ihre Firma auf die Landkarte Ihrer Kunden, bevor diese von Ihren Verkäufern angesprochen werden. Falls nicht, haben Ihre Leute mit stärkeren Widerständen zu rechnen.

✔ Führen Ihre Lieferanten Sie als Kunden an? Wenn nicht, dann halten sie Ihren Namen vielleicht nicht für eindrucksvoll genug, um weitere potenzielle Kunden damit zu beeindrucken. Das ist ein Zeichen dafür, dass Sie Ihren Firmennamen als Marke etablieren müssen.

✔ Wenn Sie eine Aktiengesellschaft sind: Verfolgen wichtige Aktienhändler die Entwicklung Ihres Kurses? Wenn Sie Analysten über Ihr Unternehmen berichten, machen sich diese dann eifrig Notizen oder starren sie Sie mit leerem Blick an? Wenn die Frankfurter Börse den Wert Ihres Unternehmens nicht versteht, dann kann PR dazu beitragen, die Kommunikation mit den Investoren zu verbessern.

✔ Wird Ihr Unternehmen so betrachtet, wie es heute ist, oder so, wie es morgen dastehen soll? Oder wird es so gesehen, wie es früher einmal war? PR kann dazu beitragen, Ihr Image im Markt zu verändern.

✔ Versuchen Headhunter Sie für andere Firmen abzuwerben? Insbesondere in der High-Tech-Branche attackieren Headhunter zuerst die namhaften Unternehmen. Sie wollen natürlich nicht, dass Headhunter Ihre Mitarbeiter abwerben (es sei denn, Sie sind selbst das Ziel und die Bezahlung ist traumhaft!), aber Sie wollen doch als namhaftes Unternehmen betrachtet werden, oder?

Absatzkurve

Stellen Sie Ihre wöchentlichen Verkaufszahlen grafisch dar. Ist die Kurve glatt und sind Ihre Verkaufszahlen beständig, so ist Ihr Marketing wahrscheinlich stetig und kontinuierlich. Aber wenn die Kurve Gipfel und Täler hat, müssen Sie vielleicht die Häufigkeit Ihrer Marketingkommunikation erhöhen, um die Kurve zu glätten. PR mag der beste Weg sein, um Ihre Botschaft auf einer kontinuierlichen Basis unter die Leute zu bringen und regelmäßige Absatzlöcher zu stopfen.

Kalter Klassiker

Eine klassische Anzeige von McGraw-Hill zeigt potenzielle Kunden, wie sie in einem Stuhl sitzend auf eine Kamera starren und sagen: »Ich kenne Sie nicht, ich kenne Ihre Firma nicht, ich kenne Ihr Produkt nicht. Nun, was ist es, was Sie mir verkaufen wollen?« Eine Steigerung des Bekanntheitsgrades durch Public Relations kann dabei helfen, derart kühle Aussichten aufzuheitern und die Aufgabe der Verkäufer leichter zu machen.

Denken Sie an PR-Lösungen

Wenn Sie eine der oben stehenden Fragen mit »ja« beantwortet haben – und wenn Sie dieses Buch gekauft haben, um es zu nutzen, nicht nur darin zu blättern – dann liegt in Ihrer Zukunft wahrscheinlich PR. Skeptisch? Okay, denken Sie mit mir darüber nach, wie PR direkt auf die gerade beschriebenen realen Probleme antwortet.

✔ PR kann Umsatz, Kontakte und Profite generieren und direkten Einfluss auf Ihren Gewinn nehmen. (In den Kapiteln 5 und 6 zeige ich Ihnen, wie das geht.) Und weil die Kosten für PR relativ niedrig sind, kann fast keine andere Form des Marketings so einen schnellen Gewinn auf Ihren Einsatz erzeugen.

✔ PR kann potenzielle Kunden anziehen und die Markentreue bestehender Kunden verstärken. Denken Sie darüber nach: Haben Sie nicht mehr Vertrauen in Ihren Börsenmakler, wenn dieser regelmäßig als Kommentator im *Handelsblatt* oder auf *n-tv* erscheint? Ein befreundeter Finanzberater erzählte mir, dass die Anzahl interessierter Neukunden sich verfünffachten, nachdem er begonnen hatte, auf einem lokalen Kabelsender wöchentlich eine halbstündige Sendung über Finanzberatung und Investitionen zu moderieren.

✔ PR kann ein spezifisches Publikum ansprechen. Sie können eine Botschaft an der Basis verbreiten oder eine lokale, regionale oder nationale Verbreitung planen, indem Sie Ihr Zielpublikum nach bestimmten Kriterien auswählen, wie ich Ihnen später in diesem Kapitel zeigen werde.

✔ PR kann Ihnen dabei helfen, die Informationsflut der Massenmedien zu durchbrechen und die Aufmerksamkeit Ihres Publikums zu erhalten. Die meisten Leute lesen den größten Teil der Anzeigen in ihrer Tageszeitung nicht, aber fast jeder liest die Schlagzeilen. Wenn die Schlagzeilen aus Ihrer PR-Kampagne stammen, erreicht Ihre Botschaft ihren Leser.

Mehr als Gags: Der wahre Wert von PR

Es macht Spaß zu sehen, wie weit hergeholte Gags und neue Produkte unendlich viele Schlagzeilen machen. PR kann Wunder bewirken für diejenigen, die die Publicity um der Publicity willen suchen.

Das ist in der Tat das Einfachste an der PR. Der wahre Wert der Public Relations ist aber, sie zum Lösen tatsächlicher Marketingziele für ein tatsächliches Produkt, eine Dienstleistung, eine Organisation, eine Marke oder ein Image einzusetzen. PR kann in irgendeiner und jeder Branche eingesetzt werden, ob Blumenhandlung oder Bestattungsunternehmen, Software oder Eiscreme. Jede Organisation oder jede Person, die eine Botschaft kommunizieren oder ein Ziel erreichen möchte, kann von PR profitieren. Sie brauchen noch nicht mal eine Lizenz oder eine spezielle Ausbildung, um PR zu praktizieren – und dieses Buch zeigt Ihnen wie.

Sie brauchen kein verrücktes Programm, um Publicity zu erhalten. Kreative PR kann mit richtiger Umsetzung für Fabrikanten, Zwischenhändler, Verkäufer, Agenten, Dienstleister und andere Aktivitäten in jeder Branche Wunder bewirken.

PR wird in so gut wie jeder Produktsparte benutzt, für Industriegüter, Lebensmittel, Gesundheits- und Schönheitsprodukte, im Versicherungswesen, Tourismus, Immobilien- und Anlagenmarkt. In der High-Tech-Branche profitiert jeder, vom Hardware-Produzenten bis zum Software-Vermarkter, E-Commerce-Websites und Dienstleistern, in enormem Maße von der Macht der PR.

Sie benötigen kein kreatives oder ungewöhnliches Produkt, um Publicity zu erzielen. Sie benötigen nur eine kreative Idee, die zwei Voraussetzungen erfüllt: Sie ist eine Nachricht wert und sie kommuniziert die Marketingbotschaft. Hierzu berichte ich in Teil II dieses Buches noch detaillierter, aber hier ist schon einmal ein kurzes Beispiel:

British Knights wollte mehr seiner Sneakers an Kinder verkaufen. Als saisonale Promotion versandte die Firma eine Pressemitteilung, die ein ungewöhnliches »Sommer-Austauschprogramm« ankündigte: Eltern, die besorgt waren, dass ihre Kinder zu viel Zeit mit Fernsehen und Videospielen im Haus verbrachten, statt draußen an der frischen Luft zu spielen, konnten ihre Fernsehfernbedienung an

British Knights schicken und erhielten dafür ein brandneues Paar British Knight Sneakers. (Die Fernbedienung wurde am Ende des Sommers an die Teilnehmer zurückgesandt.)

In einer anderen PR-Kampagne, ebenfalls erfolgreich, trat British Knights als Sponsor des »Stinkigste Socke der Welt«-Wettbewerbs auf. Die zehn Gewinner – Personen, die die stinkigsten Socken einschickten – gewannen für drei Jahre eine kostenlose Ausstattung mit British Knights Sneakers.

Stinkige Socken? Joseph J. Kelley, Redenschreiber für den ehemaligen US-Präsidenten Dwight Eisenhower, sagte einmal: »Es gibt in allem, was Gott erschaffen hat, ein Krümelchen Interessantes.« Wie wahr! Jedes Produkt und jede Dienstleistung, egal wie banal, enthält einen PR-Aufhänger oder Blickwinkel, wenn Sie kreativ sind. Selbst Sneakers.

Die wichtigsten Zielgruppen, die Sie mit PR erreichen können

Wie weit reicht PR? Mit Public Relations können Sie jeden erreichen, der liest, Radio hört, fernsieht oder im Internet surft – kurz gesagt, jeder, der irgendwie mit Medien Kontakt hat, und in Deutschland heißt das, so gut wie jeder.

PR hat daher die größtmögliche Reichweite vielleicht aller Elemente des Marketing-Mix – einem Gemisch aus Produkt, Preis, Vertrieb und Promotion einschließlich PR und Werbung. Websites und Banner-Anzeigen erreichen nur die Menschen, die einen Internetanschluss haben, was erstaunlicherweise weniger als fünf Prozent der Weltbevölkerung sind. Direktmailings erreichen nur die Menschen, deren Namen auf Mailinglisten auftauchen, und in vielen Ländern sind Mailinglisten nicht käuflich.

Aber fast jeder überall liest eine Zeitung oder eine Zeitschrift oder sieht fern. Daher ist PR so effektiv im Erreichen von beruflichen als auch privaten Zielgruppen. Die besten Absatzstellen für Publicity im Konsumentenbereich sind Radio, Fernsehen, Zeitungen und Publikumszeitschriften. Im Geschäftsbereich können Sie diese ebenfalls benutzen, plus Wirtschaftsmagazine, Verbände und das Internet. Wenn Sie eine bestimmte Branche oder eine bestimmte Berufsgruppe ansprechen möchten, dann wählen Sie die jeweiligen Fachpublikationen.

Ich mag eine große Reichweite, denn Sie wissen niemals genau, was Ihre Zielgruppe tatsächlich liest. Als ich mich einmal mit einem Topmanager eines bekannten Großunternehmens traf, war ich erstaunt zu sehen, dass er *USA Today* in der Hand hielt. Er las die Kulturrubrik immer zuerst und die Finanzrubrik zum Schluss – und schaffte es oftmals gar nicht, bis zur Finanzrubrik zu kommen. Ich versuche meine Zielgruppe zu »umzingeln«, indem ich in allen Medien vertreten bin, die sie wahrscheinlich in die Hand nimmt. Auf diese Weise habe ich eine größere Chance, dass meine Botschaft sie mit größerer Häufigkeit und Wiederholung erreicht.

Mitarbeiter sind natürlich ein fest umrissenes Publikum und jederzeit erreichbar. Eines der besten PR-Werkzeuge für die Kommunikation mit den Mitarbeitern ist ein Firmenmagazin oder ein Newsletter. Einige große Unternehmen haben sogar hauseigene Fernsehstationen, die über die neuesten Firmennachrichten berichten und über eine ausschließlich interne Fernsehanlage informieren.

Investoren und Mitglieder der Finanzbranche sind eine wichtige PR-Zielgruppe für Aktiengesellschaften, und Pressemitteilungen sind laut *Business Week* der Weg, wie man sie erreicht. »Einst ein relativ banales Kommunikationsmittel, hat eine Pressemitteilung jetzt die Macht, die Kurse einer Aktie dramatisch in die Höhe schießen zu lassen«, sagt das renommierte US-amerikanische Wirtschaftsmagazin. (Um die Macht von Pressemitteilungen noch zu unterstreichen: Die offizielle amerikanische Finanzaufsichtsbehörde *Securities and Exchange Commission* hat sogar bereits Unternehmen dafür verklagt, dass sie gefälschte Pressemitteilungen verschickt habe, mit der Empfehlung, ihre Aktien zu kaufen.)

Hier steckt wiederum die hohe Glaubwürdigkeit von PR die Anerkennung ein. Die Finanzbranche und potenzielle Käufer glauben einer Kolumne im *Wall Street Journal* mehr und handeln dementsprechend als einer der zahlreichen Image-Anzeigen. Eine Untersuchung der *Public Relations Society of America* zeigt, dass Investoren die Glaubwürdigkeit eines Artikels in einer Finanz- oder Wirtschaftszeitung auf den zweiten Platz hinter den Jahresbericht des Unternehmens (ebenfalls ein PR-Instrument) setzen.

Noch mehr Dinge, die PR für Sie tun kann

PR kann Ihren Namen in die Medien bringen, wo Kunden und potenzielle Kunden ihn sehen können. Außer der Generierung von direkten Kontakten für neue Geschäfte hat die Sichtbarkeit, die Sie durch PR erhalten, weitere Vorteile. Die wichtigsten Vorteile sind meiner Meinung nach folgende:

✔ **Bestärken, wer Sie sind und was Sie tun.** Sie mögen denken, dass jeder weiß, wer Sie sind und welches Produkt (Dienstleistung) Sie anbieten. Tatsächlich haben aber viele Leute vielleicht noch nie von Ihnen gehört oder sie wissen nicht, was Sie tun oder wo Sie sind. Ihre Story in die Presse zu bringen, hilft dabei, die Lücke zu schließen, um potenzielle Kunden zu erreichen.

✔ **Die Menschen wissen lassen, dass Sie aktiv sind.** Wissen, dass Sie existieren, und sich an Sie zu erinnern, wenn Ihre Dienstleistung gefragt ist, sind zwei völlig unterschiedliche Dinge. In der Presse präsent zu sein, erinnert Leute an Sie und sorgt dafür, dass sie Ihren Namen vor Augen haben, so dass sie wissen, wen sie anrufen, wenn sie Ihr Produkt (Dienstleistung) benötigen. Nicht in der Presse präsent zu sein, ist schädlich. »Aus den Augen, aus dem Sinn« trifft in der Geschäftswelt wahrscheinlich mehr zu als sonst irgendwo.

✔ **Ein spezifisches Projekt oder Event publizieren.** Wenn mitten im Wald ein Baum umfällt und niemand in der Umgebung war und es hören konnte, gab es dann tatsächlich ein Geräusch? Wenn Sie erwarten, dass Leute wissen, was Sie vorhaben, dann sollten Sie es Ihnen besser mitteilen. Verlassen Sie sich nicht auf jemand anderes und scheuen Sie sich nicht davor, sich selbst zu bewerben.

✔ **Image und Ruf Ihres Unternehmens verstärken.** Ein besseres Image ist eine natürliche Folge aller positiver Publicity. Leute beginnen, Ihre Firma als erfolgreiches Unternehmen anzusehen, wenn sie Ihren Namen regelmäßig in renommierten Publikationen sehen. Auf persönlicher Ebene werden Einzelpersonen, die zitiert werden oder die Beiträge publiziert haben, als Experten ihres Faches angesehen, und wollen wir nicht alle mit Experten unsere Geschäfte abwickeln?

 **»Selbstverständlich« werden.** »Selbstverständlich« sind Sie dann, wenn jemand sich hinsetzt, um eine Liste von potenziellen Lieferanten oder Produktquellen zu erstellen, und sagt: »Selbstverständlich muss ich (Ihre Firma) nennen.« Damit wird zum Ausdruck gebracht, dass Ihre Firma ein wichtiger Spieler auf dem Feld ist und jeder, der nicht zumindest darüber nachdenkt, von Ihnen zu kaufen, einen Fehler macht. Einer der Schlüsselfaktoren, wie Sie »selbstverständlich« werden, ist es, durch das gedruckte Wort bei potenziellen Kunden stetig Ihre Aktivitäten, Fähigkeiten und Leistungen ins Gedächtnis zu rufen. (Ein Qualitätsprodukt zu verkaufen oder eine herausragende Dienstleistung anzubieten, ist ein weiterer Schlüsselfaktor, der nötig ist, um in der Branche als »selbstverständlich« zu gelten.)

✔ **Kunden, Banken und Investoren beeindrucken.** Sie mögen von dem, was Sie über sich in der Presse sehen und lesen, nicht beeindruckt sein, aber Sie werden überrascht sein von dem Effekt, den es auf andere hat. Potenzielle Kunden, Banken und Investoren etc. neh-men Sie oftmals als größere und beeindruckendere Organisation war, als Sie es laut der Clippings und Artikel über Ihre Firma (die eigentlich Sie oder jemand, der für Sie arbeitet, geschrieben hat) tatsächlich sind.

✔ **Bei anderen Teammitgliedern Punkte sammeln.** Wenige von uns arbeiten alleine und unser Erfolg involviert normalerweise die Anstrengungen anderer Team-Mitarbeiter, wie Kollegen, Subunternehmer, Manager, Chefs, Kunden, Berater oder Zulieferer. Indem Sie öffentlich deren Beitrag zum Erfolg würdigen, geben Sie ihnen nicht nur, was ihnen zu-steht, sondern bauen auch unschätzbare Gunst auf, die sich vielfach auszahlen wird. Und Ihre professionelle Haltung motiviert die besten Leute in jedem Bereich, mit Ihnen arbei-ten zu wollen.

✔ **Die Leistung Ihrer Mitarbeiter anerkennen und belohnen.** Vergessen Sie nicht Ihre eige-nen Leute – diejenigen, deren direkter Vorgesetzter Sie sind. Dieselbe Umsicht und den-selben Respekt, den Sie anderen Team-Mitgliedern gegenüber zollen, gehört erst recht Ihren eigenen Mitarbeitern. Anerkennung und Belohnungen spielen für die berufliche Zufriedenheit eines Mitarbeiters eine wichtige Rolle, und öffentliches Lob entschädigt für vieles. (Es ersetzt jedoch nicht spürbare Anerkennung in Form von Bonuszahlungen, Ge-haltserhöhungen oder Ausgleichstage.)

PR-Mythen von der Realität unterscheiden

Es ist ironisch: Ein Zweck der PR ist, gute Presse zu bekommen und schlechte Presse zu ver-meiden, aber die PR selbst hat seit langem eine sehr schlechte Presse. Das öffentliche Image von PR ist zum Teil von skrupellosen Unternehmensbossen erzeugt worden, die ihr Geld mit dem Vertuschen von Chemieunfällen und Tankerunfällen verdienten; von Profitjägern der Punk-Rock-Generation X, die sich um Madonna oder Whitney Houston herumdrückten; und von Angestellten der Hollywood-Maschinerie, die die Rehabilitationsprogramme von drogenabhängigen Filmstars aus der Presse fernhielten.

PR wird auch angesehen als mit der Presse »ins Bett zu gehen«, was so viel heißen mag wie, dass die beiden eine abhängige Beziehung haben. Und hierin liegt ein Stück Wahrheit, zumindest in den Anfängen der PR. In den frühen Tagen des Sportjournalismus beispielsweise wurde die Sportseite gewöhnlich als Instrument zur Promotion eines Teams angesehen, und die Arbeit des Sportreporters war es, nette Dinge über die Heimmannschaft zu schreiben. Nach und nach haben sich Medien und Kommerz voneinander entfernt, und die Sportreporter sagen heutzutage, was sie denken, und verneigen sich nicht mehr vor dem Druck des Vereinsmanagers, immer nur »Nettes« zu berichten.

 Ihr erster Schritt in Richtung eines erfolgreichen PR-Praktikers ist es, Mythen von der Wirklichkeit zu trennen. Was geht tatsächlich vor hinter den Kulissen des Journalismus und der PR? Wie gelangen Themen von den Gedanken eines Publizisten auf die erste Seite einer Zeitung? Wie sieht die Beziehung zwischen PR und Presse tatsächlich aus? Ich werde im Folgenden einige der verbreiteten falschen Vorstellungen von PR definieren und der Wirklichkeit gegenüberstellen.

Mythos: Pressemitteilungen funktionieren nicht mehr

Realität: Pressemitteilungen funktionieren und sie kosten oftmals am wenigsten Geld und Zeit.

Mindestens einmal pro Woche höre ich einen Bericht oder lese einen Artikel eines PR-Menschen, Wirtschafts-Gurus oder Unternehmensberaters, der den Tod der Pressemitteilung proklamiert. »Pressemitteilungen funktionieren nicht mehr« sagen sie. »Die Redakteure werden mit Pressemitteilungen überschwemmt. Sie müssen etwas anderes tun. Faxen Sie Ihr Material an die Redakteure, rufen Sie sie mit Themenideen an, schicken Sie »Daten und Fakten« oder Broschüren – aber keine Pressemitteilungen.«

Ich sage dazu: Quatsch! Tatsache ist, dass kein PR-Werkzeug einfacher zu benutzen und effektiver in der Anwendung ist als eine einfache, gut geschriebene, kurze Pressemitteilung, die einen starken Aufhänger oder eine interessante Perspektive hat. Pressemitteilungen funktionieren noch immer. Sie funktionieren gut. Sie sind einfach zu erstellen. Und die Verteilung ist nicht sehr teuer.

Ich stimme zu, dass eine _schlechte_ Pressemitteilung (wie sie von vielen Leuten verschickt wird) reine Zeit- und Geldverschwendung ist – für Sie und für den Redakteur. Aber eine _gute_ Pressemitteilung (wie in Kapitel 9 beschrieben) ist eines der besten Marketingwerkzeuge: Kein anderes erzielt derartige Ergebnisse.

Pressemitteilung über eine Pizza

Meine Agentur machte für viele Jahre die PR für einen amerikanischen Pizza-Hersteller. Nun, wenn man darüber nachdenkt, ist Pizza nicht gerade ein Thema für die Schlagzeilen. Wie bekommt man Pizza dennoch auf die Titelseite?

Wir merkten, dass, wenn wir in unserem Büro lange arbeiteten, wir oftmals Pizza bestellten, und wir wussten, dass andere Büros dasselbe tun. Konnte man dann anhand der Anzahl der bestellten Pizzen feststellen, wie beschäftigt ein Unternehmen ist? Wir baten unseren Kunden, die Anzahl der Pizzen aufzuzeichnen, die er in Washington, D.C. an das Weiße Haus, die CIA und das Pentagon lieferte.

Tatsächlich konnten wir beobachten, dass, wann immer sich eine nationale Krise zusammenbraute, die Anzahl der gelieferten Pizzen an diese Behörden zunahm. Konnte man dann die Lage der Nation beobachten, indem man die Anzahl der ans Weiße Haus gelieferten Pizzen grafisch darstellte? Na klar!

Wir verschickten eine Pressemitteilung über das »Pizza-Meter« und bewiesen den Zusammenhang zwischen der ins Weiße Haus bestellten Pizzamenge und politischen Krisen. Innerhalb weniger Tage war unser Kunde in den Schlagzeilen und den Fernsehnachrichten; in derselben Woche wurde die Story außerdem sowohl in der ABC-Sendung *Nightline* und in einem Sketch in der NBC-Sendung *Saturday Night Live* gebracht. Und wenn Sie darüber nachdenken: Wie oft ist Pizza auf der Titelseite?

Erzählen Sie mir also nicht, dass Pressemitteilungen nicht funktionieren. Sie funktionieren hervorragend.

Mythos: »Legitime« Medien erteilen PR eine Abfuhr

Realität: Viele der »Nachrichten«, die Sie in der Zeitung lesen, im Radio hören und im Fernsehen sehen, haben ihren Ursprung in PR-Unterlagen, die von Organisationen und Unternehmen geschickt wurden, um ihre Sache, ihr Produkt oder ihre Dienstleistung zu bewerben.

Die meisten Geschäftsleute, mit denen ich gesprochen habe, fragen mich: »Ich weiß, dass die Fachblätter meine Pressemitteilungen abdrucken, weil sie mich als Anzeigenkunden möchten. Aber ich möchte ins *Wall Street Journal* und den *Harvard Business Review* und die »besseren« Publikationen verwenden keine PR-Unterlagen. Was soll ich tun?«

Meine Antwort ist, dass angesehene und Prestige-trächtige Publikationen wie das *Wall Street Journal, Das Handelsblatt, Die Zeit* und die *Süddeutsche Zeitung* an guten Geschichten interessiert sind und diese drucken werden, egal ob die Story durch Recherchen entdeckt wurde oder durch eine Pressemitteilung, die von einem Unternehmen oder einer Organisation wie der Ihrigen stammt.

Redakteure sind sehr beschäftigt und immer auf der Suche nach gutem Material. Wenn Ihre PR-Unterlagen Neuigkeiten oder Informationen enthalten, die für die Leser dieser Publikationen nützlich oder interessant sind, dann werden sie auch gedruckt. Tatsächlich stammt vieles, was Sie in renommierten Zeitschriften, Wirtschaftspublikationen oder Tageszeitungen lesen, aus PR-Unterlagen, die zur Promotion einer Sache, eines Events oder eines Produkts geschickt wurden.

Sie wollen Beweise? Oberflächlich betrachtet sind die Medien auf Berichterstattung angewiesen und drucken Pressemitteilungen weitgehend unbearbeitet ab. Eine deutsche Studie stellte bereits Anfang der neunziger Jahre fest, dass in einem Zeitraum von zwei Monaten 84 Prozent aller 900 Artikel über die Umweltschutzorganisation Greenpeace auf Material zurückging, das Greenpeace selbst herausgegeben hatte. Doch die Abhängigkeit ist eine gegenseitige: Die Medien sind von der Informationsleistung der PR abhängig. Die PR-Branche von den Veröffentlichungen der Medien. Sie muss Nachrichten bieten, die für einen Journalisten einen Wert darstellen. Der Einfluss von PR-Aktionen auf Berichterstattung kann einer weiteren deutschen Studie zufolge aber auch deutlich zurückgehen, wenn die Pressemitteilungen in einer Krisensituation veröffentlicht werden. Dann steigt die Eigenrecherche der Redaktionen und die Kommentare in der Presse werden differenzierter.

So gut wie jedes Medium, in dem Sie gerne Publicity hätten, kann dazu bewogen werden, über Sie zu berichten, vorausgesetzt, dass Ihre Unterlagen ihren Zweck erfüllen und Sie eine Geschichte anbieten können, die für das Publikum tatsächlich von Interesse ist. Und dies ist relativ einfach, denn es gibt nur ein halbes Dutzend grundlegende Themen oder Aufhänger (siehe Kapitel 15) für Nachrichten und längere Artikel, die bei Redakteuren und Programmdirektoren Interesse wecken.

Mythos: PR-Unterlagen funktionieren nicht ohne Nachfassaktion

Realität: Nachfassaktionen können dazu beitragen, mehr Ergebnisse zu erzielen, aber gut geschriebene Unterlagen »verkaufen sich selbst« und generieren viel Publicity ohne einen einzigen zusätzlichen Anruf oder Brief.

Nachfassaktionen sind ein wertvolles Werkzeug, das Resultate verbessert und einige Redakteure, die Ihre Unterlagen nicht gelesen haben, dazu bewegen kann, diese doch noch anzuschauen. Eine PR-Agentur zu beauftragen ist eine gute Möglichkeit, ein gründliches Nachfassen sicherzustellen, wenn Sie selbst keine Zeit dafür haben. (Ich stelle in Kapitel 3 noch ausführlich das Thema »selbst erledigen oder Leistungen hinzukaufen« vor – selbst PR machen oder eine Agentur beauftragen.)

Nachfassaktionen sind ein großer Teil dessen, was PR-Agenturen für ihre Kunden tun. Ich nenne es unsere »Medien-Blitz-Taktik«: Wir nehmen den Hörer ab und rufen an und rufen an, und dann rufen wir noch ein paar weitere Redakteure an. Viele unserer Storys werden öfter abgedruckt, als sie es mit nur einem einzelnen Mailing würden, weil wir die Redakteure direkt damit konfrontieren (in angemessener Weise) und es ihnen damit erschweren, unsere Story zu ignorieren.

Was jedoch nicht wahr ist, ist die Annahme, dass gedruckte PR-Unterlagen ohne derartiges Nachtelefonieren nicht effektiv sind und wenig bis keine Chance haben, veröffentlicht zu werden. In Wirklichkeit kann eine gut geschriebene Pressemitteilung mit interessanten Informationen von vielen Medien aufgegriffen werden, ohne dass ein einziger Anruf an einen einzelnen Redakteur erfolgt.

Ein Beispiel: Die Kampagne von *Slow Food*, eine Organisation für Esskultur zum Thema »Rettet den Rohmilchkäse« wurde im Jahr 2000 bundesweit an 250 Redaktionen geschickt. Ohne Nachfassaktion erhielt die Pressemitteilung in deutschen Zeitungen und Zeitschriften rund 20 Abdrucke, ein führendes Special-Interest-Magazin rief die Leser ausdrücklich auf, sich an der Rettungsaktion zu beteiligen. Die Organisation erhielt Hunderte »Bekennerschreiben« von Rohmilchkäse-Fans per E-Mail.

Obwohl Nachfassaktionen also nicht schaden können und normalerweise helfen, sind sie nicht notwendig. Und Zeitmangel, der Sie von telefonischen Nachfassaktionen nach einem Mailing abhält, sollte Sie nicht davon abhalten, Pressemitteilungen zu verschicken oder Ihre eigene PR zu machen.

Es ist ähnlich wie bei Anschreiben, mit denen Sie versuchen, bei Redakteuren Interesse an einem Bericht über Sie oder von Ihnen zu erzeugen. Viele der erfolgreichen Angebotsbriefe in Kapitel 10 erzeugten beispielsweise ohne Nachfassbrief oder Anruf eine Veröffentlichung. Wenn das Angebot anhand der in Kapitel 10 beschriebenen Richtlinien geschrieben wurde, wird der Brief alleine dafür sorgen, dass Redakteure darauf reagieren, ohne dass Sie mit ihnen in Kontakt treten müssen.

Fazit: PR funktioniert auch dann, wenn Ihre Zeit und Ihr Budget für redaktionelle Kontakte begrenzt sind. Ja, PR ist noch erfolgreicher, wenn Sie persönlich nachfassen können. Eine Nachfassaktion ist hilfreich, aber weit davon entfernt, zwingend notwendig zu sein. Gut geschriebene Unterlagen sprechen für sich selbst und werden auch ohne Ihre Nachhilfe abgedruckt.

Mythos: Sie brauchen »Kontakte«, um Publicity zu bekommen

Realität: Kontakte helfen, aber Sie können auch ohne sie sehr erfolgreich sein.

PR-Profis sprechen gerne von ihren Pressekontakten – all die Redakteure, Programmdirektoren und andere Presseleute, die sie kennen – und welchen Vorteil diese bringen, um Veröffentlichungen zu erzielen. Ich selbst tue das auch!

Helfen persönliche Kontakte und der Aufbau von Netzwerken wirklich? Sicher. In meinen Anfangsjahren ging ich auf so viele Veranstaltungen, wie ich nur konnte, und jeder Redakteur und jeder Produzent kannte meinen Namen. Und wenn ich anrief, nahmen sie meinen Anruf entweder entgegen oder riefen mich zurück.

Heißt das, dass Sie ein ebensolches intensives Mediennetzwerk aufbauen müssen, um mit Ihrem PR-Programm erfolgreich zu sein? Ganz und gar nicht. Sie können wahrscheinlich auch ohne dies und auf sich gestellt ganz gut zurechtkommen, herzlichen Dank.

 Auch wenn das Netzwerk dabei half, dass meine Anrufe beantwortet wurden, nützte es niemals dabei, eine meiner Geschichten gedruckt zu bekommen, die ansonsten nicht veröffentlicht worden wären. Als wir unsere Pizza-Meter-Kampagne durchführten, tätigte ich, glaube ich, keinen einzigen Anruf. Die Story war originell und zu gut, als dass die Presse widerstehen konnte. Ebenso bei der »Strike Back«-Idee, von der ich im ersten Kapitel erzählt habe – der PR-Kampagne, die meine erste Titelgeschichte in der *USA Today* erzielte.

Ein Vorteil, den ein Vollzeit-PR-Profi gegenüber jemandem hat, für den PR ein Teil seiner Aufgaben ist, ist die Zeit, die ihm zur Verfügung steht, um Medienkontakte aufzubauen. Diese Investition wird sich mit der Zeit auszahlen. Beispielsweise kann ein Angestellter einer PR-Agentur, der ein halbes Dutzend Kunden aus dem Computerbereich betreut, die Chefredakteure der wichtigsten Computerpublikationen kennen lernen. Die Investition an Zeit und Energie, um diese Beziehungen aufzubauen, ist deshalb kosteneffektiv, weil sie nicht nur einem, sondern einem halben Dutzend Kunden zugute kommt.

Auf der anderen Seite kann ein Eigentümer eines kleinen Unternehmens, der für alle Bereiche – Forschung, Entwicklung, Produktion, Management, Finanzen, Marketing, Distribution, Verkauf, Promotion – die volle Verantwortung trägt, nur ein Zwanzigstel seiner Zeit oder weniger für Public Relations einsetzen. Angesichts der wenigen PR-Aktivitäten, die er durchführt (eine Pressemitteilung in diesem Monat, ein Bericht im nächsten, eine Pressekonferenz im übernächsten usw.), kann er es sich einfach nicht leisten, Zeit da hinein zu investieren, auf dieselbe Art und Weise Redakteure kennen zu lernen und die Kontakte zu pflegen, wie dies ein Vollzeit-PR-Profi kann.

Mythos: Redakteure möchten in großem Stil bewirtet werden

Realität: Redakteure haben keine Zeit dazu, auf Ihre Kosten zu schlemmen.

Dies ist eine Erweiterung des Mythos, dass enge persönliche Kontakte mit Presseleuten notwendig sind, um Veröffentlichungen zu erzielen. Die Idee ist, dass Sie eine bevorzugte Behandlung von Redakteuren und Reportern erhalten, die Sie persönlich kennen und mit denen Sie eine enge Beziehung aufbauen, auch dadurch, dass Sie ihnen Vergünstigungen zukommen lassen wie ein Mittagessen in einem exklusiven Restaurant oder Freitickets zu einem Basketballspiel.

Obwohl auch Redakteure nur Menschen sind und einige auf solch eine Behandlung wohlwollend reagieren, ist meine Erfahrung, dass die meisten das nicht wollen und es lieber hätten, wenn Sie ihre Zeit nicht mit Small Talk und Drei-Martini-Lunches monopolisieren würden. Der Grund ist, dass Redakteure, genau wie wir alle, sehr beschäftigt sind. Aber zusätzlich dazu, dass sie viel zu tun haben, müssen sie außerdem ständig mit engen Deadlines arbeiten. (Wenige

Redakteure, die ich kenne, fühlen sich durch die fast immer lauernden Deadlines *nicht* unter Druck.)

Als Resultat bevorzugen es die meisten Redakteure, zu PR-Quellen, selbst zu guten, eine gewisse Distanz zu halten. Sie ziehen es vor, Themenvorschläge per Brief oder Pressemitteilung zu erhalten, als alle Details in einer langatmigen Unterhaltung runtergebetet zu bekommen. Die meisten Redakteure und Produzenten sind Schrift-orientiert und bevorzugen eine schriftliche Kommunikation; wenn sie Fragen haben, werden sie fragen. Wenn ein Gespräch notwendig ist, dann lieber fünf Minuten am Telefon als ein zweistündiges Mittagessen.

Die Wahrheit ist also, dass es nicht nötig ist, die Redakteure zu bewirten, wie Sie es bei einem wichtigen Kunden machen würden. Wenn Sie persönliche Beziehungen zu Presseleuten aufbauen und pflegen möchten, tun Sie das. Seien Sie sich aber darüber klar, dass es nicht notwendig ist.

Mythos: Normale Post ist schlecht; Expresszustellung und Fax funktioniert großartig

Realität: Eine einfache ein- oder zweiseitige Pressemitteilung, die per Post an die Redaktionen geht, ist genauso effektiv, wie per Fax, Kurier- oder Expresszustellung – und dazu viel billiger.

Einige Verteilerdienste und einzelne PR-Leute behaupten, dass das Fax ein besserer Weg ist, Pressemitteilungen zu verbreiten als die Post, aber das ist nur zum Teil richtig. Ein Faxgerät bringt Ihr Material viel schneller ans Ziel, als wenn Sie es drucken und per Post schicken. Ich sehe jedoch keinerlei Indizien dafür, dass gefaxtes Material eher gedruckt wird als per Post versandtes.

Ein PR-Autor, den ich kenne, bearbeitete ein Projekt für einen Kunden, der sagte: »Verschicken Sie alle Pressemitteilungen mit Federal Express, das wird wirklich die Aufmerksamkeit der Medien auf sich ziehen.« (Das passierte, bevor Faxgeräte und das Internet allgemein verbreitet waren.) Die Kosten waren extrem, wenn man es mit normaler Briefpost vergleicht, und wir sahen keine Anzeichen dafür, dass irgendein Redakteur gehörig beeindruckt war oder dem Material irgendwie mehr Aufmerksamkeit schenkte, weil es per Express gekommen war. Denken Sie daran, dass Redakteure viele Sendungen mit Expressdiensten bekommen und täglich Faxnachrichten erhalten. Ihre Pressemitteilung auf diesem Weg zu verschicken, hat also eine minimal höhere Wirkung.

Die Umfragen unter deutschen Journalisten ergeben für die beste Versandform kein eindeutiges Bild. Der klassische Postversand funktioniert nach wie vor. Allerdings zeichnen sich branchentypische Unterschiede ab: für einen IT-Journalisten, der in einer Online-Redaktion sitzt, ist E-Mail der bessere Weg. Auf keinen Fall sollte die E-Mail allerdings Anhänge enthalten. Der Königsweg lautet: Fragen Sie jeden Journalisten, in welcher Form er die Pressemitteilung am liebsten erhält.

Was die elektronische Zustellung angeht, einige Zeitschriften begrüßen es, ausführlicheres Material per Diskette oder über das Internet zu erhalten, aber das Standardformat ist noch immer das gedruckte Manuskript, und das wird in 99,99 Prozent aller Fälle akzeptiert. Wenn Sie eine Datei liefern können, tun Sie das. Aber es ist nicht notwendig und es erhöht im Normalfall auch nicht die Chancen auf eine Veröffentlichung.

Mythos: Man kann PR nicht durch Anzeigen erkaufen

Realität: In einigen Medien können Sie das.

Presse- und PR-Leute wurden immer gelehrt, dass »Werbung« und »redaktionelle Beiträge« vollkommen voneinander getrennt sind. Das heißt, die Redaktion eines Mediums arbeitet eigenständig, unabhängig und ohne Einfluss der Anzeigenabteilung. Daher erhöht die Tatsache, dass Sie ein Anzeigenkunde sind, nicht die Chancen, dass Ihre Pressemitteilung in dieser Publikation gedruckt wird, und umgekehrt bedeutet die Tatsache, dass Sie keine Anzeigen schalten, *nicht*, dass die Publikation Ihre Pressemitteilung nicht veröffentlicht.

Aber entspricht das wirklich der Wahrheit? Oder können Sie Publicity »kaufen«, indem Sie Anzeigen schalten? Bei einigen Publikationen können Sie das. Aber meine Erfahrungen haben mir gezeigt, dass Sie auf einer höheren Ebene – bei sehr bekannten und renommierten Publikationen (wie der *Frankfurter Allgemeinen Zeitung* oder dem *Wall Street Journal*) – keine Redaktion durch Anzeigen erkaufen können, noch erfahren die PR-Unterlagen von Anzeigenkunden die geringste zusätzliche Beachtung durch die Mitarbeiter der Redaktion. Eine Ausnahme mag es geben, wenn die Anzeigenabteilung nicht möchte, dass ein negativer Artikel über einen Anzeigenkunden erscheint. Aber wenn Sie nicht gerade in Giftmüllschiebereien oder einen öffentlichen Skandal involviert sind, brauchen Sie sich darüber keine Gedanken zu machen. In Publikationen mit geringeren Auflagen jedoch – in solchen, die mehr spezialisiert oder regional versiert sind, und in branchenspezifischen (»vertikalen«) Publikationen im Gegensatz zu allgemeinen (»horizontalen«) Wirtschaftspublikationen – ist es die reine Wahrheit, dass Anzeigenkunden zum Teil bevorzugt behandelt werden. Ich habe es wieder und wieder beobachtet und weiß, dass dies eine unbestreitbare Tatsache ist.

 PR und Werbung beim trauten Tête-à-tête

Mein Co-Autor Bob Bly war einst Public Relations Manager einer kleinen Firma, die Geräte für chemische Prozesse herstellte. Ein Anzeigenverkäufer einer kanadischen Zeitschrift wollte Blys Firma als Anzeigenkunden gewinnen.

»Ich sagte ihm, dass ich ihn gerne treffen würde, es aber sehr unwahrscheinlich sei, dass wir Anzeigen schalten würden, da der Großteil unserer Kunden in den Vereinigten Staaten saß«, erzählt Bly.

Der Anzeigenverkäufer pausierte. »Haben Sie Pressemitteilungen?« fragte er. »Selbstverständlich«, antwortete Bly und merkte an, dass er erst kürzlich sechs oder sieben neue Pressemitteilungen erstellt habe. »Geben Sie mir jeweils einen Ausdruck davon«, sagte der Anzeigenverkäufer. »Warum?« fragte Bly. »Warten Sie's ab«, entgegnete der Anzeigenverkäufer.

In etwa zwei Monaten sandte er an Bly einen Brief mit der neuesten Ausgabe der Zeitschrift. Jede einzelne der Pressemitteilungen war in dieser Einzelausgabe abgedruckt, inklusive Fotos der Produkte. Der Brief deutete an, dass Blys Firma weiterhin derart großzügige Publicity erwarten konnte, wenn sie in den nächsten Ausgaben einige Anzeigen schalten würde.

Das war ein eklatanter Fall unverhohlenen Verkaufs von Anzeigen im Gegenzug für redaktionelles Entgegenkommen; die Anzeigenabteilung kontrollierte in dieser Zeitschrift ganz offensichtlich die Redaktion.

Mythos: Jede Tatsache, die in den Medien berichtet wird, wurde gründlich recherchiert und überprüft

Realität: Die meisten PR-Unterlagen werden ohne jegliche Überprüfung abgedruckt.

Ich habe beobachtet, dass Redakteure selten Quellen überprüfen und interviewen, um das Material von Pressemitteilungen zu ergänzen. Der Grund liegt zum Teil in der Verschlankung der Verlage zur Kostenreduktion. Zeitungsverlage und Sender haben ganz einfach nicht genug Personal, um alle Fakten zu überprüfen. Redakteure und Produzenten tendieren dazu, PR-Unterlagen so zu veröffentlichen, wie sie sind; wenn sie editieren, dann gewöhnlich hinsichtlich Stil, Grammatik und Länge, nicht um faktische Inhalte zu ergänzen oder zu belegen.

Ich mache die PR für viele E-Commerce-Firmen und habe Dutzende von Pressemitteilungen verschickt. Ich habe dabei beobachtet, dass die Anrufe, die meine Kunden von Redakteuren bekommen, zu 90 Prozent der Überprüfung der Webadresse oder der genauen Schreibweise des Firmennamens dienen. Ganz selten werden die faktischen Inhalte oder die Richtigkeit von aufgestellten Behauptungen in Frage gestellt.

Obwohl Redakteure vielleicht zu überlastet sind, um die Inhalte Ihrer Pressemitteilungen zu überprüfen, möchten sie nicht, dass es so scheint, als ob sie Ihre Produkte bewerben, und sie möchten auch keine Verantwortung übernehmen für die Behauptungen, die Sie über Ihre Produkte aufstellen. Wenn es also irgendeinen Zweifel an der Richtigkeit der Information gibt oder wenn Ihre Mitteilung eine Meinung wiedergibt, die wahrscheinlich Widerspruch herausfordert, mag der Redakteur den einfachsten Weg hinaus aus diesem Dilemma suchen: Ihr Material ganz einfach nicht zu drucken. Oder er wird besonders kritisch bei Ihnen nachhaken, und aus seinem Zweifel eine Story machen. Daher ist die Glaubwürdigkeit Ihres Unternehmens und die korrekte Information in der Pressemitteilung immens wichtig.

Mythos: Publicity zu bekommen ist eine Frage des Glücks und des Timings

Realität: Das Glück bevorzugt den Verstand und das Timing ist kontrollierbar.

Menschen, die in der PR (oder auch sonst irgendwo) nicht erfolgreich sind, betrachten oftmals diejenigen, die erfolgreich sind, mit Misstrauen und Zynismus. »Oh, die haben aber Glück«, behauptet ein Firmenmitarbeiter, der eine positive Berichterstattung über seinen Konkurrenten in einem wichtigen Branchenmedium liest. »Die müssen diesen Redakteur genau zur richtigen Zeit mit der richtigen Story kontaktiert haben. Als wir unsere Mitteilung verschickt haben, war die Zeitschrift an dem Thema nicht interessiert und hat daher nichts veröffentlicht. Jetzt ist es natürlich ein aktuelles Thema und unser Konkurrent muss die Geschichte genau in dem Moment vorgeschlagen haben, als sie sowieso darüber berichten wollten.«

Bestreite ich, dass Timing wichtig ist? Nein. In den Bereichen Public Relations, Marketing, Promotion, Produkteinführung und Verkauf ist das richtige Timing entscheidend: Sie sind dann erfolgreich, wenn Sie Ihren Pressekontakt, Ihren Zielmarkt oder potenziellen Kunden genau zum richtigen Zeitpunkt erreichen.

 Eine Strategie, die bei mir gut funktioniert, ist es, PR-Aktionen in wichtige aktuelle Themen einzubinden. Ich bemerkte zum Beispiel, dass jedes Jahr am 15. April alle Fernsehstationen ein Kamerateam zu Postfilialen schicken, um Interviews mit Steuerzahlern zu führen, die dort Schlange stehen, um in letzter Minute ihre Steuererklärung auszufüllen und rechtzeitig zur Deadline noch abzuschicken.

Ich schlug meinem Kunden, einem amerikanischen Pizzahersteller, vor, Lieferanten zu schicken, die an die müden und hungrigen Steuerzahler, die dort Schlange stehen, kostenlos Pizza verteilen. Weil die Kameras schon da waren, kam der Gag in die Abendnachrichten. Viele andere Firmen benutzen nun ebenfalls diese Strategie, dort hinzugehen, wo die Kameras bereits sind.

Auf großen Messen in Deutschland sind besonders viele Kamerateams unterwegs. Sie brauchen unmittelbar vor Beginn der Messe Bilder für ihre Berichterstattung. Wenn Sie Aussteller sind, bereiten Sie sich auf den Besuch vor. Nehmen Sie Kontakt zum »Frühstücksfernsehen« auf, bieten sie dem Team morgens um vier einen Dreh auf einem belebten Messestand, und Sie haben gute Chancen, auf den Bildschirmen zu erscheinen. Ein Kontakt zur Pressestelle der Messe informiert Sie vorab, welche Teams unterwegs sind.

Timing und Glück kontrollieren

Der Motivations-Experte Dr. Rob Gilbert sagte einmal zu mir: »Den richtigen Zeitpunkt kontrollieren Sie dadurch, dass Sie zu jeder Zeit da sind.« Und so funktioniert das: Nehmen wir einmal an, Sie seien ein Entsorgungsunternehmen und möchten für Ihre Firma etwas Publicity erzielen. Das Problem ist, dass Sie nie wissen können, in welchem Monat ein bestimmter Redakteur im größten Wirtschaftsmagazin Ihrer Stadt einen Bericht machen wird über die Entsorgungsprobleme kleiner Unternehmen und wie diese zu lösen sind. Aber eines ist sicher:

Wenn Sie diesem Redakteur jeden Monat eine Pressemitteilung über Entsorgungsstrategien und Logistiken schicken, wird Ihr Material *in dem Monat, in dem er sich entscheidet, den Bericht zu bringen,* in seinem Schoß liegen. Und wenn das passiert: Wen, denken Sie, wird er für ein Interview anrufen, Sie oder Ihren Konkurrenten, von dem er noch nie gehört hat?

Ein weiteres vertrautes Beispiel: Meine Frau und ich gingen einmal mit unserem Sohn zum Rummelplatz. Bei einem Glücksspiel konnte man ein kleines Kuscheltier gewinnen, indem man auf eine von zehn Zahlen 30 Euro-Cent setzte und dann hoffte, dass das Glücksrad auf dieser Zahl stehen blieb. Es dämmerte mir, dass ich, wenn ich für Alex ganz sicher ein Kuscheltier bekommen wollte, nur 3 Euro auf alle Zahlen gleichzeitig verteilen musste. Dann *musste* ich mit einer meiner zehn Einsätze gewinnen. (Tatsächlich setzten wir ganz normal unseren Einsatz und gewannen gleich beim ersten Mal ein Kuscheltier!)

In der PR gelten dieselben Prinzipien: Halten Sie sich draußen bei den Medien präsent – mit Pressemitteilungen, Themenvorschlägen, Artikelangeboten – und Sie werden die Gewinnzahl erwischen. Der Preis ist Publicity für Ihr Unternehmen oder Ihr Produkt. Das ist unvermeidlich.

Heißt das, dass eine einmalige Pressemitteilung oder Promotion-Aktion nicht funktioniert? Ganz und gar nicht. Selbst eine einzelne Pressemitteilung oder Auftritt in Fernsehen oder Rundfunk kann haufenweise Veröffentlichungen und Hunderte oder sogar Tausende Anfragen und Verkäufe generieren. Aber andererseits kann Ihr erster Versuch auch wenig bis gar nichts bringen. Wenn Sie Publicity als ein auf Anhieb funktionierender Event betrachten, bleibt es ein Glücksspiel. Wenn Sie ein beständiges, laufendes Programm haben mit monatlichen oder sonst wie regelmäßigen Aktionen, werden Sie früher oder später fast mit absoluter Sicherheit das gewünschte Resultat erzielen (früher, wenn Sie den Empfehlungen dieses Buches folgen).

Der PR-Prozess unter der Lupe

3

In diesem Kapitel

▶ Recherche als Grundlage für den Planungsprozess

▶ Ziele festlegen

▶ Über ein Budget für Ihren PR-Plan entscheiden

▶ PR-Aktionen planen, die funktionieren

▶ Die vier Elemente erfolgreicher PR-Taktik

▶ Zehn Stufen zu einer kreativen PR-Aktion

▶ Entscheiden, ob die Kampagne Erfolg haben wird

Der Schlüssel zu guten kreativen PR-Ideen ist das Verständnis, dass es mehr ist, als gute Ideen aus dem Ärmel zu schütteln. Im Gegenteil, hochwertige kreative PR-Konzepte entstehen aus einem bewussten Planungsprozess, den ich in diesem Kapitel beschreiben werde.

Am Anfang des Planungsprozesses steht die Recherche

Planung beginnt mit Recherche. In meiner PR-Agentur beginnen wir den Planungsprozess mit einer Untersuchung der internen und externen Faktoren. Die internen Faktoren umfassen Firmenumfeld, Marketingziele sowie Produkteigenschaften und -vorzüge. Die externen Faktoren umfassen Publikum, Markt, Vertriebswege und Konkurrenzfirmen.

Einige der Methoden, die ich benutze, um diese Informationen zu sammeln, sind folgende:

✔ Interviews mit wichtigen Firmenmitarbeitern

✔ Umfragen per Post oder Telefon bei Kunden und potenziellen Kunden

✔ Persönliche Interviews mit Kunden und potenziellen Kunden

✔ Zusätzliche Interviews mit Wirtschaftsanalysten, Unternehmensberatern, Journalisten und anderen Experten

✔ Eine Analyse aller laufenden und vergangenen PR- und Marketing-Unterlagen einschließlich der Zeitungsausschnitte, Anzeigenbelege, Pressemitteilungen, Produktbroschüren, Kataloge und anderer Werbeunterlagen

✔ Eine gründliche Suche im Internet und gedruckten Quellen, wie Zeitungsartikel, Fallstudien, Produktliteratur und anderer relevanter Publikationen

Wonach ich suche? Ich möchte zum Beispiel wissen, wo die Firma und ihre Produkte im Markt positioniert sind und was die Leute – Kunden, potenzielle Kunden und die Presse – über sie denken, wie die Medienarbeit bisher aussah.

Ich möchte auch verstehen, welche Botschaften den Konsumenten nicht erreichen. Mit anderen Worten: Was ist die Botschaft, die die Firma rüberbringen will – oder sollte –, um die Wahrnehmung auf dem Markt zu ändern und Marktanteile zu erhöhen oder zu erhalten?

 Auf der Dummies-Website finden Sie ein Beispiel und eine Checkliste für solch eine Situationsanalyse. Beim Lesen werden Sie feststellen, dass wir einen derartigen Bericht nicht ausgefallen gestalten und mit vielen Erläuterungen versehen. Die Recherche ist ein Werkzeug und sollte auch als solches eingesetzt werden. Je kürzer und prägnanter, desto besser.

Ziele festlegen

Wenn diese Recherche abgeschlossen ist, sollten Sie ein recht genaue Vorstellung haben von:

✔ **Den wichtigsten Botschaften**, die Sie kommunizieren möchten. Oft drehen sich diese Aussagen um die Vorzüge Ihres Produktes oder die Vorteile, die es gegenüber der Konkurrenz besitzt. Aber nicht immer. Ihre Kernbotschaft mag sein, dass Sie um die Lokalgemeinde oder die Umwelt besorgt sind, oder dass Ihr Produkt »ökologisch« produziert wird und keine Konservierungsstoffe oder künstliche Aromastoffe enthält.

✔ **Das Marketingziel:** Ist das Ziel eine Erhöhung der Umsätze oder der Marktanteile? Ein Kunde mag uns damit beauftragen, so viele Saftpressen wie möglich zu verkaufen. Ein anderer mag das wichtigste Internetportal für kleine Unternehmen werden wollen. Was ist das Endziel, dass Sie mit Hilfe der PR erreichen wollen?

✔ **Das Publikum:** Wer ist der Adressat für Ihre Kernbotschaft? Ist es der Endverbraucher oder der Distributionsweg (Einzelhändler, Großhändler, Zwischenhändler)? Vergessen Sie nicht die geografische Reichweite und entscheiden Sie, ob Ihre Zielgruppe lokal, regional, national oder global ist.

• Wenn Sie auf Geschäftskunden abzielen, dann legen Sie fest, welche Branche und welche Funktionen, Titel und Verantwortlichkeiten die entsprechenden Firmenmitarbeiter haben.

• Wenn Sie Konsumenten ansprechen wollen, machen Sie sich ein Bild des idealen Publikums hinsichtlich Alter, Einkommen, Lebensstandard, Karriere, wirtschaftlicher Status, Hobbys, Interessen und Geldausgabeverhalten.

✔ **Die Reaktion, die Sie erzeugen wollen:** Einfach zu sagen »Umsätze steigern« ist nicht spezifisch genug. Was möchten Sie bei Ihrem Zielpublikum erreichen, was soll es tun, sagen, denken oder glauben, nachdem es Ihre Kernbotschaft erhalten hat?

✔ **Die Medien, die Sie erreichen wollen:** Welche Publikationen und Sendungen sollen über Sie berichten, damit Sie Ihr Zielpublikum erreichen? Darunter können Fernseh- oder Radiosendungen sein, Zeitungen, Newsletters, Zeitschriften, Fachpublikationen und andere Medien, die Ihr Zielpublikum wahrscheinlich sieht, liest oder hört.

 Weil ich das, was ich predige, auch praktiziere, benutze ich regelmäßig PR, um meine PR-Agentur Jericho Communications zu bewerben, damit wir bekannter werden und mehr diejenigen Kunden gewinnen, denen wir am besten dienen können. Den PR-Plan, den ich für Jericho Communications aufgestellt habe, können Sie auf der Dummies-Website einsehen.

Den PR-Plan zusammenstellen

Wenn Sie sich den Beispiel-PR-Plan auf der Dummies-Website anschauen, werden Sie die folgenden Rubriken finden. Ihr Plan kann dasselbe Grundformat haben.

✔ **Überblick:** Eine Zusammenfassung der bestehenden Marketingherausforderung, der Sie mit Hilfe Ihrer PR-Kampagne begegnen wollen

✔ **Ziele:** Was Sie mit der PR-Kampagne für Ihre Firma erreichen wollen

✔ **Strategie:** Die Methoden, mit denen Sie Ihre Ziele erreichen wollen

✔ **Zielpublikum:** Die Menschengruppen, die Sie erreichen wollen

✔ **Wichtigste Zielmedien:** Die spezifischen Publikationen und Sendungen, die Sie mit Ihren PR-Aktionen ansprechen wollen

✔ **Empfehlungen:** Welche der PR-Taktiken, die Ihnen in diesem Buch vorgestellt werden, Sie benutzen werden, andere Ideen, die Sie verfolgen möchten, sowie das jeweilige Thema, den jeweiligen Blickpunkt oder Aufhänger

✔ **Die nächsten Schritte:** Ein Aktionsplan – wer macht was und wann

Budgetplanung – Was Sie brauchen, um Ihre Ziele zu erreichen

PR kostet einen kleinen Bruchteil anderer Marketingmethoden – oftmals weniger als ein Hundertstel von dem, was Sie für bezahlte Werbung ausgeben würden. Aber es ist nicht 100 Prozent kostenlos. Ja, die Medien stellen Ihnen eine Veröffentlichung nicht in Rechnung, aber da ist immer noch die Zeit, die Sie in die Planung der PR-Kampagne investieren und in das Schreiben der PR-Unterlagen, sowie Kosten für Druck und Versendung der Unterlagen und Nachfassaktionen bei den Medien. Einige PR-Mittel können sogar sehr teuer sein!

Also ist es wichtig, dass Sie sich mit Blatt und Stift bewaffnet hinsetzen (oder ein Arbeitsblatt auf Ihrem PC anlegen) und ein vernünftiges Budget kalkulieren, bevor Sie anfangen, Geld auszugeben. Die größten Ausgaben werden die Arbeitszeiten Ihrer Mitarbeiter sein, die PR-Aufgaben ausführen sollen, Honorare, die Sie für ausgelagerte Leistungen zahlen (an Grafiker, freie Autoren, PR-Agenturen, Medienverzeichnisse, Ausschnittsdienste), sowie Barausgaben für das Drucken und Verschicken von Presseunterlagen.

 Ein PR-Budget aufzustellen hat nichts mit Magie zu tun und erfordert auch keine spezielle Technik; Sie stellen ein PR-Budget genauso auf wie Sie dies bei jedem anderen Projekt auch tun würden. Auf der Dummies-Website können Sie das Format einsehen, das wir in meiner PR-Agentur benutzen, um ein vorgeschlagenes Budget einem Kunden zur Freigabe zu präsentieren.

Die vier wichtigsten Zutaten für erfolgreiche PR-Rezepte

Jedes Public-Relations-Konzept sollte aus den vier Elementen Nachrichtenwert, Werbebotschaft, Zielmedien und Zielpublikum bestehen. Die folgenden Abschnitte erklären diese vier Elemente.

Element: Nachrichtenwert

Seltsamerweise ist dies das Element, das die wenigsten PR-Agenturen wirklich beherrschen. Themen werden von der Presse nicht aufgegriffen, weil Sie das gerne so hätten, und sie werden nicht überall abgedruckt, weil Sie »gute Pressekontakte« haben. Sie werden aufgegriffen, weil ein Element interessant und berichtenswert ist.

Was macht ein Element interessant und berichtenswert? Nun, da gibt es viele Faktoren. Einige Leute, zum Beispiel Bill Gates, kommen alleine für das in die Nachrichten, was sie sind. Aber was die Mehrheit der PR-Konzepte angeht, so ist eine Reihe von Gewürzen dafür verantwortlich, dass Sie für die Presse zu einem interessanten Gebräu werden. An erster Stelle steht das Gewürz namens Emotion. Ein nachrichtenwertes Element wirkt, wenn es Leute glücklich macht, zum Lachen bringt, ihren Ärger besänftigt oder ihre persönlichen Sorgen um Haus, Familie oder Karriere anspricht.

Nachrichtenwerte Elemente, die in der PR besonders wirkungsvoll sind, sind normalerweise *quantitativ*. Werbung ist die Kunst des *Qualitativen* (»dieses Produkt ist großartig, dieses Produkt säubert am besten«). PR hingegen ist die Kunst des Quantitativen (»Untersuchungen zeigen, dass 82 Prozent der Leute, die dieses Nasenspray benutzen, Rosen besser riechen können.«).

Ein wirkungsvolles PR-Nachrichten-Element spannt gewöhnlich einen Bogen von den Bedürfnissen des Publikums zu den Vorzügen des Produkts. Die Werbung funktioniert genau umgekehrt; Ausgangspunkt sind die Vorzüge des Produkts. Mit anderen Worten: In der PR diskutieren Sie zunächst die Bedürfnisse der Konsumenten, zum Beispiel »wir brauchen eine bessere Mausefalle, weil es viele Mäuse gibt«. Dann diskutieren Sie, wie das Produkt diese Bedürfnisse erfüllt. In der Werbung sprechen Sie immer wieder davon, was das Produkt kann, und dann setzen Sie es mit den Konsumentenbedürfnissen in Beziehung.

Schließlich ist ein Element, das eine Kampagne in die Nachrichten bringt, meist auch demonstrativ, das heißt, eine Eigenschaft wird gezeigt, nicht nur behauptet. Wiederum der Vergleich zur Werbung: Werbung ist die Kunst der Behauptungen. Sie machen dreiste Behauptungen, was Ihr Produkt alles kann, aber weil diese Behauptungen gewöhnlich sehr kommerziell sind, werden die Medien diese nicht kostenlos aufgreifen.

 Vor dieser Situation können Sie sich drücken, indem Sie wichtige Aussagen demonstrieren. Der *Baustoffring,* eine bundesweite Kooperation mittelständischer Baustoffhändler, führte seinen Kunden und der Fachpresse auf einer Jubiläumsfeier mit einer ganz einfachen Methode die Entwicklung der Organisation vor Augen: Bei der Gründung der Organisation kamen die Mitglieder aus einer Region, nach 25 Jahren aus fünf Regionen im gesamten Bundesgebiet. Die fünf Regionen wurden mit fünf regional bestückten und deutlich beschrifteten Buffet-Inseln dargestellt. Während der Auswahl der Speisen und des Essens erklärten sich die Gäste aus Industrie und Fachpresse gegenseitig, wie stark die Organisation in den Regionen gewachsen sei.

Element: Werbebotschaft

Der Gedanke, dass jede PR gute PR ist, ist Quatsch – und es sind derartige Annahmen, die zu einer großen Vergeudung von Zeit und Geld führen können. Gute PR ist PR, die weite Verbreitung erzielt und eine klare Botschaft davon übermittelt, was Sie Ihrem Publikum verkaufen wollen. Manchmal können Sie eine Kampagne ins Leben rufen, die die Aufmerksamkeit auf eine klare kommerzielle Aussage lenkt, aber in der Regel muss diese kommerzielle Behauptung veranschaulicht werden und nicht, wie in der Werbung, lediglich aufgestellt werden.

Wenn ich beispielsweise eine Pressemitteilung herausgebe, die besagt »Jericho Communications macht jetzt PR für E-Business-Firmen«, interessiert das niemanden. Ich kann behaupten, dass wir E-Business-Experten sind, aber das ist reine Eigenwerbung und niemand würde mir glauben.

Also führten wir stattdessen eine Untersuchung durch, die auf der Fernsehsendung *Survivor* basierte. Wir veröffentlichten die Ergebnisse, die zeigten, dass E-Business-Unternehmer anders über Überlebensstrategien dachten als ihre Gegenspieler in traditionellen Unternehmen; zum Beispiel darüber, was sie mitnehmen würden, wenn sie auf eine einsame Insel ausgesetzt würden. Die *Washington Post* brachte eine Titelgeschichte über die Kampagne und nannte natürlich unsere Agentur als Initiator der Untersuchung. Dadurch wurden wir als Experten dafür positioniert, wie E-Business-Manager denken. Aber wir hauchten der Botschaft Leben ein, dadurch dass wir sie unterhaltsam überbrachten, statt einfach nur eine Behauptung aufzustellen.

Element: Zielmedien

Denken Sie immer daran, dass nichts in der PR einfach nur zufällig passiert. Wenn Sie also einen Medienbereich mit Ihrer Kampagne ansprechen möchten, dann müssen Sie ein Element in Ihre Kampagne integrieren, das die Aufmerksamkeit genau dieses Medienbereichs auf sich zieht. Dieser Ratschlag mag offensichtlich klingen, wird aber oft nicht beachtet. Das Ergebnis ist, dass Sie versuchen, Ihren Zielmedien eine Geschichte zu verkaufen, die nicht wirklich deren Bedürfnisse erfüllt.

Dies ist eine gute Gelegenheit, um einen sehr wichtigen Faktor im Bereich der PR anzusprechen. Im Public-Relations-Bereich ist es sehr kosteneffektiv, wenn Sie Ihre Bemühungen zielgerichtet einsetzen. Wenn Sie in einer Werbekampagne jede einzelne Anzeige genau auf das jeweilige Medium ausrichten würden, wäre das extrem teuer. Nicht so in der PR. Um maximale Resultate zu erzielen, sollten Sie daher Medientaktiken einsetzen, die genau auf jedes einzelne Medium individuell ausgerichtet zu sein scheinen.

Ein Autor wollte beispielsweise sein Buch, ein Telefonbuch mit kostenlosen Hotlines für Konsumenten, bewerben. Unterschiedliche Pressemitteilungen waren jeweils mit verschiedenen Beispiellisten ausgestattet und konzentrierten sich auf unterschiedliche Beispielkapitel: Gesundheit, Garten, Reise, Hobbys und Kinderbetreuung. Die Mitteilung mit den Hotlines aus dem Bereich Garten wurde an Gartenzeitschriften und Haus und Garten-Ressorts von Tageszeitungen geschickt, während die Mitteilung mit Hotlines aus dem Bereich Kinderbetreuung an Elternzeitschriften und Lifestyle-Redaktionen geschickt wurde. Die Publicity war beträchtlich und ich bin davon überzeugt, dass der Grund darin lag, dass wir die Pressemitteilung über ein allgemeines Buch anhand von speziellen Themen aufzogen und auf die einzelnen Medien ausrichteten.

Ihre Medienzielgruppe eingrenzen

Nehmen Sie eine Ausgabe der Wochenendausgabe der *Frankfurter Allgemeinen Zeitung (FAZ)* oder der *Süddeutschen Zeitung* in die Hand und schauen Sie sich die einzelnen Ressorts an. Sie können sehen, wie jedes – Sport, Wirtschaft, Feuilleton, Reisen etc. – ein anderes Leserinteresse anspricht. Indem Sie Ihre PR-Unterlagen auf die spezifischen Tendenzen und Interessen der Medien, die Sie anschreiben, ausrichten, vergrößern Sie die Chance, dass ein Redakteur das Material druckt, ganz erheblich.

Element: Zielpublikum

Ebenso wie Sie die Medien einzeln ansprechen, sollten Sie auch Ihr eigentliches Publikum oder jede Untergruppe Ihres Zielpublikums individuell ansprechen. Daher sollte Ihre Taktik ein Element enthalten, das Ihr Publikum wissen lässt, dass Sie zu ihm sprechen.

Sie könnten den Eindruck gewinnen, hier handele es sich um dieselbe Aufgabe wie beim gerade besprochenen Element des Zielmediums. Dem ist jedoch nicht so. In der PR gibt es keinen Grund dafür, warum Sie Lifestyle-Medien nicht auch dazu nutzen können, ein Wirtschaftsprodukt zu verkaufen, oder die Sportrubrik, um ein Kosmetikprodukt an Frauen zu verkaufen. Wir sind alle multi-dimensionale Menschen, die eine Vielzahl unterschiedlicher Interessen haben. Daher gibt es keinen Grund, warum Sie nicht alle Ressorts eines Mediums dazu benutzen sollten, um Ihre Botschaft zu verkaufen, so lange sichergestellt ist, dass ein Element dem Publikum ganz klar zu verstehen gibt, dass Sie zu ihm sprechen.

Mein Co-Autor Bob Bly beispielsweise veröffentlichte ein Buch über gebührenfreie Telefon-Hotlines. Er schrieb eine Pressemitteilung, die alle gebührenfreien Telefonnummern für Sportfans auflistete und verschickte sie an Sportredakteure. Eine andere Pressemitteilung fasste alle Nummern im Bereich Unterhaltung und Lifestyle zusammen und wurde von Lifestyle-Ressorts publiziert.

Das bringt uns zu einem weiteren wichtigen Unterschied zwischen PR und Werbung – ein Unterschied, der es für Anzeigenleute so schwierig macht, zu verstehen, wie PR funktioniert. In der Werbung gibt es den Begriff der Streuverluste. Streuverluste in der Werbung entstehen, wenn Sie eine Anzeige kaufen, die eine Menge Leute erreicht, aber nur wenige, die zu Ihrem spezifischen Zielpublikum gehören. Es ist eine Verschwendung, weil Sie für die Ansprache einer großen Anzahl Menschen zahlen, aber Sie bekommen keinen entsprechenden Gegenwert, weil nur einige wenige unter ihnen zu Ihrem Zielpublikum gehören.

 In der PR haben Streuverluste nicht so große Bedeutung – ein bisschen schon, aber nur wenig. Weil Sie nicht für jede Publikation bezahlen, in der Sie erscheinen und die Größe des Mediums keinen Einfluss auf Ihre Kosten hat, sollten Sie Ihre Reichweite verbreitern und jedes Medium in Ihre Arbeit einbeziehen, auch wenn nur ein kleiner Prozentsatz dieser Medien Ihr Kernpublikum erreicht. Natürlich müssen Sie nach Abschluss der Kampagne zeigen können, dass Sie eine große Anzahl an Kernkunden erreicht haben, aber Sie können dies tun, indem Sie sowohl *nicht-lineare* Medien (die weiter verbreiteten und peripheren Publikationen, die nicht direkt Ihr Zielpublikum ansprechen) als auch *lineare* Medien (hauptsächlich Zeitschriften, Fachpublikationen und Zeitungen, die direkt Ihr Kernpublikum ansprechen) bedienen.

Tatsächlich sticht Ihre Botschaft außerhalb der üblichen Medien mehr hervor und lässt Ihre Firma bedeutender erscheinen. Diese Technik ist sehr effektiv.

Zehn Stufen zu einer kreativen PR-Aktion

Der erste Entwurf irgendeines Dokuments ist nie der beste Entwurf und das trifft mit Sicherheit auch auf PR-Pläne zu. Ich habe die Abschnitte eines typischen PR-Plans erläutert und gezeigt, wie der Abschnitt »Empfehlungen« in Ihrem PR-Plan die spezifischen PR-Taktiken aufzeigt sowie die Themen oder Ideen für einzelne Aktionen. Sie mögen in Ihrem Erstentwurf des PR-Plans absichtlich vage oder allgemein geblieben sein. Aber jetzt gehen Sie noch einmal drüber und bringen diese Empfehlungen auf den Punkt. Das erfordert harte Arbeit und Kreativität – Sie können es nicht in fünf Minuten erledigen – aber es ist den Einsatz wert. Je vollständiger und spezifischer Ihr Plan jetzt ist, desto leichter wird Ihre Aufgabe später sein, wenn es an die Umsetzung des Plans geht.

Hier einige Vorschläge, wie Sie Ihre Taktiken so kreativ, präzise, originell und unterhaltsam wie möglich gestalten:

✔ **Verstehen Sie, dass die Presse Nachrichten sucht.** Eine Nachricht ist per Definition etwas, was neu, anders und kreativ ist. Nirgendwo sonst hat das Bonmot »Vive la difference« mehr Daseinsberechtigung als beim Versuch, die Aufmerksamkeit der Medien auf sich zu ziehen.

✔ **Oft sind die erfolgreichsten PR-Ideen nicht völlig einzigartig.** Sie sind eher alte Ideen mit einer neuen kreativen Note. Einer meiner Kunden, ein großes Franchise-Unternehmen im Restaurantbereich, initiierte beispielsweise eine Essensfahrt zugunsten der Obdachlosen. Seine Mitarbeiter dachten, dass eine derart groß angelegte Aktion als solches bereits genug sei, um landesweite Aufmerksamkeit zu erzielen. Es war jedoch nicht genug, und das Franchise-Unternehmen erzielte kaum Publicity. Ein anderer Kunde führte eine ähnliche Promotion durch. Aber statt eine typische Essensfahrt zu organisieren, nannten wir die Promotion »Pfund für Pfund für die Obdachlosen«. Der Unterschied war dieser kreative Kniff: Das Unternehmen würde ein Pfund Nahrungsmittel für die Obdachlosen spenden, für jedes Pfund Huhn, das es während eines bestimmten Monats verkaufte. Die Publicity war überwältigend.

Ebenfalls große Publicity erreichte IKEA Deutschland im Jahr 2000 mit seiner Jubiläumsfeier. Jubiläen sind an sich noch kein außergewöhnliches Thema, aber der Konzern teilte in einer großen Kampagne vorab mit, dass der komplette Umsatz des Feiertages an die Mitarbeiter gehe. Ergebnis: Am Jubiläumstag waren die Medien voll mit Berichten über die Schlangen vor den Möbelhäusern. Regionale Tageszeitungen veröffentlichten Einkaufstipps, selbst die Tagesschau berichtete.

✔ **Verlieren Sie denjenigen, für den Sie Publicity machen wollen, nicht aus den Augen.** Wenn Sie eine Pressemitteilung schreiben, achten Sie darauf, keinen Anzeigentext zu schreiben, denn die Presse veröffentlicht keine Werbung ohne Bezahlung. Wenn Sie wollen, dass Ihre Publicity erfolgreich ist, müssen Sie Ihre Kampagne aus der Sicht der Öffentlichkeit gestalten, nicht aus Ihrer eigenen. Das ist der Unterschied zwischen PR und Werbung.

✔ **Machen Sie den Hörerradio-Test.** Wenn Sie eine Idee für eine Promotion haben, fragen Sie sich: »Würde das bei einer Radiosendung mit Höreranrufen funktionieren?« Radiosendungen mit Höreranrufen brauchen Geschichten, die informativ sind und die Zuhörer dazu anregen, sich in das angesprochene Thema einzumischen (anzurufen). Wenn Ihre Kampagne dort also funktioniert, wird Sie bei allen Medien funktionieren.

✔ **Sich in aktuelle Nachrichten und Events einbinden.** Wenn ein großer Event Nachrichten macht, können Sie immer nebengeordnete Geschichten finden, die Sie für Ihre Publicity nutzen können. Vor Jahren machte ich die PR für einen amerikanischen Pizza-Hersteller. Während der *Aktion Wüstensturm* im zweiten Golfkrieg beobachteten wir Pizzabestellungen ins Weiße Haus, die CIA und das Pentagon. Wir bemerkten, dass die Anzahl der Bestellungen vor jeder großen Krise oder einem wichtigen Event zunahm. Indem wir diesen Zusammenhang bekannt machten, konnten wir eine unglaubliche Publicity erzielen, angefangen bei Berichten im *Time* Magazin und der Fernsehsendung *Nightline* bis zu einem Sketch in der Fernsehsendung *Saturday Night Live*.

✔ **Versuchen Sie Themen zu finden, die zu bestimmten Feiertagen passen.** Die PR-Büros der deutschen Umweltverbände schaffen es mit einem exakten Timing seit Jahren, ihre Informationen und ihre Kritik auf den Titelseiten der Boulevardpresse und auf den vorderen Seiten der Tageszeitungen zu platzieren. Warum? Weil sie diese zu Ostern veröffentlichen. Ob Energiespartipps beim Eierkochen, ökologische Eierfarben oder Käfighaltung: Zur richtigen Zeit verschickt laufen diese Themen wie von selbst.

✔ **Sprechen Sie ein Gefühl an.** Wenn Sie die Presse zum Lachen oder Weinen bringen können, oder sie wütend machen, wird Ihre Promotion meist Resultate erzielen.

✔ **Recherchieren Sie Ihre Medien.** Wenn Sie in eine bestimmte Zeitungskolumne oder eine bestimmte Sendung wollen, schauen Sie sich diese täglich an und beobachten Sie, welche Art von Geschichten die Journalisten gerne schreiben. Als Nächstes passen Sie Ihre Botschaft diesem Medium an. Mein Co-Autor Bob Bly beispielsweise sah, dass ein Kolumnist, der über den Ruhestand schrieb, seinen Lesern gerne Tipps gab, wie sie in ihrer Freizeit ein wenig Geld machen konnten, um ihre Rente aufzubessern. Bly schickte einen Themenvorschlag (s. Kapitel 10) – ein Buch über die Arbeit als freier Publizist, das er verfasst hatte. Der Kolumnist mochte diese Idee und besprach Blys Buch in seiner nächsten Kolumne.

✔ **Stellen Sie eine Bilanz Ihrer »Vermögenswerte« auf.** Wenn Sie im E-Business-Bereich tätig sind, ist Ihr größtes Kapital wahrscheinlich Ihre Kundendatenbank. Wenn Sie ein Restaurant betreiben, mag Ihr größtes Kapital Ihr Essen sein. Wir hatten großen Erfolg, als wir für einen Pizza-Hersteller arbeiteten, weil Pizza mehr ist als Nahrung. Für viele bedeutet Pizza Spaß. Daher konnten wir es als Anreiz für alles Mögliche benutzen. Der Punkt ist, dass Sie niemals aus dem Blick verlieren dürfen, wie Ihr Produkt dazu benutzt werden kann, um die Öffentlichkeit zu bewegen und die Aufmerksamkeit der Presse zu erregen.

✔ **Tauschaktionen sind ein beliebter und effektiver Weg, um Publicity zu generieren.** Lange bevor Stadtgebiete damit begannen, Tage zu sponsern, an denen die Öffentlichkeit Waffen gegen Bargeld eintauschen konnte, haben wir eine »Waffen gegen Turnschuhe«-PR-Kampagne ins Leben gerufen. Wir haben auch andere erfolgreiche Tauschaktionen initiiert, darunter »Fernsehfernbedienungen gegen Turnschuhe«. Die Presse ist heutzutage geradezu erpicht auf Tauschaktionen, aber da diese inzwischen an der Tagesordnung sind, muss die Tauschaktion kreativer und innovativer sein.

PR-Ideen bewerten: Wird es funktionieren?

Als PR-Profi bin ich gegenüber den meisten Lesern dieses Buches im Nachteil. Meine Kunden entscheiden letztendlich, was sie umsetzen werden. Ich bin der Berater, nicht derjenige, der entscheidet. Ich mag einen starken Einfluss haben, aber es ist ihr Geld, und sie entscheiden, welche Idee ich umsetzen darf.

 Wenn Sie Unternehmer oder Manager sind, entwickeln Sie nicht nur PR-Ideen, sondern entscheiden auch, welche Sie umsetzen. Hier sind einige Fragen, die Ihnen helfen, zu bewerten, ob eine bestimmte Idee nur auf dem Papier gut klingt oder ob sie tatsächlich funktionieren kann:

✔ **Erregt die Kampagne starke Emotionen?** Emotion – eine gefühlsmäßige, seelische Erschütterung – erzeugt die Energie, die der PR ihre Wirkung verschafft. Sie sichert Veröffentlichungen, formt Entscheidungsprozesse, generiert Bewusstsein, erzeugt Interesse, erhöht Antwortraten und vermittelt dem Zielpublikum das Gefühl, dass die Botschaft für es bestimmt ist.

✔ **Veranschaulicht sie die Botschaft?** Das Kreieren von PR-Initiativen, Events oder Promotions, die ihre Botschaft anschaulich zeigen, statt eine Werbeaussage zu machen, ist das, was sie interessant und berichtenswert macht.

✔ **Kann das Zielpublikum sich damit identifizieren?** Eine erfolgreiche Kampagne konzentriert sich nicht nur darauf, was Sie tun, sondern auch darauf, was Ihr Produkt für das Publikum tut. Diese Kundenausrichtung garantiert nicht nur Nachrichtenwert; sie ermuntert das Publikum auch dazu, der Botschaft Beachtung zu schenken und ihre Haltung, Meinung, Glauben oder Verhalten zu ändern.

✔ **Steht sie eine Stufe über der Normalität?** Public-Relations-Taktiken entfalten ihre maximale Wirkung, wenn sie Ihnen in Ihrer Branche oder auf Ihrem Markt eine überlegene Position einbringen. PR sollte Ihre natürlichen Stärken und Vorteile zur Schau stellen, so dass Sie der Konkurrenz haushoch überlegen sind.

✔ **Beantwortet sie die grundlegenden Fragen wer, was, wann und wo?** Ein guter PR-Plan legt die genaue Botschaft einer Kampagne fest, für wen die Botschaft die größte Relevanz besitzt und unter welchem Aspekt im Leben der Zielpersonen die Botschaft am besten kommuniziert wird. Sie sollten ganz präzise wissen, warum Sie ein PR-Programm haben, was Sie davon erwarten und wann.

✔ **Welche Resultate möchten Sie erzielen?** Legen Sie auf der Grundlage dessen, was Sie erreichen möchten, ein Budget fest. Bestimmen Sie, wie Sie Ihren Erfolg messen wollen: Anfragen, Marktumfragen, Zielgruppen, vergrößerte Marktanteile, gewonnene Neukunden.

Weil alle PR-Konzepte eine Summe von Einzelelementen sind, können Sie vorhersagen, wie erfolgreich das Gesamtkonzept sein wird, indem Sie die Idee nicht als Ganzes beleuchten, sondern in ihren Einzelteilen. Sie können herausfiltern, welche Elemente die Gefühle transportieren, welche die kommerzielle Botschaft vermitteln, welche Nachrichtenwert haben oder Interesse erzeugen und welche das Gesamtkonzept mit dem bestimmten Zielpublikum oder Medium verbinden.

Indem Sie wissen, dass jedes Element einen spezifischen Effekt innerhalb eines Konzeptes erzeugt, können Sie eine PR-Kampagne kreieren, die mit einer viel höheren Wahrscheinlichkeit den Erfolg bringt, den Sie möchten.

Professionelle PR-Hilfe suchen

In diesem Kapitel

▶ Entscheiden, ob Sie Ihre eigene PR selbst machen können – und ob Sie das sollten

▶ Abwägen, welcher Art die externe PR-Hilfe sein soll

▶ PR-Profis zu Ihrem Vorteil einsetzen

▶ Hilfe finden: PR-Agenturen, Werbeagenturen, Berater und Freelancer

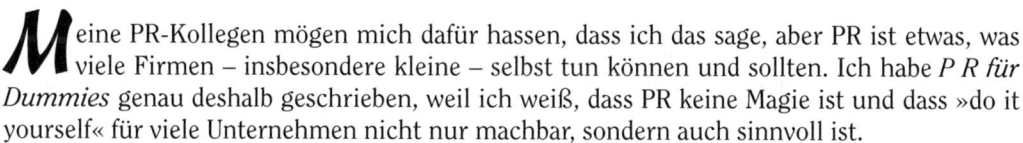

Meine PR-Kollegen mögen mich dafür hassen, dass ich das sage, aber PR ist etwas, was viele Firmen – insbesondere kleine – selbst tun können und sollten. Ich habe *P R für Dummies* genau deshalb geschrieben, weil ich weiß, dass PR keine Magie ist und dass »do it yourself« für viele Unternehmen nicht nur machbar, sondern auch sinnvoll ist.

Die größten Bedenken, die kleine Firmen dabei haben, ihre PR selbst zu machen, sind Pressekontakte. »Ich habe keine Zeit dazu, die großen Magazine und Zeitungsredakteure ständig einzuladen und zu bewirten«, mögen Sie denken. »Eine PR-Agentur hat die Kontakte, die ich nicht habe, und wird daher meinen Namen viel besser in die Presse bringen können.«

Der »Kontakt-Mythos« ist eine Lüge, die meiner Meinung nach von PR-Agenturen verbreitet wird, damit potenzielle Kunden denken, sie seien von den PR-Profis abhängig. Einige große Firmen benutzen den Mythos auch, um sich von ihren Wettbewerbern abzuheben. »Wir können Sie in den *Wall Street Journal* bringen«, behaupten sie, »weil wir den Chefredakteur persönlich kennen.«

Tatsache ist, dass keine persönliche Beziehung zur Presse, egal wie eng, einen Redakteur dazu bringt, eine Geschichte zu bringen, die für seine Publikation oder seine Sendung nicht passt. Wie ich gerne meinen Kunden sage: »Die *New York Times* tut niemandem einen Gefallen.«

Sicher, Pressekontakte können helfen. Wenn Sie jemanden persönlich kennen, ist es einfacher, ihn direkt ans Telefon zu bekommen. Aber das ist schon in etwa alles, was den Wert persönlicher Kontakte angeht.

Der Schlüssel zur gewünschten Publicity liegt darin, eine Geschichte anzubieten, der die Redakteure nicht widerstehen können. Die zwei wichtigsten Elemente sind das Verstehen der Marketingbotschaft und die Fähigkeit, kreative PR-Kampagnen zu planen. Sie verstehen bereits den Markt Ihrer Branche, und ich bin davon überzeugt, dass fast jeder mit ausreichend Übung lernen kann, kreativ zu denken. Die Mechanismen der PR – und viele Beispiele von Kampagnen, die Sie inspirieren sollen – sind in diesem Buch dargelegt. Also haben Sie bereits alles, was Sie benötigen, um Ihre eigene PR selbst in die Hand zu nehmen; Sie brauchen keine Agentur zu beauftragen, wenn Sie das nicht möchten.

Die Frage, die dann auftaucht: Wenn Sie es selbst machen können, warum jemand anders dafür bezahlen? Manchmal ist es einfach eine Frage der Vorteile, die eine Auslagerung von Leistungen so mit sich bringt: Ihre Mitarbeiter sind bereits zu ausgelastet, um PR-Aufgaben übernehmen zu können, und Sie wollen Ihren eigenen Bereich nicht weiter überlasten, indem Sie eine eigene PR-Abteilung gründen, einen PR-Beauftragten einstellen oder ihren bereits überlasteten hausinternen PR-Mitarbeitern zusätzliche Aufgaben aufbürden. Eine offensichtliche Reaktion darauf ist die Auslagerung der PR-Arbeit. Sie gewinnen externe Expertise und entlasten Ihre Mitarbeiter, so dass diese sich auf ihre Kernaufgaben konzentrieren können.

Externe PR-Berater werden auch oftmals wegen des neuen Blickwinkels und originellen kreativen Denkens angeheuert. Hausinterne Mitarbeiter haben vielleicht schon so lange auf einer Produktlinie gearbeitet, dass sie gelangweilt sind und keine Begeisterung mehr einbringen können. Für einen externen PR-Profi, der gerade erst mit einem Auftrag betraut wurde, ist die Promotion des Produktes eine spannende Herausforderung, die das kreative Blut ins Wallen bringt.

Ein anderer Grund für die Beauftragung einer PR-Agentur könnte sein, von deren »beeindruckenden Medienkontaktliste« zu profitieren – aber Sie wissen ja bereits, was ich davon halte.

Hilfe suchen

Wenige Leute in kleinen Unternehmen haben die Zeit dazu, Experten im PR- und Promotion-Bereich zu werden, auch wenn sie ganz gut sein können. Sollen Sie also eine Werbeagentur oder PR-Agentur beauftragen, um das alles zu tun, oder können Sie es selbst tun?

Einige kleine Unternehmen lassen ihre Werbeagenturen auch die PR übernehmen. Andere beauftragen PR-Agenturen oder PR-Berater – unabhängige Berater, die zumeist Ein-Mann-Unternehmen sind. Eine andere Alternative: Sie beauftragen einen freien Journalisten mit dem Schreiben Ihrer Pressematerialien. Im folgenden Abschnitt werde ich alle diese Möglichkeiten beleuchten.

Werbeagenturen

Werbeagenturen bieten Anzeigenkunden eine breite Auswahl an Kommunikationsdienstleistungen: Werbetexte, Grafik, Gestaltung, Planung und Kauf der Anzeigen, Marktrecherche, Verkaufspromotions und Public Relations.

Viele Werbeagenturen vermarkten sich selbst als »Marketing-Kommunikations-Firmen« und bieten sowohl Werbung als auch PR in ihrem Leistungsprofil an. Ist es besser, unterschiedliche Firmen für die Werbung und die PR zu beauftragen, oder ist es besser, wenn beide Bereiche von einer einzelnen Agentur erledigt werden?

Für den Einsatz einer externen PR-Agentur (sowie einer Werbeagentur für den Anzeigenbereich) spricht: PR und Werbung sind zwei unterschiedliche Bereiche, die ganz unterschiedliche Fertigkeiten erfordern. Werbeagenturen können in einer Anzeige praktisch alles sagen, was sie wollen, weil sie die Publikationen dafür bezahlen, dass ihre Botschaft veröffentlicht wird. Im PR-Bereich müssen wir die Medien davon überzeugen – und das manchmal ganz subtil – damit sie unsere Botschaft für uns publizieren. Wir verlangen nach einem »Gratisgeschenk« – wir zahlen nicht für die Veröffentlichung. Es ist eine ganz andere Kunst, und eine, die nicht alle Werbeagenturen gut beherrschen.

Für den Einsatz einer Agentur, die sich sowohl um Werbung als auch um PR kümmert, sprechen die Synergien beider Kampagnen. Eine Gefahr bei der Beauftragung zweier unterschiedlicher Agenturen ist, dass diese nicht gut miteinander kommunizieren und zusammenarbeiten. Das Ergebnis kann sein, dass die Anzeigen- und die PR-Kampagne verschiedene Botschaften kommunizieren.

Aber Sie benötigen nicht notwendigerweise eine einzelne Agentur, um dieses Problem zu vermeiden. Stellen Sie einfach sicher, dass Ihre Werbeagentur und Ihre PR-Agentur oft miteinander sprechen und wissen, was der andere tut. In meiner PR-Agentur arbeiten wir mit den Werbeagenturen unserer Kunden sehr eng zusammen. Manchmal geht das so weit, dass unsere PR-Kampagne die Grundlage der nächsten Anzeigenkampagne bildet.

Ich bin mir dessen bewusst, dass schon das Wort Werbeagentur viele Manager gerade kleinerer Unternehmen abstößt. Ihnen schweben Bilder vor Augen wie ausgiebige »Drei-Martini-Lunches«, plüschige Konferenzräume, überladene Kreativ-Präsentationen, Golf spielende Manager und andere Übel, die nur Kundengelder und Zeit stehlen.

Ja, es stimmt, diese Agenturen gibt es auch und sie sind wahrscheinlich nicht das Richtige für Sie. Angefangen damit, dass sie ihre »kreative Arbeitszeit« (für Texte, Grafiken, Kampagnenplanung) mit 150 Euro pro Stunde und mehr in Rechnung stellen.

Aber was noch schlimmer ist: Ihr Unternehmen wird in einer großen Agentur dieser Art völlig untergehen. Sagen wir, diese Agentur macht 200 Millionen Euro Umsatz im Jahr. Gesetzt den Fall, dass diese Agentur überhaupt mit Ihnen spricht – wie viel Aufmerksamkeit werden Sie von ihren Mitarbeitern wohl bekommen, wenn Sie 200.000 oder 20.000 Euro ausgeben? (Eine interessante Anmerkung nebenbei: Branchen-Insider lassen verlauten, dass große Werbeagenturen für jede Million Euro, die Sie ausgeben, drei Mitarbeiter Vollzeit für Sie arbeiten lassen.)

Das heißt ganz und gar nicht, dass es da draußen keine Werbeagentur gibt, die für Sie passend ist. Die Werbebranche hat eine große Anzahl junger Unternehmer – kleine Ein- bis Zwei-Mann-Unternehmen mit bis zu vielleicht einem Dutzend Mitarbeitern. Viele dieser kleinen Werbeagenturen können in der Qualität und Kreativität ihrer Arbeit mit den Großen der Branche ohne weiteres mithalten – und kosten sehr viel weniger.

Die Stundenhonorare deutscher Werbeberater können zum Beispiel zwischen 70 und 140 Euro liegen, je nach Größe, Bekanntheit und Sitz der Werbeagentur.

Außerdem unterscheiden sich kleine Agenturen von ihren riesigen Konkurrenten oft durch Spezialisierung auf ein bestimmtes Gebiet wie Medizin, Finanzen, Unternehmen, Mode etc.

PR-Agenturen

Public-Relations-Agenturen sind die Profis, an die Sie sich wenden sollten, wenn Sie Publicity in den Medien möchten. Nun, das Verschicken einer Pressemitteilung oder der Anruf eines Lokalredakteurs sind zwei Dinge, die jeder tun kann – Sie brauchen kein Spezialist zu sein, um PR zu machen. Warum also eine PR-Agentur ins Spiel bringen? Ein Grund ist, wie erwähnt, dass PR-Agenturen Spezialisten auf dem Gebiet der Public Relations sind.

Bei Jericho Communications, der PR-Agentur, die ich mitgegründet habe, sind unsere Mitarbeiter Profis im Schreiben, Planen, Timen und Ausführen von PR-Kampagnen. Ein Hauptgrund dafür ist, dass sie PR als Vollzeit-Job haben und dies ihre einzige Aufgabe ist. Wir räumen der PR absoluten Vorrang ein, behandeln sie als alles entscheidende Aufgabe, und wir bringen unsere gesamte Zeit damit zu, PR zu machen und sonst nichts.

PR-Aufträge in Deutschland werden immer seltener in Form monatlicher Pauschalen vergeben. Zunehmend üblich ist die Abrechnung pro Projekt. Die Deutsche Public Relations Gesellschaft, die berufsständische Vertretung der PR-Fachleute, macht regelmäßig Honorarumfragen bei ihren Mitgliedern. In dieser Honorarumfrage können sie die durchschnittlichen Stundensätze kleiner und großer Agenturen vergleichen. Aufgeführt werden außerdem Pauschalpreise für Konzeption, Pressekonferenzen und auch die Grundhonorare monatlicher Betreuung. Eine PR-Beratung in einer großen Agentur kostete 2001 118 Euro, in einer kleinen Agentur 87 Euro pro Stunde. Wenn der Chef selbst der Berater war, stellte die große Agentur durchschnittlich 164 Euro, die kleine 133 Euro pro Stunde in Rechnung. Die Honorarumfrage ist auf den Webseiten der DPRG unter www.pr-guide.de zu finden, wenn Sie »Honorar« in die Suchfunktion eingeben. Die Pauschalen für die monatliche Betreuung schwanken in allen Agenturformen zwischen 1.500 und 10.000 Euro. Die Höhe einer Pauschale hängt selbstverständlich stark davon ab, welche Leistungen sie umfasst.

Sollten Sie eine PR-Agentur beauftragen?

Benötigen Sie die hoch-professionellen und etwas kostenintensiveren Dienste einer PR-Agentur? Oder können Sie die Dinge besser und preiswerter selbst erledigen? Hier ist eine Liste, die Ihnen bei dieser Entscheidung hilft:

✔ Beauftragen Sie eine Agentur, wenn effektive PR für Ihren Erfolg von entscheidender Bedeutung ist und Sie sich die üblichen Honorare leisten können.

✔ Wenn Sie eine PR-Agentur beauftragen, rechnen Sie mit mindestens 1.000 Euro Kosten pro Monat. Darunter kann sich auch die kleinste Agentur nicht leisten, ihre Aufträge zu übernehmen.

✔ Beauftragen Sie keine Agentur, wenn Sie gleichzeitig versuchen, Kosten zu reduzieren. Externe Hilfe ist fast immer teurer, als es selbst zu tun.

✔ Beauftragen Sie nicht nur deshalb eine Agentur, weil Sie »keine Zeit haben, alles selbst zu machen.« Ja, die Agentur wird Ihnen einige Zeitersparnis für andere Aufgaben verschaffen. Aber wenn Sie eine Agentur ins Boot nehmen, bekommen Sie Kreativität gepaart mit Kompetenz – und nicht nur ein zusätzliches Paar Hände.

✔ Beauftragen Sie eine Agentur, wenn Ihr Unternehmen Marketing-orientiert arbeitet.

✔ Beauftragen Sie eine Agentur, wenn Sie beabsichtigen, all ihre Dienste zu Ihrem Vorteil voll in Anspruch zu nehmen.

✔ Beauftragen Sie eine Agentur, um frische Ideen, externe Objektivität und einen kreativeren PR-Ansatz zu erhalten.

✔ Beauftragen Sie eine Agentur, wenn Sie Hilfe benötigen beim Planen von Promotions, der Einführung neuer Produkte, der Auswahl der Zielmärkte.

✔ Beauftragen Sie eine Agentur, um Dinge »erstklassig« umzusetzen.

✔ Beauftragen Sie keine Agentur, wenn Sie sicher sind, dass nur Sie alleine den besten Weg kennen, um Ihr Unternehmen zu promoten, und Sie denken, dass Außenstehende niemals nützliche Vorschläge in diesem Bereich machen können.

Wenn Sie sich entscheiden, eine Agentur zu engagieren, müssen Sie wissen, wie Sie die Agentur finden, die für Ihr Unternehmen die richtige ist.

Eine PR-Agentur auswählen

Hier sind sieben nützliche Tipps, um eine Agentur zu wählen, die Ihr Unternehmen am besten unterstützen kann:

✔ **Bevorzugen Sie eine PR-Agentur, die in Ihrer Branche Erfahrung hat.** Unter der Voraussetzung, dass alle anderen Faktoren gleich sind, sollten Buchhalter, Börsenmakler und Banken sich für die Agentur entscheiden, die auf Finanzen spezialisiert ist. Ein Hersteller von Kugelventilen sollte eine Agentur wählen, die Erfahrung mit Industriekunden hat. Ein Designer für Männerbadehosen sollte eine Agentur mit weiteren Kunden aus der Modebranche suchen. Indem Sie eine Agentur wählen, die bereits einige Erfahrung in Ihrer Branche gesammelt hat, sparen Sie sich den kostenintensiven und Zeit schluckenden Prozess, deren Mitarbeiter von null schulen zu müssen.

Stellen Sie sicher, dass die Agentur nicht einen Ihrer Konkurrenten als Kunden hat. Daraus würde mit Sicherheit ein Konflikt entstehen. Eine weitere Warnung: Nehmen Sie meine Mahnung, »alles andere ist egal« ernst. Wichtiger als die Erfahrung in Ihrer speziellen Branche ist, dass die PR-Agentur hervorragende PR-Resultate für ihre Kunden erzielt. Alles andere ist eben nicht egal. Und ich hätte lieber eine hervorragende PR-Agentur, die in meiner Branche keine Erfahrung hat, als eine mittelmäßige, mit schwachen Resultaten, aber mit Erfahrung in der Branche.

✔ **Beauftragen Sie keine Agentur mit mehr Leistungsangebot, als Sie tatsächlich benötigen.** Brauchen Sie wirklich eine Agentur mit ausländischen Zweigstellen, Fernsehproduktionsmöglichkeiten, einer Marktforschungsabteilung und Einfluss auf die Regierung? Alle Kunden einer Agentur zahlen für die Aufrechterhaltung der kompletten Ausstattung. Um Geld zu sparen, ohne Leistungen und Qualität zu opfern, sollten Sie eine Agentur wählen, die nur die Kommunikationsdienste bietet, die Sie auch in Anspruch nehmen, was wahrscheinlich Kundenberatung, PR-Texte und klassische Pressearbeit sind.

✔ **Stellen Sie sicher, dass die Agentur die richtige Größe für Sie hat.** Ein 10.000-Euro-Etat stellt nur 0,01 Prozent vom Umsatz einer Agentur mit einem Honorarumsatz von insgesamt 100 Millionen Euro und erhält konsequenterweise auch nur 0,01 Prozent der Managementkapazitäten und 0,01 Prozent der kreativen Anstrengungen. Achten Sie darauf, dass Ihre Agentur klein genug ist, um Ihren Auftrag für profitabel und größter Anstrengungen wert zu halten, aber groß genug, um über genügend Kapazitäten zur Umsetzung Ihrer PR zu verfügen.

✔ **Lassen Sie sich von der Agentur Arbeitsbeispiele zeigen.** Studieren Sie das Agenturportfolio mit Presseausschnitten und Fallbeispielen von PR-Aktionen. Gefällt Ihnen, was Sie sehen? Ist das die Art und Qualität von Arbeit, die Sie erwarten?

Vermeiden Sie Agenturen, die bestimmte Resultate versprechen, aber diese noch nicht umgesetzt haben. Viele Agenturen sagen, dass sie Sie in die Medien bringen können, die Sie möchten. Aber haben sie diese Versprechen bei bestehenden Kunden regelmäßig umgesetzt? Und was noch wichtiger ist: Produzieren sie lediglich Presseausschnitte, die das Portfolio füllen? Oder setzen sie zielgerichtete Kampagnen um, die tatsächlich die Etablierung wichtiger Marken unterstützt und signifikante Umsatzsteigerungen ihrer Kunden bewirkt haben?

✔ **Lassen Sie sich die Namen von momentanen und ehemaligen Kunden geben und reden Sie mit diesen.** Finden Sie heraus, was die PR-Agentur für diese getan hat und ob die Resultate in Form von Umsatzsteigerungen ein Vielfaches der gezahlten Honorare wert waren.

Fragen Sie die PR-Agentur auch nach ein oder zwei Kunden, die die Agentur gefeuert haben. Sie haben richtig gehört, ehemalige Kunden, die nicht mehr bei dieser Agentur sind. Finden Sie heraus, warum die PR-Agentur gefeuert wurde. Wenn der Grund fehlende Ergebnisse waren, dann ist das schlecht. Wenn der Grund war, das die Ideen der Agentur zu gewagt waren, und der Kunde keinen Mut hatte, diese umzusetzen – vielleicht sind Sie ja risikofreudiger und nicht so ängstlich.

Wenn ich auf meine Karriere zurückblicke, dann habe ich Kunden zumeist deshalb verloren, weil ich dem Kunden meine Meinung dargelegt habe und er damit nicht übereinstimmte. Wenn Sie nur nach jemandem suchen, der Ihre eigenen Ideen nachbetet, sollten Sie kein Geld damit verschwenden, eine externe Agentur oder einen externen Berater zu beauftragen. Ein großer Teil dessen, was Sie von einem externen Dienstleister erhalten, sind ein neuer Blickwinkel und frische Ideen, die sich von dem unterscheiden, was Sie selbst tun würden.

Ich sage meinen Mitarbeitern immer: »Es ist in Ordnung, eine Meinung zu haben, die sich von meiner unterscheidet; aber es ist *nicht* in Ordnung, keine Meinung zu haben.« Als Kunde sollten Sie Ihren PR-Beratern dieselben Instruktionen geben wie ich meinen Mitarbeitern.

✔ **Vergewissern Sie sich, dass die Agentur mit den Bedürfnissen kleinerer Unternehmen sympathisiert.** Insbesondere wenn Sie ein kleines Unternehmen mit einem begrenzten Budget sind, sollten Sie potenziellen Agenturen erklären, dass Ihr Ziel ist, PR-Kampagnen zu kreieren, die Verkaufszahlen steigern sollen – und nicht Auszeichnungen der PR-Industrie gewinnen. Sagen Sie ihnen, dass Ihre Mittel begrenzt sind. Sagen Sie ihnen, dass Sie eine PR-Kampagne möchten, die Umsatz- und Verkaufszahlen in die Höhe schnellen lässt, und nicht Ihr Foto in die Zeitungen bringt, damit Ihre Mutter stolz auf Sie sein kann.

✔ **Überprüfen Sie die persönliche Chemie.** PR ist eine Branche der Menschen und zwischenmenschlichen Beziehungen. Die wertvollsten »Besitztümer« meiner Agentur schließen jeden Abend die Bürotüren hinter sich: meine Mitarbeiter. Wenn Sie die Personen, die an Ihrem Auftrag arbeiten werden, nicht mögen, oder wenn Sie das Gefühl haben, dass diese Sie nicht mögen, sollten Sie nach einer anderen Agentur suchen – das ist keine gute Konstellation.

✔ **Sprechen Sie klar und eindeutig über das Honorar.** Überprüfen Sie die Gebühren. Was ist das durchschnittliche monatliche Honorar, das die Agenturkunden zahlen? Was das kleinste? Wie viel verlangt die Agentur von Ihnen? Und was bekommen Sie als Gegenleistung? Lassen Sie sich genau aufzeigen, was die Agentur tun wird und welchen Grad an Aktivität Sie für Ihre Investition erwarten können.

Die PR-Agentur sollte Ihnen Auskunft darüber geben können, wie sie die verschiedenen Dienstleistungen bewertet, denn Büroarbeit wird anders berechnet als Text, Grafik oder Konzeption: Eine Bürostunde in einer großen Agentur kostete laut DPRG-Beraterindex im Jahr 2001 54 Euro (kleine Agentur: 45 Euro), eine Texterstunde 105 Euro (kleine Agentur: 80 Euro).

Wie viele PR-Agenturen sollten Sie vor Ihrer Wahl besuchen? Ich empfehle, dass Sie mindestens drei verschiedene Agenturen ansprechen, so dass Sie unterschiedliche Perspektiven kennen lernen, wie PR im Allgemeinen und Probleme Ihres Unternehmens im Besonderen angegangen werden. Es mag hilfreich sein, wenn Sie die in Frage kommenden Agenturen vorab mit der Bitte um ein Angebot kontaktieren und eine Liste beilegen, die beschreibt, welche Leistungen Sie suchen.

Lesen Sie die Angebote, die die Agenturen Ihnen zukommen lassen. Ein gutes Angebot sollte Ihnen, als dem Kunden, einen Einblick geben, wie die Agentur denkt, welche Strategien sie benutzt, die Kosten sowie die Zeiteinteilung zur Umsetzung Ihrer PR-Kampagne. Obwohl die

Agentur monatlich bezahlt wird, müssen Sie mit einer Agentur meist mindestens sechs Monate arbeiten, bevor Sie Resultate richtig einschätzen können.

Nach dem Durchsehen der Angebote bitten Sie die Agenturen, deren Angebot Ihnen gefallen hat, um eine Präsentation. Das bedeutet eine Präsentation ihrer Leistungen und was sie für Sie tun kann, nicht eine Präsentation tatsächlicher kreativer Arbeit für Sie. Sie sollten danach nicht fragen, bevor Sie sich nicht für eine der Agenturen entschieden haben.

Grafikdesigner

Die meisten kleinen Unternehmen verlassen sich auf gedruckte Unterlagen – Poster, Broschüren, Anzeigen, Displays, Gutscheine, Pressemappen und Flyer – um Kunden und potenzielle Neukunden zu erreichen. Grafikdesigner können diese Bedürfnisse oftmals in guter Qualität zu einem akzeptablen Preis erfüllen.

Grafikdesign-Studios bieten gewöhnlich keine Presse-, Marketing-, Text- und PR-Dienstleistungen an. Sie sind lediglich Experten für das Entwerfen und Produzieren von gedrucktem Material.

Einige Klein-Unternehmer haben ein gutes Verständnis von Verkauf und Marketing, kennen Ihre Branche gut, verfassen klare Texte und verstehen die grundlegenden Marketinginstrumente. Sie brauchen nur etwas Hilfe beim Umsetzen der groben Ideen in ausgefeiltes gedrucktes Material, und Grafiker können diese Hilfe geben.

Auch die Grafik-Agenturen arbeiten zu sehr unterschiedlichen Stundensätzen. Der Beraterindex der *Deutschen Public Relations Gesellschaft* hat für 2001 Kosten zwischen 73 und 98 Euro für eine Grafikerstunde angegeben. Honorarsätze für Grafiker werden auch vom *Bund Deutscher Grafikdesigner* (`www.bdg-aktuell.de`) veröffentlicht. Auf jeden Fall sollten Sie für Ihren Auftrag mehr als ein Angebot einholen.

Freie Mitarbeiter (Freelancer)

Viele kreative Menschen – insbesondere Texter, Künstler, Fotografen und freie Journalisten – sind erfahren in Promotion-Aktionen und arbeiten als freie Mitarbeiter (Freelancer), sowohl für Anzeigenkunden als auch für Werbeagenturen. Freelancer können dieselbe qualitativ hervorragende Arbeit liefern wie Werbe- und PR-Agenturen – zu einem Bruchteil der Kosten. Das Arbeiten mit Freelancern kann der günstigste Weg sein, um Ihre Promotions durch professionelle Hilfe zu unterstützen.

Bevor Sie einen Freelancer beauftragen, sollten Sie seinen Lebenslauf, sein Portfolio und seine Kundenliste studieren. Fragen Sie nach seinem Honorar und lassen Sie sich ein schriftliches Angebot machen. Am wichtigsten jedoch ist, dass Sie den Freelancer als Person mögen (oder zumindest akzeptieren können). Bei Werbeagenturen steht ein Kundenbetreuer zwischen Ihnen und dem Texter oder Künstler. Bei Freelancern arbeiten Sie direkt mit dem »Schöpfer« Ihrer Promotion. Um zu einer erfolgreichen Zusammenarbeit mit dem Freelancer zu kommen, müssen Sie beide gut miteinander klar kommen.

 Einige freie PR-Texter mögen sagen, dass sie auch Presseplatzierungen erledigen können, aber seien Sie vor dieser Behauptung auf der Hut. Der Grund, warum ich ein so effektives Nachfassen garantieren kann, liegt zum Teil darin, dass nach dem Verschicken einer Pressemitteilung an tausend Publikationen meine Mitarbeiter jede davon persönlich anrufen – einige davon mehrmals –, um nachzufassen und zusätzliche Veröffentlichungen zu erzielen. Nun, wenn jeder Anruf zehn Minuten in Anspruch nimmt, dann würde eine einzelne Person für tausend Anrufe sieben volle 24-Stunden-Tage ohne Unterbrechung brauchen. Ein einzelner Freelancer mit begrenzter Zeiteinteilung und keinen weiteren Mitarbeitern kann diesen Level an Effektivität in seinem Büro zu Hause niemals leisten.

Mit professioneller Hilfe arbeiten

Sie haben sich Ihren Kontostand angeschaut, mit Unbehagen auf Ihre laufende PR-Kampagne geschaut und eine wichtige Entscheidung getroffen: Sie wollen erstklassige Promotions und Sie haben sich entschieden, professionelle Hilfe hinzuzuziehen – eine Werbeagentur, eine PR-Agentur, einen Grafikdesigner oder einen Freelancer. Hier sind einige hilfreiche Hinweise, wie Sie von einem externen Dienstleister die beste Arbeit mit dem wenigsten Ärger erhalten:

✔ **Informieren Sie Ihre Agentur.** Je mehr eine PR- oder Werbeagentur über Ihr Produkt, Ihr Unternehmen und Ihre Märkte weiß, desto besser. Zeigen Sie der Agentur, was Ihr Produkt so einzigartig macht. Legen Sie die Vorteile gegenüber konkurrierenden Produkten dar. Erklären Sie Ihre Marketingstrategie. Stellen Sie Hintergrundinformationen zur Verfügung – laufende Anzeigen und Pressemitteilungen, Broschüren, Berichte über Ihre Branche und Marktforschungsergebnisse. Die besten Kunden stellen in schriftlicher Form ausführliches Informationsmaterial für ihre Agenturen zusammen.

✔ **Wenn Sie für Werbung und PR unterschiedliche Agenturen beauftragen, informieren Sie beide während eines gemeinsamen Meetings.** Dies hilft, die Integration der Anzeigen- und Werbekampagnen sicherzustellen. Und es erspart Ihnen gleichzeitig, dasselbe Briefing zweimal halten zu müssen.

✔ **Versuchen Sie nicht, auf kreativem Gebiet mit Ihrer Agentur in Wettbewerb zu treten.** Sie können natürlich einen Entwurf Ihrer Agentur für eine Broschüre oder eine Pressemappe ablehnen, wenn Sie ihn nicht mögen. Liefern Sie konstruktive Kritik und schicken Sie ihn zur Überarbeitung zurück. Aber erklären Sie externen Talenten nicht, wie sie ihren Job zu machen hätten. Wenn Sie besser schreiben als der Texter und bessere Fotos machen als der Fotograf, sollten Sie beide feuern und die Arbeit selbst erledigen.

✔ **Belasten Sie Ihre Promotions nicht durch zu viele Freigabe-Instanzen.** Sie und vielleicht noch Ihr Partner sollten die Arbeit einer externen Agentur freigeben oder ablehnen. Aber suchen Sie nicht nach Zustimmung bei Ihrem Einkäufer, Ihrem Buchhalter, Ihrem Kassierer und Ihrer Schwiegermutter. Zu viele Instanzen trüben klare Texte und verwässern die Wirkung der Botschaft. Und was noch schlimmer ist, sie ersticken die Kreativität

Ihrer Texter oder Künstler, so dass der nächste Entwurf, den sie einreichen, mittelmäßig genug ist, um die sofortige Freigabe aller Firmenmitarbeiter zu erhalten.

✔ **Zahlen Sie vernünftig.** In der PR oder der Werbung einen guten Profit zu machen, ist schwierig, und viele Agenturen und Freelancer haben Pleite gemacht, weil sie auf verspätete Zahlungen ihrer Kunden warten mussten.

Selbstverständlich sollten Sie alle Ausgaben sorgfältig kontrollieren und niemals für etwas zahlen, was Sie nie verlangt haben. Auf der anderen Seite kann zu viel Gefeilsche um Geld mit Ihren externen Profis dazu führen, dass diese sich nicht voll für Ihre Belange einsetzen. Dann bekommen Sie zwar eine kompetente Promotion, aber keine großartige.

 ## Wo Sie Hilfe finden

Sie wollen eine PR-Agentur, eine Werbeagentur oder einen Freelancer beauftragen, aber Sie wissen nicht, wo Sie ihn finden. Das folgende Mini-Verzeichnis kreativer Talente soll Ihnen dabei behilflich sein:

✔ Ein umfassendes Adressverzeichnis ist die *Red Box* (Hamburg: Red Box Verlag). Allerdings erfahren Sie hier nichts über die Qualität der Adressen.

✔ Lassen Sie sich von den Berufsverbänden Mitgliederverzeichnisse zuschicken. Hier die wichtigsten Verbände:

Deutsche Public Relations Gesellschaft e.V. (DPRG)

Berufsverband Öffentlichkeitsarbeit, Bonn – www.dprg.de

Deutscher Journalisten Verband e.V. (DJV), Bonn – www.djv.de

Gesellschaft für Public Relations Agenturen e.V. (GPRA), Frankfurt – www.gpra.de

kommunikationsverband.de, Bonn – www.kommunikationsverband.de

Bund deutscher Grafikdesigner, Hamburg – www.bdg-aktuell.de

inkom e.V., Bundesvereinigung für innerbetriebliche Kommunikation, Laatzen/Hannover – www.inkom-online.de

Zentralverband der deutschen Werbewirtschaft (ZAW), Bonn – www.zaw.de

✔ Sie sollten außerdem in Branchenverzeichnissen wie den »Gelben Seiten« nachschauen unter »Werbeagenturen«, »Public Relations Agenturen«, »Grafik-Designer/Grafiker«, »Redaktionsbüros«, »Texter«, »Fotografen« etc.

Teil II

Brainstorming und kreative Ideen

The 5th Wave — By Rich Tennant

Eine Tortenfabrik scheint mir nicht der passende Ort, wenn Sie nach PR-Ideen suchen, die Ihnen besser zu Gesicht stehen.

In diesem Teil ...

PR stützt sich auf kreative Ideen. Teil II dieses Buches stattet Sie mit dem Werkzeug aus, um diese Ideen tonnenweise auszubrüten. Der erste Schritt ist das Erstellen eines eigenen PR-Programms (Kapitel 5). In Kapitel 6 beschreiben wir die Vorgehensweise, wie Sie kreative Ideen formulieren, und Kapitel 7 gibt Ihnen einige kreative PR-Taktiken an die Hand, die Sie in Ihren eigenen Kampagnen umsetzen können.

Eine PR-Abteilung einrichten und ein PR-Programm planen

5

In diesem Kapitel

▶ Eine PR-Abteilung einrichten

▶ Verantwortlichkeiten festlegen

▶ Budgetplanung

▶ Ein PR-Programm erstellen

▶ PR-Ziele definieren

Um Deutscher Meister zu werden, tauchen Sie nicht einfach auf dem Platz auf und spielen und hoffen auf das Beste. Lange bevor Sie den Platz betreten, stellen Sie ein Team zusammen und legen einen Plan fest. Sie planen auch Ihre Strategie, kaufen die entsprechende Ausrüstung und trainieren die Mannschaft.

Bei PR als Sieger hervorzugehen, setzt eine ähnliche Vorbereitung voraus. Dieses Kapitel beschreibt die einzelnen Schritte, die Sie bei der Planung Ihrer eigenen PR-Kampagne befolgen sollten, egal ob Sie diese selbst in die Hand nehmen wollen oder die Leistungen an einen PR-Spezialisten oder eine Agentur nach draußen geben (wie in Kapitel 4 dargestellt).

Eine PR-Mannschaft aufstellen

Ein Mitarbeiter Ihres Unternehmens sollte für den PR-Bereich verantwortlich sein und als Kontaktperson zwischen Ihrem Unternehmen und Ihrem PR-Spezialisten oder der Agentur agieren sowie die Kommunikation Ihrer Firma mit der Presse koordinieren.

Wenn Sie selbstständig tätig sind oder ein kleines Unternehmen führen, werden Sie die PR-Arbeit wahrscheinlich selbst übernehmen. Sie können viele administrative Arbeiten wahrscheinlich an einen Assistenten abgeben, und wenn dieser geschickt ist, kann er vielleicht sogar auch einige strategische und kreative Aufgaben übernehmen.

Große Unternehmen haben meist eine eigene PR-Abteilung oder zumindest einen oder mehrere Mitarbeiter, die sich ausschließlich um PR-Aufgaben kümmern. Sie können eine Reihe unterschiedlicher Titel haben, wie PR-Manager, Direktor für Unternehmenskommunikation oder Pressesprecher.

In mittelgroßen Firmen übernimmt vielleicht der Verkaufsdirektor oder der Marketing-Manager die PR als Teil der gesamten Marketingkommunikation. Darunter fallen eventuell auch Messen, Anzeigen, eine Website und Direktmarketing.

Wen auch immer Sie auswählen, die Person ist verantwortlich für die PR und dafür, dass Programme budgetgerecht, termingerecht und im Einklang mit den Kommunikationszielen umgesetzt werden – egal ob dies in Vollzeittätigkeit oder nur im Rahmen mehrerer Verantwortlichkeiten geschieht.

Den Umfang der Verantwortlichkeiten festlegen

Wenn der PR-Manager nicht gleichzeitig der Unternehmenseigentümer ist, mag er vielleicht volle PR-Verantwortung haben, aber wahrscheinlich nicht volle Entscheidungsvollmachten. Das heißt, der PR-Manager hat einen Vorgesetzten, der alle größeren PR-Aktionen genehmigen muss, darunter die Freigabe für Pressemitteilungen, die Entscheidung über geplante Events oder spezielle Promotion-Aktionen sowie die Kommunikation gegenüber der Presse.

Weil eine effektive PR von schnellen, korrekten und ehrlichen Antworten auf Anfragen der Presse abhängt, kann ein PR-Manager nicht effektiv arbeiten, wenn all das, was in der PR schriftlich, persönlich oder am Telefon gesagt wird, zunächst von einem halben Dutzend Personen freigegeben werden muss. In der Zeit, bis die Aussage freigegeben ist, ist die Story überholt und die Presse befremdet.

 Um PR-Aktivitäten effektiv zu gestalten, muss der PR-Manager Entscheidungen schnell treffen können. Das setzt eine vereinfachte Befehlskette voraus. Zur Freigabe größerer PR-Dokumente sollte der PR-Manager diese nicht mehr als zwei oder drei Personen vorlegen müssen – dem Produktmanager, einem technischen Experten und vielleicht dem Geschäftsführer oder Marketingdirektor. Was Kontakte mit den Medien angeht, so sollten die geeigneten Unternehmenssprecher, wie beispielsweise der Geschäftsführer oder der Marketingdirektor, verpflichtet sein, Presseanfragen Priorität einzuräumen, und sie sollten verstehen, dass die Presse nicht warten kann.

PR in das übrige Unternehmensumfeld integrieren

In einer Organisation, die groß genug ist, um eine eigene PR-Abteilung oder einen PR-Manager zu haben, besteht die Gefahr, dass diese PR-Spezialisten in einem Vakuum agieren und vom täglichen Geschäft nicht viel wissen und mitbekommen. Ironischerweise riskieren gerade diejenigen, die die Aufgabe haben, Informationen und Neuigkeiten der Firma an außenstehende Zieladressaten zu kommunizieren (an die Presse, die Öffentlichkeit, Aktiennehmer, die Gemeinde), am wenigsten informiert zu sein.

Die Hälfte der Aufgabe eines Vollzeit-PR-Mitarbeiters besteht darin, Informationen an die Medien zu kommunizieren; die andere Hälfte darin, zu verstehen, was das Unternehmen tatsächlich tut.

 Sitzen Sie nicht den ganzen Tag an Ihrem Schreibtisch. Stehen Sie auf und besuchen Sie andere Abteilungen der Fabrik, das Lager, die Vertriebsabteilung und das Produktmanagement. Fragen Sie die Mitarbeiter, was wichtig ist, was interessant ist und welche Inhalte sie an die Außenwelt kommunizieren möchten. Ihre Aufgabe ist es dann, diese Storys zu verstehen und sie in einer Art und Weise zu formulieren, die sie für die Presse und deren Adressaten interessant macht.

Jeder PR-Manager in Voll- oder Teilzeit-Tätigkeit sollte Folgendes tun, um bezüglich der Firmenaktivitäten auf dem Laufenden zu bleiben:

✔ Fachpublikationen der jeweiligen Branche lesen.

✔ Wichtige Messen besuchen, auf denen Ihre Firma sich präsentiert.

✔ Schauen Sie regelmäßig auf Ihre Firmen-Website und lesen Sie neue Einträge.

✔ Schauen Sie regelmäßig auf Websites der Konkurrenten, um deren Aktivitäten zu beobachten.

✔ Lesen Sie alle Verkaufsbroschüren und -materialien, die Ihre Firma publiziert.

✔ Antworten Sie auf Anzeigen von Konkurrenzfirmen und fordern Sie deren Broschüren an.

✔ Sprechen Sie mit den Mitarbeitern im Vertrieb, um zu erfahren, was die Kunden über Ihre Produkte bzw. konkurrierende Produkte sagen.

✔ Begleiten Sie den Vertrieb auf Verkaufsverhandlungen mit potenziellen Kunden.

Bevor Sie eine Flut von PR-Aktivitäten in Gang setzen, sollten Sie einen PR-Plan aufstellen, der ganz klar Ziele, Zielgruppen und Kernaussagen Ihrer Kommunikation festlegt. Der Planungsprozess wird in Kapitel 3 ausführlich dargestellt.

Die PR-Kommando- und Kontrollzentrale in Stellung bringen

Um effektiv und effizient PR zu machen, müssen Sie eine »PR-Kommando- und Kontrollzentrale« in Stellung bringen – einen Ort in Ihrem Unternehmen, an dem Sie von einer einzelnen Stelle aus all Ihre PR-Kampagnen entwickeln und umsetzen können.

Glücklicherweise muss dieser Platz weder ausgefallen noch teuer sein; alles, was Sie wirklich benötigen, ist ein Schreibtisch, ein Telefon, ein Computer mit Internetanschluss, ein Faxgerät, einen guten Fotokopierer, eine Frankiermaschine und einige Nachschlagewerke. Hier einige kurze Tipps, wie Sie Ihren eigenen Schreibtisch zu einer Top-PR-Kommando- und Kontrollzentrale umfunktionieren:

✔ **Kaufen Sie einige wichtige Presseführer.** Die Presse-Nachschlagwerke enthalten Kontaktinformationen für Tausende von Medien – Zeitungen, Magazine, Radiosender, Fernsehstationen etc. –, an die Sie Ihre Pressemeldungen schicken können. Diese Führer geben Ihnen viele wichtige, Zeit sparende Informationen wie Beschreibungen der Publikationen, Auflagezahlen, Kontaktinformationen zu den Redaktionen, Tipps, wie Sie Ihre Story an die richtige Person bringen.

Einige der Presseführer sind regional, andere bundesweit. Gute regionale Presseführer bekommen Sie bei den Industrie- und Handelskammern, von städtischen Wirtschaftsförderungsgesellschaften oder von der Pressestelle Ihrer Stadtverwaltung.

- Falls Sie regelmäßige PR-Kampagnen planen, sollten Sie die Adressen von Pressedatenbanken nutzen. Für einmalige Aktionen lohnt sich die Anschaffung nicht. Stadt- und Universitätsbibliotheken besitzen die wichtigsten Adress-Sammlungen (Stamm, Zimpel). Wenn Ihr Unternehmen Mitglied in einem Fachverband ist, fragen Sie nach, ob der Verband Ihnen geeignete Verteiler (kostenlos) zur Verfügung stellt. Hier die Adressen der wichtigsten deutschen Datenbank-Anbieter (sehr unterschiedlich in Leistungsumfang und Preis):

- Stamm Verlag GmbH (»Der Stamm«), Essen

  www.stamm.de

- Verlag Dieter Zimpel (»Der Zimpel«), GWV Fachverlage GmbH, Wiesbaden

  www.zimpel.de

- Media-Daten Verlag GmbH, Walluf / Rheingau

  www.media-daten.de

- Medienplaner, Dirk Schmidt Service für Kommunikation, Moers, Telefon: 02841-21905, Telefax: 02841-92664

✔ **Erarbeiten Sie eine gute Mediendatei** – und eine Liste der Medienkontakte, die Sie anrufen, wenn Sie eine Story gedruckt oder gesendet haben möchten. Idealerweise wird Ihre Medienliste fortlaufend aktualisiert und ergänzt aus Neuauflagen der Presseführer und persönlichen Kontakten. Eine gute Medienliste enthält nicht nur Informationen zu Kontaktpersonen und Publikationen, sondern auch Informationen zu Redaktionsschluss, bevorzugter Art der Kontaktaufnahme und andere nützliche Anmerkungen. Eine Mediendatei ist ein unbezahlbares Werkzeug, wenn Sie Ankündigungen aussenden oder auf Anfragen antworten.

- Aktualisieren Sie Ihre Liste täglich. Journalisten wechseln häufig ihre Position oder die Publikation, also ist es wichtig, mit Ihren Kontakten in Verbindung zu bleiben, damit Sie wissen, wen Sie anrufen sollen und an wen Sie Ihre Pressemeldungen senden sollen.

- Im Laufe der Jahre werden Ihre Pressekontakte wechseln. Halten Sie Ihre Kontaktliste auf dem Laufenden und folgen Sie den Kontakten, während diese von einer Publikation zur nächsten wechseln. Wenn Sie dies nicht tun, haben Sie einen wertvollen Kontakt verloren, den Sie mit viel Zeit und Mühe aufgebaut haben.

- Wenn Leute den Job wechseln, klettern sie meist die Karriereleiter empor. Als Resultat sind die jungen Journalisten, die ich kannte, als sie und ich in unseren Zwanzigern waren, nun in ihren Vierzigern. Viele haben hohe Positionen bei wichtigen Verlagen und indem ich mit ihnen in Verbindung geblieben bin, habe ich jetzt persönlichen Kontakt zu höheren Ebenen bei Produzenten und Chefredakteuren, als ich vorher hatte. Denken Sie daran, ein einfacher Weg, um auf den Gipfel einer Eiche zu kommen ist, eine Eichel zu pflanzen und sich darauf zu setzen.

- Weitere Informationen zum Aufbau und Arbeiten mit einer Mediendatei finden Sie in Kapitel 12.

✔ **Beauftragen Sie eine Medienbeobachtungsagentur.** Eine *Medienbeobachtungsagentur*, auch als Ausschnittsdienst oder Clipping Service bekannt, hilft Ihnen dabei, Veröffentlichungen zu Ihrem Unternehmen zu sammeln. Diese Agenturen haben zweierlei Vorteile: Sie suchen die Artikel heraus, die Sie platziert haben, und die Veröffentlichungen, die ohne Ihr Zutun entstanden sind. Die Medien haben weder Zeit noch Lust, Ihnen Belegexemplare der Artikel zu senden, die sie über Sie veröffentlichen. Ohne einen Medienbeobachtungsservice wissen Sie also eventuell gar nicht, dass der Artikel erschienen ist. Wenn Sie beispielsweise an das *Handelsblatt* eine Pressemitteilung schicken und der Ausschnittsdienst dort nichts findet, wissen Sie, dass Ihre Meldung nicht benutzt wurde.

Ausschnittsdienste sind ein hervorragendes Sicherheitsnetz, wenn die Journalisten Ihnen nicht das Veröffentlichungsdatum einer Geschichte sagen können, die sie gerade über Ihr Unternehmen schreiben. Oder dann, wenn eine Fernsehstation Ihre Bekanntmachung sofort aufgreift, wenn Sie diese herausgeben. Medienbeobachtungsdienste arbeiten nicht auf Abruf, sie müssen Ihnen einen Auftrag zur Suche für einen Zeitraum oder kontinuierlich erteilen. Eine kostenlose Suche können Sie im Internet unter `www.paperball.de` bestellen.

Bezahlte Medienbeobachtungsdienste wie *Media Control* oder die *Ausschnitt Medienbeobachtung* haben eine umfangreiche Liste an Publikationen, Radio- und Fernsehsendern, die sie nach Firmennamen oder spezifischen Suchwörtern beobachten. Sie legen fest, ob Ihnen die Dienste Originalartikel oder Fotokopien schicken oder faxen. Radio- und Fernsehstationen können in den Suchauftrag eingeschlossen werden. Wenn Sie eine Agentur beauftragen, lassen Sie sich hinsichtlich des Auftrags beraten. Möglicherweise arbeitet Ihre Agentur mit einem Medienausschnittdienst zusammen und kann Ihnen ebenfalls ein Angebot zur Medienbeobachtung machen. Radio- und Fernsehstationen können ebenso in den Suchauftrag mit eingeschlossen werden.

Deutsche Medien-Beobachtungsdienste sowie Online-Redaktionen:

- Observer Argus Media GmbH, Fellbach, `www.argus-media.de`

- METROPOL Gesellschaft E.Matthes Co. mbH Berlin, `www.metropolpress.de`

- Landaumedia (ehemals) AUSSCHNITT Deutsche Medienbeobachtungs Agentur GmbH, Berlin, `www.ausschnitt.de`

- media control GmbH, Baden-Baden, `www.media-control.de`

✔ **Machen Sie sich mit den einzelnen Publikationen vertraut.** Die Presseführer sind ein guter Anfang und eine fortlaufende Quelle, um die Medien kennen zu lernen. Aber der beste Weg, um eine Zeitung oder eine Fernseh- oder Radiostation wirklich zu verstehen und den bestimmten Stil eines einzelnen Journalisten kennen zu lernen, ist: jeden Morgen die Zeitungen lesen, das Radio auf dem Weg zur Arbeit einschalten und die Abendnachrichten im Fernsehen verfolgen. Das hilft Ihnen, Ihre Nachrichten besser zu formulieren und Blamagen zu vermeiden – zum Beispiel, indem Sie einem Journalisten eine Geschichte anbieten, die er vor zwei Tagen bereits veröffentlicht hat. Den persönlichen Kontakt zu den Redaktionen und Redakteuren zu suchen, ist der Hauptschlüssel. Fordern Sie von den Verlagen Probeexemplare an (inklusive Mediadaten) und aktualisieren Sie die Muster einmal jährlich.

✔ **Sammeln und verfolgen Sie Themenlisten der wichtigsten Publikationen.** Magazine und einige Tageszeitungen haben jährlich erscheinende Listen, die über geplante Themenschwerpunkte und Spezialausgaben zu bestimmten Inhalten informieren. Um die Themenlisten zu erhalten, besuchen Sie die Website der Publikation oder rufen in deren Anzeigenabteilung an.

✔ **Legen Sie eine Firmenkontaktliste an.** Sie werden bei verschiedenen Projekten mit vielen verschiedenen Firmen zusammenarbeiten. Von Druckereien für Pressemappen bis zu Mailingdiensten (Firmen, die Ihre Pressemitteilung per Post, Fax oder E-Mail an die Medien verteilen) können viele Unternehmen Sie bei Ihren Aktivitäten unterstützen. Viele Anbieter von Druck-Erzeugnissen und Dienstleistungen inserieren in den Fachzeitschriften *Horizont* und *Werben und Verkaufen*. In der *Redbox* finden Sie ebenfalls zahlreiche Angebote.

✔ **Machen Sie Ihre Hausaufgaben.** Informieren Sie sich über Ihre Konkurrenten, deren Firmengeschichte, Trends, während Sie sich stets über Schlagzeilen schreibende Neuigkeiten und neue Entwicklungen auf dem Laufenden halten. Wie tun Sie das am besten? Sammeln Sie so viele Firmenunterlagen wie möglich. Gehen Sie in eine Bücherei und recherchieren Sie in einer Datenbank die Ihre Branche betreffenden Nachrichten. Einige Ausschnittdienste bieten diesen Service ebenfalls an. Und lesen Sie täglich, so viel Sie können, um über Neuigkeiten und Trends auf dem Laufenden zu bleiben.

✔ **Entwickeln Sie eine Standard-Pressemappe mit Basisinformationen.** Wie ich in Kapitel 9 erkläre, besteht eine gute Pressemappe aus folgenden Bestandteilen:

- **Daten und Fakten zum Unternehmen:** Diese ein- bis zweiseitige Presseinformation gibt eine kurze Beschreibung der Firma, der wichtigen Tätigkeitsfelder, Produkte und Dienstleistungen sowie andere relevante Fakten, wie Umsatz-/Gewinnzahlen, Anzahl der Mitarbeiter, Namen des Personals in Managementpositionen etc.

- **Biografien:** Schreiben Sie Kurzbiografien zu den wichtigsten firmenrelevanten Personen, normalerweise dem Geschäftsführer, dem Vorstandsvorsitzenden, dem Leiter oder Generaldirektor der Firma, sowie weiteren Personen im obersten Management. Die Personalmeldungen sollten derzeitige Position und Verantwortlichkeiten der Person erläutern sowie den jeweiligen beruflichen Lebenslauf kurz zusammenfassen.

- **Wichtige Pressemitteilungen:** Je nach Ihren Zielen und Ihrem Publikum, können diese Pressemitteilungen alles Mögliche enthalten, von aktuellen Umsatzzahlen zu Neuerungen im Produkt- oder Dienstleistungsbereich.

✔ **Schulen Sie Ihre Schreibe:** PR-Profis schreiben alles, angefangen von Pressemitteilungen, Briefen, um Themenvorschläge zu verkaufen, bis zu Reden, Strategieplänen und Kundenkorrespondenz. Vielleicht denken Sie einmal darüber nach, ob Sie einen PR- oder journalistischen Schreibkurs besuchen, um zu lernen, für unterschiedliche Zielgruppen zu schreiben. Sie sollten auf alle Fälle stets folgende drei Instrumente zur Hand haben: ein Wörterbuch, einen Thesaurus und einen Duden, in dem Sie bei Fragen zu Grammatik und Stil Hilfe suchen können. Je nach Branche, Unternehmen und Firmensitz ist außerdem ein zweisprachiges Wörterbuch (z.B. Englisch-Deutsch/Deutsch-Englisch) unabdingbar. Und denken Sie immer daran, Professionalität in Ihrer Beziehung sowohl zu Kunden als auch zu Medien hat oberste Priorität – also lesen Sie Ihre Texte immer sorgfältig Korrektur. Oder noch besser: Bitten Sie eine zweite Person, die Texte Korrektur zu lesen. Manchmal übersieht man selbst leicht Fehler in Dokumenten, die man selbst geschrieben hat. Weitere Tipps zum Schreiben finden Sie in Kapitel 25.

✔ **Bauen Sie ein Netz persönlicher Beziehungen auf:** Treffen Sie sich regelmäßig mit anderen PR-Profis und Journalisten, um persönliche Beziehungen aufzubauen und aufrechtzuerhalten. Hier sind einige Vorschläge dazu:

  - Treten Sie einer Vereinigung wie der *DPRG (Deutsche Public Relations Gesellschaft),* `www.dprg.de,` bei, der *Gesellschaft für innerbetriebliche Kommunikation (inkom),* `www.inkom-online.de,` oder dem *kommunikationsverband.de* `www.kommunika tionsverband.de.`

  - Laden Sie Pressevertreter zu einem Mittagessen ein, nicht um eine Story zu verkaufen, sondern um Ihr Unternehmen ausführlich vorzustellen und herauszufinden, an welchen konkreten Themen die einzelnen Journalisten besonders interessiert sind.

 Als Alternative zu offiziellen Netzwerken kann ein selbstständiger Unternehmer oder ein Manager, der sich neben anderen Aufgaben außerdem um PR kümmert, seine Medienkontakte langsam und kontinuierlich nach und nach aufbauen. Sie tun dies, indem Sie eine Liste oder Datenbank anlegen, in die Sie die Pressekontakte eintragen, die Inhalte Ihrer Presseunterlagen als Artikel oder in Form einer kurzen Notiz veröffentlicht haben. Ihre Liste besteht aus Namen, Titel, Publikation oder Sender, Adresse, Telefon, Fax und E-Mail-Adresse von Herausgebern, Redakteuren, Programmdirektoren, freien Journalisten, Moderatoren und anderer Presseleute, die Ihre Firma irgendwie in Veröffentlichungen und Sendungen mit einbezogen haben. Mehr dazu, wie Sie Ihre persönliche Medienkontaktliste aufbauen, finden Sie in Kapitel 12.

Jedes Mal, wenn etwas von Ihnen publiziert wird, sollten Sie ein kurzes Dankeschön an den Journalisten senden, der Ihr Material benutzt hat. Ihr Brief sollte kurz Danke sagen, dass der Journalist sich die Zeit genommen hat, über Sie zu schreiben, und außerdem ein oder zwei neue Themenideen erwähnen, die in die Publikation passen könnten, und zu denen Sie weitere Informationen zur Verfügung stellen können. Das Anschreiben sollte kurz sein und primär auf das »Danke« fokussiert sein; das Anschneiden neuer Themen sollte ein sanfter Verkaufsansatz sein und nur eine oder zwei Zeilen in Anspruch nehmen.

 Stoßen Sie die Presse nicht vor den Kopf! Presseleute sind sehr empfindlich, was die symbiotische Beziehung zwischen Presse und PR-Leuten betrifft. Seien Sie extrem vorsichtig, dass Sie in Ihrem Dankesbrief nicht suggerieren, dass der Journalist Ihnen einen Gefallen tut oder dabei hilft, Ihr Produkt zu vermarkten.

Tragen Sie außerdem Name des Journalisten, der Publikation sowie Kontaktinformationen (Adresse, Telefon usw.) in Ihre Liste oder eine Computer-Datenbank ein. Wann immer Sie in einem Medium genannt werden, das bisher nichts zu Ihnen veröffentlicht hatte, füttern Sie diesen Namen in Ihre Kontaktliste ein.

In kurzer Zeit werden Sie über eine Datenbank von Presseleuten verfügen, die über Ihr Unternehmen geschrieben haben oder Ihr PR-Material in der einen oder anderen Weise verwendet haben, und daher zumindest ein wenig von Ihnen und Ihrer Firma wissen.

In einem Direktmailing wird der Versand eines Briefes an Ihre »Hausliste« bestehender Kunden immer ein besseres Resultat erzielen als der Versand desselben Briefes an eine gekaufte Adressenliste. Analog dazu wird auch der Versand von PR-Unterlagen an Ihre hausinterne Medienliste mehr Abdrucke erzielen, als wenn Sie diese Unterlagen an eine Liste von Herausgebern oder Programmdirektoren senden, die Sie aus einem der genannten Presseführer (siehe Kapitel 12) entnommen haben.

Bedeutet das, dass Sie Ihre Presseunterlagen ausschließlich an Ihre eigene Medienliste schikken sollten und nicht an andere Quellen? Nein. Jede Pressemeldung sollte sowohl an Ihre Hausliste als auch an weitere passende Medien gehen, die in dem von Ihnen benutzten Presseführer aufgelistet sind.

Der Sinn und Zweck einer hausinternen Mediendatenbank ist es, sicherzustellen, dass diese Kontakte stets alle Ihre Unterlagen erhalten und nicht versehentlich ausgelassen werden. Sorgen Sie dafür, dass diese Pressekontakte alle Ihre PR-Aussendungen erhalten, da bei ihnen die Wahrscheinlichkeit höher ist, dass sie die Unterlagen tatsächlich veröffentlichen.

Um noch einmal kurz zusammenzufassen: Für kleine, Teilzeit-PRler ist es nicht Kosten-effektiv, die Presse zum Aufbau persönlicher Beziehungen zu »umgarnen«, um die Wahrscheinlichkeit von Veröffentlichungen zu erhöhen. Die bessere Strategie ist es in diesem Fall, lediglich mit den Medien kontinuierlichen Kontakt zu pflegen, die über Sie veröffentlichen. Diese Strategie beruht auf der Annahme, dass ein Herausgeber oder Programmdirektor, der einmal über Sie berichtet hat, dies wahrscheinlich wieder tun wird, wenn Sie ihm eine entsprechende Story anbieten.

PR-Aktivitäten für Ihre Produkte zielgerichtet einsetzen

Sie können Ihren Markt auf einem (oder einer Kombination) der folgenden Wege ansprechen. Die neun wichtigsten Ansatzpunkte für Produkt-PR sind: Branche, Unternehmensgröße, Firmensitz/Standort, Position oder Titel, Produktanwendung, Verteilungswege, Interessengruppen, spezifische Anwendungen und Kaufgewohnheiten. Wenn Sie Ihre Zielgruppe einmal identifiziert haben, müssen Sie die Medien finden, mit denen Sie diese Marktsegmente erreichen.

Branche

Sie können Ihre Zielgruppe bestimmten Branchen zuordnen. Für jede Branche gibt es spezielle Medien, aus denen Sie sich einen Fachverteiler zusammenstellen können. Fordern Sie bei den Zeitschriftenverlagen in der Anzeigenabteilung die Leseranalysen an, zum Beispiel die *Brigitte Kommunikationsanalyse* aus dem Gruner+Jahr-Verlag in Hamburg. Hier ein Beispiel der Zielgruppenfestlegung für ein Unternehmen, das Membranpumpen aus Kunststoff verkauft. Der PR-Manager erstellt zwei unterschiedliche Pressemitteilungen, die ein und dasselbe Produkt beschreiben. Warum zwei Meldungen? Weil die Anwender in unterschiedlichen Märkten an unterschiedlichen Informationen interessiert sind. Käufer in der Chemie-Industrie sind primär an Korrosionsbeständigkeit interessiert; Käufer der Pharma-Industrie sind mehr an Reinheit und Sauberkeit interessiert. Pressemitteilungen, die an die wichtigsten Fachpublikationen beider Branchen geschickt werden, sollten jeweils diese unterschiedlichen Themen besonders hervorheben. Der Vorteil? Redakteure werden die Presseunterlagen eher berücksichtigen, die über etwas berichten, woran die eigenen Leser interessiert sind.

Viele der Medien-Nachschlagewerke sind nach Branchen sortiert oder mit entsprechenden Querverweisen versehen oder erlauben Ihnen zumindest eine branchenspezifische Zuordnung, wenn Sie Mailinglisten anfordern. Fragen Sie bei den Pressedatenbanken wie Stamm oder Zimpel nach speziellen Fachpresse-Verteilern oder stellen Sie sich Presseverteiler aus den *Kroll-Taschenbüchern* zusammen.

Unternehmensgröße

Ihr Markt kann nach Unternehmensgröße segmentiert werden. Ich sehe in der Industrie drei grundlegende Märkte: kleine, mittlere und große Unternehmen. Wie Sie »klein«, »mittelgroß« und »groß« für Ihre Marketing- und PR-Zwecke definieren, bleibt Ihnen selbst überlassen. Hier jedoch eine kurze Beschreibung, wie ich sie einteile:

✔ **Kleine Firmen** sind meist selbstständige Unternehmer oder Firmen in Familienbesitz, die von ein oder zwei bis zu 30 oder 40, vielleicht auch 50, Mitarbeiter haben. Im produzierenden Gewerbe bedeutet dies Umsätze unter zehn Millionen Euro, in der Dienstleistungsbranche unter zwei Millionen Euro.

Kleine Firmen werden meist vom Eigentümer selbst geführt, der für alle Geschäftsbereiche die Zügel selbst in der Hand hält. Unternehmer sind skeptisch, stehen immer unter

Zeitdruck, sind weniger an technischen Details, denn am generellen Resultat interessiert, und sehr kostenorientiert.

Von Heimarbeitsplätzen aus betriebene Unternehmen sind eine besondere Untergruppe innerhalb der kleinen Unternehmen. Viele Verkäufer von Computern, Faxgeräten, Kopierern, Telefonen, Möbeln und anderem Bürobedarf konzentrieren sich mit aggressiven Verkaufsmaßnahmen auf dieses Marktsegment, da sich das Arbeiten von zu Hause aus derzeit großer Beliebtheit erfreut. Der Nachteil: diese Personen arbeiten gewöhnlich sparsam und mit einem begrenzten Budget und bieten zumeist keine Gelegenheit, regelmäßige Kunden oder einen großes Umsatzvolumen zu gewinnen. Sie tendieren dazu, nur jeweils ein Stück zu kaufen, und das nach reichlich Überlegung. Und außerdem benötigen sie meist nach dem Kauf viel Unterstützung und Service.

✔ **Mittelgroße (mittelständische) Unternehmen** mögen zwischen mehreren Dutzend bis zu mehreren Hundert Angestellten haben, mit Umsätzen, die im produzierenden Gewerbe meist *über* zehn Millionen, aber *unter* hundert Millionen Euro liegen (oder über zwei bis drei Millionen Euro bei Dienstleistern). Ihr Zielkunde ist hier wahrscheinlich nicht der Eigentümer selbst, aber er ist vielleicht dem Eigentümer direkt untergeordnet. Einige Zielkunden haben ein hohes Maß an Selbstständigkeit und Befugnissen; andere müssen wegen Büroausgaben von 50 Euro eine Unterschrift ihres Chefs einholen. Dieses Marktsegment kann kaum in eine einzelne Kategorie gepresst werden, weil es so breit gefasst ist: Es besteht beispielsweise ein riesiger Unterschied zwischen einer Firma, die zehn Millionen Euro Umsatz macht, und einer, die 150 Millionen Euro umsetzt.

✔ **Großunternehmen** sind typischerweise im *Hoppenstedt* (s. auch `www.hoppenstedt.de`) oder in der Datenbank der Tageszeitung *Die Welt* (`www.welt.de`) zu finden oder haben eine vergleichbare Größe: große Unternehmen mit Tausenden Mitarbeitern und Jahresumsätzen von Hunderten Millionen Euro.

Die Manager dieser Firmen sind typischerweise in die Entscheidungshierarchie eingegliedert und müssen Kaufentscheidungen größeren Umfangs mit anderen Firmenmitgliedern gemeinsam treffen. Zieladressaten in Großunternehmen sind oft genauso sehr darum besorgt, eine »akzeptable« Kaufentscheidung zu treffen (eine, die dem direkten Vorgesetzten oder dem Top-Management gefällt), wie mit dem erzielbaren Resultat. Viele zögern dabei, Risiken einzugehen.

Mit welchen Publikationen erreichen Sie Geschäftsleute? Unter anderem mit folgenden:

✔ Allgemeine Wirtschaftszeitungen und -magazine

✔ Lokale und regionale Wirtschaftspublikationen

✔ Magazine und Newsletter von Industrie- und Handelskammern

✔ Branchenspezifische Fachpublikationen

✔ Branchenspezifische Newsletter

✔ Wirtschaftsteile der wichtigsten Tageszeitungen

Die Leserschaft dieser Publikationen überlappt sich, also können Sie bei Ihren PR-Aussendungen Publikationen nicht ausschließlich nach Firmengröße ansprechen. _Capital_ beispielsweise spricht primär Führungskräfte von Firmen an, aber sicherlich lesen es auch selbstständige Kleinunternehmer.

Das Beste, was Sie tun können, wenn Sie Ihre PR nach Firmengrößen ausrichten, ist, _den_ Medien ein wenig mehr Aufmerksamkeit zu widmen, die bekanntermaßen mehr Leser in Ihrem Marktsegment aufweisen. Beispielsweise würde ich mich besonders anstrengen, um mein Material in _Markt und Mittelstand_ oder im _MIT-Mittelstandsmagazin_ zu publizieren, wenn ich auf kleine bis mittelgroße Unternehmen abziele; um Topmanager in Großunternehmen zu erreichen, könnte ich mich auf _Manager Magazin, Financial Times Deutschland,_ die _Wirtschaftsredaktion der Frankfurter Allgemeine Zeitung (FAZ)_ und das _Handelsblatt_ konzentrieren.

 Sie können die Leserschaft einer Wirtschaftspublikation recht gut einschätzen, indem Sie einfach eine aktuelle Ausgabe durchblättern. Nutzen Sie Ihre nächste Zugfahrt für diese Arbeit: In den Bahnhofsbuchhandlungen der großen Städte bekommen Sie eine große Auswahl an Wirtschaftszeitungen und -zeitschriften.

Firmenstandort

Einige Vermarkter arbeiten regional, andere nicht. Die meisten meiner Kunden aus der Lebensmittelbranche beispielsweise verkaufen bundesweit ihre Produkte und Geografie spielt im Marketing keine Rolle. Regionale oder lokale Ketten auf der anderen Seite könnten sich auf ihre spezielle Region sowie eventuell das Umland konzentrieren, da sie nur ortsansässigen oder unweit entfernten Kunden einen schnellen und wirtschaftlichen Service anbieten können.

Viele Unternehmen, die fachliche, beratende oder technische Dienstleistungen für Firmenkunden anbieten, sind oft ähnlich geografisch eingeschränkt auf die Region, in der sich der Firmenhauptsitz oder Zweigstellen befinden. Firmen, die über den Einzelhandel – Wiederverkäufer von Computersystemen beispielsweise – an Firmenkunden verkaufen, bedienen außerdem den Markt, der sich in Autoentfernung zum Geschäft befindet, wie dies auch Firmen tun, die auf ihrem Gelände einen Reparaturservice anbieten.

Selbst einige Firmen, die bundesweit Produkte verkaufen, können ihr Marketing regional ausrichten. Eine Firma, eine Vitaminkette, merkt, dass ihre Marketingbemühungen in einigen Regionen besser ankommen als in anderen, und beschränkt sich dann in ihren PR-Aktionen auf erstere.

Im heutigen globalen Markt überlegen sich viele Firmen, in andere Länder und auf andere Kontinente zu expandieren. Sicherlich wird dann wahrscheinlich eine separate internationale Kampagne entwickelt; größere, weiter entwickelte Vermarkter werden vielleicht in den einzelnen Regionen (Europa versus Asien) oder sogar Ländern separate Kampagnen starten.

Um eine bestimmte Region anzusprechen, können Sie aus den Presseführern die Zeitungen, Wirtschafts- und Verbrauchermagazine auswählen, deren Distribution auf bestimmte Städte,

Regionen oder Bundesländer beschränkt ist. Einige Presseführer listen die Medien nach Städten und Regionen geordnet auf.

Position oder Titel eines potenziellen Kunden innerhalb seiner Firma

Zielgruppen können auch nach der beruflichen Position unterschieden werden. Indem Sie Ihre Marketingbemühungen auf die Leute konzentrieren, die für den Kauf, die Empfehlung oder die Spezifizierung Ihres Produkts oder Ihrer Dienstleistung zuständig sind, reduzieren Sie überflüssige Marketingaktionen gegenüber Leuten, die mit Ihrem Produkt und dem Kauf des Produkts nichts zu tun haben.

Obwohl Presseverteiler nicht nach Titel oder Position unterteilt sind, sind manche Publikationen auf Personen mit bestimmten Positionen ausgerichtet. *Harvard Business Manager* oder *Manager Magazin* zum Beispiel sind auf die Management-Ebene ausgerichtet; *Acquisa* auf Mitarbeiter des Verkaufs. Wenn ich weibliche Konsumenten erreichen möchte, organisiere ich, dass der Geschäftsführer meines Kunden vor einer Frauengruppe spricht, wie beispielsweise einem Zusammenschluss von Unternehmerinnen. Um Jugendliche zu erreichen, bieten wir zum Beispiel einen kostenlosen Newsletter (gedruckt oder online) für Gymnasiasten an. Schauen Sie in den Mediennachschlagewerken nach, um Publikationen zu finden, die auf Personen mit bestimmten Positionen in Unternehmen ausgerichtet sind.

Anwendung oder Benutzung des Produkts

Sie können Ihre Marketingaktionen daraufhin ausrichten, wie ein Kunde Ihr Produkt benutzt. Gute Beispiele sind Terminplaner, Zeitmanagement-Systeme, Palmbooks und andere Taschen-, Tisch- und Terminkalender, die an Unternehmen verkauft werden.

Einige Unternehmen verkaufen diese Produkte, damit diese vom Käufer persönlich eingesetzt werden. Deren Kataloge und Mailings beschreiben ganz ausführlich und im Detail, wie das Zeitmanagement-System funktioniert, wie es Zeit spart, das Leben effizienter gestaltet und so weiter.

Andere Unternehmen vermarkten diese Produkte als Geschenke, die von Firmen gekauft und an Kunden, potenzielle Kunden und Mitarbeiter verteilt werden. Wenn dieselben Produkte als Geschenk verkauft werden und nicht für den persönlichen Gebrauch des Käufers, sind die Beschreibungen wesentlich kürzer und beschreiben die Funktionsweise nicht so detailliert. Stattdessen werden die hochwertige Qualität, das elegante Aussehen, der Ledereinband, die persönlichen Initialen und andere Aspekte betont, die aus den Büchern und Terminkalendern einen attraktiven Geschenkartikel machen.

Pressemitteilungen sollten ähnlich unterschiedlich fokussiert werden, je nachdem wie Sie Ihr Produkt im Markt platzieren möchten. Beispiel: Ein Kunde verkauft ein Software-Paket, das von Systemanalysten zur Entwicklung von Anwendungen eingesetzt wird, hat aber bemerkt, dass diese Software benötigen, um Berichte in verschiedenen Formaten zu generieren. Weil das Software-Produkt diese Aufgabe ebenfalls gut erfüllt, wurde das Produkt mit einer separaten Marketing- und PR-Kampagne als hervorragendes Programm zur Erstellung und Formatierung von Berichten beworben.

Schauen Sie in die Sonntagsausgabe der *FAZ* und beobachten Sie, wie unterschiedliche Rubriken verschiedene Leser mit unterschiedlichen Interessen ansprechen. Ihre Pressemeldungen sollten ähnlich gezielt formuliert werden, so dass Personen, die für eine bestimmte Anwendung (beispielsweise ein selbstständiges Unternehmen von zu Hause aus führen) ein bestimmtes Produkt (beispielsweise einen Computer) benutzen, sich von der Mitteilung angesprochen fühlen.

Vertriebswege

Sie können unterschiedliche Promotions starten, die verschiedene Personen im Vertriebsweg ansprechen sollen – Endverbraucher oder -kunden, Verkäufer, Agenten, Einzel-, Zwischen- und Großhändler, Kaufhäuser und Kataloge.

Kampagnen, die Endverbraucher oder Kunden ansprechen sollen, betonen natürlich die Vorteile bei der Anwendung eines Produktes, während Promotions, die den Vertriebsweg ansprechen sollen, eher betonen, wie viel Geld oder Profit der Verteiler bei der Vermarktung dieses Produktes über seinen Vertriebsweg verdienen kann.

PR, die ein Produkt über die Vertriebswege vermarkten soll und den Handel gezielt ansprechen will, sollte sich an Fachpublikationen wenden. PR, die ein Produkt an den Endverbraucher oder Kunden vermarkten soll, sollte an Magazine geschickt werden, die von Endverbrauchern oder Nutzern gelesen werden.

Um beispielsweise ein Buch wie dieses in die Fachpresse zu bringen, können Pressemitteilungen an *Buchmarkt, Buchreport,* das *Börsenblatt für den deutschen Buchhandel* und andere Publikationen geschickt werden, die von Personen in der Buchbranche gelesen werden. Um dieses Buch gegenüber potenziellen Endkunden/Lesern, wie Unternehmern, Managern und Marketingprofis zu promoten, können Pressemitteilungen an Medien wie *W&V, PR Report* und die *Wirtschaftswoche,* gesendet werden.

Ist es besser, die PR-Aktivitäten auf den Endverbraucher oder den Vertriebsweg zu konzentrieren? Das hängt vom Markt und von der zeitlichen Planung ab. Wenn die Kunden dazu tendieren, das Produkt direkt vom Produzenten zu kaufen, und der übrige Vertrieb nur einen kleinen Anteil der Gesamtverkäufe ausmacht, würden Sie Ihre PR-Kampagne natürlich auf den Endverbraucher ausrichten.

In anderen Märkten sind die Vertriebswege sehr wichtig. Bei Büchern zum Beispiel. Wenn Buchhandlungen ein bestimmtes Buch nicht von einem bestimmten Verlag kaufen und es auf ihren Regalen auslegen, hat es eine sehr geringe Chance, gekauft zu werden. Und bei 50.000 neuen Büchern, die jedes Jahr auf den Markt kommen, wird den meisten wenig oder gar kein

Platz in den Regalen der Buchhandlungen eingeräumt. Also ist das Marketing über den Vertriebsweg entscheidend.

Eine ähnliche Situation gibt es in Supermärkten. Bei zu vielen Produkten, die um den begrenzten Regalplatz im Wettbewerb stehen, bezahlen viele Produzenten abgepackter Waren dem Supermarkt eine Gebühr dafür, dass ihre Produkte ausgelegt werden.

Dieselbe Situation betrifft viele PC-Software-Pakete. Tausende von Software-Paketen sind auf dem Markt, jedoch haben die meisten Computerläden nur Platz für ein Dutzend Titel. Wenn Ihrer nicht darunter ist, dann haben Sie entweder einen sehr geringen Umsatz oder Sie müssen Ihren Verkauf über andere Distributionskanäle dirigieren, zum Beispiel über Kataloge, Anzeigen oder Direktmailings.

Wie überwinden Sie diese Widerstände? Sie mögen zunächst denken, dass konzentriertes Marketing an den primären Vertriebsweg die Lösung ist. Aber nehmen wir einmal an, Sie setzen dies um und die Buchhandlungen nehmen Ihr Buch in ihr Sortiment auf. Leser können es sehen und zugreifen. Aber vielleicht haben sie noch nie davon gehört und laufen direkt daran vorbei. Ohne Nachfrage durch den Endverbraucher wird der Titel schnell wieder aus den Regalen verschwinden.

Oftmals ist das Erzeugen einer starken Nachfrage beim Endkunden ein effektiver Weg, um den Vertreiber dazu zu bewegen, Ihr Produkt zu kaufen. Wenn Ihr Buch hervorragende Kritiken bekommt und ein Dutzend Leute pro Stunde danach fragen, wird die Buchhandlung es natürlich führen wollen und viele Exemplare bei Ihnen bestellen.

Bei Produkten, für die der Vertriebsweg wichtig ist, werden Sie wahrscheinlich Ihr Marketing auf beide richten – auf den Endverbraucher und den Vertreiber. In vielen Fällen wird ein Großteil Ihrer Bemühungen auf den Endverbraucher gerichtet sein; ein kleinerer Teil zielt auf Händler und Vertriebsweg. Gibt es Ausnahmen? Natürlich.

Wenn Sie die Publikationen studieren, die in den Medienführern aufgelistet werden, entdecken Sie, dass viele Branchen verschiedene Magazine haben, die an unterschiedliche Segmente im Vertriebssystem gerichtet sind. Im Computerbereich zielt das *ESN European Sources & News* auf Wiederverkäufer von Hard- und Software, während *c't* für Leute geschrieben ist, die Software entwerfen und schreiben.

Interessengruppen

Eine Interessengruppe ist eine Anzahl potenzieller Kunden, die ähnliche Interessen hat. Das können Fans klassischer Musik sein, Computer-Gurus, Bodybuilder, Gesundheitsfanatiker und Fitnessenthusiasten, oder andere Menschen, die leidenschaftlich und enthusiastisch bestimmten Hobbys, Interessen oder Aktivitäten nachgehen.

Wenn Sie ein Produkt vermarkten, dass speziell das Interesse einer solchen Gruppe anspricht, können Sie wesentlich bessere Resultate erzielen, als wenn Sie dasselbe Produkt als Massenware an die Gesamtbevölkerung zu vermarkten versuchen, denn die Angehörigen einer Interessengruppe haben an Ihrer Produktkategorie oder den Vorteilen, die Ihr Produkt bietet, bereits Interesse bekundet.

Ein gutes Beispiel mögen Computerbegeisterte sein, die CompuServe, elektronische »Schwarze Bretter« und andere Online-Dienste benutzen oder das Computermagazin (www.heise.de/ct) lesen. Wenn Sie eine Promotion für ein schwarzes Brett oder andere elektronische Informations- oder Kommunikationsdienste online durchführen würden und dabei alle Benutzer von Computern ansprechen, mag das nicht sehr erfolgreich sein. Und zwar nicht deshalb, weil Ihr Produkt oder Ihre Promotion schlecht ist, sondern weil durchschnittliche Computerbenutzer nicht notwendigerweise auch auf Online-Anwendungen abfahren; sie benutzen vielleicht gar kein Modem und sind etwas ängstlich gegenüber der ganzen Sache. Wenn Sie hingegen Ihre Promotion auf die Computerbenutzer eingrenzen können, die bereits Online-Dienste in Anspruch nehmen, wird es wesentlich leichter sein, ihnen einen weiteren Dienst – Ihr Produkt – zu verkaufen, denn dann müssen Sie nur noch das Produkt als solches verkaufen und nicht gleichzeitig das gesamte Konzept der Online-Kommunikation oder den Kauf eines Modems.

Dies ist ein gutes Beispiel, wie Marketing durch eine Zielgruppenanalyse wesentlich effektiver gestaltet werden kann. Es ist immer leichter »den Konvertierten zu predigen«, und es macht mehr Sinn, Ihre Steaks an Rindfleischliebhaber zu verkaufen, als Vegetarier davon zu überzeugen, dass Fleisch gut für sie ist. Wenn Sie Ihr Produkt an eine bestimmte Interessengruppe vermarkten, stellen Sie damit sicher, dass das Publikum bereits konvertiert ist, bevor Sie zu ihm predigen.

PR eignet sich für das Marketing an bestimmte Interessengruppen besonders gut, denn in der heutigen Verlagslandschaft haben die allgemeinen Publikumsmagazine Special-Interest-Magazinen Platz gemacht. Die meisten erfolgreichen Magazine zielen heutzutage auf einen Nischenmarkt: Für eine Leserschaft, die ein starkes Interesse an einem spezifischen Thema hat, wird über dieses Thema berichtet. Beispiele sind Bodybuilding-Magazine, Karate-Magazine, Haustier-Magazine, Computer-Magazine, Auto-Magazine oder Wein-Magazine. Wenn Sie diese Publikationen aus den Medien-Nachschlagewerken heraussuchen, die Sie in Kapitel 12 finden, können Sie leicht eine Liste an Medien zusammenstellen, über die Sie die für Ihr Produkt relevanten Interessengruppen erreichen.

Anwender spezieller Geräte, Produkte, Maschinen, Systeme oder Technologien

Mitglieder dieser Kategorie anzusprechen, erfordert eine einfache und logische Strategie. Die Grundbedingung: Wenn Sie Faxpapier verkaufen, tun Sie sich wesentlich leichter damit, an Personen zu verkaufen, die ein Faxgerät besitzen, als an diejenigen, die keins haben.

Ein eingängiges Beispiel aus der Computerbranche: Wenn Sie Software verkaufen, die nur auf einem Mac läuft, können Sie einen Presseführer benutzen, um die Publikationen herauszusuchen, die speziell für Mac-Besitzer geschrieben werden. Das erhöht die Erfolgschancen und verringert überflüssige Investitionen; der Herausgeber eines Magazins für PC-Besitzer wird keinen Artikel über Macintosh-Software veröffentlichen (egal wie einzigartig das Programm ist), denn seine Leser können damit nichts anfangen, da das Programm auf ihrem Computer nicht läuft.

Kaufgewohnheiten

Obwohl dies keine übliche Herangehensweise an einen Markt ist, gibt es Anzeichen, dass Sie Ihre Marketingresultate dadurch verbessern können, dass Sie Ihre Marketingbemühungen an die Kaufgewohnheiten Ihrer Zielkundschaft anpassen.

Bei Direktmarketing an den Endkunden beispielsweise, die ein Gewinnspiel beinhalten, erzielen Sie die besten Resultate, wenn Sie das Mailing an Adressenlisten von Personen richten, die bereits in der Vergangenheit bei derartigen Gewinnspielen mitgemacht haben. Anscheinend macht es diesen Leuten Spaß, an Gewinnspielen teilzunehmen, und sie nehmen die Mühe eher auf sich als die allgemeine Bevölkerung, unter denen sich viele Menschen befinden, die keine Geduld für Gewinnspiele haben und nicht auf Mailings reagieren.

Wenn Ihr Unternehmen also eine große Gewinnspielaktion als Promotion plant, sollten Sie auf alle Fälle die Promotion nicht nur an Ihre regelmäßigen Medienkontakte senden, sondern auch an Publikationen wie *Extra Rätsel,* www.gewinnspiel.de, www.wochenquiz.de und andere Publikationen, die Verlosungen hervorheben.

Oder: Falls die meisten Bestellungen Ihres Produktes oder Ihrer Dienstleistung per Kreditkarte erfolgen, könnten Sie beispielsweise bei American Express die Person kontaktieren, die für den monatlichen Newsletter zuständig ist, der zusammen mit der Abrechnung an die Kunden verschickt wird. Vielleicht können Sie erreichen, dass Ihr Produkt in einem der Beiträge vorgestellt wird.

Seit kurzem haben Unternehmen damit begonnen, Kunden anhand der Kaufgewohnheiten im Internet in Zielgruppen einzuteilen. PR-Kampagnen werden speziell auf Internetnutzer abgestimmt, die (oftmals) jünger und mehr technisch versiert sind.

Ideen formulieren

In diesem Kapitel

▶ Die zwei wichtigsten Zutaten für Ihren PR-Erfolg

▶ Wie Sie Ihre Kreativität in Gang setzen

▶ Gute PR-Ideen produzieren

▶ Für neue Ideen offen bleiben

Nachdem ich nun mein gesamtes Berufsleben in der Public Relations-Branche verbracht habe, bin ich überzeugt davon, dass für PR – im Gegensatz zu, sagen wir, Gehirnoperationen oder Netzwerk-Design – keine spezielle Ausbildung, Kenntnisse oder Erfahrung nötig ist. Jeder kann es machen. In der Tat ist dies alles, was Sie für Ihren PR-Erfolg brauchen:

✔ **Grundwissen** der Formate, Techniken und Methoden, die üblicherweise in der Kommunikation mit den Medien benutzt werden. Da gibt es nichts Mysteriöses oder Schwieriges, und es steht alles in diesem Buch.

✔ **Die Fähigkeit, kreativ zu denken** – Ideen zu haben, die raffiniert, überzeugend und zentral für die Marketingbotschaft sind.

Ich beschäftige in meiner Agentur eine Menge kreativer Leute, und einige meiner Leser könnten bis jetzt das Gefühl haben, dass Kreativität »nicht ihr Ding ist«. Ich werde oft gefragt: »Ist Kreativität lernbar, oder ist es etwas, was man entweder hat oder nicht hat?«

Die Antwort ist: Auch wenn manchen Menschen Promotion und kreatives Marketing von Natur aus liegt, kann jeder, der es versucht, selbst gute PR-Ideen für sein Unternehmen finden.

Erfolgreiche PR-Ideen kreieren

Genauso wie Schulen es oft versäumen zu lehren, wie man lernt, versäumen es Marketing-Studiengänge zu lehren, wie man kreativ denkt. Wenn ich solch einen Kurs geben sollte, würde ich die Erzeugung von Ideen über eine Reihe einfacher und nachvollziehbarer Schritte unterrichten.

Schritt 1: Das Problem identifizieren

Der erste Schritt bei der Lösung eines Problems ist es, zu wissen, was das Problem ist. Aber viele Menschen stürmen vorwärts, ohne zu wissen, was es ist, das sie zu erreichen versuchen. Wenden Sie keine Lösung an, bevor Sie sich nicht die Zeit genommen haben, das Problem zu definieren.

Als *Trillium Health Products* meine Agentur engagierte, war das Problem, dass die Firma mehr Saftpressen verkaufen wollte. *IKEA* hat uns bereits mehrfach spezifische Aufgaben übergeben: Dafür zu sorgen, dass eine Gemeinde dem Bau eines neuen Geschäftes innerhalb ihres Gebietes aufgeschlossen gegenübertrat bis zur Einführung einer neuen Möbelserie. Sie sollten Ihr Marketingziel mit einem einzelnen Satz zusammenfassen können. Zum Beispiel: »Menschen davon überzeugen, dass sie Bücher in elektronischem Format lesen und sie aus dem Internet herunterladen sollen, statt Papierbücher aus der Buchhandlung zu lesen.« Wenn Sie ein Problem nicht artikulieren können, wie können Sie dann eine Lösung formulieren?

Schritt 2: Wichtige Fakten sammeln

In Kriminalgeschichten verbringen Detektive die meiste Zeit damit, nach Spuren zu suchen. Sie können einen Fall nicht alleine mit logischem Denken lösen – sie benötigen die Fakten. Auch Sie brauchen die Fakten, bevor Sie ein Problem lösen oder eine informierte Entscheidung fällen können.

Profis aller Bereiche wissen um die Wichtigkeit des Sammelns spezifischer Fakten. Ein Wissenschaftler, der ein Experiment plant, recherchiert, welche ähnlichen Experimente schon einmal durchgeführt wurden. Ein Buchautor sammelt alles, was mit dem Thema zu tun hat: Zeitungsausschnitte, Fotos, Interviewmitschnitte, Tagebücher, offizielle Urkunden usw. Ein Unternehmensberater mag mehrere Wochen oder Monate in einer Firma Informationen sammeln, bevor er eine Lösung zu einem schwer wiegenden Problem präsentiert. Als ich einen Zigarrenclub als Kunden bekam, begann ich, teure Zigarren zu rauchen und die Zigarrenkultur kennen zu lernen, um diese Welt besser zu verstehen.

Organisieren Sie das gesammelte Material. Schauen Sie die Ordner noch einmal durch, bevor Sie eine Lösung formulieren. Wenn Sie gut tippen können, sollten Sie ein Computer-Schreibprogramm benutzen, um Ihre Notizen und Materialien schriftlich niederzulegen. Dieser Schritt vertieft Ihre Kenntnisse des gesammelten Materials und kann Ihnen zu einer frischen Perspektive auf das Problem verhelfen. Außerdem komprimieren Sie die Fülle an Material beim Tippen auf einige wenige übersichtliche Seiten, die alle Fakten auf einen Blick zeigen.

Schritt 3: Allgemeinwissen aneignen

Im Geschäftsleben haben spezifische Fakten mit dem laufenden Projekt zu tun. Sie umfassen das Budget, den Zeitplan, die verfügbaren Ressourcen, die Kundenspezifikationen sowie Kenntnisse der Produkte, ihrer Bestandteile und der Techniken, die bei der Durchführung des Projekts eingesetzt werden. Allgemeinwissen sind in diesem Fall die Fachkenntnisse, die Sie sich im Laufe Ihres Berufslebens angeeignet haben, und es umfasst Ihren Informationsspeicher, was Events, Menschen, Medien, Kultur, Wissenschaft, Technologie, Management und die Welt im Allgemeinen angeht.

Sie können Ihre Bildung beschleunigen, indem Sie ein Student in den vielen Gebieten werden, die Ihren Job betreffen. Abonnieren Sie die Fachpublikationen Ihres Gebiets. Lesen Sie alle quer und heben Sie die Artikel auf, die Informationen enthalten, die für Sie nützlich sein könnten. Organisieren Sie diese Ausschnitte nach Themen, damit Sie sie bei Bedarf leicht wiederfinden.

Lesen Sie Bücher aus Ihrem Fachbereich und legen Sie eine Referenzbibliothek an. Belegen Sie einige Abendkurse. Besuchen Sie Seminare, Konferenzen und Messen. Freunden Sie sich mit Menschen aus Ihrem Tätigkeitsfeld an und tauschen Sie Informationen, Geschichten, Ideen, Fallstudien und technische Tipps aus. Die meisten, die ich kenne und die in ihrem Beruf erfolgreich sind, sind zwanghafte Informationensammler. Sie sollten auch einer sein!

Schritt 4: Nach Kombinationen suchen

Jemand beschwerte sich einmal bei mir: »Es gibt nicht Neues mehr auf dieser Welt. Es wurde alles schon irgendwo einmal gemacht.« Vielleicht. Aber eine Idee muss nicht etwas komplett Neues sein. Viele Ideen sind einfach neue Kombinationen bereits existierender Einzelteile. Indem Sie nach Verbindungen und neuen Kombinationen alter Ideen suchen, können Sie auf frische Ansätze stoßen.

Der Radiowecker beispielsweise wurde von jemandem erfunden, der beide bestehende Technologien miteinander kombinierte: die Uhr und das Radio. Der Earl of Sandwich, der das Sandwich erfand, tat dies, weil er sein Fleisch in den Händen halten wollte, während er spielte.

Halten Sie Ausschau nach Synergie-Effekten, wenn Sie die Fakten untersuchen. Welch geschickte Promotion können Sie finden, die zu Ihren Marketingzielen passt und Ihre Botschaft auf eine kreative Weise rüberbringt? Für *Empire Kosher Chickens* wollten wir auf eindringliche Weise demonstrieren, wie sorgfältig jedes Huhn untersucht wird. Unsere Promotion war, jedem, dessen Steuererklärung von den Behörden überprüft wurde, ein Gratishuhn zu schenken – die Presse hat es gefressen (entschuldigen Sie das Wortspiel).

Schritt 5: Darüber schlafen

Das Problem für eine Weile beiseite zu legen, kann dabei helfen, Ihre Ideenproduktionskräfte neu aufzuladen, wenn Sie merken, dass Ihr kreatives Akku sich entladen hat. Aber wenden Sie diese Methode nicht bereits nach fünf Minuten ratlosen Überlegens an. Als Erstes müssen Sie alle Informationen sammeln, die Sie kriegen können. Als Nächstes müssen Sie dieses Material wieder und wieder durchgehen, während Sie nach der einen großen Idee suchen. Sie werden an einen Punkt gelangen, wo Sie einen verschleierten Blick bekommen, benommen werden, dieselben Ideen immer und immer wieder durchkauen. Das ist der richtige Zeitpunkt für eine Pause. Legen Sie das Problem beiseite, schlafen Sie eine Nacht darüber und lassen Sie Ihr Unterbewusstsein weiterarbeiten.

Eine Lösung mag Sie im Schlaf treffen, unter der Dusche oder beim spazieren gehen im Park. Selbst wenn das nicht passiert, werden Sie bemerken, dass, wenn Sie zu dem Problem zurückkehren, Sie es mit neuem Schwung und einer frischen Perspektive anpacken können. Ich benutze diese Technik beim Schreiben: Ich lege das Geschriebene zur Seite und lese es am nächsten Tag frisch durch. Oftmals können die Dinge, die ich während des Schreibens für brillant hielt, auf den zweiten Blick erheblich verbessert werden.

Schritt 6: Eine Checkliste erstellen

Sie können Checklisten benutzen, um kreatives Denken zu stimulieren, und als Ausgangsbasis für neue Ideen. Viele Fabrikanten, Unternehmensberater, technische Magazine und Gewerkschaftsverbände publizieren Checklisten, die Sie als Grundlage für Ihre eigene benutzen können. Aber die besten Checklisten sind die, die Sie selbst erstellen, weil diese maßgeschneidert sind für die Probleme, die tagtäglich bei Ihnen auftreten.

Zum Beispiel: Julia ist eine technische Verkäuferin, die die Technik ihrer Produkte in- und auswendig kennt, aber sie hat Probleme dabei, einen Verkauf abzuschließen. Sie könnte dieser Schwäche entgegenwirken, indem sie eine Checkliste anlegt mit den typischen Einwänden der Kunden und möglichen Antworten. (Sie kann die Liste der Einwände während ihrer Verkaufsbesuche über einige Wochen hinweg zusammenstellen. Sie kann mögliche Taktiken, um diesen Einwänden zu begegnen, von VerkaufskollegInnen sammeln, aus Büchern über Verkaufstaktiken und durch eigenes Ausprobieren.) Wenn sie dann einem schwierigen Kunden gegenübersteht, braucht sie das Rad nicht neu zu erfinden und ist durch ihre Checkliste auf alle Standardeinwände vorbereitet.

Keine Checkliste kann natürlich Ideen für jede Situation, die einmal auftritt, enthalten. Denken Sie daran: Sie benutzen die Checkliste als Instrument zum kreativen Denken, nicht als Krücke.

Schritt 7: Kritik einholen

Sherlock Holmes war ein brillanter Detektiv. Aber selbst er musste seine Ideen hin und wieder an Dr. Watson austesten. Als professioneller Publizist glaube ich zu wissen, wie man eine effektive PR-Kampagne plant. Aber wenn ich meinem Partner einen Entwurf zeige, kann er mindestens ein halbes Dutzend Dinge entdecken, die man noch besser machen kann.

Einige Menschen – vielleicht auch Sie – arbeiten am liebsten alleine. Aber wenn Sie nicht als Teil eines Teams arbeiten, kann die Meinung eines anderen Menschen Ihnen dabei helfen, Ihre Gedanken auf den Punkt zu bringen und Ideen zu produzieren, an die Sie nicht gedacht hatten.

Nehmen Sie Meinungen für das, was sie sind. Wenn Sie denken, dass Sie Recht haben und die Kritiker falsch liegen, ignorieren Sie sie. Aber meistens liefert jede Meinung nützliche Informationen, die Ihnen helfen, die besten und einträglichsten Ideen zu finden.

Natürlich sollten Sie selbst, wenn Sie andere um deren Meinung bitten, dasselbe für sie tun, wenn Sie darum gebeten werden. Sie werden merken, dass es Spaß macht, die Arbeit von anderen durchzusehen; die Arbeit eines anderen zu kritisieren ist leichter, als selbst etwas zu kreieren. Und Sie werden durch die Verbesserungsvorschläge, die Ihnen einfallen, entlohnt – Dinge, die für Sie offensichtlich sind, aber der anderen Person nie aufgefallen wären.

Schritt 8: Bilden Sie Gruppen

Einige Menschen denken kreativer, wenn Sie in Gruppen arbeiten. Aber wie groß sollte die Gruppe sein? Meiner Meinung nach sind zwei Personen ein ideales Team. Mehr und Sie laufen Gefahr ein Komitee zu bilden, dessen Räder sich drehen, aber das nichts bewirkt. Die Person, mit der Sie arbeiten, sollte Fertigkeiten und Denkweisen haben, die Ihre eigenen ergänzen und ausbalancieren. In der Werbebranche beispielsweise arbeiten Texter (»Wort-Menschen«) mit Graphikern (»Bild-Menschen«) zusammen.

Bei Jungunternehmen tut sich der »Ideen-Mensch«, der das Unternehmen gegründet hat, oft mit einem erfahrenen Konzernmanager zusammen, wenn das Unternehmen Gestalt annimmt. Der Unternehmer weiß, wie man eine Idee umsetzt, aber der Manager weiß, wie man ein profitables und effizientes Unternehmen führt.

Als Ingenieur können Sie vielleicht einen besseren Mikrochip erfinden. Aber wenn Sie ein Vermögen damit machen wollen, sollten Sie jemanden ins Team holen, der über eine fundierte Verkaufs- und Marketingerfahrung verfügt.

 **Gedanken über kreatives Denken**

Hier sind einige meiner liebsten Zitaten über kreatives Denken:

✔ »Der beste Weg, um eine gute Idee zu haben, ist es, viele Ideen zu haben.« Linus Pauling

✔ »Die besten Ideen stammen aus Witzen. Denken Sie so witzig wie möglich.« David Ogilvy

✔ »Wenn Sie im Zweifel sind, machen Sie sich lächerlich. Die Linie zwischen brillanter Kreativität und sich wie der größte Idiot auf Erden zu benehmen ist mikroskopisch dünn.« Cynthia Heimel

✔ »Wenn Sie etwas bewirken wollen, müssen Sie unverschämt sein. Sie müssen über das, was akzeptabel ist, hinausgehen. Im Unwillen etwas zu tun, besteht das größte Risiko überhaupt.« Mike Vance

Weitere Wege zu guten Ideen

Thomas Edison sagte, dass Talent aus einem Prozent Inspiration und 99 Prozent Schweiß besteht. Aber manchmal benötigen Sie mehr Inspiration, um Ihre kreativen Gedanken ins

Wallen zu bringen. Hier sind einige Ideen, die bei mir und Menschen, die ich kenne, funktioniert haben:

✔ Gehen Sie in ein Spielzeugwarengeschäft und schauen Sie sich um. Können Sie ein Spiel kreieren, um Ihre Botschaft zu verbreiten?

✔ Legen Sie einen Ordner an, in dem Sie Promotions sammeln, die Sie besonders mochten oder die zumindest Ihre Aufmerksamkeit auf sich gezogen haben. Benutzen Sie diese als Inspiration bei der Planung Ihrer eigenen PR-Kampagne.

✔ Fragen Sie Mitarbeiter nach Vorschlägen. Belohnen Sie die beste Idee mit einem Geschenkgutschein über 100 Euro.

✔ Schmökern Sie in Ihrer Buchhandlung oder in der Bibliothek in Büchern. Schlendern Sie durchs Museum. Inspirationen passieren oft dort, wo Sie von Ideen umgeben sind.

✔ Schauen Sie über den Tellerrand Ihrer eigenen Branche hinweg. Was eine übliche, erfolgreiche Promotion in einer anderen Branche ist, mag kreativ kopiert und auf Ihre eigene Branche angewandt werden, wo es noch nie dagewesen und daher neuartig ist.

✔ Lesen Sie Literatur über kreatives Denken. Ich empfehle Kopftraining von Tony Buzan, Genies wie du und ich von Martin Voigtmann und Volker Bugdahl: Kreatives Problemlösen.

✔ Tragen Sie immer einen Block und einen Stift bei sich, um Gedanken dann aufzuschreiben, wenn sie Ihnen in den Sinn kommen. Wir alle haben ständig Ideen, aber wir verlieren sie, wenn wir Sie nicht festhalten.

✔ Wann immer Sie eine kreative Idee aufschreiben, sammeln Sie diese in einem Ordner oder geben Sie sie in Ihren Computer ein. Legen Sie einen allgemeinen Ideenordner an, auf den Sie zurückgreifen können, wenn Sie eine neue kreative Promotion benötigen.

Neuen Ideen eine Chance geben

Viele Geschäftsleute, insbesondere Managertypen, bilden ihre kritischen Fähigkeiten stärker aus als ihre kreativen. Wenn kreative Ingenieure und Erfinder auf diese Leute gehört hätten, hätten wir weder Computer und Autos, noch Flugzeuge, Glühbirnen oder Elektrizität.

Der kreative Prozess arbeitet in zwei Phasen: Die erste ist die ideen-produzierende Phase, in der die Gedanken frei fließen. Die zweite ist die kritische oder Überarbeitungsphase, in der Sie jede Idee unter das grelle Tageslicht halten und sehen, ob sie umsetzbar ist. Viele Menschen machen den Fehler, beide Phasen miteinander zu vermischen. Während der ideen-produzierenden Phase sind sie zu eifrig eine Idee sofort zu kritisieren, wenn sie ausgesprochen wird. Als Ergebnis schießen sie Ideen ab und machen schnappende Bemerkungen, wenn sie eigentlich zu solchen Ideen ermuntern sollten. Viele gute Ideen werden so zerstört.

Ein häufiger Ideen-Zerstörer ist: »Das haben wir schon gemacht und es hat nicht funktioniert.« Ja, aber bei dem rasanten Tempo für Veränderungen sieht der Markt ganz anders aus als beim letzten Versuch. Vielleicht kann die Idee entstaubt und ein wenig verändert werden, damit sie jetzt funktioniert.

Noch gefährlicher (und vielleicht absurd) ist der oftmals gebrauchte Einwand: »So etwas machen wir hier nicht so.« Meine Antwort: Vielleicht ist es an der Zeit, etwas Neues zu versuchen. In den mehr als zwei Jahrzehnten, in denen ich als PR-Experte tätig war, habe ich eine unumstößliche Tatsache über Public Relations gelernt: Wenn Sie dieselbe alte Geschichte wieder aufwärmen, bekommen Sie dasselbe lauwarme Resultat. Der einzige Weg neue Ergebnisse zu erzielen ist mit einer neuen Idee.

PR-Taktiken umsetzen

7

In diesem Kapitel

▶ Finden Sie eine Verbindung zu aktuellen Nachrichten, Fernseh-Shows und Feiertagen

▶ Von Verlosungen und karitativen Aktionen profitieren

▶ Die Aufmerksamkeit der Medien auf sich lenken durch Umfragen, Events oder Humor

▶ Eine Umtausch-Kampagne inszenieren

---

*I*n dem Zeichentrickfilm *Tom und Jerry* siegt Jerry immer, indem er in seine Trickkiste greift. Alle PR-Leute haben eine ähnliche Trickkiste – bevorzugte PR-Taktiken, die sie mit Erfolg benutzt haben und die sie oft einsetzen, wenn sie Kampagnen planen. In diesem Kapitel hole ich einige meiner besten Tricks aus der Kiste und stelle Sie Ihnen vor.

Finden Sie eine Verbindung zu den aktuellen Nachrichten

Suchen Sie nach kreativen Wegen, wie Sie Ihr Produkt mit aktuellen Nachrichten oder Trends verbinden können. Als *Earth's Best* eine neue Linie von Bio-Babynahrung einführte, machte die Sicherheit beim Verzehr genetisch veränderter Lebensmittel gerade Schlagzeilen. Wir schnappten uns unseren Anteil dieser Schlagzeilen für unseren Kunden, als wir eine Pressemitteilung verschickten (abgedruckt in Kapitel 15), die erklärte, dass die Babynahrung von *Earth's Best* keine genetisch veränderten Zutaten enthalten würde.

Auch wenn es Bio-Lebensmittel schon seit einiger Zeit gab und diese an sich schon interessant waren, erzeugte die Vermarktung der neuen Bio-Babynahrung als »100 % rein« und »ohne genetisch veränderte Lebensmittel« einen neuen Dreh, der es uns ermöglichte, einiges der Aufmerksamkeit der Medien, die ohnehin bereits auf das kontroverse Thema Genforschung konzentriert war, auf uns zu ziehen.

Die Macht der Einbindung in aktuelle Nachrichten ist die Tatsache, dass keine Nachrichten-Story von Grund auf kreiert werden muss, um dann die Medien davon zu überzeugen, darüber zu berichten. Mit einer entsprechenden – das heißt glaubhaften und für Ihr Produkt vorteilhaften – Promotion-Einbindung auf aktuellen Nachrichten Huckepack zu reiten, ist viel kosteneffektiver.

Ich nenne dieses Prinzip »Dahin gehen, wo die Kameras laufen«. Die Idee: In eine Geschichte einbezogen werden, über die die Medien ohnehin berichten. Denn dann ist es wesentlich leichter, in die Presse zu kommen. Das Beispiel, das ich oft benutze, weil es dieses Prinzip auf den Punkt bringt, ist unsere freie Pizza von Domino's Pizza für Steuerzahler der letzten Minute. Die amerikanischen Steuerbehörden sind nicht zimperlich mit denen, die ihre Einkommensteuererklärung nicht mit dem Poststempel vom 15. April abgegeben haben. Indem wir am 15. April um Mitternacht freie Pizza in die Post liefern ließen, brauchten wir die Fernsehteams nicht anzurufen, um alles zu filmen – sie waren bereits da und nahmen die Steuerzahler auf, die anstanden, um noch den Poststempel dieses Tages zu bekommen. Als unsere Pizzalieferung ankam, konnten die Fernsehteams da etwas anderes tun, als die Kameras auf das Produkt unseres Kunden zu richten, das direkt vor ihnen war?

Finden Sie eine Verbindung zu einer Fernseh-Show oder einem Kinofilm

Sie wissen, dass der heiße neue Kinofilm für einen kurzen Zeitraum – meist wenige Wochen – eine unglaubliche Menge öffentlicher Aufmerksamkeit bekommt. Die populärste Fernseh-Show der Saison bekommt ebenfalls unverhältnismäßig hohe Aufmerksamkeit für einen etwas längeren Zeitraum – bis zu mehreren Monaten.

Wenn Sie eine Kampagne starten, die Ihr Produkt an diese populären Kino- und Fernsehattraktionen bindet, können Sie einiges der Publicity abfangen und auf Ihre Story anwenden, um eine größere Berichterstattung für Ihr Produkt zu erzielen.

Mitte der neunziger Jahre lief eine große Dracula-Verfilmung in den deutschen Kinos an. Das Deutsche Rote Kreuz nutzte die Medienaufmerksamkeit und baute in den großen Kinos Blutspendestationen auf. Die Aktion war witzig und bekam nicht nur gute Kritiken in den Kinos, sondern auch ausführliche Berichterstattung im Fernsehen.

Stellen Sie das Produkt ins Rampenlicht

Sie können viele Produkte als Requisit oder Gag benutzen, um den menschlichen Seh- und Tastsinn an PR-Kampagnen zu binden. Ein Verlag, der sein Magazin in der Werbung als »heißer« Tipp seiner Branche anpries, versandte an potenzielle Werbekunden eine hübsche Dose mit einem Pfund Chilipulver.

Einmal klebten meine Agenturmitarbeiter eine Pressemitteilung für einen Kunden – eine Pizzafirma – auf Pizzaboxen mit heißem Inhalt und lieferten sie an die lokalen Fernsehstationen 20 Minuten vor den Abendnachrichten. Die Moderatoren redeten nicht nur auf Sendung über die Promotion, sondern aßen sogar die Pizza vor laufender Kamera.

Veranstalten Sie eine Verlosung

Verlosungen können funktionieren, aber ich bevorzuge immer, sie etwas unkonventionell zu gestalten. Ich glaube auch, dass die Aktion mit dem Produkt in Verbindung stehen sollte.

Abbildung 7.1 zeigt die Pressemitteilung, die wir als Promotion-Aktion für Jose Cuervo kreiert haben. Sie spielt auf das alte »Flaschenpost«-Thema an. Derjenige, der die Flasche fand, konnte einen lebenslangen Vorrat an Tequila gewinnen. Der humoristische Stil passte sowohl zur Verlosungsaktion als auch zu dem Spaß-orientierten Image des Produktes.

Bitte helfen Sie, unsere beliebte aufblasbare Flasche zu finden

Jose Cuervo bietet dem Finder einen lebenslangen Tequila-Vorrat* als Belohnung

Verschiedene Augenzeugen berichteten, sie hätten die Flasche, die ein rot und goldfarbenes Etikett der Marke Jose Cuervo trug, zuletzt am Morgen des 6. Mai 2000 um 1.30 Uhr nachts in CozyMel's Bar und Restaurant in Westbury, Long Island gesehen.

Zum Zeitpunkt des Verschwindens war die Flasche erst vier Tage alt. Unaufgeblasen wiegt sie ungefähr 150 Kilo und ragt drei Stockwerke in die Höhe. Oftmals voll heißer Luft und bekannt für ihre gelegentlichen Ausbrüche, hatte die Flasche die ganze Nacht zu Ehren von Cinco de Mayo gefeiert und war in der fraglichen Nacht etwa zwischen 1.30 und 1.50 Uhr verschwunden ...

»Obwohl sie nur vier Tage alt war, liebten wir diese Flasche sehr«, erklärte Velvet Mickens, Marketing-Direktorin des Tequila-Portfolios bei UDV-NE, der Muttergesellschaft von Jose Cuervo, und versuchte ihre Tränen zurückzuhalten. »Sie mag dick sein und vielleicht sogar ein wenig tollpatschig ... aber sie hat ein großes Herz.« Andere Mitarbeiter bei Jose Cuervo halten seit dem Vorfall in ihren Büros in Stamford, CT Nachtwache und zündeten Gedenkkerzen an.

Alle Hinweise werden vertraulich behandelt und wir werden keine Anklage erheben. Die Person, die sachdienliche Hinweise geben oder sogar die Flasche selbst überbringen kann, wird mit einem lebenslangen Tequila-Vorrat belohnt.*

Weitere Informationen bei Lara Hauptmann unter 212/645-6900.

Der lebenslange Tequila-Vorrat besteht aus einer Flasche alle vier Monate über 25 Jahre hinweg.

Abbildung 7.1: Flaschenpost für Jose Cuervo

 Bevor Sie irgendeinen PR-Wettbewerb ins Leben rufen, sollten Sie alle Unterlagen und Materialien Ihrem Anwalt vorlegen. Wettbewerbe und Verlosungen sind gesetzlich geregelt und das Missachten von Gesetzen kann Ihnen Publicity einbringen, von der Sie wünschen, dass Sie sie nie bekommen hätten.

Setzen Sie sich für einen guten Zweck ein

Wenn Sie anderen helfen werden, tun Sie das kreativ. Lediglich Geldsummen für karitative Zwecke zu spenden, selbst wenn sie groß sind, bringt Ihnen wenig PR-Effekt für den Euro. Kreatives Spenden, das einer Gruppe oder einem guten Zweck auf neue oder ungewöhnliche Weise hilft, kann dem Empfänger viel nützen und gleichzeitig Ihre Marke oder Ihr Firmenimage bewerben.

Rhinotek ist ein Fabrikant von Tonerkartuschen für Laserdrucker und Faxgeräte, dessen Markenzeichen auf dem Rhinozeros basiert. Händler bekommen eine Broschüre, die ihnen erklärt, dass von jedem verkauften Produkt ein Prozentsatz für den Erhalt des Rhinozeros als Spezies gespendet wird. Rhinozerosse werden auf Produktverpackung und Promotion-Material, wie zum Beispiel Rhinozeros-Mauspads gedruckt.

Bei Lebensmittelfabrikanten ist das Offensichtlichste, für die Speisung von Armen und Hungernden zu sorgen. Leider sind Lebensmittellieferungen etwas Alltägliches und daher sieht die Presse sie nicht als besonders berichtenswert.

Finden Sie eine Verbindung zu beliebten Feiertagen

Ihre Kampagne an einen Feiertag (Valentinstag, Nikolaus, Weihnachten, Fastnacht) oder einen Event (zum Beispiel den Geburts-/Todestag berühmter Persönlichkeiten, zehn Jahre deutsche Wiedervereinigung) zu binden funktioniert, weil es Ihrer Kampagne ein Element der Zeitlosigkeit verleiht, die diese sonst nicht hätte.

Ein beliebter Zeitpunkt für Veröffentlichung zum Thema Eier ist die Woche vor Ostern: Alle Umweltverbände platzieren ihre Meldungen zu Themen wie Käfighaltung, ökologischen Landbau und selbst das ökologische Eierfärben erfolgreich in der Karwoche.

Führen Sie eine Umfrage durch

Per definitionem sind die Nachrichtenmedien vor allem an Neuigkeiten und Berichtenswertem interessiert. Und es ist nicht immer leicht, für PR-Leute etwas aufzutreiben, was Nachrichtenwert hat oder neu ist.

Untersuchungen sind meine Geheimwaffe in der PR: Sie sind einer der leichtesten Wege, um die Nachrichtenmedien mit den Neuigkeiten zu versorgen, hinter denen sie her sind. Der

Grund ist einfach: Es gibt sehr wenig neue Informationen auf der Welt. Aber eine Untersuchung kreiert per definitionem neue Informationen. Wenn Sie 1.000 Geschäftsleute interviewen und 87 Prozent antworten mit »ja« auf die Frage: »Fühlen Sie in Ihrem Job Stress?«, dann haben Sie ein Faktum – »87 Prozent von 1.000 Personen in Führungspositionen, die von der Firma XYZ befragt wurden, sagen, dass sie in ihrem Beruf Stress spüren« – das Sie und niemand sonst besitzen.

Für einen Verband von Haustierhändlern führten wir eine Untersuchung durch, die zeigte, dass Haustierbesitzer erfolgreicher dabei waren, ihre Silvesterversprechen einzuhalten als diejenigen, die kein Haustier besaßen – eine Promotion, die den Wert von Haustieren unterstreichen sollte. Eine andere Studie für denselben Verband bewarb den Besitz eines Haustieres, indem sie zeigte, dass 73 Prozent der untersuchten Firmen der Meinung waren, dass die Anwesenheit von Haustieren im Büro die Produktivität hebe.

Für *Calyx & Corolla*, einem Direktvermarkter von Blumen, zeigte eine Studie, dass Geschäftsführer und Manager Blumen mochten und dass es helfen könnte, Blumen zu schicken, um eine Gehaltserhöhung zu bekommen.

Wir führten auch für einen Kunden, der Nahrungsmittelergänzungsstoffe über das Internet vermarktet, eine Untersuchung durch. Wieder banden wir einen Feiertag ein. Der Feiertag war Valentinstag, also benutzten wir das Thema Romantik. Wie Nahrungsmittelergänzungsstoffe mit Romantik verbinden? Indem Lebensmittel in ihrer Rolle als Aphrodisiakum dargestellt wurden. Abbildung 7.2 zeigt die Pressemitteilung, die wir für diese Kampagne geschrieben haben.

Einen Event inszenieren

Umfragen sind eine sichere Sache, um Nachrichten zu kreieren. Eine andere effektive Taktik ist die Inszenierung eines Events.

Die *National Hockey League* (NHL) beauftragte meine PR-Agentur damit, um die Spiele der letzten Runde mehr Aufregung zu verbreiten. Um das zu erreichen, planten wir einen Event, den wir »Cup Crazy« nannten. Der Event war so etwas wie ein reisender Jahrmarkt. Er bot eine Reihe von Hockey-bezogenen und anderen Spielen, wie ein Inline-Hockey-Wettbewerb, sowie Ticketverlosungen. Der Event, der in jeder Finalspiel-Stadt mit der Präsentation des Stanley-Cups abschloss, wurde in *Sports Illustrated, USA Today, Newsweek* sowie auf *Hard Copy* und *Extra* veröffentlicht. Mehr als eine Million Menschen besuchten den Event während der Finalspiele.

Weitere Informationen zum Einsatz von Events in der PR finden Sie in Kapitel 17.

Pressekontakt: Marisa Milo
Jericho Communications
Tel. 212-645-6900

Sagen Sie es Ihrer Liebsten am Valentinstag nicht mit Blumen oder Diamanten, sondern mit Knoblauch???!!

Bringen Austern Sie wirklich in Stimmung? Oder macht Schokolade Sie tatsächlich romantisch? Menschen haben immer infrage gestellt, ob Aphrodisiaka wirklich arbeiten oder nicht. Nun, endlich hat jemand Aphrodisiaka tatsächlich getestet. Laut einer Studie, die von AllHerb.com, einer Online-Informationsquelle zu Heilpflanzen, durchgeführt wurde, bevorzugten Paare, die häufig schmusen, in der Woche, in der sie beobachtet wurden, Gerichte mit Knoblauch, gefolgt von Gerichten, die mit Shiitake-Pilzen, Schokolade oder Zitrone zubereitet waren.

Die Studie, die 314 Paare eine Woche lang beobachtete, um festzustellen, welche Aphrodisiaka sexy, romantisch und kuschelig machen, ließ die Paare ein Formular ausfüllen, das dokumentierte, wie oft sie Sex hatten, Orgasmen, sich romantisch fühlten und verschiedene »Schmuseaktivitäten« austauschten und es mit dem, was sie an diesem Abend gegessen hatten, verglich. Die Studie zeigte außerdem, dass Paare, die regelmäßig mit bestimmten Zutaten kochten, öfter »in Stimmung« waren: die fünf Gewürze, mit denen die Paare in der Woche am häufigsten Sex hatten, waren Cayennepfeffer gefolgt von Rosmarin, Knoblauch, Zwiebeln und Basilikum.

»Lebensmittel enthalten viele natürliche Inhaltsstoffe, die alles tun können vom Heilen von Kopfschmerzen bis zu Stimulierung der Hormone«, erklärt Ken Hakuta, Geschäftsführer von AllHerb.com. Viele der Lebensmittel, die wir tagtäglich essen, beeinflussen uns auf eine Weise, der wir uns nicht bewusst sind. Und jetzt, da der Valentinstag sich nähert, wollten wir uns die natürlichen Inhaltsstoffe näher anschauen, die als Aphrodisiaka wirken ...«

Abbildung 7.2: Pressemitteilung zum Valentinstag

+

Bringen Sie die Menschen zum Lachen

Übersehen Sie nicht den Humor als Quelle für PR-Inspirationen und Ideen. Wenn Sie etwas Bekanntes auf scherzhafte und andersartige Weise darstellen, können Sie Menschen zum Lachen bringen. Viele Redakteure und Produzenten suchen nach leichtem Material und Füllmaterial, das zwischen zwei knallharten Dokumentationen gesendet werden kann. Und Sie können sehr viel Publicity bekommen, wenn Sie dazu etwas liefern können.

 Denken Sie daran, dass Humor oft eine effektive Möglichkeit ist, um ein ernsthaftes Thema zu behandeln. In einer Kampagne für *Empire Kosher Chicken*, beispielsweise, war das Ziel, zu kommunizieren, wie sorgfältig die Firma die Hühnchen inspiziert. In der Kampagne erhielten Leute, die einen Beweis dafür einschickten, dass sie von der amerikanischen Steuerbehörde inspiziert wurden, ein Hühnchen gratis. Für die meisten Konsumenten ist die Inspektion durch die Steuerbehörde ein unerträglicher Prozess. Wir verglichen diese peinlich genaue Prüfung mit der sorgfältigen Kontrolle, die *Empire Kosher Chicken* bei der Kontrolle seiner Hühnchen an den Tag legt. Die Kampagne erhielt breite Publicity, und sogar das *Wall Street Journal* brachte einen Bericht darüber.

Auf dem deutschen Nachrichtenmarkt sollten Sie Humor nur wohl dosiert einsetzen. Denken Sie daran, dass nicht jeder, der heimlich mit versteckter Kamera für die Sendung »Verstehen Sie Spaß?« aufgenommen wird, auch wirklich mit seiner Reaktion auf Sendung geht. Ihr Witz muss so gut sein, dass alle, die von ihm erfahren, mitlachen können. Ansonsten kann die Aktion auch nach hinten losgehen und am Ende lacht man über Sie – statt mit Ihnen.

Eine Umtausch-Kampagne inszenieren

Kapitel 15 beschreibt ausführlicher, wie Umtauschaktionen – die eindeutig nur ein Werbegag sind – die Aufmerksamkeit der Medien erregen, wenn Sie sie geschickt aufziehen.

Für British Knight Sneakers, zum Beispiel, war das Ziel, die Schuhe verstärkt an Jugendliche zu vermarkten. Wir kreierten eine Promotion, um Kinder zu ermuntern, draußen zu spielen statt fernzusehen. Wenn die Eltern eine Fernsehfernbedienung (die wir übrigens nach der Kampagne zurückschickten, es kostete sie also nichts) einschickten, würde das Kind ein Paar Sneakers gratis bekommen. In einer anderen Kampagne für diese Firma tauschten die Konsumenten stinkige Socken gegen neue Turnschuhe ein.

Um *Domino's Pizza* als Trostessen zu bewerben, boten wir freie Pizza für jeden an, der seine Kündigung mitbrachte oder einen Ablehnungsbescheid von einem College. Die Verbindung zu Pizza? Der »Esse deine Kündigung«-Monat. Pizzaverkäufe gingen sprunghaft in die Höhe an dem Tag, nachdem Johnny Carson seine abendliche Fernsehsendung *Tonight Show* mit dieser Kampagne begonnen hatte.

Kreieren Sie eine Persönlichkeit

Wer kennt und liebt nicht die lila Milka-Kuh, den »Nachbarn von nebenan«, Herrn Kaiser, Frau Antje oder Onkel Dittmeyer? Das Kreieren von Persönlichkeiten hat sich seit Jahrzehnten in der Werbung bewährt. Nun merken wir, dass es auch in der PR funktionieren kann.

Empire Kosher Chicken beauftragte uns einst damit, die Verkaufszahlen während der Wintermonate zu stimulieren. Wir erfanden eine Figur namens Bubby und stellten sie als »Amerikas Jüdische Großmutter« vor. Bubby bot den Menschen die Chance, ihre Erkältung zu kurieren, indem sie ihre moderne Erkältungsmedizin gegen ein freies Suppenrezept und ein freies koscheres Hühnchen eintauschten. Tausende schrieben der Firma, um dieses Angebot in Anspruch zu nehmen, was die Hühnchen (und die Haltung, dass ein Empire Chicken nahrhaft und sogar heilsam ist) in vielen Haushalten zum ersten Mal auf den Tisch brachte.

Teil III

Den PR-Grundstein legen

*»Die Königin sagt: Wenn die Leute kein Brot haben, dann lasst sie doch
Kuchen essen, der hier im Schloss gebacken und kostenlos verteilt wird.
Das ist etwas zu weitschweifig formuliert. Wir müssen daraus einen
knackigen Slogan machen. Wer hat einen Vorschlag dazu?«*

In diesem Teil ...

Ein großer Teil von PR ist das Erstellen einer Vielfalt von Dokumenten, die Ihre Botschaft bei verschiedenen Zielgruppen an den Mann bringen – bei Medien, bei der Öffentlichkeit, bei Kunden und bei Mitarbeitern. Ein sehr flexibles Dokument ist dabei der Firmen-Newsletter. Kapitel 8 zeigt, wie er produziert wird und wie Sie ihn zu Werbezwecken einsetzen. Kapitel 9 zeigt, wie Sie die am häufigsten eingesetzte Waffe aus dem PR-Arsenal – die bescheidene, aber effektive Pressemitteilung – schreiben und formatieren. In Kapitel 10 gebe ich Ihnen das komplette Instrumentarium an die Hand, mit dem Sie Artikel schreiben und platzieren, die Ihr Unternehmen bewerben. Und ich zeige Ihnen, wie Sie die Presse dazu bringen, Beiträge über Sie abzudrucken oder Sie zu zitieren. Aber PR ist nicht nur Papier, manchmal müssen Sie auch den Telefonhörer in die Hand nehmen oder sich in Schale werfen und Ihr Büro verlassen, um Ihre Story an die Medien zu verkaufen. Kapitel 11 erläutert, wie Sie der Presse Ihre Botschaft persönlich überbringen.

Einen Firmen-Newsletter kreieren

In diesem Kapitel

▷ Der Newsletter als Marketingmittel

▷ Alle wichtigen Produktionsfragen berücksichtigen

▷ Den Newsletter mit interessanten Themen füllen

*W*enn Charles Dickens ein neues Kapitel eines Buches fertig gestellt hatte, sammelten sich die Menschen an den Docks und streckten die Arme hoch, wenn die Boxen mit den kleinen Büchern vom Schiff gelassen wurden (im 19. Jahrhundert wurden Kapitel manchmal als separate Büchlein gedruckt und als Serie verkauft).

Heutzutage werden Bücher mit weit weniger Tamtam veröffentlicht, und die meisten Leute ertrinken in Informationen aller Art, von Büchern über Websites zu Newslettern. Jedes Jahr werden mehr als 50.000 neue Bücher geschrieben und veröffentlicht. Bei so viel geschriebenem Material, das um die Aufmerksamkeit des Publikums buhlt, hat jegliche Kommunikation automatisch weniger Wirkung auf das Publikum, als dies vor Jahren der Fall war, als es noch weniger Konkurrenz gab. Es ist inzwischen schwieriger als je zuvor, durch den Wust durchzudringen und Aufmerksamkeit zu erhaschen. Diese Informationsüberlastung bedeutet, dass Ihre PR-Botschaft um Aufmerksamkeit wetteifert gegen Magazine und Zeitungen, Websites, Fernsehsendungen, Filme, Software und Videospiele. Eine gezielte PR-Platzierung ist, obwohl effektiv, noch immer eine einmalige Kommunikation, und Ihr Artikel wird weniger beachtet und hat weniger Einfluss, als dies zu Dickens' Zeiten der Fall war.

Es gibt jedoch ein Kommunikationsmittel im Marketing, das Ihrer Firma regelmäßig, wiederholt und stetig Publicity verschafft: der Promotion- oder Firmen-Newsletter.

Bei einigen Unternehmen dient eine einzige Publikation gleichzeitig als internes (Mitarbeiter-) Magazin und als externes (Kunden-) Magazin. Wenn wir in diesem Kapitel allerdings von einem *Promotion-Newsletter* oder Firmen-Newsletter sprechen, meinen wir eine Firmenpublikation, die an Kunden und potenzielle Kunden verschickt wird, um die Firma und ihre Produkte zu bewerben.

Diese Newsletter, Magazine, Zeitungen oder anderweitige regelmäßige Publikationen werden primär als Marketingmittel veröffentlicht. Sie können von einfachen, hausintern erstellten, kopierten Seiten bis zu vierfarbigen Firmenmagazinen mit professionellen Fotos und Artikeln reichen, die in ihrer Qualität den käuflichen Magazinen am Kiosk in nichts nachstehen.

Selbst ein regelmäßiges PR-Programm, wie es in diesem Buch beschrieben wird, kann Ihnen keine stete und häufige Publicity Ihrer wichtigsten Botschaften gegenüber Ihrem Zielpublikum garantieren. Dafür gibt es mehrere Gründe: nicht jede Aktion erzielt mit Sicherheit die gleichen Resultate; Sie können exaktes Timing und Platzierung Ihrer PR-Mitteilung nicht kontrollieren; die einzelnen Publikationen sind weit verstreut und werden von verschiedenen Menschen gelesen, so dass nicht jeder potenzielle Kunde jede Veröffentlichung sieht.

Bleiben Sie mit Ihrem Publikum in Kontakt

Der wichtigste Zweck eines Promotion-Newsletters ist es, über einen längeren Zeitraum hinweg ein Image aufzubauen und gegenüber einem ausgewählten Publikum (den Lesern des Newsletters) Ihre Glaubwürdigkeit zu etablieren.

Instinktiv erkennen die meisten Vermarkter, dass sie mit ihren tatsächlichen und potenziellen Kunden viel öfter in Kontakt stehen sollten, als sie dies in der Regel tun. Sie wissen beispielsweise, dass Sie an bestimmte Menschen in Ihrem Leben lange Zeit nicht denken, diese nicht sehen oder sprechen, einfach nur, weil Sie zu beschäftigt sind und nicht an sie denken.

Ihre tatsächlichen und potenziellen Kunden sind ebenfalls beschäftigt. Und obwohl Sie sich vielleicht darüber den Kopf zerbrechen, warum Herr Maier in letzter Zeit nichts bei Ihnen bestellt hat oder Ihre Firma nicht angerufen hat, um ein Projekt abwickeln zu lassen, denkt Herr Maier überhaupt nicht an Sie, weil er so viele andere Dinge auf dem Tisch hat.

Sie wissen, dass Sie etwas tun sollten, um Ihren Namen bei Herrn Maier präsent zu halten und ihn an Ihre Existenz zu erinnern. Aber wie? Sie mögen daran denken, anzurufen oder einen Brief zu schicken, halten dies jedoch für zu aggressiv. Und außerdem haben Sie keinen wirklichen *Grund*, um anzurufen, und Sie möchten nicht, dass es so aussieht, als ob Sie um ein Geschäft betteln.

 Der Newsletter löst dieses Problem. Es ruft Ihren Namen und Ihre Aktivitäten regelmäßig ins Gedächtnis von heutigen und zukünftigen Kunden und erinnert sie in steten Abständen an Ihr Vorhandensein, Ihre Produkte und Dienstleistungen. Der Newsletter erhöht die Häufigkeit der Wiederholung einer Botschaft und ergänzt andere Kommunikationsformen wie Kataloge, Anzeigen und Direktmailings.

Umfang und Häufigkeit festlegen

Wie umfangreich sollte Ihr Newsletter sein? In welchen zeitlichen Abständen sollte er publiziert werden?

Meiner Meinung nach sind vier bis acht Seiten eine ideale Länge für einen Promotion-Newsletter. Mehr als das ist zu viel zu lesen, und zwei Seiten mögen unwichtig erscheinen, mehr wie ein Flyer oder Rundbrief, die als überflüssige Reklame wahrgenommen werden, als wie ein Newsletter, der als nützlich und informativ wahrgenommen wird.

Was die Häufigkeit angeht, viermal im Jahr – einmal pro Quartal – ist ideal. Veröffentlichen Sie weniger Ausgaben, wird den Leuten nicht bewusst, dass Sie ihnen überhaupt einen Newsletter schicken; sie nehmen dies wahr, als ob sie von Ihnen lediglich dann und wann Post bekommen. Viermal pro Jahr ist oft genug, um Bewusstsein und Glaubwürdigkeit zu schaffen. Sechsmal im Jahr oder häufiger zu veröffentlichen ist unnötig, denn in manchen Monaten möchten Sie vielleicht lieber auf anderem Wege mit den Kunden in Kontakt kommen, beispielsweise per Telefon, Direktmailing oder Katalog.

Außerdem haben die meisten Unternehmen nach meiner Erfahrung nicht genügend Neuigkeiten, um sechs oder mehr Ausgaben pro Jahr zu füllen. Wenn Ihr Veröffentlichungszeitraum zu kurz ist, füllen Sie Ihren Newsletter vielleicht mit überflüssiger Füllmasse, nur, um etwas in die Post zu stecken. Ihre Leser wenden sich aufgrund der schlechten Qualität und dem armseligen Inhalt ab, was Ihnen letztlich mehr schadet als nützt.

Eine Mailingliste erstellen

Im Grunde genommen sollte Ihr Firmen-Newsletter an alle diejenigen gehen, mit denen Sie eine regelmäßige Beziehung aufbauen möchten. Darunter können sein:

✔ Heutige Kunden

✔ Ehemalige Kunden

✔ Potenzielle zukünftige Kunden

✔ Ehemalige potenzielle Kunden

✔ Abgelaufene Konten (ehemalige Abonnenten etc.)

✔ Mitarbeiter

✔ Verkäufer

✔ Kollegen

✔ Berater, Gurus und andere prominente Mitglieder Ihrer Branche

✔ Einflussreiche Leute, die Sie an Kunden weiterempfehlen können

✔ Herausgeber von Fachpublikationen, Kolumnisten in Wirtschaftspublikationen, andere Journalisten, die das Material aus Ihrem Newsletter für ihre eigenen Veröffentlichungen nutzen könnten

Alle Ihre momentanen Kunden sollten den Newsletter erhalten. Der Newsletter ist ein wichtiges Instrument, um auf einer regelmäßigen und berechenbaren Basis miteinander in Kontakt zu bleiben. Es verschafft automatisch hohe Sichtbarkeit und tut dies auf die bestmögliche Art und Weise: indem Sie sachkundig, kompetent und professionell erscheinen. Das baut nicht nur Ihr Image auf, sondern hilft auch dabei, sicherzustellen, dass Ihre Kunden für Ihre Empfehlungen empfänglich bleiben.

Schicken Sie den Newsletter außerdem an Kunden, die Ihre Dienste oder Produkte in sehr begrenztem Maße in Anspruch nehmen, und an diejenigen, die Sie in letzter Zeit nicht persönlich aufsuchen konnten. Sie mögen diese nicht als momentane Kunden bezeichnen, aber natürlich sind sie es. Darüber hinaus bietet der Newsletter die Art von Sichtbarkeit, die viele Kleinkunden dazu veranlasst, Ihre Produkte und Dienste in stärkerem Maße in Anspruch zu nehmen, anstatt von Ihnen wegzudriften.

Hier sind einige Möglichkeiten, wie Sie Ihre Abonnentenliste aufbauen:

✔ Setzen Sie alle derzeitigen und ehemaligen Kunden auf die Liste. Aber benutzen Sie keine Namen, die nicht mehr aktuell sein könnten. Nehmen Sie beispielsweise nur Personen auf, mit denen Sie in den letzten zwei bis drei Jahren Kontakt hatten.

✔ Nehmen Sie alle Namen der Personen auf, die von den Verkäufern Ihrer Firma regelmäßig besucht werden. Verkäufer mögen ihre eigenen potenziellen Kundenkontakte haben, die nicht in der Adressdatenbank der Firma stehen. Fragen Sie in Ihrer Verkaufsabteilung nach diesen Namen. Sie sollen im Grunde Dutzende persönlicher Rolodex-Karteien der Verkäufer und Verkaufsrepräsentanten in eine einzige, vereinte Abonnentenliste für Ihren Newsletter einfüttern.

✔ Fügen Sie die Pressekontakte hinzu.

✔ Nehmen Sie alle Anfragen neuer Kontakte und neue Kunden automatisch in Ihre Abonnentenliste auf. Schließen Sie jeden Kontakt, der durch Ihre Anzeigen, Direktmailings, Verkaufsaktivitäten oder sonstige Marketingprogramme erzeugt wird, mit ein.

✔ Für Messen drucken Sie einen Abonnementsantrag, der jedem ein Frei-Abo für ein Jahr zusagt, der das Formular ausfüllt.

✔ Vergessen Sie auf keinen Fall Ihre Vorgesetzten, Ihre Produkt- und Marken-, Verkaufs- und Marketing-Manager, Ihren Geschäftsführer und anderes wichtiges Firmenpersonal, deren Unterstützung Sie für die Durchführung einer effektiven PR-Kampagne benötigen. Manager lesen den Newsletter gerne und steuern oft Ideen für Artikel und Beiträge bei, die Sie in zukünftigen Ausgaben veröffentlichen können.

Der Firmen-Newsletter als Marketinginstrument

Sie können verschiedene Dinge tun, um Ihren Newsletter zu promoten (und den Newsletter für eine Promotion zu nutzen).

Denken Sie darüber nach, den Newsletter den Leuten, die auf Ihre Direktmailings antworten, als besonderen Anreiz anzubieten. Sie können das ganz einfach gestalten, indem Sie auf den Antwortkarten, die Sie Ihren Mailings beilegen, eine zusätzliche Zeile mit Kästchen zum Ankreuzen einfügen, die sagt: »Bitte ankreuzen, falls Sie ein einjähriges Frei-Abo für unseren vierteljährlichen Firmen-Newsletter erhalten möchten.« Sie können auf dieses Angebot auch zusätzlich im P.S. Ihres Anschreibens aufmerksam machen.

Ebenso können Sie den Newsletter auch als zusätzlichen Anreiz in Ihre Anzeigenkampagne mit aufnehmen, insbesondere, wenn Sie gedruckte Anzeigen zur Generierung von Kontakten nutzen möchten. Sie können aus Anzeigen Anfragen generieren, indem Sie einen Antwort-coupon integrieren, mit dem der Leser einen kostenlosen Katalog oder Informationsmaterial anfordern kann. Sie erhalten mehr Coupons zurückgesandt, wenn Sie auf dem Antwort-coupon ein Kästchen einfügen, das sagt: «Hier ankreuzen für ein einjähriges Frei-Abo unseres Newsletters.» Während eine Broschüre oder ein Katalog nach reiner Werbung klingt, nehmen Leute Newsletter als wertvolle Information wahr. Das Angebot eines Abonnements auf Ihren Firmen-Newsletter wird dazu führen, dass mehr Menschen auf Ihre Anzeigen antworten.

 Bei Vorträgen, Seminaren und Präsentationen können die Vertreter Ihrer Firma das Abonnement-Angebot benutzen, um mit den Zuhörern ins Gespräch zu kommen. Dadurch wiederum werden aus Zuhörern, die zum qualifizierten Kundenpotenzial gehören, tatsächliche Kontakte. Bitten Sie die Redner Ihrer Firma nach dem Ende ihrer Präsentation etwa Folgendes zu sagen: »Unser vierteljährlicher Newsletter enthält weitere Informationen zu diesem Thema. Hinterlassen Sie einfach Ihre Visitenkarte und ich kümmere mich gerne darum, dass Sie ein einjähriges Frei-Abo erhalten.« Auf diesem Weg erhält der Sprecher wesentlich mehr Visitenkarten für ein Follow-up, als dies sonst der Fall wäre.

 Hier eine weitere Marketingmöglichkeit: Kaufen Sie eine Adressenliste und schicken Sie zwei oder drei Ausgaben Ihres Newsletters an diese Anschriften. Quellen für Adressanbieter finden Sie in der *Red Box* (Red Box Verlag GmbH, Abteistraße 49, 20149 Hamburg. Telefon: 040-4501500. Fax: 040-450150-99).Mit der dritten oder vierten Ausgabe legen Sie ein Anschreiben bei, das sagt: »Wir hoffen, dass Sie unseren Newsletter informativ und nützlich finden, und schicken Ihnen diese gerne weiterhin kostenlos zu. Um das Frei-Abo fortzusetzen, bitten wir Sie, die beiliegende Antwortkarte ausgefüllt an uns zurückzuschicken.« Dann schicken Sie den Newsletter nur noch an diejenigen, die Ihnen geantwortet haben, um die Kosten für die Adressmiete zu senken. Schließlich können Sie eine Pressemitteilung herausgeben, die Menschen in Ihrer Branche ein Frei-Exemplar Ihres Newsletters anbietet.

Ihren Firmen-Newsletter entwerfen

Sie möchten erreichen, dass Ihr Newsletter sich unterscheidet und von denjenigen, die ihn erhalten, sofort wiedererkannt wird. Dabei müssen Newsletter nicht besonders aufwendig gestaltet sein, um die Aufmerksamkeit des Lesers zu erregen. Das Design sollte allerdings ansprechend sein, leicht zu lesen und von Ausgabe zu Ausgabe einheitlich, um Wiedererkennungswert und Bekanntheitsgrad zu erhöhen. Nach einiger Zeit werden viele Empfänger Ihren Newsletter gerne empfangen und ihn sogar aus dem Stapel Post in ihrem Eingangskorb heraussuchen. Aber dieses Ergebnis erzielen Sie nur dann, wenn der Newsletter ein eindeutiges, wieder erkennbares und einheitliches Design hat.

Obwohl selbst viele bezahlte Abonnement-Newsletter einfach Seiten von getipptem Text sind, wird ein grafisch ansprechendes Design, das etwas Farbe und Bildmaterial einsetzt, Ihr Image heben und Ihren Newsletter gegenüber anderen hervorheben. Desktop-Publishing-Software wie PageMaker und QuarkXPress machen die Newsletter-Produktion heutzutage einfacher und schneller.

Vor Beginn des Produktionsprozesses müssen Sie mehrere Entscheidungen fällen. Wollen Sie ein-, zwei- oder dreispaltiges Layout? Wollen Sie Trennungslinien zwischen den einzelnen Artikeln? Wollen Sie auf weißes oder farbiges Papier drucken? Wollen Sie eine oder zwei Farben Druckertinte benutzen? Welche Schriftart passt zu Ihren Lesern? Wie groß werden Ihre Überschriften sein? Ein weiteres wichtiges Element, das Sie entwickeln müssen, ist das Layout des Namens der Publikation. In einigen Fällen sollten Sie vielleicht die Hilfe eines Grafikdesigners oder Künstlers in Anspruch nehmen, um diese Designfragen zu klären.

Sie müssen über Aussehen, Inhalt und Gestalt Ihres Newsletters lange vor Erscheinen der ersten Ausgabe entscheiden. Zusätzlich zum Basisformat müssen Sie außerdem entscheiden, wie lang die einzelnen Beiträge sein sollen, welche grafischen Elemente hinzukommen (Fotos, Zeichnungen, Grafiken etc.), welcher Art die veröffentlichten Beiträge sein sollen und wie sehr sie fachlich in die Tiefe gehen sollen.

Beispielsweise könnten Sie entscheiden, dass jede Ausgabe zwei große Beiträge enthalten soll, ein biografisches Profil, eine Frage-und-Antwort-Kolumne zu technischen Problemen, ein produktbezogener Artikel, drei oder vier Kurznachrichten sowie ein Kasten mit einer Vorschau auf die Themen der nächsten Ausgabe. Ihr Newsletter mag natürlich anders aussehen, es geht lediglich darum, dass Sie eine Formel finden, die für Sie funktioniert und die Sie Ausgabe für Ausgabe beibehalten können.

Leser mögen ein gleich bleibendes Format, weil sie dann wissen, wonach sie in jeder Ausgabe suchen. Wenn Menschen ihre Sonntagszeitung in die Hand nehmen, lesen einige zuerst die Sportseite, andere den Comic und wieder andere die Ratgeberkolumne. Auf dieselbe Art und Weise werden Ihre Leser zum Teil als Erstes die technischen Tipps lesen und andere den biografischen Beitrag. Diese Beiträge sollten in jeder Ausgabe gleich aussehen und im gleichen Stil geschrieben sein (und auch an derselben Stelle im Newsletter stehen), so dass die Leser mit Ihrer Publikation eine angenehme Vertrautheit aufbauen.

Erfinden Sie das (Newsletter-)Rad nicht neu

Das Material in Ihrem Promotion-Newsletter muss nicht noch nie da gewesen oder ausschließlich für diesen Newsletter erstellt sein. Ein Firmen-Newsletter ist im Gegenteil ein ideales Medium, wo Sie anderes Promotion- und Publicity-Material, das von Ihrer Firma kreiert wurde, wiederverwerten können. Das können Reden sein, Artikel, Pressemitteilungen, Jahresberichte, Präsentationen usw. Versuchen Sie aus dem Material, das Sie bereits erstellt haben, den maximalen Nutzen zu ziehen und dabei ein Minimum an Zeit und Kosten für das Schreiben und Produzieren des Newsletters zu investieren.

Wie Sie Ihren Newsletter zusammenstellen

Nachdem Sie sich für ein Design entschieden haben, ist das Zusammenstellen der einzelnen Ausgaben nicht sehr schwierig.

Der erste Schritt ist, eine Liste möglicher Themen zu erstellen (siehe den Abschnitt »Themenvorschläge für den Newsletter« am Ende dieses Kapitels). Dann reduzieren Sie die Liste auf die Themen, die in Ihrer nächsten Ausgabe erscheinen sollen. Wenn Sie sich nicht sicher sind, wie viel Platz Sie haben werden, ist es besser, ein oder zwei zusätzliche Ideen auszuwählen als zu wenige. Sie können das zusätzliche Material immer in einer weiteren Ausgabe verwenden.

Legen Sie für jeden Artikel einen Ordner an und sammeln Sie Informationen, die der Person, die den Beitrag schreibt, als Hintergrundmaterial dient. Dieses Hintergrundmaterial umfasst normalerweise Verkaufsbroschüren (für produktbezogene Themen), Pressemitteilungen (die als Kurzmeldungen editiert werden), Nachdrucke veröffentlichter Artikel zu einem bestimmten Thema (diese werden oft zu einem neuen Artikel über ein ähnliches Thema zusammengefasst).

Der nächste Schritt ist es, jeden Beitrag auf der Grundlage des gesammelten Materials zu schreiben. Viele Unternehmen beauftragen Freelance-Journalisten oder -Publizisten damit, den Firmen-Newsletter zu schreiben und zu editieren. Andere erledigen das selbst. Einige engagieren eine PR- oder Werbe-Agentur dazu. Mit Freelancern zu arbeiten ist meist mit weniger Kosten verbunden. Außerdem übernehmen die meisten Werbeagenturen höchst ungern das Schreiben von Firmen-Newslettern, weil sie es für wenig profitabel halten, obwohl die meisten Freelancer sich die Finger danach lecken.

Einige Beiträge mögen mehr Material erfordern, als in den Hintergrundinformationen enthalten ist. In diesem Fall nennen Sie dem Schreiber die Namen und Telefonnummern der Personen in Ihrer Firma, die in einem Interview die zusätzlichen Informationen liefern können. Benachrichtigen Sie diese Mitarbeiter rechtzeitig, dass ein Freelance-Journalist sie anrufen und für den Firmen-Newsletter interviewen wird. Falls sie dazu nicht bereit sind, suchen Sie nach Alternativen.

Wenn Sie den Text erhalten, ist der nächste Schritt, ihn zu editieren, ihn zur Überprüfung zu schicken und etwaige letzte Änderungen vorzunehmen. Je kürzer der Korrekturprozess, desto besser. Ein Artikel über ein neues Produkt beispielsweise sollte an den Produktmanager, einen Ingenieur und eventuell den Firmeninhaber zur fachlichen Überprüfung gehen, mit der Bitte um deren Kommentar. Aber schicken Sie den Beitrag nicht an zehn Leute zum Lesen – zu viele Köche verderben den Brei.

Schließlich übergeben Sie den endgültigen Text an Ihren Grafiker oder Drucker, der das Layout erstellen wird. Lesen Sie die Fahne besonders sorgfältig Korrektur, bevor Sie sie zum Druck freigeben. Viele Unternehmen benutzen heutzutage Desktop-Publishing-Programme im eigenen Haus oder engagieren externe Desktop-Publishing-Dienste für Erstellung und Layout des Newsletters.

Wenn das Layout freigegeben wurde, fügen Sie die letzten Änderungen ein und schicken dem Drucker das revidierte Layout. Finden Sie heraus, ob Ihr Drucker lieber mit Ausdrucken auf Papier oder mit Computerdateien arbeitet und welche Auflösung notwendig ist.

Falls Ihre Abonnentenliste relativ klein ist, sagen wir nur ein paar Hundert Namen, dann können Sie mit Ihrem Computer die Adressen auf selbstklebende Aufkleber drucken und diese intern auf den Newsletter kleben lassen. Wenn Sie einmal tausend oder mehr Abonnenten haben, sollten Sie vielleicht einen Mailing-Service damit beauftragen, die Aussendung auf regelmäßiger Basis zu übernehmen. Holen Sie sich von einem externen Dienstleister einen Kostenvoranschlag ein. Dann vergleichen Sie die Kosten gegen die Zeit, die das Erledigen dieser Aufgabe intern in Anspruch nehmen würde. Durch diese Gegenüberstellung erhalten Sie einen Eindruck davon, ob es Sinn macht, die Verteilung des Newsletters nach draußen zu geben.

Themenvorschläge für den Newsletter

Ihnen fallen keine Themen für Ihren Newsletter ein? Benutzen Sie die folgende Checkliste zur Inspiration:

✔ *Produktpräsentationen:* Neue Produkte, Verbesserungen an bestehenden Produkten, neue Modelle, neues Zubehör, neue Einsatzmöglichkeiten und neue Anwendungen

✔ *Neuigkeiten:* Unternehmenszusammenschlüsse, Kooperationen und Übernahmen, neu geschaffene Abteilungen, Branchenneuigkeiten, Analysen von Events und Trends

✔ *Tipps:* Tipps zur Auswahl von Produkten, zur Installation, Instandhaltung oder Reparatur, zur Behebung von Problemen

✔ *»Wie man ...«-Artikel:* Ähnlich den Tipps, aber mit ausführlicheren Instruktionen. Beispiele: Wie man das Produkt benutzt, wie man ein System entwirft, wie man das passende Modell auswählt

✔ *Vorankündigungen und Berichte:* Artikel über besondere Events wie Messen, Konferenzen, Verkaufstagungen, Seminare, Präsentationen und Pressekonferenzen

✔ *Fallstudien:* Produktanwendungen, Erfolgsberichte von Kunden, Beispiele besonderer Dienstleistungen oder Unterstützung. Dies kann detailliert oder kurz und knapp beschrieben werden.

✔ *Menschen:* Beförderungen, Neueinstellungen, Versetzungen, Auszeichnungen, Jubiläen, Mitarbeiterprofile, menschlich interessante Geschichten (besondere Jobs, Hobbys etc.)

✔ *Meilensteine:* Events wie die »1.000ste verschiffte Einheit«, »Verkaufszahlen übersteigen die Millionen-Euro-Grenze«, »Abteilung feiert 10-jähriges Bestehen« usw.

✔ *Verkaufsnachrichten:* Neue Kunden, Vertrag erneuert, zufriedener Kundenbericht

✔ *Forschung und Entwicklung:* Neue Produkte, neue Technologien, neue Patente, Auszeichnungen, Erfindungen und bahnbrechende Ergebnisse

✔ *Publikationen:* Neue Broschüre erhältlich, neue Werbekampagne angelaufen, Nachdruck erhältlich, neue oder aktualisierte Bedienungsanleitungen, Vorstellung kürzlich erschienener Literatur oder audiovisuellen Materials

✔ *Erklärende Artikel:* Wie ein Produkt funktioniert, Branchenüberblick, Hintergrundinformationen zu Anwendungen und Technologien

✔ *Kundenberichte:* Interviews mit Kunden, Fotos, Kunden-Nachrichten und Profile, Gästeartikel von Kunden über deren Branche, deren Anwendungen und positive Erfahrungen mit einem Firmenprodukt oder Service

✔ *Finanznachrichten:* Highlights aus dem Vierteljahres-/Jahresbericht, Präsentationen vor Finanzanalysten, Verkaufs- und Gewinnzahlen, Dividendenausschüttungen

✔ *Fotos mit Bildunterschriften:* Menschen, Einrichtungen, Produkte, Events

✔ *Kolumnen:* Briefe an den Herausgeber, Gäste-Kolumnen, regelmäßige Kolumnen wie »Frage und Antwort« oder »Fachgespräch«

✔ *Auszüge, Nachdrucke, Zusammenfassungen:* Pressemitteilungen, Vorträge, Zeitungsartikel, Firmenseminare usw.

✔ *Beiträge zur Qualitätskontrolle:* Arbeitskreise zur Qualitätssicherung, Verbesserungsvorschläge durch Mitarbeiter, neue Methoden zur Qualitätssicherung, Erfolgszahlen, Fallstudien

✔ *Produktivität:* Neue Programme, Methoden und Systeme zur Müllvermeidung und Effektivitätssteigerung

✔ *Produktionsberichte:* Statistische Produktionskontrolle, statistische Qualitätskontrolle, Computer-integrierte Produktionsabläufe, neue Techniken, neues Equipment, Rohstoffe, Verbesserung der Produktionsabläufe, detaillierte Erläuterungen der Produktionsabläufe

✔ *Soziale Themen:* Karitative Veranstaltungen, spezielle Events, Stipendienprogramme, Programme zur sozialen Verantwortung oder zum Umweltschutz, Einsatz von Mitarbeitern oder Firma an lokalen, regionalen und bundesweiten Events

✔ *Datenverarbeitung:* Neue Computer-Hardware und -Software, verbesserte Datenverarbeitung und die Vorteile für den Kunden, neue Datenverarbeitungsanwendungen, Erklärungen, wie die Systeme dem Kunden nützen

✔ *Überseeaktivitäten:* Berichte über internationale Aktivitäten des Unternehmens, Profile von Einrichtungen, Tochterfirmen, Branchen, Menschen und Märkten

✔ *Service:* Hintergründe zu Dienstleistungen des Unternehmens, Fallstudien besonderer Dienstleistungen, neue Kundendienstleistungen, Kunden-Hotlines

✔ *Geschichte:* Artikel über die Entstehung und Entwicklung der Firma, der Branche, des Produktes oder der Region

✔ *Personalbereich:* Firmen-Bonusprogramme, Ankündigung neuer Vergünstigungen und Schulungen und wie diese die Dienstleistung für den Kunden verbessern, Erläuterung der Firmenpolitik

✔ *Interviews:* Frage-Antwort mit wichtigen Firmenmitarbeitern, Ingenieuren, Servicepersonal usw., mit Kunden, mit Lieferanten (um die Qualität des Materials zu veranschaulichen, das zur Herstellung Ihrer Produkte eingesetzt wird)

✔ *Plattformen:* Top-Manager beantworten Kundenbeschwerden und -bedenken, Servicemanager diskutieren über Kundenbedürfnisse, Kunden berichten über positive Erfahrungen mit Firmenprodukten oder Dienstleistungen

✔ *Gags:* Rätsel, Spiele, Cartoons, Rezepte, Computerprogramme, »Hätten Sie's gewusst?«

Ihre Botschaft zu Papier bringen

In diesem Kapitel

▷ Das richtige Format für Ihre Pressemitteilungen

▷ Pressemitteilungen schreiben, die Aufmerksamkeit erregen

*W*as Sie sagen und wie Sie es sagen, kann die Medien und Ihre Adressaten stark beeinflussen. Revolutionen sind durch nichts weiter als eine Feder und ein Stück Papier ins Rollen gekommen. Selbst heutzutage können einige Einträge im Internet dafür sorgen, dass die Aktien eines Unternehmens in die Höhe schießen oder sogar der ganze Markt in den Keller fällt. In ähnlicher Weise können Sie manchmal mit einer einzigen Pressemitteilung mehr für den Bekanntheitsgrad eines Unternehmens oder Produktes tun als mit einer eine Million Euro teuren Werbekampagne.

Wenn Sie schreiben können, können Sie auch Pressemitteilungen schreiben – so lange Sie einige einfache Regeln hinsichtlich Stil und Format beachten. Beispiele dazu sind in diesem Buch zahlreich vorhanden. In diesem Kapitel finden Sie heraus, wie Sie Pressemitteilungen, Pressemappen und andere gedruckte PR-Unterlagen verfassen. Wenn Sie wissen möchten, wie Sie für das Internet schreiben, blättern Sie vor zu Kapitel 16.

Wie Sie eine Pressemitteilung schreiben, die von der Presse aufgegriffen wird

Das Handwörterbuch der PR (Verlag FAZ-Institut, Frankfurt, Bd. 1) definiert die Pressemeldung als häufigste Form der Pressemitteilung so: Eine Pressemeldung ist eine im »Nachrichtenstil verfasste Pressemitteilung. Das Wichtigste und Neueste/Überraschendste steht am Anfang, alle weitere Information folgt einer Hierarchie abnehmender Relevanz. Die Sprache ist einfach, die Sätze sind relativ kurz, Meinungen und Wertungen werden vermieden. Nach diesem Prinzip geschriebene Pressemeldungen haben eine besonders gute Chance, von einer Redaktion weitgehend unverändert übernommen zu werden.«

Eine Pressemitteilung ist ein Mini-Artikel, denn Sie verfassen und an die Medien zur Veröffentlichung verschicken. Die Teile einer Pressemitteilung sind folgende:

✔ **Pressekontakt:** Firmenname, Name der Person, die ein Journalist für weitere Informationen kontaktieren kann, inklusive deren Telefonnummer.

✔ **Datum:** Das Datum, an dem die Pressemitteilung herausgegeben wurde. Wenn ein Text, wie zum Beispiel eine Rede oder ein Statement auf einer Pressekonferenz, erst zu einem bestimmten Zeitpunkt herausgegeben werden soll, schreiben Sie: »Sperrfrist: Donnerstag, 12. September 2001, 12.00 Uhr.«

✔ **Überschrift:** Soll die Aufmerksamkeit des Journalisten erregen, so dass er weiter liest.

✔ **Textkörper:** Was möchten Sie der Presse über Ihr Produkt oder Ihre Dienstleistung sagen.

✔ **Kontaktinformationen:** Wie der Zeitungsleser mit Ihnen in Kontakt treten kann, um weitere Informationen zu Ihrem Produkt/Ihrer Dienstleistung zu erhalten.

PR-Agenturen schicken mit der Pressemitteilung manchmal ein Datenblatt mit. Dieses wird auf ein separates Blatt Papier gedruckt und hebt weitere Informationen hervor, die für die Presse interessant sein könnten.

Weil eine Pressemitteilung nicht exklusiv ist, können Sie dieselbe Meldung an Hunderte Publikationen und Sender schicken. (Informationen zu exklusiven Presseinformationen finden Sie in Kapitel 10.) Ich habe einzelne Pressemitteilungen gehabt, die von dutzenden Publikationen aufgegriffen wurden und tausende Anfragen erzeugt haben. Keine Marketingmethode ist kosteneffektiver, um eine Botschaft an ein breites Publikum zu streuen, als eine bescheidene Pressemitteilung.

Eine Pressemitteilung zu verfassen ist schlicht und einfach. Tippen Sie Ihre Informationen mit doppeltem Zeilenabstand auf ein normales DIN-A4-Papier.

Pressemitteilungen können in einem Copy Shop vervielfacht werden oder Sie lassen sie durch Ihren Bürokopierer laufen, wenn die Kopierqualität gut ist. Sie können die Pressemitteilung auf einfaches weißes Papier drucken, auf Geschäftsbriefpapier oder spezielles PR-Papier mit Firmenlogo und den Wörtern »Pressemitteilung« oder »Presse-Information« im Briefkopf. Spezielles Papier ist jedoch nicht notwendig, einfaches weißes Papier ist völlig ausreichend.

Die Kopfzeilen

Folgen Sie dem Format der Beispiele in diesem Kapitel, wenn sie auf einfaches weißes Papier schreiben. Auf den Kopf der ersten Seite schreiben Sie »VON:« oder »QUELLE:«, gefolgt von Name und Adresse Ihrer Firma. Darunter schreiben Sie »KONTAKT:«, gefolgt von Ihrem Namen und Ihrer Telefonnummer.

Wenn Sie eine PR-Agentur benutzen, wird diese dort ihren eigenen Namen und Adresse angeben (unter »VON:« oder »KONTAKT:«), gefolgt von dem Namen und der Adresse des Kunden (das sind Sie).

Unter die Kontaktadresse schreiben Sie »Abdruck frei«. Das sagt dem Journalisten, dass Ihre Story veröffentlicht werden kann. Darunter folgt die Überschrift und dann die Story. (Siehe den Abschnitt »Die Überschrift und der erste Absatz« in diesem Kapitel für weitere Informationen zum Verfassen der Überschrift.)

Die Überschrift und der erste Absatz

Die Überschrift (Headline) und der erste Absatz (Lead) Ihrer Pressemitteilung müssen die Aufmerksamkeit des Redakteurs auf sich lenken. Schließlich stehen Sie im Wettbewerb mit Hunderten weiterer Pressemitteilungen, die tagtäglich auf dem Tisch eines Redakteurs landen. Sie wollen ganz bestimmt nicht, dass Ihre in der »Ablage P« endet.

Die besten Überschriften fassen die Einzigartigkeit der Mitteilung zusammen und fallen dem Redakteur ins Auge, ohne offensichtliche Werbung zu machen. Packen Sie, wann immer dies möglich ist, eine Neuigkeit in die Überschrift. Schreiben Sie die Überschrift mit Fettdruck. Sie kann eine bis drei Zeilen umfassen.

Lassen Sie zwischen der Überschrift und dem ersten Absatz Ihrer Mitteilung etwas Platz. Der erste Absatz kann mit dem Datum beginnen – zum Beispiel »Frankfurt, Oktober 2000 –«, wobei der erste Satz des ersten Absatzes direkt nach dem Gedankenstrich folgt. Die Stadt, die Sie angeben, ist gewöhnlich die Stadt, in der Ihre Firma ihren Hauptsitz hat.

Pressemitteilungen benutzen meist einen von zwei möglichen ersten Absätzen:

✔ **Neuigkeiten im ersten Absatz:** Diese Pressemitteilung ist nach dem prototypischen Nachrichtenmuster »wer, was, wann, wo, warum und wie« verfasst, wie man dies im »Journalistischen Schreiben für Anfänger« lernt. Der Vorteil einer derartigen Aufmachung liegt darin, dass Ihre Botschaft selbst dann rüberkommt, wenn der Herausgeber den Rest Ihrer Mitteilung abschneidet und nur den ersten Absatz abdruckt, wie dies sehr häufig geschieht. Diese beispielhafte Pressemitteilung für Plato Software (siehe Kapitel 15) ist ein Muster für einen geradlinigen ersten Absatz:

»Kingston, NY – PLATO Software hat kürzlich eine verbesserte Version seines vom Benutzer anpassbaren Geschäfts- und Buchhaltungs-Software-Paketes veröffentlicht, G&B-Pro Version 6.0.

Was G&B-Pro so einzigartig macht, ist, dass es die einzige zu einem vernünftigen Preis erhältliche Software ist, die vom Benutzer angepasst werden kann, ohne dass Programmierkenntnisse vorausgesetzt werden«, berichtet Richard Rosen, Geschäftsführer der PLATO Software.

Um weitere Beispiele dieses Typus zu sehen, schlagen Sie irgendeine Tageszeitung auf und lesen die ersten Absätze der Artikel auf der ersten Seite.

✔ **Geschichte (Feature) im ersten Absatz:** Diese Pressemitteilung ist in einem unterhaltsamen, Aufmerksamkeit erregenden Stil geschrieben, ähnlich wie die ersten Absätze der Titelgeschichte eines Magazins. Sinn und Zweck ist es, die Aufmerksamkeit des Redakteurs dadurch zu erregen, indem man klug, überraschend und dramatisch klingt, so dass mehr Redakteure weiter lesen und die Mitteilung abdrucken.

Abbildung 9.1 zeigt ein gutes Beispiel, wie die Geschichte in den ersten Absatz gestellt wird. Um weitere Beispiele von ersten Absätzen zu sehen, nehmen Sie sich irgendeine Ausgabe von *Brigitte* oder *Cosmopolitan* und lesen Sie den ersten Absatz jedes größeren Artikels, der im Inhaltsverzeichnis aufgeführt ist.

Kontakt: Moritz H.
212/645-6900 x117

Machen Sie sich Sorgen, wie Sie das Studium Ihres Kindes finanzieren können? Sie können eine Stiftung gründen, einen Halbtagsjob annehmen ... oder bei der Autoversicherung sparen

»Versichern Sie unsere Zukunft« zeigt einen Weg, wie Sie das Studium Ihres Kindes finanzieren können.

Mayfield Village, OH, 24. Januar 2000 – Viele Eltern denken schon sehr früh darüber nach, wie sie das Studium ihres Kindes finanzieren können, manchmal schon bei der Geburt, manchmal schon bei der Empfängnis. Wenn Sie denken, dass Sie nie genug für die Uni sparen können, denken Sie noch einmal neu. Das Geld kann vor Ihnen auf der Straße liegen – in der Form Ihrer Autoversicherungsprämie.

Progressive Insurance hat ein Programm angekündigt »Versichern Sie unsere Zukunft«, das Kunden helfen soll, die Einsparmöglichkeiten besser zu verstehen, wenn sie sich nur etwas umsehen, bevor sie ihr Auto versichern. Es ist nun einmal eine Tatsache, dass die Prämien sehr variieren. Die möglichen Einsparungen sind groß genug, um die Ausbildung eines Kindes zu bezahlen. **Details können unter progressive.com gefunden werden.**

Progressives Untersuchungen zeigen, das die durchschnittliche Differenz zwischen der höchsten und der niedrigsten Autoversicherungsprämie für denselben Kunden bei unterschiedlichen Versicherungsunternehmen bei 522 € im Halbjahr liegt ... Die meisten Kunden verstehen nicht, dass sie Geld aus dem Fenster werfen, nur weil sie sich nicht genug informieren, bevor sie eine Versicherung abschließen.

Wenn jemand sich auf dem Markt für Autoversicherungen umsieht und diese Einsparung von 522 € im Halbjahr zinsbringend anlegt (durchschnittlich 6 % im Jahr), dann bringen die Einsparungen bei der Autoversicherung mehr als 34.000 € in 18 Jahren (ohne Berücksichtigung von Steuern). Das könnte ein großer Schritt sein für die mehr als 15 Millionen amerikanischen Kinder unter 3 Jahren, um ihre Schulausbildung zu finanzieren.

Abbildung 9.1: Pressemitteilung mit einer Geschichte als Aufmacher

Textaufbau

Nach Überschrift und erstem Absatz folgt der Textkörper, der eigentliche Inhalt der Mitteilung. Wenn Sie zum Ende der ersten Seite kommen und es danach aussieht, als ob der Abschnitt auf der nächsten Seite fortgeführt werden muss, dann verschieben Sie den gesamten Absatz auf die nächste Seite. Teilen Sie einen Absatz nicht auf zwei Seiten auf.

Warum nicht? Einige Redakteure möchten Ihre Pressemitteilung vielleicht buchstäblich mit Hilfe einer Schere zerschneiden, und dann in einer anderen Reihenfolge wieder zusammensetzen. (Einige Redakteure arbeiten tatsächlich so.) Aus demselben Grund wird das Papier bei Pressemitteilungen immer nur einseitig bedruckt, niemals doppelseitig.

Sie mögen an dieser Stelle vielleicht einwerfen: »Aber ich möchte nicht, dass der Redakteur meinen Text redigiert. Ich möchte, dass er so abgedruckt wird, wie er ist.« Das ist eine verständliche Haltung, aber sie ist unsinnig und zwecklos. In Public Relations hat der Redakteur ganz klar die Kontrolle und ist »Ihr Kunde« für Ihre Artikel. Und Sie müssen zunächst den Bedarf des Redakteurs decken und seinem Standard genügen, wenn Sie irgendeine Chance haben möchten, Ihr Zielpublikum – den Leser – überhaupt zu erreichen.

 Wenn Redakteure redigieren möchten, sollten Sie ihnen das erleichtern, nicht erschweren. Wenn sie einen neuen Blickwinkel oder Aufhänger für Ihre Geschichte suchen, protestieren Sie nicht, sondern helfen Sie, diesen zu finden. Je mehr Sie mit den Redakteuren zusammenarbeiten und ihnen das geben, was sie brauchen, desto mehr Veröffentlichungen werden Sie erzielen.

Der letzte Absatz Ihrer Pressemitteilung enthält die Kontaktinformation für den Leser inklusive Namen, Adresse und Telefonnummer. Zum Beispiel: »Der neue 32-seitige Ausstattungskatalog der ABC-Firma ist kostenlos erhältlich bei: ABC-Firma, DEF-Straße, GHI-Stadt, Tel. XXXX-XXXX.«

Kontaktinformationen für den Endverbraucher anzugeben ist äußerst wichtig. Wenn Sie diese Informationen in Ihrer Pressemitteilung weglassen, lässt der Redakteur sie bei Veröffentlichung vielleicht auch weg, was die Nachfrage als Resultat der Veröffentlichung erheblich reduziert.

Um die Journalisten wissen zu lassen, dass sie das Ende Ihrer Mitteilung erreicht haben, notieren Sie die Zeichenzahl, zum Beispiel »1.245 Zeichen«. Das Textverarbeitungsprogramm Word hat beispielsweise eine eigene Funktion für das Zählen der Zeichen.

Neuigkeiten in Ihre Pressemitteilungen packen

Redakteure bekommen pro Woche Hunderte an Pressemitteilungen, alle im korrekten Format, und sie schmeißen 99 Prozent davon weg. Eine professionell gestaltete Pressemitteilung ist wichtig – der Redakteur würde wahrscheinlich eine von Hand auf einem Stück Papiertüte notierte nicht lesen – aber der *Inhalt* ist das, was Ihre Mitteilung zu der einen von hundert macht, die tatsächlich gelesen und abgedruckt werden.

Die folgenden Faktoren können dazu beitragen, dass Ihre Pressemitteilung von der Masse absticht und tatsächlich gedruckt oder gesendet wird:

✔ **Sorgen Sie dafür, dass das Thema Ihrer Pressemitteilung für die Leserschaft der Publikation wichtig ist.** Wenn Sie der Redakteur wären und Dutzende von Pressemitteilungen auf dem Tisch liegen hätten, aber nur einige wenige veröffentlichen könnten, würden Sie dann Ihre eigene Mitteilung auswählen? Sind die Informationen und die Story Ihrer Mitteilung wirklich wichtig – nicht für Ihr Unternehmen, sondern für die Leserschaft des Magazins oder der Zeitung? Falls nicht, vergessen Sie es und suchen Sie nach einem neuen Gesichtspunkt.

✔ **Sorgen Sie dafür, dass Ihre Pressemitteilung tatsächlich Neuigkeiten enthält und nicht nur verkleidete Werbung ist.** Redakteure veröffentlichen keine Werbung. Fast alle werden Pressemeldungen, die eigentlich verkleidete Werbung sind, sofort entsorgen. Natürlich haben die meisten Veröffentlichungen irgendeine Werbewirksamkeit oder einen Werbezweck, aber Sie sollten Ihre Meldungen so gestalten, dass Sie nur Neuigkeiten oder hilfreiche Informationen enthalten.

✔ **Schreiben Sie Ihre Meldung so, dass die Zeitungsleser davon profitieren.** Ihre Pressemitteilung wird öfter veröffentlicht werden, wenn sie wichtige Neuigkeiten enthält, aus denen die Leser einer Publikation einen Nutzen ziehen können. Das kann eine neue Technologie sein, an der die Leser interessiert sind, hilfreiche Informationen oder ein neuer Trend, der gerade aufkommt.

✔ **Halten Sie sie kurz und auf den Punkt gebracht.** Der Umfang von Publikationen ist begrenzt und gestresste Herausgeber haben oft nicht die Zeit, um eine Mitteilung nach relevanten Informationen zu durchsuchen und diese entsprechend umzuformulieren. Schreiben Sie klare Sätze, die nur wichtige und relevante Informationen enthalten. Bringen Sie den Inhalt auf den Punkt. Fassen Sie Ihre Abschnitte und Sätze kurz. Vermeiden Sie Fachsprache und Wiederholungen. Gebrauchen Sie starke Verben. Kreieren Sie einen lebendigen, aber präzisen Text.

✔ **Packen Sie alles hinein, was der Journalist wissen möchte.** Das heißt Fakten, die Ihre Aussagen belegen sowie wer, was, wann, wo, wie und warum.

✔ **Benutzen Sie in längeren Mitteilungen Zwischenüberschriften, mindestens einen pro Seite.** Eine Zwischenüberschrift ist eine kleinere Überschrift, die einen Text in einzelne Abschnitte unterteilt, wie es die Unterüberschriften in diesem Buch tun. Untertitel helfen dem Journalisten, die gesamte Story mit einem Blick zu erfassen.

✔ **Denken Sie darüber nach, ein Datenblatt mit weiteren Detailinformationen beizulegen**, die die eigentliche Pressemeldung zu sehr vollstopfen würden. *Beispiel:* Ein neues Restaurant, das eine Pressemitteilung verschickt, um die feierliche Eröffnung anzukündigen, könnte ein weiteres Blatt mit fünf Spezialgerichten inklusive Zutaten und Rezept beilegen.

✔ **Lassen Sie die Pressemitteilung für sich selbst sprechen.** Legen Sie kein gesondertes Anschreiben bei. Wenn Sie das Gefühl haben, dass Sie ein Anschreiben benötigen, um zu erklären, warum Sie die Meldung schicken oder warum ein Redakteur ein Interesse an der Story haben sollte, dann ist Ihre Meldung nicht aussagekräftig genug. Nehmen Sie sich Ihren Text noch einmal vor und schreiben Sie ihn so lange um, bis er für die Presse unwiderstehlich ist.

✔ **Sammeln Sie alle Fakten und überlegen Sie sich den Blickwinkel für Ihre Story, bevor Sie anfangen zu schreiben.** Späteres Einfügen und Umschreiben kostet Zeit und Geld.

✔ **Stellen Sie die Neuigkeiten klar heraus.** Begraben Sie sie nicht in Interpretationen oder in langen Analysen.

✔ **Bauschen Sie nichts auf; bleiben Sie bei der berichtenswerten Information.**

✔ **Formulieren Sie Meinungen und Interpretationen als Zitat eines Unternehmenssprechers.** Beispiel: »Innerhalb eines Jahrzehnts wird der Datentransfer zwischen verschiedenen Computerplattformen unabhängig vom jeweiligen Gerät problemlos funktionieren«, sagt Bill Blathers, Geschäftsführer von MicroExchange Software.

 Unter dem Anspruch, unabhängig und neutral zu berichten, druckt die Presse keine subjektive Meinung, wenn diese nicht einer bestimmten Quelle zugeschrieben werden kann. Um dieses Problem zu lösen, und einen Redakteur dazu zu bringen, Ihr gesamtes Material zu drucken, sollten Sie kontroverse Aussagen und Behauptungen als direkte Zitate eines hochrangigen Sprechers Ihres Unternehmens formulieren.

Wenn Sie beispielsweise in Ihrer Pressemeldung schreiben: »AML ist derzeit das einzige Logistikunternehmen, das sich auf den Transport von medizinischen Produkten und Materialien spezialisiert hat«, könnte der Redakteur sagen: »Um diese Behauptung zu drucken, müsste ich jedes einzelne Firmenverzeichnis im gesamten Land daraufhin durchsehen, ob es keine andere Firma in diesem Bereich gibt.« Falls er das nicht täte und es tatsächlich andere Firmen gäbe, die Transporte von medizinischen Produkten anbieten, würde er falsche Informationen abdrucken. Weil der Redakteur durch eigene Recherchen aber nicht ausschließen kann, dass AML tatsächlich keine Wettbewerber hat, ist die Wahrscheinlichkeit sehr hoch, dass er diese Aussage nicht veröffentlicht.

Aber wenn wir dieselbe Information als Zitat eines Firmensprechers formulieren – zum Beispiel: »Soweit wir wissen, ist AML derzeit das einzige Logistikunternehmen, das sich auf den Transport medizinischer Produkte und Materialien spezialisiert hat«, sagt Norman Freeman, Präsident des Unternehmens. – wird der Redakteur es bereitwillig veröffentlichen, weil er sich auf der sicheren Seite befindet. Wenn er es als Zitat veröffentlicht, behauptet er nicht, dass AML tatsächlich einen einmaligen Service bietet. Er berichtet nur, dass der Präsident des Unternehmens behauptet, dass sein Service einmalig ist – und die Tatsache, dass Freeman diese Behauptung aufgestellt hat, ist unumstritten, denn so steht es in der Pressemeldung.

✔ **Benutzen Sie klare und aussagekräftige Überschriften.** Vergessen Sie die originelle Überschrift, die einen Redakteur dazu zwingt, sich erst durch einen oder zwei Absätze zu kämpfen, bevor er herausfindet, wer, was, wann, wo und warum. Die Überschrift sollte die Meldung zusammenfassen, so dass der Redakteur sofort den Inhalt versteht.

✔ **Lassen Sie einen ausreichenden Rand frei.** Das ist insbesondere auf der ersten Seite wichtig, denn Redakteure brauchen Platz für Anmerkungen. Schreiben Sie mit doppeltem Zeilenabstand und lassen Sie einen breiten Rand. Benutzen Sie niemals die Rückseite eines Blattes.

✔ **Schreiben Sie für eine spezifische Redaktion innerhalb einer Publikation**: Nachrichten, Lifestyle, Immobilien, Finanzen, Neue Produkte. Analog schreiben Sie verschiedene Meldungen mit unterschiedlichem Tenor und Blickwinkel für unterschiedliche Publikationen. Um beispielsweise ein Nachschlagewerk über kostenlose Informationsquellen in die Presse zu bringen, könnten die Pressemeldungen unterschiedliche kostenlose Informationsquellen herausstellen, die für den jeweiligen Herausgeber (und seine Leserschaft) von besonderem Interesse ist. Eine Pressemitteilung über kostenlose Informationen zum Thema Garten, Immobilien und Heimwerkertipps könnte an Haus-und-Garten-, Immobilien- und Heimwerkermagazine verschickt werden. Eine andere analoge Meldung über kostenlose Informationen zum Thema »Wie gründe ich meine eigene Firma?« könnte an Wirtschaftspublikationen gerichtet sein.

✔ **Schreiben Sie eine separate, kürzere Meldung für den Rundfunk und legen Sie mindestens Farbdias und Skripts fürs Fernsehen bei.**

✔ **Beenden Sie Ihre Pressemitteilungen mit einem standardisierten Abbinder**, einem Absatz, der das Unternehmen oder die Abteilung kurz erklärt. Viele Mitteilungen enthalten vor dem letzten Absatz, der die Kontaktinformationen enthält, eine standardisierte Kurzbeschreibung des Unternehmens und seiner Produkte. Diese Information ist hilfreich für Redakteure, die Ihre Firma nicht kennen oder die ihren Lesern etwas mehr zu Ihrem Unternehmen und dem, was es tut, sagen wollen.

✔ **Denken Sie eventuell daran, die Pressemitteilung für das News Bulletin, interne Publikationen oder andere Zwecke zu redigieren.**

✔ **Schreiben Sie, um sich für Ihr Unternehmen und Ihre nächste Mitteilung Respekt zu verschaffen.** Seien Sie präzise und ehrlich. Präsentieren Sie klare und nützliche Informationen. Liefern Sie dem Leser etwas von Wert. Vermeiden Sie Aufbauschen und unverhohlene Eigenwerbung.

✔ **Sorgen Sie für einen windschnittigen Freigabeprozess, so dass jeweils nur zwei oder drei Personen eine Pressemitteilung absegnen müssen.** Das spart Zeit und minimiert die Chancen, dass der Text verwässert wird.

Beschleunigung des Freigabeprozesses

Schicken Sie Pressetexte und andere PR-Materialien nur an die Personen in Ihrer Firma, die ihn unbedingt freigeben müssen, bevor er zur Veröffentlichung rausgeschickt werden kann. Legen Sie eine Notiz bei, die um Anmerkungen bittet und eine spezifische Deadline für die Antwort setzt. Für die anderen Personen im Rundlauf fügen Sie eine Notiz bei, dass sie die Meldung nur zur Information erhalten und keine Antwort nötig ist.

Belügen Sie niemals die Presse

Sollen Sie falsche Behauptungen, Übertreibungen oder Aufbauschungen in Ihre Pressemitteilungen einfügen, nur weil Sie damit durchkommen können? Nein. Ihre Meldungen sollten präzise, berichtenswerte und wahre Informationen enthalten, keine ausladende Werbesprache.

Der Grund? Abgesehen davon, dass es ein schlechtes Geschäftsgebaren ist, bestehende und mögliche zukünftige Kunden sowie die Öffentlichkeit anzulügen, ist das Belügen von Redakteuren noch schlimmer. Wenn Sie sie mit einem Trick dazu bringen, etwas zu drucken, was nicht stimmt, und ein Leser den Redakteur darauf hinweist, wird er sehr verärgert über Sie sein und Sie nicht mehr als Informationsquelle benutzen, da er Ihnen nicht traut. Und Sie werden keine weiteren Veröffentlichungen platzieren, so lange diese Redakteure in diesen Redaktionen arbeiten.

Artikel schreiben und platzieren

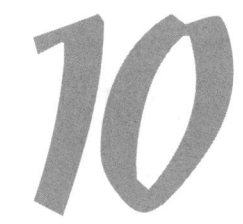

In diesem Kapitel

▷ Ideen für Artikel sammeln

▷ Die richtige Publikation auswählen

▷ Ein Textangebot formulieren

▷ Sich über Artikellängen und Deadlines informieren

▷ Ein Themenangebot formulieren

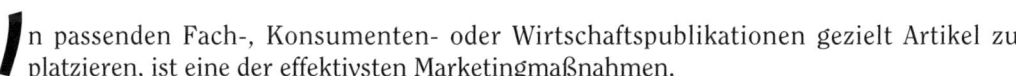

*I*n passenden Fach-, Konsumenten- oder Wirtschaftspublikationen gezielt Artikel zu platzieren, ist eine der effektivsten Marketingmaßnahmen.

Im Unterschied zu einer Nachricht, die einen direkten Bericht über gerade geschehene Begebenheiten liefert, ist eine Reportage ein längerer Text, der das Thema ausführlicher darlegt. Reportagen präsentieren oftmals eine oder mehrere detaillierte Fallstudien, erklären eine Technologie oder geben Richtlinien, wie man etwas tut – ob es das Schreiben eines Budgetplans oder die Auswahl einer Telefongesellschaft ist.

Viele Menschen nehmen an, dass die Reportagen, die sie lesen, von freien Journalisten oder Publizisten im Auftrag der Zeitung oder des Magazins geschrieben werden. Irrtum! Jeden Tag werden Tausende von Artikeln veröffentlicht, die von »Nicht-Schreibern« stammen – PR-Leuten, selbstständigen Unternehmern, Führungskräften aus der freien Wirtschaft, Technikern – um sich selbst, das eigene Unternehmen oder die angebotenen Produkte oder Dienstleistungen zu bewerben.

Wie das geht? Ein Unternehmen, das öffentliche Publicity sucht, reicht einen Artikel ein in der Hoffnung, dass eine Publikation das Unternehmen, seine Ideen oder Produkte und Dienstleistungen vorstellen wird. Ein platzierter Artikel ist ein Beitrag, der von einem Unternehmen, einem Unternehmer oder einem Geschäftsmann geschrieben und eingereicht wird – entweder direkt von dem Unternehmen oder in seinem Auftrag durch eine PR-Agentur oder einen Berater.

In diesem Kapitel lernen Sie zwei erprobte Methoden kennen, wie Beiträge über Ihr Unternehmen oder Produkt veröffentlicht werden: den Artikel selbst vorschlagen und schreiben sowie ein Themenangebot an den Chefredakteur schicken oder der Redaktion ein Themenangebot schicken, um sie dazu zu ermuntern, einen eigenen Artikel über Sie zu schreiben. Sie können eine, zwei oder mehr Seiten über Ihr Produkt oder Ihre Dienstleistung bekommen, ohne dass Sie für den Platz bezahlen. (Eine bezahlte Anzeige dieses Umfangs könnte viele Tausende Euro kosten.) Ihre Aussage hat weit mehr Glaubhaftigkeit als redaktioneller Beitrag denn als bezahlte Werbung. Die Publikation des Artikels erhöht das Prestige des Autors und den Bekanntheitsgrad des Unternehmens. Und Nachdrucke eignen sich hervorragend als kostengünstige Unternehmensbroschüren.

Nur ein Artikel in einem Magazin kann einem Unternehmen Hunderte von neuen Kontakten und Tausende von Euro Umsatz einbringen. Und mit mehreren tausend Magazinen und Fachzeitschriften auf dem Markt können Sie sicher sein, dass mindestens eine davon an einem Bericht über Ihr Unternehmen interessiert ist.

Einen Artikel in einer Fachzeitschrift oder einem lokalen Wirtschaftsmagazin zu platzieren, ist nicht schwierig – wenn man weiß wie. Redakteure von Fachpublikationen lehnen minderwertiges Material oder Werbetexte schnell ab, aber sie hungern nach guten, verlässlichen Neuigkeiten und Informationen, die sie ihren Lesern anbieten können. Und im Gegensatz zu Zeitungsreportern, die auf der Suche nach Enthüllungsgeschichten oftmals Unternehmen gegenüber feindselig und opportunistisch eingestellt sind, sind Redakteure von Fachzeitschriften ein freundlicheres Publikum und eher gewillt, mit Ihnen zusammenzuarbeiten, um Informationen an die Leser zu bringen.

Pssst – nicht weitersagen!

Auch wenn Sie als Geschäftsmann oder -frau Ihren Artikel zu eigennützigen Promotionzwecken schreiben und die Redakteure dies wissen, sollten Sie das trotzdem für sich behalten. Redakteure sind daran interessiert, ihren Lesern dienlich zu sein, nicht Ihnen. Halten Sie sich in Ihrem Artikel mit Eigenwerbung weitestgehend zurück – erwähnen Sie beispielsweise Ihren Firmennamen nicht 50 Mal – und geben Sie dem Redakteur einen Artikel, der für seine Leser einen tatsächlichen Wert hat. Das dient auch Ihren Zwecken, denn je nützlicher der Artikel, desto mehr Leser werden den Verfasser für zusätzliche Informationen kontaktieren – was oftmals zum Verkauf Ihrer Produkte führen kann.

Anfängerfehler vermeiden

Fehler, die Anfänger beim Schreiben und Platzieren von Artikeln häufig machen, sind beispielsweise:

✔ **Die Publikation nicht zuerst zu kontaktieren,** um herauszufinden, ob Interesse an einem Artikel zu dem Thema besteht, das Sie vorschlagen.

✔ **An den »Sehr geehrten Chefredakteur« zu schreiben,** statt den Namen des Chefredakteurs oder des Ressortleiters zu erfragen und dann alle Kommunikation direkt an ihn zu richten.

✔ **Den Chefredakteur zu bestechen versuchen,** damit er den Artikel druckt (»Wir platzieren eine große Anzeige, wenn Sie den Artikel drucken.«) oder ihm zu drohen (»Wir werden keine Anzeigen mehr schalten, wenn Sie diesen Artikel nicht drucken.«).

✔ **Einen schlampigen, unvollständigen Artikel** einreichen und sagen: »Ich bin kein Journalist; hier sind die Informationen; korrigieren Sie die Grammatik und formulieren Sie es richtig.« (Der Redakteur hat keine Zeit, Ihre Arbeit zu tun, und erwartet Beiträge, die gut geschrieben und fehlerfrei sind.)

✔ **Den Artikel nicht als Datei einzureichen** in Word, WordPerfect, Rich Text Format oder einem anderen Standardformat.

✔ **Den Druckunterlagenschluss nicht einzuhalten, nachdem Sie die Zusage für eine Veröffentlichung Ihres Textes erhalten haben.** Oder noch schlimmer: Den Druckunterlagenschluss (deadline) nicht einzuhalten und den Redakteur nicht darüber zu informieren, dass das Manuskript verspätet eintreffen wird.

✔ **Die Publikation nicht zu lesen und Leserschaft, Stil, Inhalt und redaktionelle Anforderungen nicht zu kennen.**

Ideen für Artikel finden

Ihre Chancen, einen Artikel veröffentlicht zu bekommen, erhöhen sich drastisch, wenn Sie dem Redakteur einen Beitrag von der Art anbieten, wie sie in der Publikation regelmäßig abgedruckt werden. Zum Beispiel sollten Sie keine Rezepte an eine Publikation einreichen, die keine Rezepte abdruckt.

Eine Handvoll von Standardformaten macht 90 Prozent aller heutzutage veröffentlichten Artikel aus. Darunter die folgenden:

✔ **Fallstudien:** Erfolgsberichte von Produkten. Sie berichten über ein Unternehmen, das ein Problem hatte, und wie ein bestimmtes Produkt, eine Dienstleistung oder eine Methode eingesetzt wurde, um das Problem zu lösen.

✔ **Wie man:** Praktische Ratschläge (»Wie man die Beleuchtung von Industrieanlagen optimiert«).

✔ **Neue Produkte:** Erklärungen, wie eine neue Technologie funktioniert (»Neue Chip-Technologie verdoppelt Datenverarbeitungsgeschwindigkeit«).

✔ **Entwicklungen und Trends:** Analyse, um Unternehmern bei der Planung Ihrer Strategie behilflich zu sein. (»Autoindustrie setzt auf Just-in-Time-Produktion«).

Die Fallstudie ist eines der beliebtesten Artikelformate, die Fach- und Wirtschaftspublikationen veröffentlichen. Diese Art von Bericht erklärt, wie ein bestimmtes Unternehmen ein Problem löst oder einen Bedarf deckt, und stellt gewöhnlich das Produkt oder die Dienstleistung vor, die dazu eingesetzt wurden. Die PR-Abteilung eines Unternehmens, dessen Produkt oder Dienstleistung zur Lösung des Problems eingesetzt wurde, schickt ein Schreiben (siehe Abschnitt »Ein Textangebot schreiben« weiter unten in diesem Kapitel), in dem sie dem Redakteur Fallstudien vorschlägt. Fallstudien zu veröffentlichen, ist ein effektives Marketinginstrument, weil es den Lesern zeigt, wie man Ihr Produkt einsetzt, und den erfolgreichen Einsatz damit belegt.

Abgesehen von Fallstudien, sind viele platzierte Artikel von der »wie man«-Sorte, die auf leitende Angestellte, Manager oder Techniker in einem bestimmten Gebiet abzielen. Redakteure sind auch an Beiträgen über neue Produkte, Entwicklungen oder Trends in ihrer Branche interessiert.

Eine Möglichkeit, Ideen für Artikel zu sammeln, ist, eine Liste der Anzeigen zu machen, die Sie schalten würden (und der Publikationen, in denen Sie diese schalten würden), wenn Sie ein unbegrenztes Anzeigenbudget hätten. Schreiben Sie Artikel, die auf den Themen basieren, die in diesen Anzeigen thematisiert würden, und platzieren Sie diese in den entsprechenden Medien.

Wenn Sie beispielsweise Ihre neue Bio-Backmischung in der Zeitschrift *Schrot und Korn* bewerben möchten, aber nicht das Budget dafür haben, könnten Sie für das Magazin einen Beitrag schreiben zu dem Thema »Fertigprodukte, die auch für allergiekranke Kinder geeignet sind«. Das Schreiben und Platzieren von Artikeln in Magazinen und für Sekundärmärkte, in denen Print-Werbung unprofitabel oder über Ihrem Budget ist, ist sehr kosteneffektiv.

Viele Fachmagazine schicken potenziellen Autoren auf Anfrage eine Beispielausgabe und redaktionelle Richtlinien zu. Diese können wertvolle Hinweise auf Stil, Format und passende Themen liefern. Die Richtlinien erläutern oftmals, wie Sie das Magazin kontaktieren, geben Tipps zum Schreiben eines Artikels, beschreiben den Weg, den ein Manuskript in dem Verlag nimmt, und besprechen etwaige Modalitäten für Honorare oder Nachdrucke.

Der schnellste Weg, um Redakteure zu verärgern, ist, eine Idee anzubieten, die nichts mit deren Publikation zu tun hat. Jedes Magazin unterscheidet sich irgendwie von anderen. Um Ihre Chancen auf eine Veröffentlichung zu erhöhen, sollten Sie Ton, Stil, Inhalt und die journalistische und orthographische Qualität der Publikation studieren.

Bieten Sie dem Redakteur die Art von Artikel an, die das Magazin zu bevorzugen scheint, und Ihre Aussichten, einen Beitrag zu platzieren, steigen erheblich. Wenn ein Magazin nur aus kurzen Artikeln von einer oder zwei Seiten besteht, sollten Sie keine 6.000 Wörter umfassende Abhandlung einreichen. Wenn es keine Fallstudien veröffentlicht, sollten Sie keine anbieten.

 Studieren Sie verschiedene Ausgaben eines Magazins, um zu sehen, welche Themen behandelt werden. Der Schlüssel zum Erfolg ist nicht, eine Idee für einen Artikel über ein Thema vorzuschlagen, das nie behandelt wird, sondern einen Beitrag anzubieten, der einen neuen Aspekt oder Blickwinkel zu einem der häufig behandelten Themen der Publikation bietet.

Richten Sie Ihre Themen auf Spezialausgaben aus

Unternehmen können ihre Aussichten auf eine Publikation erhöhen, indem sie den Themenplan einer Publikation anfordern und die Liste der Spezialausgaben durchsehen, um zu sehen, wo eine mögliche Übereinstimmung zwischen den eigenen Produkten und Dienstleistungen und den geplanten Themen besteht. Rufen Sie in der Anzeigenabteilung einer Publikation an, sagen Sie, dass Sie eventuell Anzeigen schalten möchten, und fragen Sie nach den Mediadaten, einem Ansichtsexemplar des Magazins und dem Themenplan. Diese Unterlagen werden potenziellen Anzeigenkunden kostenlos zugeschickt.

»Wenn Leute auf unseren Themenplan mit Ideen für bestimmte Ausgaben reagieren – super!«, sagt Rick Dunn, Redakteur von *Plant Engineering*. »Oder wenn sie zu einer Story, die wir planen, Hintergrundinformationen liefern können, haben sie gute Chancen, ins Blatt zu kommen.«

Sie könnten vielleicht sogar Ideen für eine Reportage im nächstjährigen Themenplan vorschlagen. Der Trick dabei ist, dies taktvoll zu tun. »Treten Sie nicht zu fordernd oder ehrgeizig auf«, warnt Dunn. »Sagen Sie keinesfalls so etwas wie »Das ist wichtig für Ihre Leser« oder »Sie sollten diese Story drucken«. Wenn jemand unser Geschäft besser kennt als wir, stellen wir ihn entweder ein oder wir gehen zurück in die Schule.«

Wenn Sie jedoch einen neuen Trend entdecken, sagen wir im Verpacken von Lebensmitteln in wieder verwertbaren Kartons statt Plastik, und Sie die Statistiken und Informationen liefern können, um Ihre Behauptung zu belegen, dass dieser Trend bedeutsam ist, sollten Sie die Redakteure entsprechender Fachmagazine der Verpackungsbranche kontaktieren. Dort wird man Ihr Interesse und Ihren Einsatz sicherlich zu schätzen wissen.

Die Wahl des passenden Mediums

Die besten Magazine, die Sie angehen können, sind die, die Sie bereits abonniert haben. Und zwar deshalb, weil Sie sie lesen und mit ihrem Inhalt und Stil vertraut sind und wissen, welche Artikel, die mit Ihrem Thema zu tun haben, in letzter Zeit erschienen sind. Sie mögen aber vielleicht nicht alle Magazine Ihrer Branche abonniert haben oder kennen. Eine gute Quelle, um diese Medien nachzuschlagen, ist der Stamm oder der Zimpel (beide werden auf der Website als Mediennachschlagewerk gelistet). Kontaktieren Sie alle und fragen Sie nach einem Ansichtsexemplar und redaktionellen Richtlinien. Wenn das Ansichtsexemplar eintrifft, studieren Sie es und machen sich mit ihm vertraut.

Hier ist ein anderer Weg, um Artikel in Magazinen zu platzieren. Sie haben wahrscheinlich eine Wunschliste von fünf bis zehn Publikationen, in denen Sie gerne werben würden, wenn Sie das Budget hätten. Werbung ist ein teurer Weg, um in diesen Magazinen präsent zu sein, aber Sie können alle von ihnen auf bezahlbarem Weg angehen, indem Sie Beiträge platzieren. Das Ergebnis: Sie erhalten seitenweise Präsenz, ohne dafür zu zahlen!

Fordern Sie in den Anzeigenabteilungen der Verlage Mediadaten und ein Probeexemplar der Zeitschrift an.

Der richtige Zeitpunkt ist wichtig. Um in ein Monatsmagazin zu kommen, sollten Sie den Chefredakteur wahrscheinlich drei bis sechs Monate vor dem Erscheinen der Spezialausgabe, in der Ihr Artikel erscheinen soll, kontaktieren.

Vermeiden Sie Werbung

Objektivität ist ein Muss für viele Redakteure. Sie sind nicht dazu da, um die Produkte Ihrer Firma zu loben.

»Wir haben sicherlich keine Vorurteile gegenüber Artikeln von PR-Agenturen«, sagt Mark Rosenzweig, Redakteur von *Chemical Engineering.* »Wir müssen nur im Allgemeinen mehr Überarbeitungen vornehmen, um ihre Tendenz zur Einseitigkeit zu beseitigen. Wir möchten, dass alle Nachteile ebenso genannt werden wie die Vorteile.« Rick Dunn fügt hinzu: »Wenn ein Artikel von Lagerungsmethoden handelt, möchten wir alle 15 Möglichkeiten diskutiert sehen, nicht nur die, die von dem Unternehmen oder dem Kunden des Autoren benutzt werden.«

Kontaktieren Sie die Redakteure einzeln und bieten Sie den Beitrag »exklusiv« an

 Viele Häuslebauer möchten kein Reihenhaus, und Redakteure fühlen da nicht anders, was die Publikation von Beiträgen angeht. Welchen Wert hat schließlich ein Artikel für eine Publikation, wenn der Konkurrent dieselbe hat? Betonen Sie Exklusivität, indem Sie dieselbe Idee oder Story niemals mehr als einem konkurrierenden Magazin gleichzeitig anbieten. Kontaktieren Sie den nächsten Redakteur nur dann, wenn die erste Publikation kein Interesse an Ihrer Idee hat. Die meisten Redakteure möchten exklusives Material, insbesondere für Reportagen.

Wenn ein Beitrag besonders zeitgebunden ist oder besonderen Neuigkeitswert hat und in einem Magazin publiziert wurde, das keine direkte Konkurrenz zu der Publikation darstellt, die Sie nun kontaktieren, können Sie vielleicht um das Problem herum kommen, indem Sie mit dem Redakteur zusammen den Beitrag entsprechend umgestalten. Aber Sie sollten darüber offen sprechen oder Sie riskieren es, das Vertrauen und den guten Willen des Redakteurs zu verlieren.

»Ich würde alles exklusiv haben wollen«, sagt Russo. »Das erhöht den Wert eines Beitrags für uns und kann uns einer Veröffentlichung zugeneigter machen, falls wir noch schwanken.«

»Exklusivität ist eine Qualitätsentscheidung für ein Feature«, ergänzt Dunn. »Redakteure möchten nicht, dass ihre Leser ihr Heft in die Hand nehmen und etwas sehen, das sie bereits woanders gelesen haben.«

Den ersten Kontakt herstellen

Sollten Sie den Redakteur anrufen oder ihm schreiben? Die meisten Redakteure sind offen für beide Möglichkeiten, eine Idee vorzuschlagen, aber gewöhnlich bevorzugen sie die eine oder die andere. Das ist ganz einfach eine Frage des persönlichen Empfindens und Zeitmanagements.

Wenn Sie nicht wissen, wie ein bestimmter Redakteur in dieser Frage empfindet, rufen Sie an und fragen Sie. Eine passende Formulierung Ihres Anliegens könnte sein: »Hier spricht Hans Müller von der Firma XYZ. Ich habe eine Idee für einen Artikel, an dem Sie vielleicht Interesse haben könnten. Haben Sie ein paar Minuten, um dies telefonisch zu besprechen, oder würden Sie es vorziehen, wenn ich Ihnen schriftlich ein Konzept zukommen lasse?«

Redakteure, die etwas Schriftliches bevorzugen, werden Ihnen dies sagen. Redakteure, die eine Kurzbeschreibung per Telefon bevorzugen, werden Ihren Respekt vor deren Zeitmanagement zu schätzen wissen, ob sie Ihren Vorschlägen jetzt gleich zuhören oder Sie darum bitten, später noch einmal anzurufen.

Aber selbst die Redakteure, die sich Ihre Vorschläge telefonisch anhören, wollen etwas Schriftliches. Wenn Ihre Idee in deren Konzept passt, fragen die Redakteure Sie wahrscheinlich nach einem detaillierteren Entwurf Ihres vorgeschlagenen Artikels. Einige Redakteure können vielleicht auch keine endgültige Entscheidung treffen, bevor Sie nicht Ihr Konzept vorliegen haben.

Bei *Modern Materials Handling* schlägt Redaktionsassistentin Barbara Spencer vor, dass Autoren ein Anschreiben schicken und eine oder zwei Wochen später einen Telefonanruf folgen lassen.»Wir suchen nach jemandem, der seine Branche und seine Produkte kennt, und das Schreiben hilft uns, diese Expertise einzuschätzen. Aber rufen Sie zunächst in der Redaktion an, um zu erfragen, welcher Redakteur für diese Art von Artikel, wie Sie ihn im Kopf haben, zuständig ist.«

Alle Anschreiben sollten namentlich an einen bestimmten Redakteur geschickt werden. Ein Brief, der mit »Sehr geehrter Redakteur« beginnt, mag nicht die richtige Person erreichen und zeigt außerdem, dass Sie zu faul waren, um den richtigen Ansprechpartner zu erfragen.

Ein Textangebot formulieren

Der beste Weg, um eine Idee für einen Artikel zu kommunizieren, ist, einen Brief mit dem Textkonzept zu schicken. Dieses Anschreiben ist eine Mini-Präsentation, in der Sie dem Redakteur anbieten, einen Artikel über ein bestimmtes Thema zur Veröffentlichung in seinem Magazin zu schreiben.

Dieses Anschreiben ist im Wesentlichen ein Verkaufsbrief. Der potenzielle Kunde ist der Redakteur. Das Produkt, das Sie verkaufen wollen, ist der Artikel, den Sie für das Magazin schreiben wollen.

Hier einige grundlegende Fakten über Angebotsbriefe:

✔ **Redakteure erwarten Professionalität.** Das bedeutet: keine Tipp- oder orthographische Fehler in Ihrem Anschreiben. Sie adressieren den Brief direkt an einen bestimmten Redakteur. Und Sie schreiben diesen Namen richtig.

✔ **Redakteure erwarten eine gute Schreibe.** Wenn Sie können, schreiben Sie den ersten oder die ersten beiden Absätze Ihres Artikels, so dass sie so, wie sie sind, als Einführung für Ihren Artikel verwendet werden können. Das zeigt dem Redakteur, dass Sie wissen, wie man einen Text beginnt und die Aufmerksamkeit des Lesers gewinnt.

✔ **Redakteure hassen faule Autoren – diejenigen, die ihren Namen in einer Publikation sehen wollen, aber sich weigern, gründlich zu recherchieren und die korrekten Fakten zu bringen.** Bringen Sie in Ihrem Brief jede Menge harte Fakten unter – um zu zeigen, dass Sie wissen, wovon Sie schreiben. Die meisten Angebotsbriefe (und Artikel) sind zu oberflächlich.

✔ **Referenzen beeindrucken die Redakteure.** Sagen Sie, warum Sie ihnen einen Artikel anvertrauen sollten. Wenn Sie ein Experte auf dem Gebiet sind, sagen Sie das. Falls nicht, beschreiben Sie Ihre Quellen. Zählen Sie auf, welche Experten Sie befragen werden, welche Untersuchungen Sie zitieren werden und welche Referenzen Sie zu Hilfe ziehen werden. Betonen Sie die bahnbrechende Forschungsarbeit, die Ihre Firma geleistet hat, um Branchenführer zu werden.

✔ **Redakteure hassen es, Risiken einzugehen.** Je weiter Ihre Story bereits entwickelt ist, desto besser. Wenn Sie alles nennen – Ihr Thema, Ihre Vorgehensweise, eine Zusammenfassung und Ihre Quellen – dann wissen Redakteure, was sie bekommen werden, wenn sie Ihnen das Okay geben, den Artikel zu schreiben. Je kompletter Ihr Angebot, desto größer die Chancen auf eine erfolgreiche Platzierung.

✔ **Redakteure haben hohe Standards für ihre Artikel, egal wer diese schreibt.** Denken Sie nicht, Sie könnten mit einem schlecht geschriebenen Konzept erfolgreich sein, weil »der Redakteur sieht, dass Sie ein Amateurschreiber sind und nur ein wenig PR zu bekommen versuchen«. Die Leser der Publikation erwarten nicht, dass PR-Artikel schlechter, weniger objektiv oder weniger interessant sind als anderes Material im Magazin, ebenso wenig wie dies der Redakteur erwartet.

✔ **Sagen Sie in Ihrem Anschreiben niemals »Und das Beste an allem ist, dass Sie mich für diesen Artikel nicht bezahlen müssen, weil ich ihn schreibe, um meine Firma in die Medien zu bekommen.«** Auch wenn Redakteure das wissen, ist es ein Fauxpas, dies Ihrerseits zu sagen. (Warum das so ist, kann ich beim besten Willen nicht sagen.)

✔ **Wenn Sie Ihre Chancen einer Veröffentlichung erhöhen möchten, bieten Sie den Artikel auf Exklusivbasis an.** *Exklusiv* heißt, dass Sie den Artikel keiner anderen Publikation anbieten. Falls der Redakteur den Beitrag nimmt, sagen Sie zu, dass Sie denselben oder ähnliche Artikel nicht für andere Publikationen schreiben. Falls er den Beitrag nicht nimmt, können Sie ihn natürlich beliebig dem nächsten Magazin auf Ihrer Liste anbieten.

Im Folgenden einige typische Angebotsbriefe, an denen Sie sich hinsichtlich Stil und Format orientieren können.

In Abbildung 10.1 können Sie sehen, wie das Angebot des Artikels aus zwei Teilen besteht: ein Brief, der die grundlegende Idee verkauft, und das Konzept mit Details. Der Autor benutzte dieses Format, weil es zu dem Material passt; das Konzept kann von dem »Verkaufsbrief« getrennt werden, wenn Sie das so möchten, aber meist ist es darin enthalten.

Frau
Jane Doe
Redakteurin
Chemical Engineering
Hauptstr. 123
12345 Irgendwo

Sehr geehrte Frau Doe,

Wenn ein Chemiker keinen zusammenhängenden Artikel schreiben kann, kann der wahre Wert seiner Studien und Untersuchungen missverstanden werden oder unbeachtet bleiben. Seine Produktivität verschwindet. Und seine Aussichten auf eine Karriere sinken.

Als Redakteurin von *Chemical Engineering* wissen Sie, dass viele Chemiker etwas Hilfe gebrauchen könnten, um auf diesem Gebiet ihre Fähigkeiten zu verbessern. Ich würde gern diese Hilfe anbieten, indem ich einen Artikel schreibe, der Ihren Lesern »Zehn Tipps für besseres geschäftliches Schreiben« gibt. Ein Konzept des Artikels habe ich in der Anlage beigefügt. Dieser 2.000-Wörter-Artikel würde zehn hilfreiche Tipps geben – jeder unter 200 Wörtern – um Chemikern zu helfen, bessere Briefe, Berichte, Vorschläge und Artikel zu schreiben.

Tipp Nr. 3 zum Beispiel rät den Schreibern, sich kurz zu fassen. Zu viele Chemiker würden über eine »braungelbe bis rötlichbraune, poröse Schicht von FeO, Fe_2O_2 und H_2O, die in sauerstoffhaltigen Wasser auf Eisen entsteht« schreiben, wenn sie lediglich Rost meinen. Und wie viele leitende Angestellte sagen »In Beantwortung Ihrer Frage möchte ich sagen, ...« statt einfach »Die Antwort lautet ...«?

Mein Buch, *Technisches Schreiben, Struktur, Standards und Stil*, wird von mitp im November veröffentlicht. Während das Buch eine Vielzahl technischer Disziplinen abdeckt, wird mein Artikel Beispiele aus der chemischen Literatur bringen ...

Ich möchte die »Zehn Tipps für besseres geschäftliches Schreiben« für Ihre Rubrik »Sie und Ihr Beruf« schreiben. Was halten Sie davon? Einen frankierten und adressierten Rückumschlag habe ich für Ihre Antwort beigefügt.

Mit freundlichen Grüßen

Ihr

Bob Bly

Abbildung 10.1: Diese Anfrage und Zusammenfassung erhielt sofort eine positive Antwort. Der Artikel wurde geschrieben, akzeptiert und veröffentlicht.

Der erste Absatz des Textangebots aus Abbildung 10.1 wurde auch der erste Absatz in dem veröffentlichten Artikel. Das ist kein Versehen. Ein treffender erster Absatz in dem Textangebot – einer, der selbstverständlich am Anfang des Artikels benutzt werden kann – hilft, das Interesse der Redakteure zu wecken und sie zu überzeugen, dass Sie etwas Interessantes haben.

Abbildung 10.2 zeigt ein Textangebot, das eine Fallstudie bringen will. Eine Fallstudie zeigt dem Leser, wie ein spezielles Produkt oder System am Arbeitsplatz oder im Haus benutzt wird, um ein spezifisches Problem zu lösen. Dieser Brief und zwei weitere Anrufe erzielten das Interesse des Redakteurs.

Herrn
Josef Schmitz
Redakteur
Engineering Trade Journal
12345 Irgendwo

Sehr geehrter Herr Schmitz,

beigefügt ist eine Werbebroschüre, die das High-Flow-Transportsystem unseres Kunden XYZ Industrie beschreibt.

Ich sende es Ihnen als eine einführende Referenz zu dem Gebrauch von High-Flow in einer industriellen Umgebung. Die Anwendung beinhaltet das spezialisierte Verfahren, Fernsehbildröhren absolut präzise in eine Konsole zu positionieren, die mit einem schnell trocknenden Klebstoff bestrichen ist, so dass sie NICHT bewegt oder ausgetauscht werden können. Diese auf einen spezifischen Kundenwunsch hergestellte Einheit wird momentan in einer Fabrik in Pennsylvania eingesetzt.

Wegen der einzigartigen Sicherheitsaspekte, ökonomischen Gesichtspunkte und der Funktionsfähigkeit des High-Flow-Systems glaube ich, dass Sie Interesse daran haben werden, dem oben Beschriebenen einen Artikel zu widmen.

In den nächsten Tagen werde ich mich bei Ihnen melden, um mich von Ihrem Interesse zu überzeugen. Ich verspreche Ihnen, dass wir mit Ihnen und Ihren Mitarbeitern in jeglicher Form zusammenarbeiten werden, von der Klärung kleinerer Details bis hin zur Ablieferung eines kompletten Manuskripts.

Ich freue mich auf unser Gespräch.

Mit freundlichen Grüßen

(Unterschrift)

Abbildung 10.2: Muster-Textangebot für eine Fallstudie

Mit frankiertem Rückumschlag, bitte

Wenn Sie Ihrem Angebotsbrief einen adressierten und frankierten Rückumschlag beilegen, braucht der Redakteur, um Ihnen zu antworten, keine Adresse zu tippen oder nach einer Briefmarke zu suchen. Es wird ihm so sehr leicht gemacht, Ihnen zu antworten. Lassen Sie Ihren Rückumschlag professionell aussehen und drucken Sie Ihre Adresse darauf oder benutzen Sie einen Adressaufkleber; schreiben Sie die Adresse nicht per Hand.

Müssen Sie vorab ein Textangebot formulieren?

Viele Geschäftsleute fragen mich: »Warum eine Anfrage? Diese scheint alles zu verlangsamen und bedeutet einen zusätzlichen Schritt und mehr Arbeit. Warum nicht gleich den gesamten Artikel schreiben und einsenden?«

Meiner Meinung nach sollten Sie immer zunächst anfragen. 95 Prozent der Redakteure bevorzugen eine Anfrage mit Konzept und schauen ein unaufgefordert eingesandtes vollständiges Manuskript nicht durch.

Warum bevorzugen Redakteure Konzepte gegenüber fertigen Manuskripten? Zwei Gründe: Es kostet weniger Zeit, ein einseitiges Konzept zu lesen, und dann zu entscheiden, den gesamten Artikel zu lesen. Außerdem ist die Anfrage, wie gesagt, ein Konzept, das heißt, wenn der Redakteur einen anderen Artikel möchte, als den vorgeschlagenen, kann er dies beim Autor erbitten. Der Redakteur weiß, dass Autoren einen Artikel im Entwurfsstadium eher zu ändern bereit sind, als wenn sie bereits den fertigen Artikel eingereicht haben. Daher geben Angebote dem Redakteur ein größeres Maß an redaktionellem Einfluss, so dass sie die Artikel an ihre Leserschaft anpassen können.

In *The Query Letter Book* (Communication Unlimited, einem Handbuch für die Formulierung von Angeboten), sagt Gordon Burgett, Autor von mehr als 1.000 Artikeln, der Grund für das Schreiben eines Konzeptes sei, dass es die Wahrscheinlichkeit der Akzeptanz des Angebots hebt. Burgett sagt, die Chancen, ein unaufgefordert eingesandtes Manuskript veröffentlicht zu bekommen, sind gering bis nicht vorhanden. Aber wenn Sie ein Manuskript einsenden, um das der Redakteur Sie gebeten hat, nachdem er Ihren Angebotsbrief gelesen hat, dann liegen die Aussichten auf einen Abdruck bei 50 Prozent oder höher.

Ein Manuskript unaufgefordert einzusenden ist ein zweifelhaftes Unterfangen – mit der Ausnahme von sehr kurzen Beiträgen und Fallstudien. Die meisten Redakteure wollen keine unaufgefordert eingesandten Manuskripte ansehen; nur wenige sind gewillt, sich diese anzusehen und zu veröffentlichen.

Die meisten Redakteure bevorzugen es, wenn Sie Ihre Grundidee für einen Artikel mit ihnen abstimmen, bevor Sie den Artikel schreiben. Eine Anfrage spart ihnen die Zeit, die sie brauchen, um ein langes Manuskript zu lesen und zu entscheiden, ob das Thema für das Magazin passt. Eine Anfrage erspart auch Ihnen, dem Publizisten, die Zeit und Arbeit, einen Artikel zu recherchieren und zu schreiben, der eventuell niemals irgendwo veröffentlicht wird.

Selbst wenn Sie bereits den Artikel geschrieben haben, ist es besser, ihn in einem Konzept zusammenzufassen und als Angebot einzuschicken – und so zu tun, als ob Sie nicht bereits den ganzen Beitrag geschrieben hätten. Sie sollten die komplette Story nur dann schicken, wenn der Redakteur Ihre Anfrage gelesen hat und sagt: »Lassen Sie mich den Artikel sehen.«

Wie sieht es aus mit Illustrationen?

Je nach Publikation mögen Sie Fotos oder Zeichnungen anbieten müssen, oder auch nicht, um Ihren Beitrag gedruckt zu sehen. Die meisten Zeitungen und Magazine benötigen nur einen Text und illustrieren ihn in der Grafikabteilung selbst.

Andere Publikationen fordern zwar nicht, aber bevorzugen es, gute Fotos oder Illustrationen des Textes mit eingereicht zu bekommen. Das Vorhandensein derartigen Materials kann manchmal der bestimmende Faktor bei der Entscheidung für einen Beitrag vor einem anderen sein. Auch wenn die größeren Zeitschriften Grafiker beschäftigen, um qualitativ hochwertiges Illustrationsmaterial drucken zu können, arbeiten sie oftmals auch mit Material, das von den freien Autoren bereitgestellt wird.

Sie können sich ein gutes Bild davon machen, wie wichtig visuelles Material für ein bestimmtes Magazin ist, indem Sie sich einige Ausgaben davon ansehen. Achten Sie dabei auf Folgendes:

✔ Werden Fotos und Grafiken gar nicht, ab und zu, häufig oder immer eingesetzt, um Textbeiträge zu illustrieren?

✔ Wenn Fotos benutzt werden – sind diese schwarz-weiß oder farbig?

✔ Wie viele Illustrationen finden Sie durchschnittlich auf einer Seite?

Reichen Sie die Menge und Qualität an Bildmaterial mit ein, die der Redakteur wünscht. Ansonsten fallen Ihre Chancen auf eine Veröffentlichung.

Professionelle Fotos sind zwar schön und gut, aber für die meisten Fachpublikationen nicht nötig. Einfache Dias guter Qualität im 35-mm-Kleinbildformat reichen für die meisten Fachmedien aus. Einige Magazine nehmen auch Schwarz-Weiß-Abzüge oder Farbfotos. Der Redakteur sagt Ihnen gerne, womit er arbeiten kann.

Heutzutage können Aufnahmen mit Digitalkameras in einer Qualität gemacht werden, die für viele Publikationen ausreicht. Sie können digitale Bilder auf einer Diskette einreichen oder diese sogar per E-Mail an den Redakteur schicken.

Verfolgen Sie Ihr Angebot

Eine von drei Möglichkeiten wird zutreffen, wenn Sie einen Angebotsbrief geschickt haben:

✔ **Der Redakteur ist an der Story interessiert und möchte das komplette Manuskript sehen**, aber macht keine feste Zusage, dass es veröffentlicht wird. Diese Reaktion ist die beste, die Sie wahrscheinlich erhalten können, und wenn Ihr Artikel, den Sie schreiben, nicht schauderhaft ist, sind die Chancen auf eine Veröffentlichung besser als 50 Prozent.

✔ **Der Redakteur lehnt Ihren vorgeschlagenen Artikel ab.** Der nächste Schritt ist, den nächsten Redakteur beim nächsten Magazin auf Ihrer Liste anzuschreiben.

✔ **Sie erhalten keine Antwort in die eine oder andere Richtung.** Diese Alternative ist das, was am wahrscheinlichsten passiert, denn:

- Der Redakteur hat es vielleicht noch nicht geschafft, Ihr Anschreiben zu lesen.

- Er mag es gelesen haben, hat aber noch keine Entscheidung getroffen.

- Er hat es nicht erhalten oder verlegt.

Ihr Nachfassen sollte eine freundliche Notiz oder ein Anruf sein, in dem Sie den Redakteur fragen, (a) ob er Ihr Konzept erhalten hat, (b) ob er bereits dazu gekommen ist, es sich anzuschauen, und (c) ob er an dem vorgeschlagenen Artikel Interesse hat.

Wenn Sie einen Brief schicken, können Sie ein Antwortformular beilegen, das Redakteure benutzen können, um ihre Antwort zu formulieren. Das Antwortformular sollte eine frankierte und adressierte Postkarte oder ein Antwortfax sein, auf der Sie den Titel des vorgeschlagenen Artikels bereits eingetragen haben, damit Sie wissen, auf welches Angebot der Redakteur bei Rücksendung reagiert.

Artikel: _____

Verfasser: _____

_____ Ja, wir sind interessiert. Bitte schicken Sie uns unverbindlich Ihr Manuskript zur Ansicht.

_____ Nein, wir sind nicht interessiert.

_____ Vielleicht. Wir haben uns noch nicht entschieden und werden uns bald bei Ihnen melden.

_____ Wir haben Ihr Konzept nicht erhalten. Bitte senden Sie es nochmals.

Viele professionelle Publizisten benutzen derartige Antwortkarten, um Redakteuren die Beantwortung eines Angebots zu erleichtern. Andere benutzen keine Karte, sondern einen frankierten und adressierten Briefumschlag, so dass Redakteure ihre Antwort auf das Angebot schreiben und es zurück in den Umschlag stecken können.

Wenn Sie nach vier Wochen keine Antwort erhalten haben, schicken Sie einen Brief, in dem Sie nachfragen, ob der Redakteur das ursprüngliche Anschreiben erhalten habe (eine Kopie davon sollte beiliegen) und ob er interessiert sei. Ein kurzes Telefonat kann ebenfalls dazu benutzt werden, um sich bei dem Redakteur in Erinnerung zu bringen.

Wenn Sie auf den Nachfassbrief keine Antwort erhalten, rufen Sie noch mal an. Wenn Sie nach drei oder vier Versuchen nicht zu dem Redakteur durchkommen, legen Sie die Anfrage zur Seite und schicken Ihr Konzept dem nächsten Magazin auf Ihrer Liste.

Sie denken jetzt vielleicht: »Wenn es vier bis sechs Wochen dauert, um von einer Publikation eine Antwort zu erhalten, kann es Monate dauern, bis mein Artikel tatsächlich irgendwo gedruckt wird.« Die Antwort darauf ist, verschiedene Pressemitteilungen und Angebotsschreiben simultan in Umlauf zu bringen. Das sorgt für einen stetigen Strom an Veröffentlichungen und dafür, dass Ihr gesamter PR-Erfolg weniger stark von einem einzelnen Angebot abhängt.

Bauen Sie sich eine persönliche redaktionelle Datenbank auf. Wann immer ein Redakteur auf eine Pressemitteilung oder ein Angebot reagiert oder anruft, um jemanden aus Ihrem Unternehmen zu interviewen, setzen Sie ihn auf Ihre Verteilerliste, um sicherzugehen, dass er alle weiteren Mitteilungen, die Sie verschicken, erhält.

Die Zusage eines Redakteurs

Ein Redakteur ist interessiert. Hurra! Sie haben die erste Stufe erklommen auf dem Weg, Ihren Artikel veröffentlicht zu sehen. Jetzt beginnt die wirkliche Arbeit.

Nachdem Ihre Idee akzeptiert wurde, müssen Sie die Anforderungen hinsichtlich Länge des Artikels und Druckunterlagenschluss in Erfahrung bringen. Wenn der Redakteur diese Informationen nicht von sich aus nennt, fragen Sie! Die Antworten vermeiden spätere Missverständnisse.

Als generelle Regel: Seien Sie mit der Länge freizügig. Beschreiben Sie alles, was Sie für relevant halten und sparen Sie nicht an Beispielen. Redakteure kürzen eher, als dass sie weiteres Material anfragen. Aber vermeiden Sie es, die versprochene Länge um mehr als 20 Prozent zu überschreiten. Beispiel: Wenn Sie 2.000 Wörter abgesprochen haben, ist es besser, 2.400 Wörter zu schicken als 1.600. 400 Wörter zu kürzen ist wesentlich einfacher, als 400 neue Wörter einzufügen, um den Text auf die volle Länge zu bringen.

Auch wenn einige Magazine hinsichtlich des Platzes flexibel sind, geben die meisten Redakteure ihren Autoren spezifische Textlängen vor. Wörter können Sie entweder von Hand zählen oder Sie benutzen Microsoft Word und klicken unter Extras auf Wörter zählen. Das Programm zeigt dann die exakte Anzahl der Wörter in dem jeweiligen Dokument.

Fragen Sie nach, wie lang Ihr Artikel sein soll. Um eine Wörterzahl in beschriebene Seiten umzurechnen, veranschlagen Sie ungefähr 400 Wörter für zwei, doppelzeilig getippte Manuskriptseiten. In seiner letztendlichen gedruckten Form hat ein Magazin auf einer Seite »netto« (ohne Überschriften, Fotos oder Freiräumen) durchschnittlich 800 bis 1.500 Wörter bei einer Standard-Seitengröße. Die erste Seite, die Platz für Überschrift und Unterüberschrift benötigt, hat etwa 700 Wörter. Im Vergleich dazu hat eine mit Ihrem PC erstellte Manuskriptseite mit doppeltem Zeilenabstand etwa 200 Wörter. Daher gehen auf eine Magazinseite etwa drei Manuskriptseiten.

Tabelle 10.1 hilft Ihnen, Wortlänge und Magazinseiten-Länge in Manuskriptseiten zu übertragen.

Anzahl Wörter	Anzahl Magazinseiten	Anzahl Manuskriptseiten
800	1	4
1.500	2	7 bis 8
2.000	2 bis 3	10

Tabelle 10.1: Seitenumfang in Magazinen einschätzen

Der Druckunterlagenschluss kann bei verschiedenen Publikationen sehr unterschiedlich sein. Einige mögen gar keine Deadlines, insbesondere, wenn sie weit im Voraus produzieren, um nicht in Zeitdruck zu geraten. Aber wenn der Artikel für eine bestimmte Ausgabe vorgesehen ist, wird der Redakteur das fertige Manuskript mindestens zwei Monate vor dem Veröffentlichungsdatum sehen wollen. Diese Deadline lässt Zeit für Überarbeitungen, Fotoauswahl und Produktion.

Stellen Sie die Geduld eines Redakteurs nicht auf die Probe. Das Verpassen einer Deadline mag in automatischer Ablehnung Ihres Artikels resultieren und Ihre Bemühungen, die Sie in Platzierung und Schreiben verwenden, zunichte machen. Reichen Sie alles Material zum abgesprochenen Datum ein, oder früher. Falls Sie dies nicht können, informieren Sie rechtzeitig darüber und bitten Sie um eine angemessene Verlängerung. Redakteure mögen verspätete Manuskripte nicht, aber sie hassen Überraschungen.

Die andere Möglichkeit: Ein Angebot für ein Thema formulieren

Eine andere Möglichkeit, Artikel zu veröffentlichen, ist folgender Weg: Erreichen Sie, dass Geschichten über Sie und Ihr Produkt geschrieben werden, statt diese selbst zu schreiben.

Wie sorgen Sie dafür, dass die Presse über Sie schreibt? Das Verschicken von Pressemitteilungen, wie in Kapitel 9 beschrieben, ist eine Methode. Wenn ein Redakteur eine Pressemeldung erhält, die zu einem Artikel passt, den er gerade plant, mag er Sie anrufen, um Leute in Ihrem Unternehmen zu befragen, selbst wenn das Material in der Meldung, die ihm vorliegt, nicht genau das ist, was er braucht.

Eine andere Möglichkeit, um Artikel über Sie zu platzieren – oder wenigstens Ihr Unternehmen in einem Artikel genannt zu sehen –, ist das Senden eines *Themenvorschlags*. Im Gegensatz zum Angebotsbrief, der vorschlägt, dass Sie einen Artikel schreiben, bietet Sie beim Unterbreiten eines Themenvorschlags lediglich Personen aus Ihrem Unternehmen als mögliche Interviewpartner an. Abbildung 10.3 zeigt ein Angebot für ein Thema, das meine Agentur für einen unserer Kunden, das Einrichtungshaus IKEA, schrieb.

Sehr geehrter Redakteur,

Angst, Unentschlossenheit, Sorge und Unruhe sind normale Gefühle, wenn Sie vorhaben, Ihre Wohnung neu zu dekorieren. Sollen Sie gleich einen wichtigen Raum im Haus – die Küche – neu gestalten oder sollen Sie lieber mit etwas Kleinerem wie der Abstellkammer beginnen? Mit welchen einfachen Mitteln können Sie das Aussehen Ihres Wohnzimmers verbessern? Welches Schranksystem benötigen Sie, damit Ihr Zimmer nicht unaufgeräumt wirkt?

IKEA hat schnelle und einfache Dekorationslösungen auf all diese Fragen, die oft gestellt werden, wenn Sie sich der schwierigen Aufgabe stellen, Ihre Wohnung zu renovieren.

In der Anlage finden Sie Beispiele für Vorher- und Nachher-Ansichten mit leichten und erschwinglichen Tipps, wie Sie eine Abstellkammer genauso einfach wie eine Küche renovieren können. Ebenfalls haben wir eine Sorgenliste und einen IKEA-2002-Katalog beigefügt.

Ein kompetenter Mitarbeiter von IKEA steht zur Verfügung, um zu zeigen, wie einfach und schnell Küche, Wohnzimmer, Abstellkammern und jedes andere Zimmer in der Wohnung neu gestaltet werden kann. Wir werden buchstäblich diese Räume im Bild erstellen, wie sie »vorher« und »nachher« aussehen. Das macht Spaß, ist einfach, kreativ und erschwinglich – und, was das Wichtigste ist –, es nimmt die Sorgen und Ängste im Bezug auf eine Renovierung.

Ich werde mich nächste Woche noch einmal bei Ihnen melden. Wenn Sie in der Zwischenzeit Fragen haben oder weitere Informationen wünschen, rufen Sie mich bitte unter 212-645-5900-128 an.

Mit freundlichen Grüßen

Jeanette Chin

Abbildung 10.3: Ein Themenangebot für IKEA

Das Verschicken von Themenvorschlägen ist effektiv, weil Redakteure und Reporter immer auf der Suche nach verfügbaren Informationsquellen und Expertenmeinungen sind, die sie für ein Statement anrufen können oder um eine fehlende Information für eine Geschichte zu ergänzen.

Verfolgen Sie Ihren Themenvorschlag immer. Mit der ersten Nachfassaktion stellen Sie sicher, dass der Brief angekommen ist und klären die Verfügbarkeit Ihres Experten als Interviewpartner zu bestimmten Themen. Wann immer dann eine große Story in der Presse auftaucht, zu der Ihr Experte fundiert Stellung nehmen könnte, rufen Sie den Journalisten wieder an. Erinnern Sie ihn an Ihren Experten und den Zusammenhang zwischen seinem Wissen und der aktuellen Story, die der Journalist wahrscheinlich verfolgt. Wenn Ihr Experte zu einem bestimmten Aspekt des Themas etwas beitragen kann oder neue Informationen liefern kann, sagen Sie das.

Ich bin sicher, Sie haben bemerkt, wie in Ihrer eigenen Branche dieselben Sprecher wieder und wieder zitiert werden. Nun, das ist kein Zufall. Fleißige PR-Bemühungen – nicht Schicksal – stellen sicher, dass eine Person oder ein Unternehmen im Rampenlicht steht, während andere im Dunkeln schmachten.

Ihre Botschaft persönlich überbringen

11

In diesem Kapitel

▶ Gelegenheiten nutzen, um Ihre Botschaft persönlich zu überbringen

▶ Presse-Interviews professionell gestalten

▶ Schlechte Presse in gute umwandeln

▶ Wie Sie feindlich gesinnten Interviewern begegnen

▶ Wie Sie sich auf Live-Interviews vorbereiten

▶ Ihre Person und Ihre Organisation über öffentliche Auftritte profilieren

Aufgrund der Kapitel 8, 9 und 10 mögen Sie den Eindruck gewonnen haben, dass PR nur etwas mit Schreiben zu tun hat. Das stimmt nicht! Schreiben hat zwar einen großen Anteil daran, wie Sie Ihre PR-Botschaft kommunizieren, aber Sie sollten dabei keinesfalls das gesprochene Wort vernachlässigen. Je effektiver Sie mit der Presse sprechen, mit lokalen Regierungsbehörden, Ämtern oder sonstigen Zielgruppen, desto größer sind Ihre Chancen, dass Sie die gewünschten Resultate erzielen. Was Sie der Presse sagen sollten, sowie wo und wann Sie es sagen sollten, das ist das Thema dieses Kapitels.

Die Presse treffen

Die oberste Regel in der Kommunikation mit der Presse ist die stete Erreichbarkeit. Wenn ein Journalist einen Artikel recherchiert, Informationen bis zu einem festen Termin benötigt und Sie anruft, sollten Sie den Anruf entgegennehmen. Wenn Sie gerade etwas anderes tun, lassen Sie es stehen und liegen. Ein Journalist, der für die heutige Sendung oder die morgige Zeitungsausgabe recherchiert, kann nicht darauf warten, wann sein Anruf in Ihren Terminkalender passt. Wenn Sie sofort erreichbar sind, haben Sie eine gute Chance, in dem Artikel zitiert oder genannt zu werden. Wenn nicht, dann wendet sich der Journalist an die nächste Informationsquelle. Das trifft immer zu, egal ob Sie in der Postabteilung arbeiten oder im Management.

Wenn irgendein Firmenchef mir sagt, dass er zu beschäftigt ist, um mit einem Medium zu sprechen, in das er seit einiger Zeit vergeblich versucht, hineinzukommen (und das ihn jetzt, wo das Thema passt, anruft), sage ich ihm: »Sie verstehen nicht. Sie sind für diese Publikation oder diese Sendung nur jetzt im Moment von Interesse. Morgen wird noch nicht einmal Ihr Rückruf entgegengenommen.« Journalismus ist ein »Jetzt-Geschäft«. Entweder richten Sie sich nach den Regeln oder Sie haben das Spiel verloren, noch bevor Sie den Platz betreten haben.

 Was auch immer Ihre Story ist, *sie ist niemals so wichtig für die Presse wie für Sie.* Presseleute arbeiten unter Termindruck, und wenn Sie nicht jetzt im Moment erreichbar sind, dann machen sie ihren Artikel ohne Sie – oder lassen die Geschichte fallen und schreiben eine andere.

Nehmen wir an, die Presse rennt Ihnen nicht die Türe ein, um ein Interview oder ein Statement von Ihnen zu erhalten, Sie haben aber dennoch eine Botschaft, die Sie gerne an den Mann bringen möchten, dann sind die drei beliebtesten Möglichkeiten, um die Presse persönlich oder über Mittler anzusprechen: Analystenkonferenzen, Pressetouren und Experteninterviews.

Analystenkonferenzen

Die meisten Firmen wissen von der Macht, die wichtige Analysten auf dem Markt besitzen. Viele Firmen zögern jedoch dabei, einflussreiche Analysten zu kontaktieren, oder wissen nicht, wie sie das anstellen sollen. Und sie verstehen nicht, wie sie eine Story so erzählen können, das sie die Aufmerksamkeit der Analysten erweckt und diese dazu bewegt, einen spannenden Bericht für die Investoren zu schreiben.

Ein Unternehmen, das den Marktanteil vergrößern möchte oder einen Börsengang plant, muss der Prüfung mindestens einiger Analysten standhalten. Aber ein schlecht geplanter Besuch bei einem Analysten kann sehr schädlich sein. Analysten stellen schwierige Fragen über jedes Detail eines Unternehmens – technischer und finanzieller Art, so dass eine gute Vorbereitung unabdingbar ist.

Auch wenn Analysten ausführliche Berichte schreiben und einige Investoren diese tatsächlich lesen, werden viele Aktien von Brokern verkauft, die ihren Kunden ein Unternehmen in etwa 30 Sekunden am Telefon vorstellen. Daher sollten Sie einen kurzen Slogan vorbereiten, der Ihre Firma eingängig beschreibt. Eine Firma, die Software für Internetsuchmaschinen entwickelt, die von wichtigen Internetportalen benutzt wird, beschrieb sich beispielsweise selbst als »Zöllner des Internets«. Jedes Mal, wenn jemand über eine populäre Suchmaschine ins Internet geht, die die Software dieser Firma benutzt, erhält sie nämlich Tantiemen.

Zeigen Sie ihnen Ihren Orangensaft

Wenn ein Analyst den Wert Ihrer Technologie nicht versteht, wird er Ihre Aktien wahrscheinlich kaum empfehlen. Ein Geschäftsführer einer Firma, die Farbmessgeräte herstellt, wurde wiederholt gefragt: »Was ist so wichtig daran, Farben zu messen? Wen interessiert das schon?« Er demonstrierte die Antwort, indem er drei Gläser Orangensaft aus drei Saftflaschen eingoss. Zwei waren normaler Orangensaft, aber einer hatte so eine Art orange-braune Farbe. »Würden Sie diesen Saft trinken?« fragte er und zeigte auf letzteren. Die Botschaft: Kunden beurteilen Orangensaft nach seiner Farbe, also muss die Farbe stimmen. Die Analysten verstanden, was er sagen wollte, und die Demonstration machte es einprägsam.

Pressetouren

Eine *Pressetour* bedeutet, dass ein Firmensprecher in verschiedene Städte reist, um sein Produkt der dort ansässigen Presse vorzustellen. Meine PR-Agentur hat beispielsweise eine literarische Abteilung. Wir organisieren regelmäßig Büchertouren für die wichtigen Autoren, die wir betreuen. Wir organisieren Signierstunden in Buchhandlungen in größeren Städten quer durchs Land. Bis zu acht Wochen vor dem Termin faxen wir Ankündigungen (siehe Kapitel 14) an lokale Fernseh- und Radiostationen, um diese wissen zu lassen, dass der Autor/die Autorin für Interviews zur Verfügung stehen wird.

Wir haben das Konzept der Büchertouren auch bei nicht schreibenden Kunden erfolgreich angewandt. Einer unserer Kunden, Bob Lamspon, hat den Kochtrainer erfunden, ein auf CD-ROM basiertes System, das Menschen beibringt, wie man kocht. Er demonstrierte das Gerät der gastronomischen Presse sowie an Haushaltsgeräten interessierten Publikationen auf Pressetouren und bei Redaktionsbesuchen und erhielt als Resultat jede Menge Veröffentlichungen in den Medien.

Wie können Sie das Konzept der Buchtouren einsetzen, um für Ihr Unternehmen Publicity zu bekommen? Nun, ersetzen Sie »Buch« durch »Produkt« und »Autor« durch »Geschäftsinhaber« oder »Produktentwickler«. Inszenieren Sie Produktdemonstrationen, Seminare oder andere Events in den Städten, in denen sich Ihre wichtigsten Märkte befinden. Machen Sie die Medien durch Ankündigungen darauf aufmerksam. Rufen Sie sie vor Ihrem Auftritt an, um sie daran zu erinnern, dass Sie kommen, und ihnen zu erklären, warum Ihr Thema für deren Leser-/Hörerschaft von Interesse ist.

Pressekonferenzen

Um eine *Pressekonferenz* abzuhalten, laden Sie Print- und Rundfunkjournalisten verschiedener Medien an einen zentralen Ort ein, um eine wichtige Mitteilung bekannt zu geben. Die Mitteilung sollte wichtig sein; Reporter wollen nicht für irgendeine triviale Mitteilung von ihrem Schreibtisch weggerissen werden.

Redaktionsbesuche

Bei *Redaktionsbesuchen* suchen Sie (oder Ihr Experte oder Pressesprecher) einzelne Journalisten für ein persönliches Gespräch oder Interview in deren Büro auf. Statt dass der Journalist eine Pressekonferenz besucht, kommt die Pressekonferenz sozusagen zu ihm. Und Sie führen ein Einzelgespräch, statt einer Präsentation vor einer ganzen Journalistengruppe.

Journalisten suchen täglich nach Kommentaren von Experten für alle möglichen Themen, viele davon technischer Art. Wie oft lesen Sie Artikel zu Themen, die Ihr Produkt oder Ihren Service direkt oder am Rande betreffen? Jede einzelne dieser Publikationen stellt eine Möglichkeit dar, dass ein Sprecher Ihres Unternehmens die Stellungnahme eines Experten dazu abgibt, die sich dann positiv auf das gesamte Unternehmen widerspiegelt.

In Kapitel 10 habe ich Strategien besprochen, wie Sie erreichen, dass die Presse Sie als Experten anruft, statt Ihre Konkurrenz. Das Ziel ist es, dass Sie die Person werden, die die Presse für Interviews anruft, die Ihr spezielles Thema betreffen. Ein gut geschriebener Themenvorschlag (siehe Kapitel 9) kann Ihnen dabei helfen, dass die Presse Sie nach Ihrer Meinung fragt.

Mit Printjournalisten können Sie einfacher sprechen, denn ein Interview kann oftmals über das Telefon stattfinden. Radiojournalisten möchten vielleicht, dass Sie in deren Sendung zu Gast sind, was Sie oftmals auch aus Ihrem Büro heraus über das Telefon erledigen können. (Es passiert relativ selten, dass eine Radiosendung einen Studiobesuch Ihrerseits erfordert.) Für ein Fernseh-Interview müssen Sie natürlich im Studio erscheinen, Näheres dazu weiter unten in diesem Kapitel. Kapitel 13 erklärt die Ge- und Verbote für Radio-Interviews.

Wie Sie Presse-Interviews professionell gestalten

Ich habe in den letzten beiden Jahrzehnten einen guten Teil meiner Zeit damit verbracht, Geschäftsleute darin zu trainieren, wie sie mit der Presse sprechen. Im Folgenden einige schriftliche Regeln, die den Inhalt dieser Trainingskurse zusammenfassen:

✔ **Beginnen Sie mit einem Ziel.** Wenn Sie ein Interview geben, sollten Sie einen Plan und die Kernbotschaften im Hinterkopf klar strukturiert haben. Vorausplanen und vorbereitet sein sind der Schlüssel zu erfolgreichen Interviews. Wenn Sie sich vorbereiten, sollten Sie zunächst Kommunikationsziele und Kernaussagen festlegen, die Sie übermitteln möchten. Legen Sie für sich ein oder zwei Kernaussagen fest, die Sie während des Interviews kommunizieren möchten. Ein Maßstab dafür, wie effektiv Ihre PR-Kampagne ist, ist das Zählen, wie viele Ihrer Kernaussagen tatsächlich in einem Artikel gedruckt oder in einer Sendung enthalten sind.

✔ **Kontrollieren Sie das Interview.** *Kontrolle* ist ein zentraler Punkt für den Erfolg eines Interviews. Lehnen Sie sich nicht zurück in der Hoffnung, dass der Interviewer schon die richtigen Fragen stellen wird – übernehmen Sie die Kontrolle. Bauen Sie Ihre Kernaussagen frühzeitig in Ihre Antworten ein. Beantworten Sie Fragen, aber steuern Sie das Gespräch immer wieder zu den für Sie wichtigen Kernbotschaften zurück. Warten Sie nicht – das Interview könnte vorbei sein, bevor Sie es bemerkt haben, und Sie ärgern sich schwarz, dass Sie nicht das sagen konnten, was Ihnen am wichtigsten war.

✔ **Kennen Sie das Medium.** Informieren Sie sich vorab über das Medium, das das Interview führen wird. Bei *gedruckten Medien* sollten Sie die Publikation lesen, um ein Gefühl für die Art der Themenaufbereitung und die Leserschaft zu bekommen. Für *Rundfunk-Interviews* sollten Sie sich die Sendung vorher ansehen oder -hören und mit dem Produzenten oder Moderator ein kurzes Vorabgespräch führen. Wird das Interview aufgezeichnet oder live gesendet? Wie lange wird das Interview dauern?

 Seien Sie vorsichtig damit, Presseleuten Fragen zu stellen. Einige werden zwar bereitwillig antworten, andere mögen jedoch etwas dagegen haben, wenn Sie den Spieß umdrehen und interviewen statt interviewt zu werden. Wenn Sie Widerstand oder Verärgerung spüren, sollten Sie aufhören, Fragen zu stellen.

✔ **Versuchen Sie, mögliche Fragen vorherzusehen, und legen Sie sich Antworten zurecht.** Der nächste Schritt bei der Vorbereitung für ein Interview ist, dass Sie versuchen, die Fragen des Interviewers vorherzusehen und zu planen, wie Sie diese beantworten. Machen Sie eine Liste mit Fragen, die während des Interviews wahrscheinlich angesprochen werden, und bereiten Sie Antworten vor.

 Ich empfehle eine Liste mit relevanten Fragen, die Sie gerne ansprechen möchten, dem Produzenten der Radio- oder Fernsehsendung vorab zukommen zu lassen. Moderatoren haben meist nicht die Zeit, Ihre Pressemappe zu lesen oder sich lange vorzubereiten, eine solche Liste spart ihnen Mühe und wird meist dankbar angenommen. Ihr Nutzen daran ist, dass Sie so sicherstellen, dass die Fragen kommen, die Sie beantworten möchten.

Vor dem Interview sollten Sie den Reporter fragen, welche Themen angesprochen werden. Finden Sie heraus, welche weiteren Quellen der Journalist kontaktiert hat und eventuell, was diese preisgegeben haben.

✔ **Seien Sie glaubhaft.** Bleiben Sie stets bei Ihren Leisten – Ihrem Bereich, auf dem Sie Experte sind. Reden Sie von Dingen, die Sie selbst aus erster Hand erlebt haben, von Dingen, an die Sie glauben. Unterlegen Sie Ihre Aussagen mit Daten und Fakten. Es ist wichtig, eine Aussage zu belegen, insbesondere eine umstrittene. Vor dem Interview sollten Sie alle relevanten Fakten sammeln, so dass Sie sie im Falle des Falles griffbereit haben. Aber Sie sollten Ihre Zuhörer nicht mit Informationen überwältigen. Seien Sie klar und präzise. Vermeiden Sie Sturmfluten von Statistiken, Daten oder Zahlen, die das Publikum verwirren könnten. Fassen Sie Ihre Beweise in ein oder zwei prägnanten Aussagen zusammen.

Wie Sie mit den Fragen umgehen, die Sie nicht verstehen oder die Sie aufgrund unzureichender Informationen nicht beantworten können, beeinflusst ebenfalls Ihre Glaubwürdigkeit. Wenn Sie eine Frage nicht verstehen, sollten Sie vor Ihrer Antwort nach Verdeutlichung fragen. Wenn Sie eine Antwort nicht wissen, bieten Sie an, sie herauszufinden. Dies sollten Sie dann auch umgehend tun und dem Interviewer die fehlenden Informationen nachreichen. Zuzugeben, dass Sie eine Antwort nicht kennen, ist kein Fehler, aber die Information nicht einzuholen und nachzureichen ist einer.

✔ **Prägen Sie sich den Namen des Reporters ein.** Den Namen des Interviewers zu benutzen, positioniert Sie als warmes, fürsorgliches und höfliches Individuum. Ein freundlicher, nicht zu steifer und formeller Ton hilft dabei, zwischen dem Publikum und Ihnen eine Verbindung aufzubauen.

✔ **Seien Sie gesprächig.** Seien Sie gesprächig und benutzen Sie einen informellen Tonfall, insbesondere während eines Radio-/Fernseh-Interviews. Benutzen Sie kurze Wörter und einfache Sätze, um eine informelle Atmosphäre zu erzeugen. Vermeiden Sie Fachsprache. Bemühen Sie sich, dass das Interview eher wie ein Gespräch mit dem Reporter wirkt als wie ein inszenierter Auftritt. Dadurch erhöhen Sie Ihre Glaubwürdigkeit und hinterlassen beim Publikum einen positiveren Eindruck.

Verwirren Sie den Journalisten nicht!

Nicht alle Journalisten sind Experten auf den Gebieten, über die sie berichten. Einige Fachpublikationen stellen Techniker ein und schulen sie im Journalismus, andere bevorzugen es, professionelle Journalisten einzustellen und diese in der jeweiligen Branche anzulernen. Letztere kennen oftmals die jeweilige Fachsprache nicht so gut wie die eigentlichen Fachkräfte, also sollten Sie klares Deutsch sprechen. Wenn Sie gegenüber Reportern Fachbegriffe benutzen, hat die Hälfte keinen Schimmer, wovon Sie reden, und es mag ihnen zu peinlich sein, zu fragen. Stattdessen lassen sie die technischen Aspekte weg und Ihre Kernaussage dringt vielleicht nicht zum Leser/Zuschauer durch.

Wurden Sie eingerahmt?

Nein, ich spreche hier nicht von einem Bilderrahmen, sondern von der Rahmen-Methode, die dafür sorgt, dass die Information auf eine Art und Weise präsentiert wird, die dem Zuhörer hilft, eine Beziehung zu dem Thema aufzubauen.

Eine effektive Technik für die Kommunikation mit irgendeinem Publikum ist es, Ihr Thema in den Erfahrungshorizont der Zuhörer einzurahmen. Ein solcher Rahmen hilft Ihnen dabei, Ihre Gedanken zu strukturieren und klar vorzutragen, und er hilft dem Publikum, Ihre Kernaussagen schnell und leicht zu verstehen. Rahmen helfen Reportern und Redakteuren, den Bericht zu strukturieren und das, ohne die gelieferte Information analysieren oder interpretieren zu müssen.

Je nach Publikum und Botschaft können Sie die Rahmen-Methode unterschiedlich einsetzen. Der *Definitionsrahmen* beispielsweise hilft Ihnen dabei, ein neues Produkt, einen neuen Service oder ein neues Konzept einzuführen, indem Sie vier zentrale Fragen beantworten:

✔ Was ist es?

✔ Wie funktioniert es?

✔ Wer hat was davon?

✔ Warum interessiert das irgendjemanden?

Indem Sie diese vier Fragen beantworten, geben Sie dem Reporter und dem Publikum eine präzise, gut strukturierte Präsentation. Sie stellen außerdem sicher, dass Ihr Vortrag die Schlüsselpunkte abdeckt, die Sie mitteilen wollten.

Ein weiterer nützlicher Rahmen ist der der *Perspektive*. Die Antworten zu folgenden Fragen kommunizieren denen, die Sie nicht kennen, schnell die Aufgaben und Ziele Ihrer Organisation.

✔ Wo waren wir?

✔ Wo sind wir?

✔ Wo gehen wir hin?

✔ Warum gehen wir dorthin?

Der *Rahmen des betroffenen Bereichs* bietet sich an, wenn Ihr Produkt, Service oder Ihre Organisation sich mit einer guten Sache, einer Krankheit, einem Zustand oder einer Notlage beschäftigt, ob Schutz der Umwelt oder Verbesserung der Sicherheit der Arbeiter. Die Presse ist wahrscheinlich mit dem Problem einigermaßen vertraut, aber nicht mit dessen Umfang. In Ihrer Pressekonferenz sollten Sie folgende Fragen beantworten, ob sie tatsächlich gestellt werden oder nicht:

✔ Was ist das Problem?

✔ Wie schlimm ist es?

✔ Wen betrifft es?

✔ Welche Maßnahmen werden dagegen ergriffen?

Den *Klärungsrahmen* benutzen Sie, um falsche Annahmen zu korrigieren. Stellen Sie den Irrtum fest, identifizieren Sie ihn als solchen und korrigieren Sie die Annahme wie folgt:

(Mythos): Es wurde angedeutet, dass XYZ passiert ist.

(Fakten): Was tatsächlich passiert ist, ist ABC.

Schlechte Presse in eine positive Berichterstattung umdrehen: Die 15-10-15-Formel

Was, wenn Sie negative Publicity bekommen und vermuten, dass noch mehr davon kommen könnte? Sie müssen selbst etwas planen, um Möglichkeiten zu ergreifen, die die Botschaft überbringen, die Sie verbreiten wollen (zum Beispiel, dass Ihr Unternehmen umweltfreundlich ist oder Ihr Brot ohne chemische Zusätze hergestellt wird). Mit Vorausplanung können Sie negative Fragen als Brücken zu Ihren Kommunikationszielen benutzen. Sie vollziehen diesen Übergang von negativ zu positiv, indem Sie zunächst die Frage des Interviewers direkt beantworten und dann mit Ihrer Antwort fortfahren, indem Sie daraus das positive Statement entwickeln, dass Sie am meisten betonen möchten.

Bei der Planung solcher Antworten ist die 15-10-15-Formel hilfreich, um präzise Antworten sicherzustellen. Setzen Sie für die direkte Beantwortung der Frage etwa 15 Sekunden an, dann etwa 5 bis 10 Sekunden für die Überleitung und dann zum Abschluss das positive Statement mit etwa 15 Sekunden. Auf diese Weise wird die Antwort die 40- bis 45-Sekunden-Marke nicht überschreiten, die in einem Nachrichten-Interview meist am effektivsten ist.

Einfache Überleitungen sind beispielsweise:

✔ Sie sollten außerdem wissen ...

✔ In diesem Zusammenhang sollten wir außerdem darüber sprechen ...

✔ Bevor ich es vergesse, ich möchte Ihren Zuschauern sagen ...

✔ Was man aber außerdem nicht vergessen sollte ...

✔ Worüber ich mit Ihnen wirklich sprechen möchte, ist ...

✔ Und nicht zu vergessen ...

✔ Lassen Sie mich hinzufügen ...

Wenn die Fragen- und Antwortenliste so vollständig ist wie möglich, sollten Sie die Antworten so lange laut proben, bis Sie sich damit wohl fühlen.

Keine »inoffiziellen« Aussagen!

Sagen Sie *niemals* etwas gegenüber einem Reporter, was Sie nicht gerne gedruckt sehen oder im Radio oder Fernsehen hören möchten. Reporter halten sich nicht immer an die Vereinbarung des »Inoffiziellen«. Wenn Sie es sagen – selbst wenn Sie sagen, es sei »inoffiziell« – dann ist es offiziell. Der Job der Medien ist es, zu berichten und Neuigkeiten zu sammeln, nicht für Ihr Produkt oder Ihr Unternehmen zu werben. Wenn Sie ihnen etwas Pikantes geben, werden sie es auskosten, ob Ihnen das gefällt oder nicht.

Wie Sie mit feindlichen Interviewern umgehen

Einige Interviewer erhöhen gerne den Unterhaltungswert ihrer Sendung oder ihrer Interviews, indem Sie Ihre Gäste ködern oder versuchen, sie emotional einzuwickeln. Die Arten von Interview, die in diesem Abschnitt beschrieben werden, sind die Ausnahme, nicht die Regel. Normalerweise sind Interviewer sehr entgegenkommend und an dem interessiert, was Ihre Gäste zu sagen haben. Jedoch ist es wichtig, auf alle Typen von Interviewern vorbereitet zu sein.

✔ **Der Unterbrecher:** Der Unterbrecher unterbricht ständig Ihre Gedankengänge mit kontrollierten Fragen oder Kommentaren, die Sie von Ihrer Kernaussage ablenken. Wenn Sie es mit einem derartigen Interviewer zu tun haben, können Sie eins von zwei Dingen tun:

- Pausieren, die Frage anhören, anmerken, dass Sie gleich auf dieses Thema zu sprechen kommen werden, und dann mit Ihrem Gedankengang fortfahren, »Wie ich gerade sagte, ...«

- Die Unterbrechung ignorieren, Ihren Gedankengang zu Ende bringen, und dann den Interviewer ansprechen. »Nun, Frau Müller, Sie fragten mich noch etwas anderes. Was war es doch gleich?«

✔ **Das Maschinengewehr:** Der Interviewer feuert mehrere Fragen in rapidem Tempo gegen Sie ab. Merken Sie an, dass der Interviewer verschiedene Fragen gestellt hat und fragen Sie ihn: »Mit welcher Frage wollen wir anfangen?«

✔ **Der Umschreiber:** Der Umschreiber ist ein feindseliger Interviewer, der alles, was Sie sagen, inkorrekt (und unfair) wiederholt und umformuliert. Reagieren Sie darauf, indem Sie Ihre Position nochmals wiederholen:»Ich habe mich wahrscheinlich nicht klar genug ausgedrückt. Was ich sagte, ist ...«.

✔ **Der Privatisierer:** Der Privatisierer versucht, private Ansichten von beruflichen zu trennen, um eine kontroversere Antwort zu erschleichen. Laufen Sie nicht in die Falle, sich selbst zu widersprechen oder unstimmige Ideen von sich zu geben.

✔ **Der Bogenschütze:** Dies ist wahrscheinlich die gefährlichste Sorte der feindlich gesinnten Interviewer. Der Bogenschütze versucht, Sie, Ihr Unternehmen oder Ihre Branche durch Anspielungen zu verurteilen. Beantworten Sie niemals die Frage eines Bogenschützen, bevor Sie nicht zuerst auf die Anspielung eingegangen sind. Wenn Sie nicht widersprechen, haben Sie die Wahrheit durch Ihr Stillschweigen indirekt bestätigt.

✔ **Der Wiederholer:** Die Technik des Wiederholers ist es, dieselbe Frage immer und immer wieder zu stellen mit jeweils ganz leichten Änderungen. Konzentrieren Sie sich darauf, was gefragt wird. Wenn dieselbe Frage in einer anderen Form wieder auftaucht, weisen Sie den Reporter darauf hin, dass Sie diese Frage gerade beantwortet haben.

✔ **Der Nachrichtenerzähler:** Das Markenzeichen dieses Interviewers ist es, dass er die Schlagzeilen des Tages durchsucht und Meldungen herausgreift, die die Interessen Ihres Unternehmens berühren könnten. Diese bilden dann die Basis für das Interview des Nachrichtenerzählers. Das kann frustrierend sein, wenn er dem Thema nachgehen möchte und Sie nicht den geringsten Zusammenhang zu dem spüren, was Sie tatsächlich tun.

✔ **Der Hypothetiker:** Dieser Interviewer liebt es, Fragen zu stellen, die mit »Stellen Sie sich vor ...« beginnen (zum Beispiel: »Stellen Sie sich vor, Sie würden einen Mitarbeiter entlarven, der eine Kundin belästigt hat, als er sie nach Hause bringen sollte.«) Vermeiden Sie es, hypothetische Fragen zu beantworten, es sei denn, Sie haben das erfundene Szenarium vorhergeahnt und fühlen sich wohl bei der Beantwortung.

✔ **Der Pausierer:** Die Interviews des Pausierers sind mit Schweigesekunden gefüllt, insbesondere dann, wenn Sie einen Gedankengang zu Ende gebracht haben. Diese Taktik soll Sie verunsichern. Stattdessen sollten Sie jedoch den Moment der Stille als Chance nutzen, um Ihre wichtigsten Aussagen zu tätigen. Wenn Sie den ersten Gedankengang beendet haben und auf den leeren Blick des Pausierers treffen, gehen Sie einfach direkt zu Ihrer nächsten Aussage über.

✔ **Der Gerüchtekoch:** Der Gerüchtekoch wiederholt Gerüchte über andere Firmen und fragt Sie nach Ihrem Kommentar. Widerstehen Sie der Versuchung, darauf einzugehen. Kommentieren Sie nicht, was andere tun oder sagen, es sei denn, Sie werden interviewt, um zu einem bestimmten Vorkommnis eine Expertenmeinung zu geben.

✔ **Der Eingrenzer:** Der Eingrenzer schleudert Ihnen negative Fragen zu einem bestimmten Thema entgegen und versucht, Sie davon abzuhalten, von dort zu einem positiven Statement überzuleiten – selbst nachdem Sie direkt auf die Frage geantwortet haben. Wenn Sie von einem Eingrenzer interviewt werden, sollten Sie darauf bestehen, in positivere Gewässer zu schiffen. Steuern Sie die Diskussion zu dem, was Sie getan haben, um das Problem zu lösen, und was Sie tun, um zu verhindern, dass es wieder geschehen kann.

✔ **Der vermeintlich Negative:** Die Presse ist unverbesserlich skeptisch und schlüpft oftmals in eine vermeintlich negative Position, wenn sie Vertreter von Institutionen befragt. Antworten Sie, indem Sie die Form der Fragestellung anzweifeln, und gehen Sie dann zu einem positiven Statement über.

In jedem Presse-Interview ist totale und vollständige Konzentration notwendig; Sie benötigen eine feine Antenne. Völlige Konzentration wird insbesondere dann unabdingbar, wenn Sie es mit einem feindlich gesinnten Interviewer zu tun haben. Behalten Sie also eine freundliche, distanzierte und gemäßigte Haltung.

Geben Sie nicht die Meinung Ihrer Kritiker wieder

Wenn Sie an einer Fernseh-Talk-Show teilnehmen, bei der ein anderer Gast eine gegenteilige Meinung hat, dann könnte Ihr Kritiker Sie mit einer überreizten, emotionsgeladenen Anklage gegen Ihre Firma oder Ihr Produkt angreifen. Wenn das passiert, machen Sie eine Pause und antworten in einer ruhigen, gefassten und konstruktiven Art und Weise. Der Kontrast sollte für alle sichtbar sein.

Verlieren Sie keine Zeit damit, die Ansichten Ihres Kritikers zu wiederholen. Nutzen Sie stattdessen die Zeit, Ihren Fall darzulegen: »Ich lasse unsere Kritiker für sich selbst sprechen. Ich kann Ihnen nur darüber berichten, wie unser Unternehmen darüber denkt.«

Auf Sendung: Tipps für Fernseh-Interviews

Menschen, die in fast jeder Situation cool und entspannt wirken, mögen bei der Aussicht auf ein Fernseh-Interview ängstlich werden. Aber wenn Sie die grundlegenden Regeln verfolgen, können Sie die Schmetterlinge in Ihrem Bauch beruhigen und gegenüber Ihren Zuschauern einen glaubhaften Auftritt hinlegen, mit dem Sie die Leute für sich gewinnen.

Es ist wichtig, wie Sie sitzen. Hier einige Tipps für eine perfekte Fernseh-Interview-Position:

✔ Legen Sie Ihre Hände eine über die andere gefaltet in Ihren Schoß.

✔ Lehnen Sie sich in Ihrem Stuhl leicht nach vorne. Diese »Angriffsposition« hilft Ihnen, wachsam und konzentriert zu bleiben.

Was Sie anziehen, ist ebenfalls wichtig; Ihre Garderobe kann Bände sprechen über Sie. Und wenn Sie nicht passend gekleidet sind, wird sich das Publikum auf Ihre Kleidung konzentrieren, statt auf das, was Sie sagen.

Männer sollten folgende Kleiderregeln beachten:

✔ Wählen Sie einen dunklen Anzug mit einer satten Farbe; vermeiden Sie Muster oder Streifen, die auf dem Bildschirm zu unruhig wirken.

✔ Krawatten sollten gedämpfte Farben haben.

✔ Weiße Hemden sind okay, aber ein helles Blau ist die bessere Wahl.

Frauen können sich für Auftritte vor der Kamera folgende Kleiderregeln merken:

✔ Pastellfarben kommen auf dem Bildschirm wunderbar rüber.

✔ Vermeiden Sie es, sehr hellen oder glänzenden Schmuck zu tragen – er ist nicht sehr telegen.

✔ Tragen Sie keine großen oder baumelnden Ohrringe.

Egal ob Sie ein Mann oder eine Frau sind, wählen Sie bequeme, ungezwungene Kleidung, so dass Sie sich vollkommen auf Ihre Aussagen konzentrieren können, ohne sich über Ihre Garderobe Gedanken machen zu müssen.

Vor dem Interview

✔ Kommen Sie frühzeitig, um sich mit dem Studio vertraut machen können – mindestens eine halbe Stunde vor Ihrem Auftritt. Wenn das Interview beginnt, wollen Sie nicht durch eine unbekannte Umgebung und Geräusche abgelenkt oder eingeschüchtert werden.

✔ Schauen Sie sich die Sendung an, um das Format kennen zu lernen sowie die Persönlichkeit des Interviewers, seinen Umgang mit dem Publikum und die Länge der Interviews.

✔ Lesen Sie Zeitung und schauen Sie Nachrichten, um über die neuesten Meldungen informiert zu sein.

✔ Bereiten Sie sich vor. Proben Sie Ihre Kernaussagen und wenig bekannte Fakten zu Ihrem Thema, die Sie anbringen können, um Ihre Aussage zu stützen.

Im Studio

✔ Gewinnen Sie Freunde. Das ist das Wichtigste. Sie wollen, dass die Presse Ihnen glaubt und positiv über Ihre Firma berichtet.

✔ Stellen Sie sich dem Produzenten vor, dem Moderator oder anderen Kontaktpersonen. Gehen Sie das vereinbarte Format und Themen des Interviews noch einmal durch.

✔ Lassen Sie sich das Studio zeigen, damit Sie den Bühnenaufbau kennen lernen. Setzen Sie sich in den vorgesehenen Stuhl, um Bequemlichkeit und Beleuchtung zu testen. Fragen Sie gegebenenfalls nach Änderungen.

✔ Bereiten Sie Ihre Requisiten vor.

✔ Erlauben Sie dem Studiopersonal, Sie zu schminken. Damit sehen Sie auf dem Bildschirm besser aus.

✔ Trinken Sie Wasser oder warmen Tee mit Zitrone, um Ihre Kehle zu lockern. Vermeiden Sie Milchprodukte und mit Puderzucker bestreutes Gebäck.

✔ Nehmen Sie sich einige Minuten Zeit, um sich zu erfrischen und zu entspannen.

✔ Sagen Sie sich die zwei bis drei wichtigsten Aussagen noch einmal vor.

✔ Denken Sie an Ihre Haltung, Augenkontakt und Gestenregeln.

✔ Machen Sie eine Mikrofonprobe.

✔ Seien Sie »der Gute«. Bleiben Sie positiv. Denken Sie daran, dass Sie das Publikum erreichen wollen, nicht den Interviewer.

Während des Interviews

✔ Bleiben Sie konzentriert und reden Sie. Blicken Sie dem Interviewer in die Augen, auch wenn er das nicht tun sollte. Falls Sie nicht anders angewiesen werden, sollten Sie sich auf die Person konzentrieren, mit der Sie sprechen. Wenn Sie Ihre beste Seite zeigen und eine aufmerksame und ansprechende Haltung wahren, werden Sie als eine Person rüberkommen, die sich um sich, die Firma und das Publikum kümmert.

✔ Blicken Sie in die Kameralinse, als ob Sie direkt die Person anblicken, die die Fragen stellt, und sprechen Sie direkt hinein.

✔ Öffnen Sie die Lippen ganz leicht, wenn Sie zuhören; Ihre Gesichtszüge wirken dadurch weniger streng.

✔ Sitzen Sie aufrecht.

✔ Zeigen Sie Ihren Humor, wenn es um ein leichtes Thema geht. Lassen Sie Ihre Gefühle im Gesicht widerspiegeln, wenn das Thema ernst ist. Zorn ist schwieriger; generell ist es besser, Würde und Ruhe auszustrahlen, als diese Gefühle vollständig rauszulassen.

✔ Selbst wenn Sie denken, dass Sie etwas Falsches gesagt haben, sollten Sie weitersprechen und sich vielleicht in den nächsten Sätzen korrigieren. Aber halten Sie nicht an und sagen: »Können wir das noch mal machen?«, es sei denn, Sie haben vorher abgeklärt, dass dies möglich ist.

✔ Haben Sie Spaß daran! Das Interview wird am besten klappen, wenn Sie sich entspannen und es genießen. Wenn Sie enthusiastisch über das Thema erzählen, wird das Interview sowohl Ihnen als auch dem Moderator und dem Publikum Spaß machen.

 Sie sind der Experte! Sie wissen mehr über Ihr Unternehmen – seine Entstehung, seine Philosophie, seine Menschen, seine Produkte und die Probleme, die es hat – als der Reporter, der Sie interviewt, oder das Publikum. Sie werden interviewt, weil Sie der Fachmann sind! Ihr Wissen ist Ihre Stärke. Sprechen Sie aus dieser Position der Stärke heraus, dann werden Sie als effektiver Sprecher Ihrer Firma erfolgreich sein.

Etwas nervös zu sein ist normal und gut. Diese Nervosität erzeugt erhöhte Aufmerksamkeit – sie schärft Ihre Sinne. Also, seien Sie ruhig ein wenig nervös – lassen Sie sich von der Nervosität nicht überwältigen, nur sensibilisieren.

Wenn Sie Ihre Hausaufgaben gemacht haben und mit ein oder zwei geplanten Kommunikationszielen gekommen sind, Sie die Antwort auf mögliche Fragen geübt haben und wie Sie dabei auf Ihre geplanten Kommunikationsziele eingehen können, dann können Sie sicher sein, dass Sie in einer Interviewsituation hervorragende Arbeit leisten werden.

Profilierung durch öffentliche Auftritte

Als Sprecher Ihrer Organisation werden Sie wahrscheinlich neben der Presse auch zu anderen Menschen sprechen. Die öffentliche Rede – Vorträge, Gesprächsrunden, Präsentationen auf öffentlichen Veranstaltungen, Gesprächsrunden, Meetings, Tagungen und Konferenzen – ist eine PR-Technik, die Unternehmen häufig benutzen, um ihre Produkte oder Dienstleistungen bekannt zu machen.

Warum ist die öffentliche Rede ein so effektives Werbemittel? Wenn Sie sprechen, werden Sie als Experte wahrgenommen. Wenn Ihre Rede gut ist, verschaffen Sie sich unmittelbar Glaubwürdigkeit beim Publikum, so dass dieses mit Ihnen und Ihrer Firma arbeiten und seine Probleme lösen möchte.

Im Unterschied zu einem Zeitungsartikel, der etwas unpersönlich ist, stellt eine Rede oder Gesprächsrunde Sie unmittelbar dem Publikum gegenüber. Und weil in der heutigen, schnelllebigen Welt mehr und mehr Aktivitäten via Fax, Internet oder Videokonferenz stattfinden, prägt sich ein reales Aufeinandertreffen tief in das Gedächtnis ein. Wenn dieses Treffen in einer Umgebung stattfindet, in der Sie sich als Experte hervortun, wie das im Fall eines öffentlichen Vortrags von Ihnen geschieht, so ist der Eindruck, den Sie hinterlassen, umso stärker.

Öffentliche Rede ist nicht das ideale Instrument für jedes Produkt und jede Marketingsituation. Wenn Sie versuchen, ein neues Limonadegetränk bundesweit in großen Mengen auf den Markt zu bringen, sind Fernsehen und gedruckte Medien ein wesentlich effektiveres Medium als öffentliche Reden, die die Anzahl der Menschen, die Sie pro Auftritt erreichen, stark einschränken. Auf der anderen Seite wird ein Hochzeitsausstatter, dessen Markt München ist, immens davon profitieren, wenn er auf lokaler Ebene vor verlobten Paaren eine Rede über Hochzeitsvorbereitungen hält.

Öffentliche Rede ist dann ein effektives PR-Instrument, wenn:

✔ Vertrauliche Informationen angesprochen werden müssen

✔ Wärme und persönliche Eigenschaften gefragt sind

✔ Eine offene Atmosphäre gewünscht ist

✔ Gefühle, Einstellungen und Haltungen verstärkt werden sollen

✔ Genauigkeit und Präzision *nicht* nötig sind

✔ Entscheidungen schnell kommuniziert oder wichtige Fristen umgehend erfüllt werden müssen

✔ Wichtige Situationen ein Maximum an Verständigung verlangen

✔ Ein stärkerer Eindruck nötig ist, um die Aufmerksamkeit des Publikums auf sich zu ziehen und das Interesse an einem Thema zu wecken

✔ Die Authentizität einer Behauptung oder eines Konzeptes durch einen persönlichen Auftritt belegt werden muss

Öffentliche Rede ist auch dann das Werbemittel Ihrer Wahl, wenn Sie mit Ihren PR-Bemühungen einen begrenzten vertikalen Markt ansprechen möchten und die Mehrzahl davon in größeren Vereinigungen innerhalb dieses Marktes organisiert ist. Wenn Sie beispielsweise Haushaltsgeräte vermarkten, sollten Sie vielleicht Ihr Produkt auf der Domotechnika in Köln präsentieren.

Redemöglichkeiten finden

Wenn Sie nicht Ihr eigenes Seminar oder Event sponsern, müssen Sie geeignete Plattformen finden, bei denen Mitglieder Ihres Unternehmens auf die Rednerliste passen. Wie finden Sie diese?

Als Erstes suchen Sie in Ihrer Post und den entsprechenden Fachpublikationen nach Ankündigungen für Branchenmessen und Tagungen. Wenn Sie beispielsweise Tachometer für Autohersteller verkaufen und ein neues Geschwindigkeitsmessverfahren präsentieren möchten, könnten Sie auf der jährlichen IAA in Frankfurt einen Vortrag halten.

Fachmagazine veröffentlichen meist Vorbesprechungen und Ankündigungen für wichtige Messen, Ausstellungen und Konferenzen, Monate bevor diese stattfinden. Viele Fachpublikationen haben auch spezielle Kolumnen, in denen derartige Veranstaltungen auf bundesweiter und lokaler Ebene angekündigt werden. Denken Sie daran, die für Ihre Branche und Zielgruppe wichtigen Medien regelmäßig daraufhin durchzusehen.

Sie sollten außerdem Ankündigungen zu diesen Veranstaltungen per Post erhalten. Wenn Sie der Marketingmanager oder Inhaber eines kleinen Unternehmens sind, dann schicken Berufsverbände und Branchenvereinigungen Ihnen direkt per Post entsprechende Einladungen, sich mit Ihrem Unternehmen auf ihren Messen zu präsentieren. Das ist in Ordnung, aber Sie haben ein anderes Ziel: herauszufinden, ob auf dieser Messe Vorträge, Diskussionsrunden oder Seminare stattfinden, und, wenn dies der Fall ist, wie Repräsentanten Ihres Unternehmens als Redner dazu eingeladen werden. Falls dies aus den Unterlagen nicht ersichtlich ist, sollten Sie die Organisatoren anrufen und danach fragen.

Schlagen Sie einige Themen mit Repräsentanten Ihres Unternehmens als Redner vor. Die meisten Organisatoren werden derartige Vorschläge begrüßen, denn sie benötigen Redner. Der verantwortliche Koordinator für derartige Programmpunkte wird von Ihnen eine kurze Zusammenfassung (100 bis 200 Wörter) Ihrer Rede verlangen. Falls Kollegen oder Mitarbeiter die Präsentation machen sollen, arbeiten Sie mit ihnen zusammen, um eine Zusammenfassung zu schreiben, die größtmögliches Interesse an dem Thema erzielt, aber auch den Inhalt der Rede möglichst exakt wiedergibt.

Weil viele Firmen mit ähnlichen Vorschlägen für Redner und Präsentationen an den verantwortlichen Konferenzmanager herantreten werden, sollten Sie dies Ihrerseits so frühzeitig wie möglich tun. Im Allgemeinen beginnen jährliche Messen und Konferenzen acht bis zwölf Monate im Voraus mit der Planung; regionale oder lokale Abteilungen nationaler Organisationen buchen Sprecher etwa drei bis vier Monate im Voraus. Je früher Sie sich an sie wenden, desto empfänglicher wird man auf Ihre Vorschläge reagieren.

Sie können Ihre Reden wiederverwerten und sie vor verschiedenen Gruppen zu verschiedenen Zeitpunkten halten, wobei Sie den Inhalt je nach jeweiligen Marktgegebenheiten, dem Thema der Konferenz oder den speziellen Interessen des jeweiligen Publikums leicht abändern. Wenn Sie eine Beschreibung oder Zusammenfassung für einen Vortrag erarbeiten, speichern Sie diese auf Ihrem Computer.

Wenn sich dann andere Gelegenheiten für eine derartige Präsentation ergeben, können Sie die Datei schnell an die jeweilige Situation anpassen und an die verantwortlichen Event-Organisatoren mailen. Ich habe eine Grundsatzrede über PR, die ich bereits ein Dutzend Mal auf Verbandskonferenzen gehalten habe, von der Konferenz der Tierfuttermittelhersteller bis zum Hotel- und Gaststättenverband. Ich gewinne jedes Mal, wenn ich eine derartige Präsentation halte, mindestens einen neuen Kunden.

Weil Ihr Ziel es ist, ein Produkt oder eine Dienstleistung zu verkaufen und nicht das Publikum zu bilden oder ein professioneller Redner zu werden, sollten Sie sich ein Thema aussuchen, dass sich auf Ihre Branche bezieht, Werbung für Sie macht und für das jeweilige Publikum von großem Interesse ist. Die Rede ist keine direkte Verkaufspräsentation, sondern verkauft indirekt, indem Sie sich und Ihr Unternehmen als Experte für ein Problem, Produkt oder eine Dienstleistung positionieren. Dazu müssen Sie objektiv bleiben und nützliche Informationen und Ratschläge präsentieren; die Rede darf nicht zu einer Verkaufs- oder Produktpräsentation werden.

Wenn Sie beispielsweise computerisierte Telemarketing-Systeme verkaufen, dann kann Ihre Rede keine Verkaufspräsentation für Ihr System sein. Stattdessen könnte Ihr Thema lauten: »Die Wahl der passenden computerisierten Telemarketing-Software« oder »Computerisierte versus traditioneller Telemarketing-Systeme: Welches System ist das richtige für Ihre Firma?« Natürlich möchten Sie, dass die Leute Ihr System kaufen, aber Ihr Vortrag sollte (weit gehend) objektiv bleiben und Ihr Produkt nicht zu offensichtlich bevorzugen, ansonsten werden Sie Ihr Publikum vor den Kopf stoßen und verlieren.

Ich sprach einmal auf einer Marketingkonferenz, auf der einer der anderen Präsentatoren, ein Fabrikant solch computerisierter Telemarketing-Systeme, eine Rede hielt. Obwohl er darüber reden sollte, wie Telemarketing durch computerisierte Systeme verbessert werden kann, hub er an, sein System hereinzubringen und eine Verkaufspräsentation abzuhalten. Die Kommentare der Anwesenden waren offen feindselig und negativ. Ich bin sicher, er hat dadurch kein Geschäft abgeschlossen, und seinen Ruf hat es auch nicht gerade verbessert.

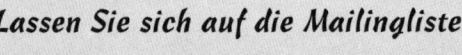

Lassen Sie sich auf die Mailingliste setzen

Sollten Sie von den Verbänden Ihrer Branche keine Vorankündigungen über Tagungen und Konferenzen erhalten, sollten Sie diesen schreiben, damit Sie auf deren Mailingliste aufgenommen werden.

Das *Taschenbuch des öffentlichen Lebens*, Bonn: Festland Verlag, listet alle wichtigen Verbände auf und steht in jeder öffentlichen Bibliothek. Bitte beachten Sie, dass manche Verbände ihre Nachrichten nur an Mitglieder schicken oder für Nicht-Mitglieder eine Gebühr für den Erhalt von Newslettern erheben.

Wo sollten Sie auftreten?

Statt dass Sie anrufen und fragen müssen, werden gelegentlich Tagungsplaner und Konferenzorganisatoren Sie anrufen und Sie (oder einen Vertreter Ihrer Firma) einladen, auf der Veranstaltung zu sprechen.

Auf diese Weise angesprochen zu werden ist schmeichelhaft, aber haben Sie Acht: Nicht jede Redemöglichkeit mag Ihren Einsatz wert sein. Meetingplanern und Gremienmitgliedern ist es vor allem wichtig, dass sie jemanden bekommen, der auf dem Podium steht, und ihnen ist es egal, ob Ihr Sprecher oder Ihre Firma irgendwie von der Präsentation profitieren. Bevor Sie also eine derartige Einladung annehmen, sollten Sie dem Meetingplaner folgende Fragen stellen:

✔ Wer ist die Zielgruppe?

✔ Wer sind die Mitglieder? Was sind deren Positionen und Verantwortlichkeiten? Für welche Firmen arbeiten sie?

✔ Wie viele Personen kommen im Durchschnitt zu solchen Meetings? Wie viele Teilnehmer werden zu dem konkreten Seminar erwartet, bei dem Sie sprechen sollen?

✔ Wird ein Honorar bezahlt oder werden zumindest die Reisekosten erstattet?

✔ Welche anderen Redner haben in der letzten Zeit vor dieser Gruppe gesprochen und von welchen Firmen kamen sie?

✔ Hat die Gruppe diese anderen Redner bezahlt? Falls ja, warum nicht auch Sie?

Sollten die Antworten zeigen, dass die Veranstaltung für Ihre Firma nicht die richtige ist oder sich nicht lohnt, oder sollte der Meetingplaner unfähig oder unwillig sein, Ihre Fragen zu beantworten, danken Sie höflich und lehnen die Einladung ab.

Mit dem Eventsponsor eine Promotion-Aktion aushandeln

Wenn Sie gefragt werden, für kein oder ein sehr kleines Honorar zu sprechen, und Ihnen nicht das millionenschwere Entgelt angeboten wird, das ein professioneller Redner bekommen würde, dann können Sie die fehlende Bezahlung als Gegenwert einsetzen, um anderweitige Vorteile für Ihre Firma auszuhandeln. Was können Sie verlangen? Im Grunde genommen alles, was Ihnen hilft, den Werbewert Ihres Auftritts für Ihre Firma zu maximieren.

Teilen Sie dem Vorsitzenden der Konferenz mit, dass Sie gerne ohne Honorar sprechen, wenn Sie stattdessen eine Teilnehmerliste erhalten. Sie können diese Liste dazu benutzen, Ihre Firma in einer Mailingaktion an die Teilnehmer vor oder nach der Veranstaltung zu präsentieren. Ein Mailing vor der Veranstaltung kann die Teilnehmer über Ihren Vortrag informieren und diese persönlich dazu einladen. Ein Mailing nach der Veranstaltung kann denjenigen, die nicht bei Ihrem Vortrag waren, einen Nachdruck oder eine Kassettenaufnahme Ihrer Rede anbieten.

Auf größeren Konferenzen und Tagungen erhalten die Teilnehmer von den Organisatoren ein Informationspaket, das verschiedenes Material enthält, beispielsweise einen Seminarkalender, Gutscheine für Mittag- oder Abendessen, einen Stadtplan und eine Beschreibung der Sehenswürdigkeiten für die auswärtigen Teilnehmer. Diese Pakete werden entweder vorher zugeschickt oder auf der Veranstaltung ausgeteilt.

 Sie könnten vorschlagen: »Ich werde meinen Vortrag umsonst halten, aber als Gegenleistung möchten wir gerne unsere Firmenbroschüre den Konferenzunterlagen für die Teilnehmer beilegen. Ist das möglich? Wir werden diese natürlich in ausreichender Anzahl zur Verfügung stellen.« In diesem Fall, wird Ihre Werbebroschüre *ohne Portokosten* an Hunderte oder gar Tausende potenzieller Kunden geschickt.

Eine Rede zu einer Kampagne ausbauen

Ein Vortrag ist eine effektive Methode, um sich einem bestimmten Publikum bekannt zu machen (den Mitgliedern des Verbandes, der die Veranstaltung ausrichtet, sowie den Zuhörern

Ihrer Präsentation). Aber wie Sie wissen, erfordert das Erzeugen eines bleibenden Eindrucks auf ein Marktsegment eine Serie von Kontakten, nicht nur einen einzelnen.

Sie können ein einzelnes Rede-Engagement leicht zu einer fortlaufenden PR-Kampagne gegenüber den Mitgliedern dieser Gruppe ausbauen. Ein Weg, den wir bereits besprochen haben, ist es, die Mailingliste zu bekommen und eigene Mailings durchzuführen sowie in den Mailings des Sponsors vertreten zu sein. Eine andere Möglichkeit ist, im Newsletter oder Magazin der Organisation mit einem oder mehreren PR-Artikeln präsentiert zu werden. Schlagen Sie beispielsweise vor, dass Sie eine Serie von Artikeln (Ihre aktuellen Pressemeldungen und Basistexte für dieses spezielle Publikum neu aufbereitet) zur Verfügung stellen werden, die im Vorfeld Ihrer Rede im Newsletter der Organisation abgedruckt werden. Das macht Sie dem Publikum bekannt, was gute PR für Ihre Firma ist und außerdem Interesse erzeugt, Ihren Vortrag zu besuchen.

Nach Ihrem Vortrag geben Sie dem Herausgeber des Newsletters Ihren Redetext und ermuntern ihn, diesen oder Teile daraus (oder eine Zusammenfassung) abzudrucken, damit diejenigen, die nicht kommen konnten, ebenfalls von der Information profitieren können. Weitere Beiträge im Newsletter können als Nachtrag nach der Veranstaltung Ihre Aussagen wiederholen und einprägen sowie zusätzliche Details für diejenigen zur Verfügung stellen, die noch mehr lernen wollen, oder Fragen zu beantworten und Themen anzuschneiden, die Sie in der begrenzten Redezeit nicht abdecken konnten.

Falls der Herausgeber keine Quellenangabe mit Ihrem Namen und Ihrer Telefonnummer angibt, sprechen Sie mit dem Meetingplaner über freie Anzeigen für Ihr Produkt oder Ihre Dienstleistung. Bei einer bundesweiten Organisation, die sich Anzeigen in ihrem Magazin bezahlen lässt, sollte der Gegenwert Ihres kostenlosen Anzeigenplatzes etwa doppelt so hoch sein wie das Honorar, das Sie für Ihren Vortrag bekommen hätten.

Die Organisation wird in ihre Publikation oder in ein Mailing (oder in beides) einen schönen Artikel über Sie und Ihren Vortrag aufnehmen. Meist druckt sie mehr Exemplare, als sie tatsächlich benutzt und wirft die überzähligen weg. Erwähnen Sie, dass Sie die überzähligen Exemplare gerne abnehmen. Sie können diese Flyer Ihren Pressemappen beilegen oder Aussendungen Ihrer Firma beifügen.

Tauschen Sie Ihr Honorar gegen eine Video-Aufzeichnung Ihres Vortrags ein

Ein professionelles Video oder eine Hörkassette Ihres Seminars kann hervorragend als Werbeinstrument eingesetzt werden und stellt eine Aufmerksamkeit erregende Ergänzung zu Ihren gedruckten Broschüren, Mailings oder Verkaufsunterlagen dar. Die Aufnahme derartiger Präsentationen in einem Studio kann allerdings sehr kostspielig sein.

Eine Möglichkeit ohne finanziellen Aufwand an eine Hör- oder Videokassette zu kommen, ist es, dafür zu sorgen, dass jemand anderes die Aufnahmekosten trägt. Wenn eine Organisation Sie für einen Vortrag engagieren möchte, Sie aber nicht bezahlen kann, sagen Sie: »Lassen Sie mich einen Vorschlag machen. Normalerweise erhalte ich X Euro für ein derartiges Engagement. Ich werde es für Sie kostenlos machen, wenn Sie dafür sorgen können, dass der Vortrag professionell auf Video (und/oder Audio) aufgezeichnet wird, und ich hinterher eine Kopie der Originalaufnahmen erhalte.«

Sollte die Organisation aufgrund der Kosten zögern, sagen Sie: »Ich biete Ihnen an, dass Sie das Video oder Audio ebenfalls kopieren und Ihren Mitgliedern zur Verfügung stellen dürfen, oder es sogar an die Teilnehmer des Seminars oder Ihre Mitglieder verkaufen können, ohne dass ich Tantiemen verlange. Alles, was ich gerne hätte, ist die Originalaufnahme, wenn Sie Ihre Kopien gemacht haben.«

Handeln Sie um das Eigentumsrecht der Aufnahme

Auf vielen größeren Veranstaltungen ist es üblich, dass der Sponsor und Organisator alle Präsentationen aufnimmt und dann während der Konferenz sowie nach Ende der Veranstaltung in Werbemailings zum Kauf anbietet. Wenn Sie auch aufgenommen werden, sagen Sie dem Sponsor, dass Sie normalerweise damit nicht einverstanden sind, sich aber ausnahmsweise dazu bereit erklären, falls Sie anschließend die Originalaufnahme erhalten. (Machen Sie dem Sponsor außerdem klar, dass, obwohl Sie den Verkauf erlauben und auf etwaige Tantiemen verzichten, das Urheberrecht bei Ihnen liegt.)

Falls Sie einen Beamer oder Overhead-Projektor benutzen möchten, denken Sie darüber nach, die Folien direkt im HTML-Format zu gestalten. Oftmals werden die Handouts von Rednern hinterher auf der Website des Veranstalters veröffentlicht, wenn diese im HTML-Format zur Verfügung gestellt werden. Sie vergrößern auf der Stelle Ihr Publikum von mehreren Dutzend anwesenden Zuhörern zu vielleicht Tausenden Internetnutzern.

Ist das Publikum, vor dem Sie sprechen, eine lokale Gruppe einer nationalen Organisation, fragen Sie den Gruppenvorsitzenden nach einer Liste weiterer lokaler oder regionaler Gruppen dieser Organisation (inklusive Namen, Adressen und Telefonnummern derjenigen, die dort jeweils für die Organisation ähnlicher Tagungen verantwortlich sind). Anschließend rufen Sie diese Gruppen an und bieten an, Ihren Vortrag auch vor deren Mitgliedern zu halten.

Vorbereitung und Vortrag Ihrer Präsentation

Natürlich ist Ihr Ziel, etwas zu verkaufen. Aber seien Sie vorsichtig. Teilnehmer eines Luncheon oder Dinners sind nicht gekommen, um etwas zu kaufen. Sie wollen unterhalten, informiert und gebildet, zum Lachen gebracht werden. Ihr Produkt, Ihre Dienstleistung und Ihr Unternehmen zu verkaufen, mag Ihr Ziel sein, aber während einer öffentlichen Präsentation muss dies hinter der Darbietung eines guten Vortrags zurückstehen. Eine sanfte, indirekte Verkaufspräsentation hat eine bessere Wirkung.

Sagen Sie, dass Ihre Präsentation primär informativ ist. Sie können sie anhand folgender Punkte strukturieren:

✔ Als Erstes eine Einführung, die ein Überblick über das Thema gibt.

✔ Als Nächstes der Hauptteil der Rede, der die Fakten im Detail darlegt.

✔ Zum Schluss eine Zusammenfassung dessen, was Sie gerade präsentiert haben.

Diese Wiederholung ist vorteilhaft, weil die Zuhörer, im Unterschied zu Lesern eines Artikels, nicht auf die vorhergehende Seite oder zum letzten Absatz zurückblättern können, um ihr Erinnerungsvermögen aufzufrischen oder Ihr Material intensiver zu studieren. Aus diesem Grund sollten Sie Ihre Hauptaussage mindestens dreimal wiederholen, um sicherzugehen, dass sie verstanden und im Gedächtnis gespeichert wurde.

Der Vortrag sollte sich immer auf die Problematik beziehen, mit der sich Ihr Produkt beschäftigt, nie auf das Produkt selbst. Als ich zum Beispiel einen Produzenten von Saftpressen bundesweit auf Promotion-Tour schickte, sprach er über die Vorteile frischer Frucht- und Gemüsesäfte für unsere tägliche Ernährung, nicht über die Funktionsweise seiner Presse oder wo man diese kaufen kann.

Es gibt viele andere Möglichkeiten, einen Vortrag zu strukturieren. Wenn Sie einen *Prozess* beschreiben, können Sie Ihre Rede beispielsweise entlang der aufeinander folgenden Stufen des Prozessverlaufs strukturieren. Dieser Aufbau würde sich hervorragend eigenen für einen Vortrag zum Thema »Wie Sie Ihre Massagepraxis bewerben« oder »Wie man eine Mode oder einen Trend erzeugt«.

Wenn Sie darüber sprechen, wie ein weltweites Kommunikationsnetz aufgebaut werden kann, beginnen Sie vielleicht mit Europa, machen dann weiter mit den USA und decken dann Asien ab. Ist Ihr Thema Vitamine, könnten Sie einen alphabetischen Aufbau wählen und die Vitamine von A bis Zink nacheinander vorstellen.

Vorbereitete Präsentationen

Der Trick in der Reduzierung der Vorbereitungszeit einer Präsentation ist es, zwei oder drei vorbereitete (Standard-) Präsentationen gespeichert zu haben, die Sie vor verschiedenen Zielgruppen halten können. Selbst mit der vorgebackenen Variante werden Sie aber mindestens mehrere Stunden benötigen, um das Zielpublikum zu analysieren und Ihre Rede an die spezielle Gruppe anzupassen sowie den Vortrag ein- oder zweimal komplett zu proben.

Die drei Teile eines Vortrags beherrschen

Ein Vortrag hat drei Teile: Anfang, Mitte und Schluss. Alle sind wichtig. Aber der Anfang und der Schluss sind wichtiger als die Mitte. Die meisten Leute können problemlos 15 Minuten über ein Thema sprechen, die Fakten darlegen oder ein vorbereitetes Statement vortragen. Und das ist es, was zum Vortrag des Mittelteils notwendig ist.

Der Anfang und der Schluss sind schwieriger. Zu Beginn müssen Sie die Aufmerksamkeit des Publikums auf sich ziehen *und* eine Beziehung zu ihm aufbauen. Die Zuhörer müssen nicht nur das Gefühl haben, dass das Thema interessant präsentiert werden wird, sondern sie müssen Sie außerdem sympathisch finden, oder zumindest nicht unsympathisch.

Um diese Theorie zu testen, legte ein bekannter Redner einmal seine übliche Eröffnung zur Seite und sprach stattdessen fünf Minuten lang über sich selbst – wie erfolgreich er war, wie viel Geld er verdiente, wie sehr er als Redner gefragt war und warum er der Richtige war, um zu den Anwesenden zu sprechen. Nach seinem Vortrag fragte er einen der Zuhörer beiläufig: »Was haben Sie gedacht, als ich all das erzählte?« Der Mann antwortete höflich: »Ich dachte, was für ein Angeber Sie sind.«

Wie beginnen Sie also einen Vortrag? Eine einfache und erprobte Technik ist es, das Publikum einzubeziehen, indem Sie Fragen stellen. Sprechen Sie zum Beispiel vor einer Gruppe Nachrichtentechnik-Ingenieuren, so fragen Sie: »Wie viele von Ihnen verwalten ein T1-Netzwerk? Wie viele von Ihnen benutzen den 56K-DDS-Standard, denken aber über den Einsatz von T1 nach? Und wie viele von Ihnen benutzen T1 nur teilweise?« Wenn Sie beispielsweise über das Thema Sport und Gesundheit sprechen, könnten Sie fragen: »Wie viele von Ihnen haben heute Sport getrieben, bevor Sie hierher gekommen sind? Wie viele von Ihnen wollen nach Ende der Veranstaltung noch zum Sport gehen? Wie viele von Ihnen treiben dreimal oder öfter pro Woche Sport?«

Derartige Fragen zu stellen hat zweierlei Vorteile: Erstens verschafft es Ihnen einen schnellen Überblick über Interessen und Bedenken der Zuhörer sowie, wie intensiv sich diese mit der Problematik beschäftigen. Das ermöglicht es Ihnen, Ihre Rede daraufhin anzupassen. Zweitens zwingt es das Publikum dazu, sich sofort mit dem Thema auseinander zu setzen. Denn wenn Sie im Publikum sitzen und der Redner eine Frage stellt, heben Sie entweder die Hand hoch oder Sie tun es nicht. Egal welches von beiden, Sie denken und antworten und beschäftigen sich mit der Frage.

Suchen Sie nach Möglichkeiten, um das Publikum intellektuell oder emotional mit einzubeziehen. Ich beginne meine PR-Vorträge oft damit, die Headlines und ersten Absätze auf den ersten Seiten wichtiger Zeitungen vorzulesen, wie der Süddeutschen Zeitung oder dem Handelsblatt. Zum Erstaunen des Publikums, erzähle ich dann, welche PR-Agentur diese Artikel und deren jeweilige Kernaussagen platziert hat. Das demonstriert eindringlich den weit reichenden Einfluss von PR, selbst in die höchsten Ebenen führender Medien.

Der Anfang ist wichtig, jedoch sollten Sie ein starkes Finish Ihres Vortrags nicht vernachlässigen, insbesondere wenn Sie nicht nur aus Spaß an der Freude die Rede halten, sondern um Ihre Firma und deren Produkte zu präsentieren.

»Action« muss nicht immer wortwörtlich verstanden werden. Wenn Sie einfach möchten, dass die Zuhörer über Ihre Ideen nachdenken, sagen Sie ihnen, dass dies das ist, was Sie gerne hätten.

Auch wenn Sie eine tolle Eröffnung wollen, die Ihnen Sympathie verschafft und die Leute dazu bringt, zuzuhören, und einen Schluss, der Ihnen dabei hilft, »das Geschäft abzuschließen«, sollten Sie Ihre eigentliche Rede, den Mittelteil, nicht vernachlässigen. Sie ist das

»Fleisch«; deshalb ist das Publikum gekommen. Wenn Ihr Vortrag primär informativ ist, sollten Sie sicherstellen, dass Sie über die neuesten Trends, Methoden und Entwicklungen berichten. Soll die Präsentation motivieren, sollten Sie enthusiastisch sein und Ihre Hörer davon überzeugen, dass sie Gewicht verlieren *können*, mit Investitionen auf dem Immobiliensektor Geld verdienen *können* oder mit dem Rauchen aufhören *können*.

Ist Ihr Vortrag eine »Wie man ...«-Präsentation, sollten Sie dem Publikum auf alle Fälle ein Handout mit vielen praktischen Ideen und Vorschlägen an die Hand geben.

Letzten Endes ist ein erfolgreicher Redner immer primär daran interessiert, seinem Publikum etwas zu sagen, was es wissen möchte.

Schneidern Sie die Rede auf den Wissensstand des Hörers zurecht. Zu komplexe Sachverhalte darzustellen kann langweilen. Aber zu einfach und grundlegend zu sein, kann Hörer, die Experten aus der Branche sind, sogar noch mehr beleidigen.

Die Frage nach Länge und Timing einer Rede

Vorträge können von einer zehnminütigen Präsentation am Arbeitsplatz bis zu einem zweitägigen Intensivseminar reichen. Wie lang sollte Ihr Vortrag sein? Die Organisatoren der Veranstaltung geben die Redezeit oft vor.

✔ Präsentationen bei Geschäftsessen dauern üblicherweise 20 bis 30 Minuten, mit weiteren fünf bis zehn Minuten für das Beantworten von Publikumsfragen.

✔ Während größerer Tagungen oder bundesweiter Konferenzen erhalten Redner meist 45 bis 75 Minuten. Für eine einstündige Rede sollten Sie einen 45-minütigen Vortrag vorbereiten. Sie werden wahrscheinlich fünf Minuten später anfangen, um auf Nachzügler zu warten, und die restlichen zehn Minuten können dann zu einer informelleren Fragerunde genutzt werden.

✔ Die glücklichsten Redner sind diejenigen, die zu einer Diskussionsrunde eingeladen werden. Wenn die Runde aus drei oder vier Experten und einem Moderator besteht, werden Sie wahrscheinlich Fragen des Moderators oder/und des Publikums beantworten müssen und brauchen daher keine Rede vorzubereiten.

✔ Die meisten Reden, die Sie halten müssen, werden etwa 20 Minuten lang sein. Eine getippte Manuskriptseite mit doppeltem Zeilenabstand sollte etwa zweieinhalb Minuten Vortragszeit in Anspruch nehmen. Das heißt, dass Sie für 20 Minuten etwa acht Seiten – das sind etwa 2.000 Wörter – vorbereiten sollten. Das sind etwa 100 Wörter pro Minute. Einige Redner sprechen schneller, etwa 120 bis 150 Wörter pro Minute oder mehr. Die 20-minütige Rede kann also entsprechend irgendwo zwischen acht und zehn Manuskriptseiten liegen.

 Das Wichtigste an Ihrem Vortrag ist, dass Sie die zugeteilte Zeit nicht überschreiten. Wenn Sie 20 Minuten zur Verfügung haben mit weiteren zehn Minuten für Publikumsfragen, sollten Sie nach 20 Minuten aufhören. Die Hörer wird es kaum stören, wenn Sie etwas früher aufhören, aber sie werden ungeduldig und begin-

nen, auf die Uhr zu sehen, wenn Ihre Zeit um ist, und Sie sich dem Ende noch nicht einmal zu nähern scheinen.

Hier einige weitere Tipps, um Ihrer Präsentation noch mehr Schlagkraft zu geben:

✔ Schreiben Sie Ihren eigenen Vorstellungstext und schicken Sie diesen vorab an den Organisator der Veranstaltung. (Bringen Sie eine Kopie für den Zeremonienmeister mit, falls dieser das Original vergessen oder verlegt hat.)

✔ Zurückhaltender Humor funktioniert am besten. Machen Sie sanfte Späße auf Ihre eigenen Kosten, nicht gegen das Publikum oder den Sponsor.

✔ Stellen Sie dem Publikum Fragen.

✔ Halten Sie keinen Vortrag, sondern unterhalten Sie sich mit dem Publikum.

✔ Die Präsentation muss nicht genial sein. Sagen Sie dem Publikum, dass es sich gelohnt hat zu kommen, wenn es eine gute Idee mit nach Hause nimmt. Vermitteln Sie realistische Erwartungen am Anfang, dann wird das Publikum am Ende auch zufrieden sein.

✔ Um eine Pause anzukündigen, sagen Sie: »Wir machen jetzt fünf Minuten Pause, ich erwarte Sie also in zehn Minuten wieder hier.« Das erntet immer einen Lacher.

✔ Wenn die Panik Sie ergreift, beginnen Sie einfach mit der Rede und halten Ihren Mund in Bewegung. Die Angst wird nach einer Minute oder zweien abflauen.

✔ Erzählen Sie rührende Geschichten. Sind die Geschichten über Sie, sind Sie das Schaf, nicht der Held. Die Menschen mögen Redner, die bescheiden sind, und hassen Angeber.

✔ Mit den Teilnehmern in der Pause einige einfache Übungen zu machen (Stretching oder Ähnliches), erhöht deren Energielevel und hilft über Lethargie hinweg.

✔ Am Ende der Rede sagen Sie den Zuhörern, dass sie ein tolles Publikum waren, selbst wenn sie es nicht waren: »Sie waren ein wundervolles Publikum. [Pause] Ich danke Ihnen.«

✔ Wenn Sie viele Reden halten, ist *Der Reden-Berater*, ein Handbuch mit guten Ratschlägen zum Redenschreiben und vielen Beispielen, ein gutes Werkzeug für Ihre Arbeit (Der Reden-Berater, Bonn: Verlag Norman Rentrup).

Der wichtigste Tipp? Seien Sie Sie selbst. Reden Sie mit dem Publikum. Machen Sie sich keine Gedanken darüber, glatt, poliert, witzig, klug, dynamisch oder dramatisch zu sein. Man erwartet von Ihnen nicht, dass Sie ein professioneller Redner sind. Ein wenig amateurhaft und unerfahren rüberzukommen, kann Sie der Menge sogar sympathisch machen und helfen, sie auf Ihre Seite zu bringen.

Der Einsatz audio-visueller Hilfsmittel

In den siebziger Jahren waren Dias in der Geschäftswelt der letzte Schrei. Beinahe jede Präsentation war eine audio-visuelle Präsentation. Zwei Manager konnten nicht ein Schwätzchen halten, ohne dass einer einen Diaprojektor hervorholte und die Lichter ausmachte.

Der Wächter über die Zeit

Weil sich die meisten Menschen nicht auf zwei Dinge gleichzeitig konzentrieren können – eine Rede halten und auf die Uhr schauen, probieren Sie doch mal folgenden Trick: Bitten Sie jemanden aus dem Publikum, den Wächter über die Zeit zu spielen und Sie auf dem rechten Weg zu halten. Wenn Sie beispielsweise eine 45-minütige Rede halten, bitten Sie ihn alle 15 Minuten »Zeit!« zu rufen. Die ersten beiden Male werden Ihnen sagen, wo Sie stehen, und wie Sie Ihrem Zeitplan folgen können; das letzte Mal sagt Ihnen: »Aufhören und den Mund halten!«.

Am Rande bemerkt: Zuhörer scheint das Rufen nicht zu stören, sie mögen es sogar. Machen Sie einen Spaß daraus und sagen Sie dem »Verwalter der Zeit«: »Sie müssen »Zeit« mit einer lauten und boshaften Stimme rufen!« Wenn er es dann tut und das Publikum lacht, bitten Sie das Publikum mit scherzhaftem Unterton zu bewerten, ob der Verwalter der Zeit tatsächlich laut und boshaft genug gerufen hat. Damit ernten Sie jedes Mal einen Lacher.

(Eine andere Möglichkeit: Ihr Wächter über die Zeit kann seine Hinweise auch dezent und unauffällig, z.B. mit Zeichensprache, übermitteln.)

Dias sind auch heute noch populär, ebenso wie Overhead-Projektoren und PowerPoint-Präsentationen. Aber meiner Meinung nach sind audio-visuelle Hilfsmittel für die meisten Präsentationen überflüssig. Die meisten geschäftlichen Präsentationen setzen PowerPoint- oder Overhead-Folien ein und sind langweilig.

Die meisten professionellen Redner, die für einen kurzen Vortrag Tausende Euros verdienen, benutzen *keine* audio-visuellen Hilfsmittel. Ich habe den Eindruck, dass Geschäftsleute, insbesondere in den oberen Firmenetagen, von den visuellen Hilfsmitteln abhängig werden und dabei ihre Spontaneität und entspannte Art verlieren, die damit einhergeht, eine Unterhaltung zu führen statt einen Vortrag zu halten.

Das Problem am Einsatz dieser visuellen Hilfsmittel ist oftmals, dass sie während der gesamten Rede ununterbrochen mitlaufen. Obwohl nur zehn Prozent der Präsentation eine Visualisierung des Gesagten erfordern, läuft der Diaprojektor während 100 Prozent der Vortragszeit. Wenn der Redner beispielsweise für drei oder vier Minuten über Branding spricht, drückt er einen Knopf und das Wort BRANDING erscheint auf der Leinwand in weißen Buchstaben auf schwarzem Hintergrund. Eine derartige Visualisierung trägt rein gar nichts zu dem Vortrag bei und ist in der Tat lächerlich.

Ein besserer Ansatz ist es, die Folien oder Dias dort einzusetzen, wo es passt, und den Rest der Rede ohne sie zu halten. Vor einem kleinen Publikum können Sie Ihrer Rede ein nicht geprobtes, interaktives Gefühl vermitteln, indem Sie Flip-Charts und Magic-Marker benutzen. Wichtig dabei: Bereiten Sie diese nicht vorher vor. Stattdessen zeichnen Sie, während Sie sprechen – das erzeugt Spannung und Bewegung. Es schafft außerdem eine Erwartungshaltung: Das Publikum ist neugierig, was da gerade vor seinen Augen entsteht.

Beamer und Overhead-Projektoren sind für den Einsatz vor größeren Gruppen gut geeignet, leider neigen sie aber zu technischen Ausfällen. Probleme während einer Präsentation, wie Schwierigkeiten beim Sortieren eines Stapels von Folien oder Dias, die auf dem Kopf stehen oder kaputt sind, verwirren und blamieren den Redner; außerdem fängt das Publikum an zu kichern oder verliert das Interesse.

 Kommen Sie immer mindestens eine Stunde vor Ihrer geplanten Redezeit an und bitten Sie um Zugang zu dem Raum, in dem Sie sprechen werden. Lassen Sie Ihre Dias oder Folien einmal schnell durchlaufen, um sicherzustellen, dass sie richtig funktionieren und dass sie in der richtigen Reihenfolge geordnet sind.

Ich habe Redner gesehen, die durch eine verklemmte Diaschachtel ihren Gedankengang völlig verloren haben und sich nicht mehr davon erholt haben. Probleme oder Missgeschicke mit audio-visuellen Hilfsmitteln können sehr irritierend sein, insbesondere wenn es wichtig ist, einen guten Eindruck zu machen oder der Redner sich bei öffentlichen Vorträgen ohnehin nicht sehr wohl in seiner Haut fühlt.

Manchmal sind qualitativ hochwertige visuelle Hilfsmittel notwendig, um zu zeigen, wie ein Produkt funktioniert, ein Prozess abläuft, die Teile eines Systems aussehen, oder eine Leistung grafisch darzustellen. Wenn Sie also beispielsweise ein Gartenarchitekturbüro führen und mit einer Rede zum Thema »Wie Sie Ihren Vorgarten schön gestalten« Werbung für sich machen wollen, ist es unabdingbar, dass Sie Fotos von attraktiven Vorgärten zeigen, die Sie gestaltet haben. Wenn Ihr Vortragsthema »Wissenschaftliche Erkenntnisse durch den Einsatz computergesteuerter Bilder« lautet, will das Publikum diese Bilder sehen.

In diesen Fällen schlage ich vor, dass Sie Overheadfolien, ein Video, Flip-Charts oder Ähnliches vorbereiten, diese kurz zeigen und dann wegpacken. Wenn Sie Dias benutzen, stellen Sie den Projektor ab und die Lichter an, wenn Sie diese gerade nicht benutzen.

Eine Untersuchung von 3M schätzt, dass Menschen nur zehn Prozent behalten von dem, was sie hören. Durch den Einsatz visueller Hilfsmittel steigt dieser Prozentsatz auf 50 Prozent. Und ein Bericht von Matrix Computer Graphics bemerkt, dass 85 Prozent aller Informationen, die im Gehirn gespeichert werden, auf visuellem Wege empfangen wurden. Ich bin jedoch nicht davon überzeugt, dass das richtig ist. Ich kann mich an einige eindrucksvolle Präsentationen erinnern – an den Redner, den Vortrag und viele seiner Ideen – aber ich kann mich an kein einziges Dia oder sonstige Visualisierung daraus erinnern.

Wenn Sie Dias benutzen, sollten diese auffällig, hell, bunt und leicht zu lesen sein. Dias und Folien sollen etwas zeigen, demonstrieren und Spannung erzeugen. Sie sind kein geeignetes Medium, um komplexe Details zu vermitteln. Zu viele Details auf einer Folie oder einem Dia machen dieses unübersichtlich. Um die Lesbarkeit eines Dias zu testen, sollten Sie es eine Armeslänge von sich entfernt halten. Wenn Sie den Text nicht lesen können, wird das Publikum es auch nicht können.

Die Verteilung von Handouts

Ein *Handout* kann verschiedene Formate haben: die gedruckte Version der Präsentation, eine Broschüre, Nachdrucke eines Artikels oder des Vortrags (falls möglich inklusive der gezeigten Folien/Dias). Es kann der volle Redetext sein, eine Zusammenfassung, nur die Folien/Dias oder einen Bericht über ein Thema, das entweder mit Ihrer Präsentation zusammenhängt oder zu einem Unterthema, das Sie nur kurz ansprechen, ausführlichere Details gibt.

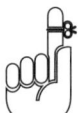 Jedes Handout sollte den Namen Ihrer Firma, Adresse, Telefon und Fax nennen sowie, falls möglich, eine Info-Box mit einer kurzen Zusammenfassung, wer Sie sind und was Sie machen – so, wie bei jedem anderen Marketingdokument, das Sie produzieren.

Sollte das Handout den kompletten Redetext enthalten oder sehr ausführliche Notizen, sagen Sie dem Publikum, bevor Sie beginnen: »Sie brauchen nichts mitzuschreiben. Wir haben ausführliche Handouts für Sie vorbereitet, die Sie mit nach Hause nehmen können.« Das nimmt dem Hörer die Bürde des Mitschreibens ab, so dass er sich voll und ganz auf das Gesagte konzentrieren kann.

Handouts, die die gesamte Rede, Artikel, Berichte oder sonstiges umfangreiches Material enthalten, sollten erst *nach* dem Vortrag verteilt werden, nicht vorher. Wenn Sie sie austeilen, bevor Sie das Podium betreten, fängt das Publikum an, in den gedruckten Unterlagen zu lesen und ignoriert Ihren Vortrag. Kopien von einzelnen Folien oder Seiten mit einigen Stichpunkten aus Ihrer Rede können Sie vorab verteilen, so dass die Teilnehmer sich darauf Notizen machen können.

Warum brauchen Sie Handouts? Sie verbessern das Lernen. Aber der wichtigste Grund ist, sicherzustellen, dass jeder der Anwesenden (von denen die meisten potenzielle Kunden sind oder Sie würden vor dieser Gruppe nicht sprechen) hinterher ein Stück Papier besitzt, auf dem Informationen über Ihre Firma und Ihre Produkte zu finden sind sowie Ihre Kontaktadresse. Wenn einer der Teilnehmer dann am nächsten Morgen zur Arbeit geht und denkt: »Das war ein interessanter Vortrag, vielleicht sollte ich die Firma kontaktieren und sehen, was sie für unsere Problematik vorschlägt«, dann hat er Ihre Telefonnummer sofort zur Hand. Ohne diese wird das Feedback auf Ihren Vortrag null oder nahezu null sein. Die meisten Menschen sind zu beschäftigt, zu faul oder zu gleichgültig, um herauszufinden, wie sie Sie erreichen können, wenn sie diese Informationen nicht sofort zur Hand haben.

Warum das Handout in den Händen Ihres Publikums so wichtig ist – die »grüne Liste«

Es ist entscheidend, dass Sie einen nützlichen, interessanten und informativen Vortrag halten, der potenzielle Kunden davon überzeugt, dass Sie wissen, wovon Sie reden, und sie dazu motiviert, mit Ihnen über ihre eigene Arbeit sprechen zu wollen. Aber ohne dass sie die Kontaktinformationen direkt zur Hand haben, werden das Interesse und die Neugier des möglichen Kunden schnell verschwinden. Weil Sie nicht im Voraus sagen können, wer aus dem

Publikum mit Ihnen später in Kontakt treten möchte und wer nicht, ist es Ihr Ziel, dass alle Zuhörer oder so viele wie möglich Ihr Material mit nach Hause nehmen.

Es gibt verschiedene Möglichkeiten, Ihre Handouts unter das Publikum zu bringen. Die häufigste ist es, das Material auf einem Tisch zu deponieren, entweder hinten im Raum oder an dem Tisch, an dem die Teilnehmer sich zu dem Meeting oder Seminar registrieren. Aber diese Möglichkeit ist nicht effektiv. Die meisten werden an dem Tisch vorbeilaufen, ohne das Material mitzunehmen. Viele werden den Tisch und den Stapel Unterlagen gar nicht bemerken und selbst wenn Sie auf den Tisch zeigen und sagen, dass dort Material zum Mitnehmen liegt, werden viele keines nehmen. Und Sie werden vielleicht verlegen ob der Stille, die Ihrer Ankündigung folgt; sie lässt Sie weniger wie ein Experte erscheinen, denn wie ein Verkäufer.

Eine andere Möglichkeit ist es, jeweils ein Exemplar des Handouts eine halbe Stunde vor Beginn auf jeden Sitz zu legen. Die meisten Zuhörer werden es in die Hand nehmen und ansehen; ein Viertel bis eine Hälfte der Zuhörer werden es mitnehmen, wenn sie gehen; und etwa die Hälfte oder mehr werden es liegen lassen. Die Nachteile? Die Leute lesen vielleicht Ihr Handout, statt Ihrer Präsentation aufmerksam zu folgen. Außerdem mögen manche Leute diese Möglichkeit als zu penetrant und verkäuferisch empfinden.

 Die effektivste Methode, um die Handouts zu verteilen, ist die Methode der »grünen Liste«. Sie maximiert die Anzahl derjenigen, die ein Handout mitnehmen, und erhöht den Wunsch, das Material zu bekommen, und, was am wichtigsten ist, umgeht jeden Anschein von Eigenwerbung oder Verkaufsmethode. Machen Sie aus dem Handout eine notwendige Ergänzung zu Ihrem Vortrag.

Und so funktioniert es: Bereiten Sie ein Handout vor, das einen der Punkte Ihres Vortrags in größerer Ausführlichkeit darstellt, als Sie dies in Ihrem kurzen Vortrag tun können. Oder behandeln Sie dort zusätzliche Themenbereiche, die Sie nicht ansprechen, die aber zum Thema gehören.

Eine weitere Möglichkeit ist es, ein Handout zu erstellen, das ein kleines Nachschlagewerk zum Thema bietet – zum Beispiel eine Literaturliste zum Thema, Tabellen mit technischen Daten, ein Glossar wichtiger Fachbegriffe oder Berechnungsbeispiele. Entscheidend ist, dass das Handout zu der Information Ihres Vortrags gehört, aber diese nicht nur wiederholt, sondern stattdessen ergänzt und erweitert.

 Wenn Sie zu diesem Themenpunkt Ihrer Rede kommen, was etwa nach der Hälfte oder drei Vierteln Ihrer Rede der Fall sein sollte, diskutieren Sie diesen Punkt und sagen dann ungefähr Folgendes (angepasst an Ihr Thema und Ihr Handout natürlich): »Ich kann in diesem kurzen Vortrag wirklich nicht alle wichtigen Punkte hierzu ansprechen, daher habe ich für Sie eine Checkliste mit 25 Punkten zusammengefasst, die Sie bei der Planung eines solchen Projektes beachten sollten, und habe Sie auf dieses grüne Blatt Papier gedruckt.« Kurze Pause, in der Sie das Handout hochhalten, so dass es jeder sehen kann, und dann fahren Sie fort: »Ich habe genügend Kopien mitgebracht, so dass jeder, der möchte, sich gerne hinterher eines bei mir abholen kann.«

Nach Ihrer Rede werden Sie von einer Menge Leute umringt sein, die ihre Hände nach der kostenlosen Grünen Liste ausstrecken. Versuchen Sie es – es funktioniert. Ach so, warum grünes Papier statt einfachem weißen? Die Liste auf farbiges Papier zu drucken und sie Grüne Liste zu nennen, scheint sie zu etwas Besonderem zu machen. Und statt dass sich die Leute merken müssen, was sich auf dem Blatt befindet (viele werden es vergessen und daher zögern, danach zu fragen), können sie einfach zu Ihnen kommen und fragen: »Könnte ich bitte eine grüne Liste bekommen?«

Die Namen der Teilnehmer für die Adressdatei erfassen

Nehmen wir einmal an, dass der Organisator der Konferenz Ihnen nicht die Liste aller Teilnehmer oder derjenigen, die Ihr Seminar besuchen, zur Verfügung stellt, aber Sie wollen dennoch so viele Namen wie möglich erfassen, um ein entsprechendes Follow-up durchführen zu können. In diesem Fall bieten Sie Ihr Handout als Köder an, statt es direkt nach dem Seminar zu verteilen.

Am Ende Ihres Vortrags stellen Sie Ihr Handout vor, beschreiben, was darin enthalten ist, und sagen: »Wenn Sie gerne eine kostenlose Kopie der Checkliste für die Sicherheit Ihrer Telefonanlage möchten, schreiben Sie einfach »Checkliste« auf die Rückseite Ihrer Visitenkarte und geben mir diese. Ich werde Ihnen die Checkliste kostenlos zuschicken, sobald ich zurück in meinem Büro bin.« Je verlockender und nützlicher Ihr Köder, desto mehr Visitenkarten werden Sie erhalten. Ein wirklich guter Köder kann Ihnen zwischen 25 und 75 Prozent oder mehr der Visitenkarten beschaffen.

Meine Variante dieser Methode ist es, jedem, der mir seine Visitenkarte gibt, ein Freiexemplar meines Firmen-Newsletters anzubieten. Nach meinem Vortrag bin ich von Menschen umringt, die mir ihre Karte geben möchten, um das Freiexemplar zu erhalten.

Wir verschicken den Newsletter und tragen die Namen in unsere Datenbank ein. Sie bekommen dann vierteljährlich den Newsletter zugeschickt. Unsere Adressdatenbank ist hauptsächlich durch diese Methode auf 10.000 Kontakte angewachsen. Wir gewinnen pro Mailing von 10.000 Newslettern jeweils einen Neukunden hinzu. Die Gesamtkosten für den Newsletter, inklusive Produktion, Druck und Versand, werden von dem ersten monatlichen Honorar des Neukunden bezahlt (siehe Kapitel 3 zu Details über PR-Honorare).

Teil IV

Ihre Strategie
in die Tat umsetzen

In diesem Teil ... Um Ihre gewitzten PR-Ideen in die Tat umzusetzen, müssen Sie ein gutes Arbeitsverhältnis zu den Medien aufbauen. Wie das geht, zeige ich Ihnen in Kapitel 12. Des Weiteren gebe ich in Teil IV Tipps, wie Sie die PR-Berichterstattung in spezifischen Medien erhöhen: Radio (Kapitel 13), TV (Kapitel 14), Print (Kapitel 15) und neue Medien, insbesondere Internet, (Kapitel 16).

Pressearbeit:
Ihre Botschaft verbreiten

12

In diesem Kapitel

▷ Eine Medienkontaktliste und Datenbank aufbauen

▷ Ihre Botschaft der Presse überbringen

▷ Die zu Ihrer Marketingbotschaft und Ihren Zielen passenden Medien finden

▷ Wege finden, um sich im PR-Getümmel abzuheben

▷ Projekte zielgerichtet verfolgen

Selbst die brillantesten Kampagnen und cleversten PR-Unterlagen erzielen keine Resultate, wenn sie Ihren Eingangskorb oder Ihre Festplatte nie verlassen. Ein unerlässlicher Schritt, um Publicity zu generieren, ist es, die PR-Dokumente in die Hände des richtigen Publikums zu bringen – die Redakteure und Produzenten, in deren Entscheidung es liegt, das Material abzudrucken oder zu senden.

Glücklicherweise müssen Sie keine teure PR-Agentur beauftragen, um sich Ihren Weg zu diesen Pressekontakten »zu erkaufen«. Sie sind ohne weiteres erreichbar und schnell und einfach zusammenzustellen. Die beiden grundlegenden Listen, mit denen Sie arbeiten werden, sind Ihre persönliche Kontaktliste und Ihre Medienliste.

Eine Liste persönlicher Kontakte aufstellen

Ich halte meine Mitarbeiter dazu an, eine Liste persönlicher Kontakte zu führen, von uns auch »Telefonliste« genannt. Sie enthält den Namen, das Medium, Kontaktinformationen des Redakteurs oder Produzenten, den sie persönlich kennen, sowie die Medien, die sie durch Erfahrung oder Recherche gefunden haben. Meine Mitarbeiter sollten mindestens 100 Namen auf ihrer persönlichen Kontaktliste stehen haben. Wenn sie ein PR-Programm starten, rufen sie zunächst die Leute auf dieser Liste an, um zu sehen, ob sie an der Geschichte, die wir für unseren Kunden »verkaufen« möchten, interessiert sind. Sie rufen diese Kontakte an, noch bevor sie an Mailinglisten aus Mediennachschlagewerken etwas schicken (zu diesem Thema komme ich weiter unten noch).

Denken Sie über Ihre persönliche Kontaktliste als Ihre »Hausdatenbank«. Genau so, wie Sie eine Liste der Kunden haben, bei denen Sie aus Direktmailings stets tolle Resultate erzielen, haben Sie eine Liste der Medien, bei denen es wahrscheinlicher ist, dass sie Ihre Pressemitteilung abdrucken, als bei anderen Redakteuren oder Produzenten.

 Benutzen Sie die Vorlage von der Dummies-Website, um jetzt Ihre eigene persönliche Kontaktliste anzulegen. Gibt Ihre regionale Industrie- und Handelskammer (IHK) ein Wirtschaftsmagazin für die Region heraus und sind Sie dort Mitglied? Setzen Sie das Magazin und den Redakteur auf Ihre Liste. Sind Sie Mitglied eines Industrieverbandes? Deren Newsletter sollte auf Ihrer persönlichen Liste stehen. Andere Medien, die Sie aufnehmen sollten, sind Ihre lokalen Zeitungen und Magazine.

Jedes Mal, wenn in irgendeinem Medium über Sie berichtet wird, sollten Sie den Namen des Redakteurs oder Produzenten herausfinden und auf Ihre Liste setzen. Der Journalist, der über Sie bereits berichtet hat, kennt Ihren Namen und wird daher etwaigen weiteren Presseunterlagen, die er von Ihnen bekommt, eher seine Aufmerksamkeit widmen. Denken Sie über den Journalisten wie über einen Kunden, der nach einem Direktmailing etwas von Ihnen gekauft hat. Dieser Kunde wird eher wieder etwas von Ihnen kaufen als ein Fremder von irgendeiner Adressenliste, der noch nie etwas von Ihnen gekauft hat.

Eine Medienliste entwickeln

Genau wie im Marketing gekaufte Adressenlisten benutzt werden, um bei Direktmailings die Kontaktanzahl zu erhöhen, sollten Sie Ihre Pressemailings auch an weitere Medien senden, die nicht auf Ihrer persönlichen Kontaktliste stehen.

Auch wenn diese Medienliste nicht einen so hohen Prozentsatz an Veröffentlichungen erzielen wird wie Ihre persönliche Kontaktliste, können Sie dennoch bedeutende Publicity erzielen. Und die Kosten, um einige Hundert oder selbst Tausend Medien in Ihr Mailing einzubinden, sind relativ gering.

Es gibt mehrere Möglichkeiten, wie Sie PR-Unterlagen an die Masse der verfügbaren Medien verteilen:

✔ Sie können sich ein Pressenachschlagewerk kaufen, wie zum Beispiel den *Stamm* (`www.stamm.de`), den *Zimpel* (`www.zimpel.de`), *Redaktions adress* (`www.media-daten.de`) oder den Medienplaner. Anschriften freier Journalisten finden Sie in den nach Branchen gegliederten *Kroll Taschenbüchern* (`www.kroll-verlag.de`). Kleine Datenbestände können Sie abschreiben, für Verteiler größeren Umfangs nutzen Sie besser die elektronischen Datenbanken der genannten Anbieter. Viele derartige Listen und Datenbanken werden jährlich oder halbjährlich aktualisiert, um sicherzustellen, dass die Informationen aktuell sind.

✔ Sie können Adressen kaufen: Einige Anbieter liefern Ihnen Adressaufkleber für Ihre Presseaussendung. Das spart Arbeit und Sie haben immer aktuelle Adressen. Eine Möglichkeit, die Sie vor allem dann bedenken sollten, wenn Sie nur sporadisch Pressemitteilungen versenden.

✔ Sie können Ihre Pressemitteilung von einem Mediendienst via Fax, Post oder E-Mail an die Medien verschicken lassen, die Sie auswählen. Das ist die einfachste und schnellste Verteilungsmethode. In Deutschland bieten diesen Service an: *news aktuell* (`www.information.newsaktuell.de`), *djd - deutsche journalisten dienste* (`www.djd.de`) und für den internationalen Nachrichtenmarkt *pr newswire* (`www.prnewswire.de`).

Wenn Sie Ihre eigene PR machen wollen, schlage ich vor, dass Sie mindestens eines der wichtigsten kaufen. Selbst wenn Sie sich entscheiden, Adressetiketten oder Mediendienste zu kaufen, sollten Sie ein derartiges Nachschlagewerk auf Ihrem Schreibtisch stehen haben, in dem Sie sich ein Bild von den verschiedenen Kategorien von Publikationen und Programmen machen können, aus denen Sie wählen können. Die angebotenen Daten sind unterschiedlich umfangreich und detailliert, damit auch unterschiedlich teuer. Entscheiden Sie sich für ein Angebot, das Ihrem Bedarf entspricht.

Die PR-Branche tritt mit den Medien über eine begrenzte Anzahl an Standard-Medienführern und Mailingdiensten in Kontakt, die auf der Website entsprechend aufgelistet sind. Diese Medienführer führen Tausende von Medien nach Kategorien geordnet auf, und die Mailingdienste schicken Ihre Pressemeldungen per Post, E-Mail oder Fax an dieselben Medien, ausgewählt nach denselben Kategorien.

PR-Unterlagen an die Medien verteilen

Sie können Ihr Material in verschiedenen Formaten an die Medien verteilen:

✔ **Post:** Die gute alte Post – das Verschicken Ihrer Pressemitteilungen in einem standardisierten Briefumschlag funktioniert noch immer. In der Tat werden Sie kaum einen Redakteur finden, der diese Methode *ablehnt*. Der Nachteil ist natürlich, dass diese Methode langsamer ist als elektronische Versendung, und dass es daher etwas schwieriger ist, die Auslieferung zeitlich genau zu bestimmen. Obwohl also der Postweg meist okay ist, werden Nachrichten und andere zeitabhängige Meldungen – insbesondere solche, die an einen Event gebunden sind – besser auf einem anderen Wege verteilt.

✔ **Expresspost oder Kurier:** Wenn die Pressemappe mehr enthält als ausschließlich Textdokumente und Sie die Wirkung maximieren möchten, können Sie sie per Express- oder Kurierpost verschicken, oder – bei lokalen Medien – per Kurier, auch wenn diese Methode offensichtlich sehr teuer ist. Wenn Sie eine besonders schöne oder beeindruckende Pressemappe haben und die Zeitfrage nicht so wichtig ist, benutzen Sie die Post; Kurierdienste, wenn der Zeitpunkt der Lieferung von entscheidender Bedeutung ist.

✔ **Fax:** Das Fax ist eine sehr beliebte Methode zur Versendung von Pressemitteilungen. Bei einem Faxmailing wird eine einzelne Pressemitteilung simultan an mehrere Medien versandt. Die Adressen der Versanddienste haben wir in diesem Kapitel bereits aufgelistet. Fast alle Radio- und Fernsehstationen akzeptieren es, Pressemeldungen per Fax zu erhalten, und die meisten Printmedien scheinen auch damit einverstanden zu sein. Die führenden Serviceleister zur Verteilung von Pressemitteilungen empfehlen das Fax als bevorzugtes Medium.

✔ **Internet:** Können Sie Ihre Pressemitteilungen per E-Mail versenden? Einige Redakteure lieben E-Mails, andere hassen sie. Ein Massenmailing einer Pressemitteilung über das Internet, das an Redakteure geht, die Sie nicht persönlich kennen, ist riskant. Fragen Sie die Redakteure, welche Methode sie bevorzugen und ob sie die Zusendung per E-Mail mögen. Tragen Sie die Präferenzen auf Ihrer persönlichen Kontaktliste ein.

Herr, erlöse uns von den E-Mails

Einer meiner Mitarbeiter versuchte einem Redakteur von den _The Dallas Morning News_ einen Artikel via E-Mail zu verkaufen, und zwar mit einem auf einem PC formatierten Dokument im Anhang. Er bekam eine strenge E-Mail zurück, dass er aus mehreren Gründen niemals eine E-Mail mit Anhang senden solle. Die E-Mails werden dann viel langsamer runtergeladen, was wertvolle Zeit des Redakteurs vergeudet. Und in diesem Fall konnte der Redakteur das Dokument nicht lesen, weil er nicht mit einem Windows- oder Mac-System arbeitete. Meiner Erfahrung nach ist die beste Methode, die Dokumente in den E-Mail-Text hinein zu kopieren. Sie verlieren die Formatierung, aber Sie beseitigen außerdem das Problem, dass der Empfänger den Anhang eventuell nicht lesen kann.

PR-Medien auswählen

Medienselektion bedeutet, unter den Medien auf Ihrer persönlichen Kontaktliste und von Mediendatenbanken (Mediennachschlagewerke oder Verteilerdienste) die Medien auswählen, an die Sie Ihre Pressemitteilungen und andere PR-Materialien schicken wollen.

Aufgrund der geringen Kosten pro Medienkontakt in der PR gegenüber der Werbung ist der Ausscheidungsprozess etwas unterschiedlich. In der Werbung kann das Schalten einer Anzeige Tausende Euro kosten – oder sogar Zehn- oder Hunderttausende Euro. Obwohl Sie also Ihre Anzeige in mehreren Publikationen unterbringen möchten, zwingt das Budget Sie dazu, nur die wenigen Medien auszuwählen, deren Abonnenten- oder Zuschauerprofile am direktesten mit Ihrem potenziellen Kundenstamm übereinstimmen. Sie denken auf der Grundlage Ihres begrenzten Budgets, mit dem Sie arbeiten müssen, restriktiv.

In der PR sind die Kosten per Medienkontakt buchstäblich lediglich die Porto-, Fax- oder E-Mail-Kosten, um die Pressemitteilung an den Kontakt zu schicken: etwa ein Euro pro Kontakt oder sogar weniger. Die physische Verteilung ist eine minimale Kostenkomponente, und weil beim Abdruck von Pressemitteilungen keine Gebühr erhoben wird, brauchen Sie für das Erscheinen Ihrer Geschichte nichts zu bezahlen.

 Wenn Sie also in der PR Medien selektieren, sollten Sie eher expansiv als restriktiv denken. Wenn Sie die Medienführer und den Markt studieren, um zu sehen, was es da draußen gibt, sollte Sie jede Publikation, die Ihren Zielmarkt in irgendeiner Weise zu erreichen scheint, in Ihre Liste aufnehmen, selbst wenn diese Medien Ihren Markt und Ihre Branche eher peripher berühren als zentral. Erinnern Sie sich an all die Publikationen, in denen Sie gerne inseriert hätten, aber aus Budgetgründen nicht konnten? Alle von ihnen sollten auf Ihrem Presseverteiler stehen, um Ihre PR-Unterlagen zu erhalten. PR ist eine tolle Möglichkeit, Publicity in den Medien zu erhalten, die Sie gerne angehen möchten, in denen Sie sich aber Anzeigen nicht leisten können.

Nehmen wir zum Beispiel einmal an, dass es fünf Zeitschriften rund um das Thema Aquarium gibt und 100 Zeitschriften, die in irgendeiner Weise das Thema Haustiere abdecken. Ein Aquarienhersteller mag es sich leisten können, in den beiden Aquarienzeitschriften mit der höchsten Auflage zu inserieren. Aber Aquarienliebhaber lesen auch andere Zeitschriften zum Thema Haustiere. Eine Pressemitteilung, die einen neuen Filter für Aquarien vorstellt, könnte ganz leicht und mit geringem Kostenaufwand an alle fünf Aquarienmagazine sowie die 100 weiteren Haustier-Zeitschriften verschickt werden und dadurch eine weitere Verbreitung erzielen, als mit bezahlten Anzeigen zu finanzieren gewesen wäre.

In der PR gilt für die Medienauswahl im Allgemeinen: »Im Zweifelsfall *nicht* streichen.« Wenn Sie denken: »Vielleicht *mögen* einige der Zuschauer dieses Programms an meinem Produkt interessiert sein«, dann sollten Sie dieses auf Ihren Presseverteiler aufnehmen. Im Zweifelsfall *schicken* Sie was. Selbst wenn nur ein Zuschauer dieser Show ein Kunde wird, dann war es doch die Briefmarke wert, oder?

Einen Bezug zum Thema, und wenn er nur locker ist, sollte Ihr Presseverteiler aber immer aufweisen. Stehlen Sie Ihren Ansprechpartnern in den Redaktionen nicht die Zeit mit Informationen, die für sie und ihre Leser ohne Bedeutung sind.

Die Presse zu einem Kunden machen

Ein gängiger Irrtum ist, dass zwischen PR und der Presse ein feindseliges Verhältnis besteht. Obwohl hierin auch ein kleines Körnchen Wahrheit steckt – einige Journalisten mögen PR-Leute wirklich nicht und bevorzugen es, nicht mit ihnen zusammenzuarbeiten, aber sie sind in der Minderheit. Die meisten Journalisten sehen PR-Leute als Quellen an, die ihnen Story-Ideas und Kontaktmöglichkeiten zu den Kunden bieten, die sie für ihre Artikel benötigen. Wenn Sie eine gute Informationsquelle sind, wird Ihre Beziehung zur Presse einen Gewinn für beide Seiten darstellen.

Als Partner in einer PR-Agentur sehe ich viele PR-Agenturen, die Fürsprecher für ihre Kunden sind. Das ist schön. Aber ich folge einem anderen Ansatz. Ich sehe meine Rolle nicht nur darin, meinen Kunden zu helfen, sondern auch der Presse bei deren Job zu helfen. Behandeln Sie die Presse als Kunden – einen Konsumenten Ihrer Information – und schneiden Sie dann die Information so zu, dass die Presse sie tatsächlich will und benutzen kann.

Wie Sie das tun? Ziemlich genau so, wie Sie auch die Bedürfnisse Ihrer Kunden erfüllen. Wenn ein Kunde nicht zufrieden ist beispielsweise, würden Sie ihn fragen, warum. Wenn ein Redakteur sagt, dass er kein Interesse daran habe, eine meiner Geschichten zu veröffentlichen, lege ich nicht den Hörer auf. Stattdessen frage ich ihn: »An welchen Geschichten haben Sie Interesse? Nach was suchen Sie?« Dann kann ich seine Präferenzen in meine persönliche Kontaktliste eintragen und mein nächstes Thema in einer Weise aufbereiten, wie es für ihn passt. Wenn ich beispielsweise eine Produkteinführung in die Presse bringen möchte und der Produzent die Geschichte ablehnt, weil sie keinen lokalen Bezug hat, kann ich einen Händler finden, der das Produkt in seiner Stadt anbietet, oder einen Konsumenten, der das Produkt in seiner Stadt benutzt, bevor ich ihn wieder anrufe. Als Ergebnis schickt der Produzent dann vielleicht sein Fernsehteam zu dem Laden, um einen kurzen Beitrag zu dem Produkt zu bringen und der Geschichte eine lokale Färbung zu geben.

 Wenn eine Publikation eine Geschichte über Sie veröffentlicht, sollten Sie dem Verfasser eine Notiz schicken und ihm sagen, wie sehr Ihnen der Bericht gefallen hat und welche Reaktionen Sie daraufhin erhalten haben. Ihre persönliche Notiz schmeichelt nicht nur dem Journalisten. Journalisten erfahren auch gerne, wie ein Artikel angekommen ist, denn es sagt ihnen, dass die Leute ihre Sachen tatsächlich lesen.

Wege, um sich im PR-Getümmel abzuheben

In Kapitel 6 gebe ich Ihnen meine Trickkiste an die Hand, wie Sie kreative PR-Kampagnen planen. Jetzt werde ich wiederum in diese Kiste greifen und einige meiner bevorzugten Techniken herausholen, wie Sie sich im PR-Getümmel mit Ihrer Öffentlichkeitsarbeit abheben.

Umzingelungsstrategie

Einige PR-Profis und Geschäftsleute nehmen irrtümlicherweise an, dass man einen Firmenchef nur über eine Titelstory im *Handelsblatt* erreicht oder dass ein Ingenieur der Chemiebranche eine Produkteinführung nur in »Chemie-Ingenieur-Technik« bemerkt.

Aber entsprechen diese Annahmen tatsächlich der Wirklichkeit? Lesen Sie ausschließlich Zeitschriften und Zeitungen, die sich auf Ihre Branche oder Ihre Geschäftsinteressen spezialisiert haben? Natürlich nicht. Sie lesen die Sportseiten oder die Comics. Sie beschränken Ihr Fernsehprogramm ebenfalls nicht auf Ihre beruflichen Interessen. Sie sehen die Nachrichten, Eurosport oder die Voxtours-Sendungen.

 Ich plane meine PR-Kampagnen natürlich so, dass alle Publikationen, die einen Markt oder ein Zielpublikum direkt ansprechen, enthalten sind. Aber dann weite ich sie aus, um andere Printmedien und Radio- oder Fernsehsender, die das Zielpublikum lesen, sehen oder hören könnte, mit einzubeziehen. Ich nenne dies die »Umzingelungsstrategie«, weil ich durch diesen Ansatz meine Zielpersonen mit

meiner Story und meiner Botschaft in verschiedenen Medien umringen kann. Die Botschaft kommt nicht nur an, sondern sie erreicht ihr Publikum auch durch verschiedene Publikationen, wodurch die Glaubwürdigkeit erhöht wird und die Botschaft einen stärkeren Eindruck hinterlässt.

Die Lektion der Umzingelungsstrategie lernte ich auf einem Flug, auf dem ich neben einem Chef eines großen Unternehmens saß. Als die Flugbegleiter Lesestoff verteilten, versuchte ich zu erraten, ob er die Wirtschaftswoche oder das Handelsblatt wählen würde. Aber er griff zur *Welt* und begann, zunächst die Lifestyle-Rubrik zu lesen. Als ich ihn dazu befragte, antwortete er, dies sei das Erste, was er jeden Tag lese, zu Hause oder im Büro.

Der, den man fragt

In Kapitel 10 spreche ich über das Versenden von Themenvorschlägen, um einen Vertreter Ihrer Firma (einen Mitarbeiter oder einen beauftragten Pressesprecher) als Experten in einer bestimmten Branche oder zu einem bestimmten Thema zu etablieren. Ich nenne diese Person »Der, den man fragt«, weil er oder sie die Quelle wird, die man zu einem bestimmten Thema als Erstes anspricht und zitiert.

Beate Uhse war »die, die man fragt«, wenn es um Sex geht. Marcel Reich-Ranicki ist »der, den man fragt«, wenn es um Literatur geht. Roland Berger ist der bekannteste deutsche Unternehmensberater, und in Finanzfragen hörte man auf den Rat von Börsenguru Andrè Kostolany.

 Jemanden aus Ihrer Firma als »den, den die Presse fragt« zu positionieren, ist eine hervorragende Möglichkeit, um das PR-Wirrwarr zu entzerren, denn wenn Sie die Quelle sind, an die sich Medien als Erstes wenden, werden sie – und nicht Ihre Konkurrenz – in Publikationen zu Ihrem Thema ständig zitiert. Zusätzlich dazu, dass Sie Ihre Publicity vervielfachen, wird dieser Vorteil Ihre Konkurrenz wahnsinnig machen.

Wie viele von Ihnen haben bemerkt, dass jemand aus Ihrer Branche in der Presse ständig zitiert wird, und sich beklagt: »Warum zitiert die Presse ständig immer ihn? Er weiß überhaupt nichts! Ich bin viel eher der Experte als er!« Wenn Sie »der, den man fragt« sind, werden Sie derjenige sein, den die Presse anruft, nicht derjenige, der sich beklagt, dass die Presse jemand anders angerufen hat.

Bieten Sie ein Exklusivrecht an

Wenn ich meine Geschichte in einer bestimmten Sendung oder einem bestimmten Medium platzieren möchte, biete ich ihnen das Exklusivrecht an. Das bedeutet, dass dieser Pressekontakt das Erstveröffentlichungsrecht für diese Geschichte bekommt. Wenn er akzeptiert, biete ich die Geschichte keiner anderen Publikation an, bis er sie veröffentlicht hat.

Die Vorteile sind zweifacher Art. Als Erstes erhöht das Exklusivrecht die Wahrscheinlichkeit, dass die Publikation meiner Wahl die Geschichte veröffentlicht, denn die Presse liebt es, Geschichten zu drucken, die noch nirgendwo anders zu lesen waren. Zweitens: Wenn ich durch ein Exklusivrecht in eine renommierte Publikation gelange, kann ich davon Kopien machen und diese beilegen, wenn ich nach der Erstveröffentlichung eine Pressemitteilung oder eine Pressemappe an andere Medien schicke.

Wenn die anderen Medien, insbesondere Radio oder Fernsehen, den Nachdruck sehen, werden sie die Geschichte höchstwahrscheinlich auch bringen. Der Grund: Der Abdruck in einer großen nationalen Publikation dient für diese Medien als Unterstützung der Story durch diese Medien. Redakteure und Produzenten sehen den Nachdruck und denken: »Wenn die *FAZ* das veröffentlicht hat, muss was dran sein.« Genauso wie Zeugnisse von Kunden Ihnen dabei helfen, Ihre Produkte an andere Kunden zu verkaufen, helfen Ihnen Zeugnisse renommierter Medien dabei, die Geschichte in anderen Medien unterzubringen.

Gehen Sie dahin, wo die Kameras sind

Wie ich an anderer Stelle in diesem Buch zeige, erzielten wir mit unserer Kampagne für einen Pizza-Lieferanten breite Fernseh-Publicity, als wir Pizzen an Steuerzahler verteilten, die auf dem Hauptpostamt in Manhattan in der Schlange warteten, um für ihre Einkommenssteuererklärung noch den Poststempel des 15. April zu erhalten.

Die Technik, die wir in dieser Kampagne benutzten, »Dahin gehen, wo die Kameras sind«, basiert darauf, dass es leichter ist, auf dem Rücken einer großen Geschichte oder eines Events huckepack zu reiten, über das die Presse bereits in einem Umfang berichtet, dass man sie dazu verlocken kann, Ihre Geschichte einzubeziehen. Wenn die Kameras bereits aufnehmen und Sie mit etwas hereinspazieren, an dem sie nicht vorbei können – wie im Falle der heißen, frischen Pizza – ist es so leicht, wie ein paar Zentimeter beiseite zu rücken, damit die Kameras einige Sekunden lang genau auf Sie draufhalten können. Und das ist wirklich alles, was nötig ist.

Nutzen Sie die Zeit zu Ihrem Vorteil

In Kapitel 7 erläutere ich die Idee, eine PR-Kampagne zu kreieren, die mit einem Feiertag, einem speziellen Event oder einem anderen signifikanten Kalenderdatum korrespondiert. Selbst wenn dies nicht der zentrale Dreh- und Angelpunkt Ihrer Kampagne ist, sollten Sie versuchen, ein Element der Zeitlosigkeit einzubauen. Wenn Sie beispielsweise eine Kampagne planen, um ein Nahrungsergänzungsmittel zu bewerben, dass Stress reduziert, warum nicht am 23. Dezember, dem letzten langen Einkaufstag vor Heiligabend, vor dem Kaufhof oder einem anderen großen Warenhaus Gratisproben verteilen? Oder in einer Mensa während der Prüfungswochen? Sie verstehen, worauf ich hinaus möchte.

Nachfassen: Der Medien-Blitz

Ich erkläre meinen Kunden, dass sie zwei Zutaten benötigen, um in der PR erfolgreich zu sein, und dass Pressekontakte zu haben nicht dazu gehört.

Die beiden Zutaten für den PR-Erfolg sind Kreativität und harte Arbeit. Ich stelle in anderen Kapiteln das Thema Kreativität vor, insbesondere in Kapitel 5 bis 7. Die harte Arbeit bezieht sich auf die Nachfassaktionen.

Viele Firmen versenden Pressemitteilungen ohne Nachfassaktionen; andere rufen nur eine oder zwei führende Publikationen der Branche an, um zu sehen, ob die Pressemitteilung angekommen ist und veröffentlicht wird. In unserer Agentur rufen wir mehr als eine oder zwei Publikationen an.

Wir rufen ausdrücklich jedes einzelne Medium an, dem wir die Presse-Unterlagen geschickt haben – und wir rufen mehrmals an. Warum? Nach meiner Erfahrung können Sie bei tausend Anrufen nicht daran vorbei, einige Platzierungen zu erzielen. Also machen wir die Tausend Telefonate – für jede Pressemitteilung, die wir verschicken. Und das zahlt sich aus. Je mehr Sie nachfassen, desto mehr Platzierungen bekommen Sie.

»Haben Sie die Unterlagen erhalten?«

Wenn Sie einen Redakteur oder Produzenten anrufen, sollte Ihre erste Frage lauten: »Haben Sie die Unterlagen erhalten, die ich geschickt habe?« Ungefähr die Hälfte wird nein sagen. Sie erinnern sich nicht daran, sie erhalten zu haben, oder haben sie verlegt. Schicken Sie die Mitteilung noch einmal per Fax oder E-Mail (fragen Sie, was der Redakteur bevorzugt) und fassen Sie dann später am Tag oder am nächsten Tag noch einmal nach.

Ihre ABC-Listen durcharbeiten

Ich habe eine Technik, wenn ich Geschichten an die Medien verkaufen möchte, die so einfach ist wie das ABC. Wenn Sie eine Liste von, sagen wir, 1.000 Kontakten haben, die Sie anrufen möchten, sollten Sie diese wie folgt in drei Gruppen – A, B und C – unterteilen:

✔ **A – die wichtigsten Publikationen:** Dies sind die Publikationen, deren Veröffentlichungen für Sie am wichtigsten sind – zum Beispiel die *Süddeutsche Zeitung (SZ)*, das *Handelsblatt*, der *Spiegel*, große Fernsehsender, Rundfunksendungen, angesehene Fachzeitschriften. Nehmen Sie hier die wichtigsten Medien auf, die Ihrer Firma bei Veröffentlichung viel Prestige und Glaubwürdigkeit einbringen. Diese Liste sollte wahrscheinlich etwa 50 bis 100 Namen umfassen.

✔ **B – die kleineren Publikationen:** Das sind kleine Medien, die Sie für Ihre PR-Kampagne nicht als unbedingt notwendig einschätzen. Es sind die unkritischsten Medien, deren Publicity für Sie nicht so viel zählt, wie Ihre wöchentlichen kostenlosen Lokalzeitungen, die jeder Einwohner einer Stadt automatisch erhält. Sie sollten etwa 25 bis 30 Namen auf dieser Liste haben.

✔ **C – die übrigen 900 oder mehr Namen:** Diese Liste enthält alle übrigen Medien.

Als Erstes rufen Sie die Kontakte der Gruppe B an, um Ihre Argumentation einzuüben. Benutzen Sie die Reaktionen der Redakteure, um Ihre »Verkaufstaktik« zu verfeinern, um das Feedback bei der nächsten Liste – A – zu verbessern. Wenn die Kontakte aus B beispielsweise die Geschichte nicht wollen, weil sie schon mal da gewesen ist, können Sie einen frischen Blickwinkel finden oder einen anderen Aufhänger, um diesem Einspruch zu entgegnen?

Als Nächstes rufen Sie die A-Leute an. Tun Sie alles in Ihrer Macht Stehende (abgesehen von Erpressung natürlich), um mindestens eine dieser Publikationen zu überzeugen, Ihre Geschichte zu bringen.

Nun rufen Sie die C-Leute an und lassen Sie von den renommierten Veröffentlichungen aus der A-Liste, die Sie erzielt haben, wissen. Die C-Medien werden von den großen Namen beeinflusst und werden Ihre Kampagne eher publizieren, wenn sie erfahren, dass »die Großen« diese ebenfalls unterstützen.

Brenzlige Situationen in der Pressearbeit

In einem Fall wurde ein PR-Kunde einmal von einer führenden Fachpublikation seiner Branche kontaktiert, die sagte, dass sie einen großen Bericht über ihn bringen würde, wenn er einen größeren Anzeigenauftrag erteilen würde. Außerdem sagte der Herausgeber, dass der Kunde einen noch größeren Artikel bekommen könnte, der sogar auf der Titelseite gebracht würde, wenn er zusätzlich zu dem Anzeigenauftrag noch eine Summe von mehreren Tausend Dollar bezahlen würde. Und das kam von einer der renommiertesten Fachpublikationen, die von den Lesern wegen der hervorragenden redaktionellen Arbeit und der Objektivität besonders geschätzt wird. Wenn die wüssten!

Wenn Sie in einer Kleinstadt leben, schauen Sie einmal in das kostenlose wöchentliche Anzeigenblatt. Dieses berichtet nicht harte Fakten per se, sondern verbreitet Neuigkeiten über Menschen und Organisationen in Ihrer Gemeinde, darunter auch über ortsansässige Firmen. Schicken Sie ihnen eine Pressemitteilung – sie werden sie abdrucken. Schalten Sie eine Anzeige, auch dann werden Sie in den redaktionellen Berichten über lokale Firmen und Ihre Dienstleistungen erwähnt.

Sollten Sie jemals die Initiative ergreifen und einen derartigen Handel vorschlagen, weil viele Publikationen im Austausch für harte Münzen redaktionelle Gefälligkeiten erweisen? Das sollten Sie *nicht* – zumindest nicht, wenn Sie mit Redakteuren und Herausgebern sprechen.

Sagen Sie *niemals* zu einem Redakteur: »Bitte drucken Sie meinen Artikel, dann schalte ich eine Anzeige« oder »Ich könnte einige Anzeigen in Ihrer Publikation schalten, wenn Sie meine Pressemitteilungen abdrucken und über unsere große Eröffnung berichten«. Derartige Angebote werden den Redakteur wahrscheinlich wütend machen. Sie setzen den Beruf des Journalisten herab, beleidigen den Redakteur persönlich und verlieren jede Chance, dass der Redakteur Ihr Material jetzt oder in der Zukunft benutzt.

Wenn eine Publikation redaktionelle Entscheidungen durch Anzeigen beeinflussen lässt, wird Ihnen das schnell klar, sobald jemand Ihnen einen entsprechenden Vorschlag unterbreitet. Dieser Vorschlag mag von dem Redakteur kommen, aber typischerweise kommt er von dem Herausgeber oder dem Anzeigenverkäufer, der sagt: »Schalten Sie bei uns eine Anzeige und ich werde dafür sorgen, dass Ihre Pressemitteilung veröffentlicht wird« oder das abgeschwächte Versprechen »Schalten Sie eine Anzeige bei uns und ich werde Ihre Pressemitteilung dem Chefredakteur persönlich auf den Tisch legen und mich dafür einsetzen, dass er sie druckt.«

Wenn Sie sich dazu entscheiden, das Thema Publicity im Gegenzug für Anzeigen anzuschneiden, sollten Sie dies mit dem Herausgeber oder Anzeigenverkäufer tun, nicht mit dem Redakteur. Sagen Sie so etwas wie: »Wenn ich diese Anzeigen bei Ihnen schalte, was können Sie dann redaktionell für mich tun?« Sie werden schnell herausfinden, ob und in welchem Maße die Anzeigenabteilung die Redaktion beeinflussen kann.

Das Radio einschalten

In diesem Kapitel

▷ Die Vorteile des Radios gegenüber anderen Medien

▷ Einen Beitrag in einer Radio-Sendung platzieren

▷ Sich auf das Interview vorbereiten

▷ Die Zuhörer beeindrucken, während Sie auf Sendung sind

▷ Einen Mitschnitt Ihres Interviews anfordern

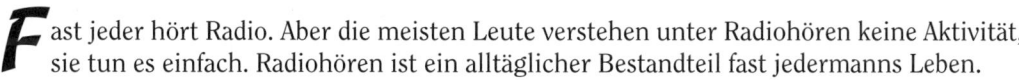

*F*ast jeder hört Radio. Aber die meisten Leute verstehen unter Radiohören keine Aktivität, sie tun es einfach. Radiohören ist ein alltäglicher Bestandteil fast jedermanns Leben.

»Während der Testphase unserer Befragung hatten die meisten Leute Schwierigkeiten damit, das Radiohören als Freizeitbeschäftigung anzusehen«, bemerkt John Crothers Pollock, Präsident der Firma *Research and Forecasts, Inc.* »Das Radio ist fest mit anderen Aktivitäten verbunden – Zähneputzen, zur Arbeit fahren, Spazierengehen. Radio wird eher als ein Teil einer Aktivität denn als einzelne Freizeitaktivität wahrgenommen. Es ist so weit verbreitet, dass es von anderen Aspekten des täglichen Lebens nicht mehr zu trennen ist.«

Hier sind einige weitere Fakten über das Radio und Radiowerbung aus dem *Internationalen Handbuch für Hörfunk und Fernsehen 2000/2001* (Hamburg: Hans-Bredow-Institut) und der *ARD/ZDF-Langzeitstudie Massenkommunikation 2000*: 1998 erreichte das Radio achtzig Prozent der deutschen Bevölkerung.

✔ Der Ottonormalverbraucher verbringt rund achteinhalb Stunden pro Tag damit, Medien zu sehen oder ihnen zuzuhören. Fast dreieinhalb Stunden lang hört er Radio.

✔ 82 Prozent der Erwachsenen hören Radio, während sie Autofahren.

✔ In den USA generiert das Radio mehr als andere Medien direkte Käufe. Mehr Verbraucher kaufen innerhalb einer Stunde nach dem Hören einer Radiowerbung Produkte als innerhalb einer Stunde nach dem Sehen eines Fernsehspots oder dem Lesen einer Zeitungs- oder Zeitschriftenanzeige.

Radio ist überall. Es kommt mit, wo andere Medien nicht mitkommen. Die Zeitspanne zwischen Empfang der Werbebotschaft und der Kauftätigkeit ist beim Radio am kürzesten: zwei Stunden im Falle eines Radiospots im Gegensatz zu 3 ½ Stunden im Falle eines TV-Spots und 3 ¾ Stunden im Falle einer Print-Anzeige in einer Zeitung und vier Stunden in einer Zeitschrift. Radio hat die schnellste Gewinnrate.

Amerikanische Studien zeigen, dass die selektive Qualität des Radios treue Hörer produziert hat. Diese Treue sichert den Werbern eine beständige Hörerschaft genau des Typs, auf den die Radiokampagne abzielt. Und die meisten großen Hersteller haben gemeinsame Radiospots, durch die der Hersteller den lokalen Werbern – ein Supermarkt, Zwischenhändler oder anderer Verteiler – einen Teil der Werbeausgaben rückerstattet.

Die Gelegenheiten, in eine Radiosendung zu gelangen, sind mannigfaltig. Es gibt in Deutschland mehr als hundert Radioprogramme.

Die Vorteile des Radios gegenüber anderen Medien

PR-Neulinge neigen dazu, sich in einem Maße auf Printmedien zu konzentrieren, dass Radio und TV fast ausgeschlossen werden. Als Resultat mögen die etwas gewiefteren PR-Profis eine Radio-Publicity für ihre Firma oder ihr Produkt erzielen, die ihre Wettbewerber nicht bekommen.

Tatsächlich macht es keinen Sinn, das Radio in Ihrer PR-Kampagne zu vernachlässigen, denn es bietet einige Vorteile gegenüber anderen Medien:

✔ **Wirtschaftlichkeit:** Radiowerbung ist preiswert in der Produktion, denn die Phantasie des Hörers – und nicht ein teurer Fotograf oder ein teures Filmproduktionsteam – stellt das Bild zur Verfügung. Und Radiozeit kostet pro tausend Kontakten (siehe unten) weniger als Zeitungen, Zeitschriften und Fernsehen. In diesem Kapitel zeige ich Ihnen natürlich, wie Sie mit PR kostenlos auf Sendung kommen, so dass die Kosten praktisch gleich null sind.

✔ **Auswahl:** Das Radio bietet eine breite Auswahl an Programmformaten, jedes auf ein bestimmtes Segment der Bevölkerung zugeschnitten. (Ich liste weiter unten in diesem Kapitel verschiedene Formate auf.)

✔ **Durchdringen des Marktes:** Das Radio erreicht nahezu 99 Prozent des Verbrauchermarktes.

✔ **Mobilität:** Das Radio kann Verbraucher fast überall erreichen, selbst am Ort des Kaufgeschehens, dem Point of Sale.

✔ **Unmittelbarkeit:** Werber können ihre Botschaft schnell und einfach ändern. Sie können schnell neue Werbespots auf Sendung bringen. Ein Spot kann geschrieben und aufgenommen werden oder noch am selben Tag live gelesen werden, falls nötig.

✔ **Flexibilität:** Radio ermöglicht es den Werbern tagsüber und in *der* Umgebung mit den Konsumenten zu reden, in der die Wahrscheinlichkeit einer Kaufreaktion am höchsten ist.

✔ **Aggressivität:** Radiowerbung kann selbst dann in das Bewusstsein des Hörers eindringen, wenn sein Interesse gering oder nicht vorhanden ist. Radio kann in das Bewusstsein eines anderweitig beschäftigten Hörers eindringen und eine Botschaft eindringlich rüberbringen. Haben Sie je erlebt, wie Ihnen ein Top-Ten-Hit nicht mehr aus dem Kopf ging? Der Grund dafür ist, dass Sie dem Song über das Radio ständig ausgesetzt waren.

✔ **Publikum:** Das Radio kann praktisch jedes Segment des Verbrauchermarktes erreichen, darunter Leute, die nicht regelmäßig Zeitung lesen (Teenager zum Beispiel). Es erreicht Zeitungsleser, die keine Einzelhandelsanzeigen lesen, weil sie keine regelmäßigen Kunden sind. Es erreicht potenzielle Geschäftskunden, deren Namen nicht auf Ihren Mailinglisten stehen oder keine Werbepost lesen. Und das Radio ermöglicht es Ihnen, Ihr Zielpublikum demografisch, psychografisch und geografisch genau zu bestimmen. Ein *Psychograf* beschreibt die psychologischen Charakteristiken eines Zielmarktes. Marktstudien zeigen beispielsweise, dass die Menschen aus den geburtenstarken Jahrgänge einen Hang zum Nostalgischen haben, also spricht es sie an, wenn Sie bei der Vermarktung Ihrer Produkte Sprecher und Bilder aus ihrer Jugend einsetzen.

Wir leben in einem Zeitalter elektronischer Informationen, in dem Leute weniger lesen und sehen und mehr hören. Daher ermöglicht Sendezeit im Radio und Fernsehen es Ihnen, zusätzliche Leute zu erreichen, die vielleicht keine Zeitung oder keine Zeitschriften lesen.

Ein anderer Vorteil ist, dass das Radio keine intensive Konzentration des Zuhörers erfordert. Sie können Radio hören, während Sie andere Dinge tun, was das Radio als Medium in der heutigen zeitbestimmten Gesellschaft besonders attraktiv macht.

Kosten pro tausend Kontakte

Die Kosteneffektivität von Werbemedien wird oft durch den *Tausenderkontaktpreis* zueinander in Beziehung gesetzt – die Kosten, die Sie für Anzeigenplatz oder Sendezeit pro 1.000 Abonnenten, Zuschauer oder Zuhörer aufbringen müssen. Beispiel: Wenn ein 30-sekündiger Radiospot auf einem Sender, der 100.000 Hörer erreicht, 500 Euro kostet, ist Ihr Tausenderkontaktpreis 500 Euro geteilt durch 100 oder 5 Euro.

Wen rufen Sie an? Auf Sendung kommen

Sie brauchen nicht berühmt zu sein, um Gast einer Radiosendung zu werden. Hunderte von Radiosendungen benötigen interessante und informative Gäste. Prominente erhalten jede Menge Sendezeit, aber zumindest ebenso viel Sendezeit geht an Leute, die, wie Sie, Kenntnisse eines speziellen Themas haben, das für ein bestimmtes Publikum von Interesse ist, und dieses Wissen auf interessante, unterhaltsame und klare Art und Weise kommunizieren können.

Radiosendungen sind ein hervorragender Weg, um Ihre Botschaft zu verbreiten, denn sie sind immer auf der Suche nach interessanten Gästen.

Um in eine Sendung zu kommen, beginnen Sie damit, den Produzenten zu kontaktieren, denn der entscheidet gewöhnlich, wer die Studiogäste sein werden, insbesondere bei größeren Sendern. Bei kleineren Sendern sind die Moderatoren oft ihre eigenen Produzenten und sind daher diejenigen, die Sie kontaktieren sollten.

Wie Sie sich ins Radio bringen

Wie gehen Sie vor, wenn Sie sich selbst als potenziellen Gast präsentieren wollen? Hier sind einige Richtlinien:

✔ Fassen Sie sich kurz. Wie in jedem Verkaufsgespräch sagen Sie zunächst, wer Sie sind und warum Sie anrufen und geben einen Grund dafür an, warum die Person Ihnen zuhören sollte – warum Sie als Gast für die Sendung in Frage kommen. Am besten können Sie einen Produzenten überzeugen, dass Sie gut in seine Sendung passen, wenn Sie sich mit dem Programm auskennen. Schalten Sie Ihr Radio ein und hören Sie sich die Sendung mehrmals an, bevor Sie anrufen. Ein Radioproduzent wird Sie eher buchen, wenn Sie nicht nur eine gute Story mitbringen, sondern auch ein guter Gast sind, ein Zuhörer oder sogar ein Fan. Weitere Tipps, wie Sie den Produzenten Ihre Story verkaufen, finden Sie in Kapitel 14 über Fernseh-PR (die Techniken sind sehr ähnlich).

✔ Geben Sie nicht vor, ein Publizist zu sein. Wenn Sie für sich selbst anrufen, sagen Sie das. Versuchen Sie nicht, zu über-beeindrucken oder übertreiben, und lügen Sie nicht. Produzenten erkennen einen Blender sofort.

✔ Wenn der Produzent nicht interessiert ist, danken Sie ihm für seine Zeit, legen auf und rufen den Produzenten der nächsten Sendung an, in der Sie sich präsentieren möchten. Argumentieren Sie nicht mit einem Produzenten, der nicht interessiert ist, und versuchen Sie nicht zu beweisen, dass Sie ein guter potenzieller Gast sind; Produzenten wissen, wonach sie bei einem Gast suchen. Bitten Sie Produzenten, die sie ablehnen, auch nicht danach, Sie an eine andere Sendung weiterzuleiten oder zu empfehlen; sie sind nicht dazu da, Ihre Publizisten zu sein.

✔ Es ist unwahrscheinlich, dass Sie über das Telefon eine Zusage für eine Sendung bekommen. Produzenten, die Interesse haben, werden Sie bitten, ein Informationspaket über sich und das Thema zu schicken. Diese Pressemappe kann Pressemitteilungen enthalten, eine persönliche Biografie, Referenzen, Nachdrucke von Artikeln, die von Ihnen oder über Sie geschrieben wurden, eine Probe Ihres Produktes und auf einem Extra-Blatt eine Liste mit zehn bis fünfzehn vorgeschlagenen Fragen, die der Moderator Ihnen über das Thema stellen könnte. Zusätzlich können Sie eine Liste früherer Radio- oder Fernsehauftritte beilegen (mit Namen der Sendung, des Senders, Datum und Thema). Ich empfehle auch eine Hörkassette oder ein Video von jüngeren Medienauftritten beizulegen, wenn sie gut waren.

Hartnäckiges Nachfassen hilft, die Erfolgsrate zu erhöhen. Presseleute sind beschäftigt. Wenn Sie in die Sendung wollen, geben Sie nicht nach. Fassen Sie nach Ihrem ersten Kontakt am Telefon mit einem zweiten Anruf nach, und mit einem Schreiben. Wenn diese Aktion noch nicht hilft, schicken Sie einen anderen Brief, in dem Sie sagen, dass Sie weiter in Kontakt bleiben, weil das Thema wichtig ist. Und dann bleiben Sie in Kontakt. Schicken Sie Clippings aus Printmedien, die über Sie berichten, Pressemitteilungen und Artikel, die Sie geschrieben haben. Denken Sie immer daran: Eine Sendung kann Ihnen leicht die Aufmerksamkeit von Millionen Menschen einbringen, die das, was Sie verkaufen, kaufen können. Was Sie suchen – Publicity – ist wertvoll. Und Sie müssen arbeiten, um diese zu bekommen.

Ein erreichbarer Experte sein

Eine wichtige Zutat, um in jedem beliebigen Medium Publicity zu bekommen, aber insbesondere im Radio, ist es, erreichbar, flexibel und zuvorkommend zu sein. Wenn der Produzent anruft und sagt: »Wir haben Ihr Material erhalten und sind daran interessiert, Sie im Mittagsmagazin auf WDR 2 zu haben – sind Sie einverstanden mit dreizehn Uhr am Donnerstag?«, sagen Sie ja. Räumen Sie den Medien oberste Priorität ein und akzeptieren Sie den ersten vorgeschlagenen Termin, es sei denn, Sie können unter keinen Umständen. Wenn Sie schwierig sind, schwer zu bekommen und mit jedem vorgeschlagenen Termin ein Problem haben, wird der Produzent ungeduldig und sagt: »Trotzdem vielen Dank!« und ruft den nächsten Kandidaten aus seinem Stapel mit Hunderten von Pressemappen an.

 Auch wenn Produzenten generell Ihre Gäste gut behandeln, empfehle ich, dass Sie sich so verhalten, als ob die Produzenten Ihre Geschäftskunden wären: Sie existieren, um deren Bedürfnisse zu erfüllen, nicht anders herum. Diese Haltung erzielt Resultate.

Seien Sie erreichbar – jederzeit

Ein Kollege von mir hat den Grundsatz, für die Presse 24 Stunden am Tag erreichbar zu sein, sieben Tage in der Woche – und es funktioniert: Er erzielt jeden Tag im Jahr eine Presseplatzierung oder Interview. Er sagt, dass er einmal um vier Uhr morgens von einem Produzenten einer Late-Night-Radiosendung einen Anruf erhalten habe. Der geplante Gast war nicht zu erreichen und der Produzent fragte meinen Freund, ob er für das Interview einspringen könne.

»Wann?«, fragte mein Kollege schläfrig.

»Jetzt gleich!«, bettelte der Produzent panikartig. Mein Kollege willigte ein und führte das Interview von seinem Bett aus, von dem Telefon auf seinem Nachttisch.

Sich auf die Sendung vorbereiten

Sie sind eingeladen worden, Gast einer Radiosendung zu sein. Was jetzt? Gehen Sie nicht unvorbereitet. Bereiten Sie sich folgendermaßen vor, und Ihr Auftritt wird glatter vonstatten gehen und erfolgreicher für Sie sein:

✔ Machen Sie sich mit der Sendung, in der Sie auftreten werden, vertraut. Kennen Sie den Namen des Moderators und seine Art der Interviewführung, das Format der Sendung und was von Ihnen erwartet wird. Lernen Sie die Eigenheiten des Moderators kennen, so dass Sie Überraschungen und potenzielle Blamagen vermeiden können (wenn Sie beispielsweise ein Buch über liberale Politik geschrieben haben und nicht wussten, dass der Moderator stockkonservativ ist).

✔ Lernen Sie das Publikum kennen – wer hört die Sendung? Fragen Sie den Produzenten oder die Kontaktperson in der Anzeigenverkaufsabteilung nach einer Pressemappe. Pressemappen, die für potenzielle Anzeigenkunden erstellt wurden, geben gewöhnlich Aufschluss über Publikumsdemografien wie Alter, Einkommen, familiärer und finanzieller Status.

✔ Nehmen Sie jede Gelegenheit wahr, Ihr Erscheinen bekannt zu machen. Wenn Sie in einer populären Radiosendung in Berlin erscheinen, sollten Sie Ihre in Berlin ansässigen Kunden anrufen und es sie wissen lassen.

✔ Proben Sie die Antworten auf alle möglichen Fragen, die Ihnen gestellt werden könnten – nicht nur die, die auf der von Ihnen erstellten Liste stehen.

✔ Sie sollten vorab wissen, was Sie erreichen und welche Botschaften Sie rüberbringen wollen. Üben Sie, diese in kurzen Sätzen zu formulieren, die Sie in das Gespräch überall einflechten können, falls der Moderator Ihnen keine Fragen stellt, deren Antworten diese Statements direkt zulassen.

✔ Wenn Sie in einer Sendung sind, in der Hörer anrufen, können Sie zwei oder drei Freunde bitten, mit vorbereiteten Fragen anzurufen. Diese Anrufe können die Dinge ins Rollen bringen, Ihnen die Peinlichkeit einer toten Leitung ersparen (wenn niemand anruft) und sicherstellen, dass Sie die zwei oder drei Fragen beantworten können, über die Sie unbedingt reden möchten.

✔ Halten Sie Ihre gebührenfreie oder anderweitige Telefonnummer und Ihre Postanschrift bereit.

✔ Nehmen Sie jegliche Unterlagen mit, auf die Sie sich eventuell beziehen möchten. Wenn Sie ein Autor sind, sollten Sie beispielsweise ein Exemplar Ihres Buches mitbringen. Wenn Sie Ihre Meinung mit Fakten und Statistiken unterstreichen möchten, aber kein besonders gutes Gedächtnis haben, können Sie sich die wichtigsten Fakten auf handliche Karteikärtchen notieren.

✔ Bringen Sie ein kostenloses Handout, einen speziellen Report, eine Broschüre oder den Nachdruck eines Artikels, das Sie Anrufern oder Zuschauern als Giveaway mitgeben können. Dieser »Köder« enthält Informationen, die eines oder mehrere der in der Sendung diskutierten Themen näher erläutern. Ein derartiger Köder kann den Unterschied bedeuten zwischen enormen und minimalen Reaktionen auf einen Auftritt in einer Radiosendung.

✔ Arbeiten Sie an einer Definition dessen, was Sie tun, und fassen Sie alles in einem einzelnen kurzen Satz zusammen. Zum Beispiel: »Mein Unternehmen hilft Geschäftsleuten, ihre Schreibfähigkeiten zu verbessern.«

Bei Radiosendungen im Studio sollten Sie frühzeitig losfahren. Dies ist ein Interview, bei dem Sie auf keinen Fall zu spät kommen können. Ein Kunde kann immer warten, aber eine 11-Uhr-Sendung muss um 11 Uhr anfangen, ob Sie da sind oder nicht. Wenn die Sendung um 11 Uhr anfängt, wurden Sie für 10 Uhr bestellt. Bei normalem Verkehr benötigen Sie eine Stunde und daher denken Sie vielleicht, Sie sollten um 9 Uhr losfahren. Ich empfehle Ihnen, um 8 Uhr, spätestens um 8.15 Uhr zu fahren – für alle Fälle. Nichts ist unangenehmer, als um 10.45 Uhr im Stau zu stehen, wenn Sie um 11 Uhr auf Sendung gehen sollen. Glauben Sie mir. Ich spreche aus Erfahrung.

Büffeln Sie Ihr Thema

Verbringen Sie einige Zeit damit, Ihr Wissen über ein Thema aufzufrischen, bevor Sie auf Sendung sind. Ein Radio-Auftritt ist die ultimative Herausforderung, bei der Sie sich aus dem Stegreif etwas überlegen müssen. Egal, wie gut Sie vorbereitet sind, Anrufer und Moderator werden Fragen über spezifische Situationen stellen, auf die Sie sofort und auf der Stelle antworten müssen und ohne Zögern innerhalb von 30 bis 60 Sekunden klar strukturiert Stellung beziehen müssen.

 Verbringen Sie einen Abend damit, Ihre Pressemitteilungen, Pressemappe, Buch, Broschüre, Zeitungsausschnitte, Jahresbericht oder welches Material auch immer die Basis für Ihr Thema bildet, zu lesen. Machen Sie Notizen über interessante Highlights und notieren Sie wichtige Fakten und Zahlen auf einigen Karteikarten oder einem Blatt Papier. Nehmen Sie dieses Material mit. Sie können es studieren, während Sie auf Ihren Auftritt warten und während der Sendung darauf zurückgreifen, ohne dass die Zuhörer wissen, dass Sie einen Spickzettel benutzen.

Eine Themenliste zusammenstellen

Programmdirektoren und Moderatoren sind beschäftigte Leute und haben oftmals nicht die Zeit, Ihr Material zu lesen, Ihre Pressemappe zu studieren, Ihre Hausaufgaben zu erledigen und Fragen an Sie vorzubereiten. Daher werden Sie es zu schätzen wissen, wenn Sie ihnen eine Liste der Themen zukommen lassen, zu denen Sie kompetent Auskunft geben können.

Achtung: Sie sollten auf keinen Fall schon die Fragen für den Moderator vorformulieren. Dann fühlt er sich in seiner Journalistenehre gekränkt.

Das Zusammenstellen dieser Themen-Liste mag nach einer Menge Arbeit klingen, aber es ist zu Ihrem eigenen Vorteil, wenn Sie es zusammen mit der Pressemappe vorab zuschicken. Indem Sie die Themen nennen, können Sie das Interview gestalten und sicherstellen, dass Ihre inhaltlichen Schwerpunkte während Ihres Auftritts diskutiert werden.

Zuhause auf Sendung

Im Falle eines Telefon-Interviews, das Sie von zu Hause aus oder in Ihrem Büro führen, sollten Sie für absolute Ruhe und Ungestörtheit während des Interviews sorgen. Unterbrochen zu werden ist unprofessionell und gewährleistet, dass man Sie nicht wieder einladen wird, und kann dafür sorgen, dass Sie die Fassung und den Faden verlieren. Hängen Sie ein »Nicht stören«-Schild an die Tür – ein großes mit großen, dicken Buchstaben. Lassen Sie andere wissen, dass Sie ein Radio-Interview über Telefon führen werden und Sie unter keinen Umständen gestört werden können.

Schalten Sie die Anklopffunktion an Ihrem Telefon aus oder lassen Sie sich von jemandem anrufen, um die zweite Leitung zu blockieren und so zu verhindern, dass während des Interviews nervende Anklopfzeichen ertönen. Wenn in Ihrem Büro oder Haus andere Telefone in Hörweite klingeln könnten, hängen Sie diese bis nach dem Interview aus.

 Schalten Sie Ihr Radio aus. Sie können nicht per Telefon in einer Radiosendung sprechen und gleichzeitig zuhören.

Stellen Sie außerdem sicher, dass ein Glas Wasser bereitsteht und die Klimaanlage oder Heizung nicht zu hoch gestellt sind. Sie wollen sich wohl fühlen, bevor es losgeht, denn wenn das Interview einmal begonnen hat, können Sie nicht aufstehen und den Thermostat anders einstellen. Auch hier gilt: Bereiten Sie sich gut vor. Finden Sie heraus, ob das Interview live gesendet oder aufgezeichnet wird, wie lang es sein sollte, was genau das Thema ist.

Während des Interviews einen guten Eindruck hinterlassen

Im Radio zu sprechen ist nicht dasselbe wie eine Verkaufspräsentation in Ihrem Ausstellungsraum oder während eines Kundenbesuchs. Die wichtigsten Unterschiede: (1) Ihre Redezeit ist im Radio durch vom Produzenten festgelegte Sendesequenzen strikt begrenzt und (2) die Zuhörer bevorzugen knackige und exakte Antworten und verlieren das Interesse, wenn Sie langatmig reden.

Unter der Berücksichtigung all dieser Punkte sind hier einige allgemeine Tipps, um Ihrem Radioauftritt zum Erfolg zu verhelfen:

✔ Wenn Sie eine Frage gestellt bekommen, formulieren Sie die Frage erneut, bevor Sie antworten.

✔ Fassen Sie sich kurz. Nach 20 bis 30 Sekunden beantworten Sie wahrscheinlich mehr, als Sie gefragt wurden. Wenn Ihre Antwort länger dauert, sollten Sie sie zusammenfassen.

✔ Setzen Sie Humor ein, aber erzählen Sie keine Witze. Kurze Anekdoten sind sehr effektiv.

✔ Erweisen Sie sich als Experte, indem Sie Ihre Aussagen mit Fakten untermauern.

✔ Setzen Sie dramatische Statistiken und Resultate ein, um die Aufmerksamkeit des Publikums zu fesseln.

✔ Antworten Sie mit mehr als ja oder nein. Machen Sie spezifische Aussagen und benutzen Sie Beispiele, um jedes Statement zu unterlegen.

✔ Kommen Sie nicht steif rüber. Seien Sie locker und lassen Sie Ihre Persönlichkeit während des Interviews durchscheinen.

✔ Benutzen Sie Namen – der Person, die Sie interviewt, und der Anrufer in der Sendung. Nehmen Sie später in der Sendung mit Namen auf frühere Anrufer Bezug.

✔ Seien Sie positiv und zeigen Sie Begeisterung und Überzeugung.

✔ Wiederholen oder paraphrasieren Sie niemals schädigende Fragen eines Anrufers. Es ist okay, eine Frage, die auf falschen Fakten oder Annahmen beruht, zu unterbrechen.

✔ Beenden Sie jeden Abschnitt mit Optimismus, indem Sie die Vorteile zusammenfassen, die man durch Ihren Rat oder die Nutzung Ihres Produkts erfährt.

Die Grenzen Ihres Expertentums bestimmen

Der Moderator und die Zuhörer erwarten, dass Sie auf Ihrem Gebiet ein Experte sind; daher wurden Sie eingeladen. Ein Teil des Expertentums ist es, zu wissen, wie weit Ihr Fachwissen geht und wo es endet. Diese Ehrlichkeit beeindruckt Moderator und Zuhörer, statt sie abzustoßen. Ich habe zwei spezifische Strategien, um Fragen zu bewältigen, die mich aus der Balance werfen und auf die ich aus dem Stegreif keine gute Antwort habe:

✔ **Lehnen Sie es ab, die Frage zu beantworten, weil sie außerhalb Ihres Fachgebiets liegt.** Während eines Radio-Auftritts beispielsweise, in dem ein Experte über effektive Verkaufstechniken sprach, fragte ein Anrufer nach der Organisation einer Verkaufsabteilung und nach Anreizsystemen zur Belohnung von Verkäufern, die mit bestehenden Kunden wiederholt Geschäftsabschlüsse erzielen. Der Experte antwortete sofort: «Herr Müller, es tut mir Leid, mein Fachgebiet sind Verkaufstechniken, nicht die Organisation von Verkaufsabteilungen. Darüber weiß ich nichts und ich habe keine Idee, wie man Verkäufer belohnt. Sie könnten versuchen, Kollegen zu fragen, die in anderen Firmen Ihrer Branche als Sales Manager tätig sind.«

✔ **Oder sagen Sie: »Ich weiß jetzt keine Antwort auf diese Frage, Herr Rosenbaum, aber wenn Sie mich morgen in meinem Büro anrufen, können wir gerne ausführlicher darüber sprechen. Ich werde das recherchieren und eine Antwort für Sie haben oder Ihnen jemanden nennen, der mehr darüber weiß. Herr Moderator, darf ich Herrn Rosenbaum meine Büronummer geben?«** Diese Methode demonstriert, dass Sie eine hilfsbereite Informationsquelle sind, und bewahrt Sie davor, alles wissen zu müssen.

Asimov, der Experte

Der verstorbene Isaac Asimov, fleißiger Autor von mehr als 400 Büchern über Wissenschaft, Geschichte, Literatur und andere Themen, erzählt in seinem Buch *Opus 100* eine amüsante Geschichte über die Erwartungen der Medien an einen Experten. Sein Verleger brachte ihn in eine Radiosendung, um sein neuestes Buch, *Das menschliche Gehirn,* zu präsentieren. Als der Interviewer ihm eine Frage über das Gehirn stellte, antwortete er: »Das weiß ich nicht.«

»Was meinen Sie damit, Sie wissen das nicht?«, fragte der Interviewer. »Sie haben ein Buch über das menschliche Gehirn geschrieben!«

»Ja«, antwortete Asimov, »aber ich habe Hunderte Bücher über mehr als ein Dutzend Themen geschrieben, und ich kann nicht ein Experte auf all diesen Gebieten sein. Ich weiß nur das, was in dem Buch steht, und tatsächlich kann ich mich selbst da nicht an alles erinnern!«

Verzweifelt fragte der Interviewer: »Also sind Sie überhaupt kein Experte?«

»Oh, ich bin ein Experte für eins«, sagte Asimov.

»Wofür?«, fragte der Moderator.

»Ein Experte zu sein«, antwortet Asimov. »Möchten Sie darüber reden?«

Der Moderator lehnte dankend ab.

Überraschungen elegant begegnen

Gast einer Radiosendung zu sein, ist nicht immer eine Gewinn bringende Situation. In die Sendung eingeladen zu werden, sich auf die Sendung vorzubereiten und das Interview zu machen, nimmt eine Menge Zeit und Mühe in Anspruch. Für kleine Unternehmen ist Zeit Geld.

Sie machen Publicity nicht zum Spaß oder wegen der Ehre, sondern um Ihr Produkt bekannt zu machen, Anfragen zu generieren, Wahrnehmung und Ruf zu stärken und Umsätze und Gewinne zu steigern. (Zumindest ist das meine Motivation.)

Wenn Sie also durch all diesen Aufwand durch sind und der Auftritt sich nicht positiv auswirkt, werden Sie sich vermutlich ärgern. Aber zeigen Sie das nicht! Stattdessen sollten Sie die Situation elegant bewältigen: Schreien oder beklagen Sie sich nie und sorgen Sie immer dafür, dass die Leute einen positiven Eindruck von Ihnen bekommen. Dieses positive Verhalten erhöht Ihre Chancen, weitere und bessere Gelegenheiten für Medienauftritte zu bekommen. Negatives Verhalten wird Ihnen den Ruf einer schwierigen Person einbringen und die Presse wird Sie zu meiden suchen.

Die meisten Medienauftritte gehen gut, aber es gibt einige Horrorgeschichten. Ein Freund fuhr einmal zwei Stunden lang durch wolkenbruchartigen Regen, um in einer Radiosendung aufzutreten. Und als er ankam, saß ein anderer Gast als Interviewpartner im Stuhl. »Hoppla«, sagte der stellvertretende Programmdirektor daraufhin. »Ich muss vergessen haben, mir nach unserem letzten Gespräch eine Notiz zu machen, und ich habe wohl vergessen, Sie einzuplanen. Können Sie nächste Woche noch einmal kommen?«

Eine andere Horrorgeschichte erlebte mein Freund Richard Armstrong. Er war begeistert, als sein Verleger ihn in die *Bob Grant Show*, eine populäre Sendung in der Region um New York City, vermitteln konnte, um über sein neues politisches Buch *The Next Hurrah* zu sprechen. Als er im Studio eintraf, musste er leider feststellen, dass er nicht der einzige Gast war. Ein anderer Autor würde ebenfalls Gast in der Sendung sein. Dieser andere Autor war der gefeierte George Plimpton, und was noch schlimmer war: Plimpton hatte gerade ein Buch über Baseball veröffentlicht und wollte über Baseball sprechen, nicht über Politik. Die Show machte keinen Sinn mit einem Plimpton, der über Baseball sprach, und Grant und Armstrong, die über Politik sprachen (wobei Plimpton ebenfalls Kommentare über Politik abgab, aber mit klar erkenntlichem Widerwillen). Aber Armstrong trat wie ein Profi auf, das heißt, er beklagte sich nicht und sprach während der Sendung über sein Thema, so gut er konnte und so viel, wie der Moderator ihn ließ.

Keine Schleichwerbung auf Sendung

Einige Experten raten Ihnen, während der Sendung Ihr Produkt oder Ihre Dienstleistung so viel wie möglich zu nennen. Ich bin da anderer Meinung. Die Zuhörer möchten nichts über Ihr Buch, Ihr Video oder Ihre Buchhaltungsfirma hören; sie möchten Lösungen auf drängende Probleme. Statt also über sich selbst, Ihr Produkt oder Ihre Dienstleistung zu sprechen, sollten Sie sich auf die Hörer konzentrieren – was diese brauchen, was sie wollen und was ihre Probleme und Bedenken sind.

Mein Co-Autor Bob Bly war beispielsweise kürzlich Gast einer Reihe von Radiosendungen, um sein Buch *Dienstleistungen verkaufen: Bewährte Strategien zur Kundengewinnung* vorzustellen. Mehrmals sagte der Moderator: »Erzählen Sie uns von Ihrem Buch, Herr Bly.«

Er antwortete: »Ich würde gerne mehr über mein Buch reden, Herr Moderator. Aber was ich noch wichtiger finde, ist den Zuhörern die Angst vor Kalt-Akquise am Telefon zu nehmen und ihnen zu sagen, wie sie den Einwänden potenzieller Kunden begegnen, wie sie sich beim Verkaufen sicherer fühlen und bessere Ergebnisse erzielen. Also, ein Aufruf an alle Hörer, die uns da draußen empfangen: Rufen Sie an, dann gehen wir eine bestimmte Verkaufssituation gemeinsam Schritt für Schritt durch und finden direkt über das Telefon eine Lösung!«

Die Moderatoren liebten diesen Ansatz, genauso wie auch die Hörer. Bob kreierte eine viel interessantere und nützlichere Sendung, indem er mit den Hörern arbeitete, als ob sie Kunden seien, statt zu sagen »mein Buch dies« und »mein Buch das«, wie dies 99 Prozent aller Autoren tun. Und was war mit der Werbung für das Buch? Kein Problem: Der Moderator erledigte das für ihn; weil er von den Tipps und Informationen begeistert war und den Hörern helfen wollte, mehr davon zu bekommen.

Die Vorteile waren zweifacher Art: Einmal kam Bob als glaubwürdiger und respektabler Experte rüber, nicht als egoistischer Autor, der seinen Hörern nur ein Buch verkaufen wollte. Zum anderen war es viel effektiver, dass der Moderator den Hörern das Buch empfahl und ans Herz legte, als wenn der Autor dies selbst getan hätte. So kam der Tipp von einer objektiven dritten Person.

 Radio ist warm und intim. Sie müssen das, was Sie wissen, personifizieren. Versuchen Sie Ihre Zuhörer zu erreichen, direkt als Freunde zu ihnen zu sprechen, vollkommen ehrlich, als ob Sie sich mit ihnen unterhalten. Die Tatsache, dass Sie Ihre Hörer nicht sehen, ist irrelevant. Die Hörer müssen die Kraft Ihrer Persönlichkeit spüren.

Eine Aufnahme Ihres Auftritts anfordern

Wann immer möglich, versuchen Sie eine Aufnahme jedes Radio- oder Fernsehauftritts zu erhalten. Diese Aufnahmen haben mehrere Verwendungen:

✔ Sie können sie dazu benutzen, Produzenten anderer Radio- oder Fernsehsendungen davon zu überzeugen, dass Sie ein guter Gast sind – unterhaltsam, angenehm, intelligent, informativ, mit Informationen, die das Publikum interessieren. Produzenten sind etwas zögerlich, Gäste zu buchen, die Experten sind, aber keine oder wenig Erfahrung mit Radio oder Fernsehen haben. Die Aufnahme eines guten Auftritts kann diesem Zögern begegnen.

✔ Das Anhören dieser Aufnahmen kann Ihnen dabei helfen, Ihren Auftritt zu verbessern, so dass Sie beim nächsten Mal besser sind.

✔ Sie können die Aufnahmen als Marketing-Kommunikationsmittel einsetzen. Wenn Sie beispielsweise ein Berater sind, der sich auf Qualität spezialisiert hat, und Sie in einer Radiosendung über Qualität diskutiert haben, können Sie Kopien der Aufnahme machen und diese an Kunden und mögliche Kunden schicken.

✔ Sie können Ihren Eltern eine Kopie geben. Sie werden begeistert sein. (Die überzähligen Kopien gehen an Onkel Friedrich und Oma Ella.)

 Wie erhalten Sie eine Aufnahme? Vor dem geplanten Interview rufen Sie den Produzenten an und sagen: »Darf ich Sie um einen Gefallen bitten? Ich würde mich sehr freuen, wenn ich eine Aufnahme der Sendung bekommen könnte. Wenn ich Ihnen einen Scheck schicke, würden Sie mir dann die Sendung aufnehmen und zuschicken? Falls das nicht geht, ist das natürlich auch kein Problem.« Die meisten werden einwilligen und Ihnen das Band außerdem nicht in Rechnung stellen (aber Sie sollten immer anbieten, dafür zu zahlen). Andere bitten um einen (meist kleinen) Beitrag zur Deckung der Kosten für Kopie und Versand der Aufnahme.

Besser ist immer ein Originalband des Studios (weil damit die weiteren Kopien eine bessere Qualität haben), Sie können die Sendung aber auch mit dem Kassettenrekorder selbst aufnehmen.

PR ins Fernsehen bekommen

In diesem Kapitel

▶ Wie sich PR fürs Fernsehen von PR für Printmedien unterscheidet

▶ Fernsehsendungen auswählen

▶ Material für Ihre Fernseh-Pressemappe zusammenstellen

▶ Ihre Story an Produzenten verkaufen

▶ Fernseh-Publicity mit einem kleinen Budget erzielen

*L*aut *Television Bureau of Advertising* ist das Fernsehen für 69 Prozent der Amerikaner die bevorzugte Nachrichtenquelle, und damit auf Platz 1 vor Zeitungen, die nur von 37 Prozent der Befragten als primäre Nachrichtenquelle angegeben wurden. Vielleicht noch erstaunlicher ist die Tatsache, dass die Amerikaner das Fernsehen als glaubwürdigste Nachrichtenquelle einschätzen: In einer Umfrage sagten 53 Prozent der Amerikaner, dass sie dem Fernsehen am ehesten glauben würden, wenn sie aus unterschiedlichen Medien widersprüchliche Aussagen erhalten würden. Nur 23 Prozent hingegen sagten hier, sie würden den Zeitungen eher vertrauen. Die Langzeitstudie *Massenkommunikation* von ARD und ZDF stellte fest, dass die Deutschen am Tag mehr als drei Stunden vor dem Fernseher verbringen. Fast 100 Prozent der deutschen Haushalte verfügt über einen Fernseher.

Es ist daher nicht überraschend, dass der Fernsehwerbespot heutzutage das beliebteste Marketinginstrument ist. Die fernsehende Öffentlichkeit wird pro Jahr mit hunderttausenden Werbespots bombardiert. Laut *Television Bureau of Advertising* ist noch wichtiger, dass Erwachsene Fernsehwerbung unter allen Werbemedien als maßgebendste, glaubwürdigste und einflussreichste ansehen.

Viele kleine Firmen schließen das Medium Fernsehen aufgrund der hohen Kosten von vorneherein aus. Aber wie David Ogilvy in seinem *Ogilvy on Advertising* schreibt: »Preiswerte Werbespots können sehr effektiv sein, wenn sie direkt auf den Punkt kommen und etwas anbieten, was wirklich interessant ist.«

PR ist der preiswerteste aller Fernsehspots und überwindet die starke Kosteneinschränkung für Fernsehwerbung. Für dasselbe Kleingeld, das Sie benötigen, um Ihre Pressemappe an eine Lokalzeitung zu schicken, können Sie dieselbe Mappe an die ARD schicken und am selben Abend Millionen Zuschauer erreichen. Dieses Kapitel zeigt, wie Sie eine erfolgreiche PR-Kampagne mit Radio und Fernsehen aufziehen.

Wie sich PR fürs Fernsehen von PR für Printmedien unterscheidet

Dieselbe PR-Kampagne, die Sie für Zeitungen, Magazine und Radio planen, kann auch für das Fernsehen funktionieren, vorausgesetzt, dass Sie ein *visuelles Element* hinzufügen.

 Wie, beispielsweise, würden Sie lokale Fernsehsender dazu bringen, Fred DeLuca, Vorsitzender von *Subway Sandwich*, zu präsentieren, wenn Sie ihn, wie wir das taten, auf Medientour durch das ganze Land schicken? Indem Sie ein visuelles Element hinzufügen. Wir sandten DeLuca in verschiedene Städte, in denen er live demonstrierte, wie man ein perfektes Subway-Sandwich macht. Für jede Stadt schickten wir eine Presseankündigung oder eine Pressemitteilung an die lokalen Fernsehstationen und bekamen ihn so mindestens in einen Sender.

Fernsehen ist ein visuelles Medium, also funktionieren Kampagnen mit einem eingebauten visuellen Element im Fernsehen besser als die, die keine visuelle Komponente haben. Ein Event, der jede Menge Action enthält, kann beispielsweise hervorragend für einen Kurzbericht in den Fernsehnachrichten genutzt werden.

Der »Schnellster Pizzabäcker der Welt«-Wettbewerb mit Pizza wirbelnden Konkurrenten und Siegern war für das Fernsehen ein gefundenes Fressen (obwohl es auch für den Printbereich gut funktionierte).

 Die langweiligsten visuellen Elemente sind »sprechende Köpfe« – Personen, die vor laufender Kamera interviewt werden. Einige Menschen besitzen die Fähigkeit, auf Sendung unterhaltsam zu wirken; die Mehrzahl jedoch nicht. Wenn Sie nicht eine absolut dynamische Persönlichkeit sind, sollten Sie kein Video von sich aufzeichnen, wie Sie erzählen und erzählen. Finden Sie etwas, was Sie zeigen oder veranschaulichen können, wie die Zubereitung des perfekten Sandwichs oder die Inspektion Ihres Ofens oder der Bau eines Komposthaufens in Ihrem Garten.

Die unterhaltsamsten visuellen Elemente sind dynamischer Natur, zeigen jede Menge Action, beispielsweise das Aufsteigen von Heißluftballons mit dem Logo des Kunden über einem örtlichen Park, während dort ein vom Kunden organisierter Jahrmarkt stattfindet.

Je ungewöhnlicher der Anblick, desto eher wird er dem Produzenten ins Auge fallen und den Zuschauer unterhalten. Der Vorstandsvorsitzende von *Empire Kosher Chickens*, der über die Sicherheit von Lebensmitteln spricht, ist okay. Besser wäre es aber, ihn über die Sicherheit von Lebensmitteln sprechen zu lassen, während er durch eine Geflügelverarbeitungsfabrik läuft. Ihn dieselbe Rede inmitten eines Fußballfeldes zwischen Tausenden von flatternden Hühnern halten zu lassen, ergibt ein unterhaltsames Video.

Gibt es Ausnahmen von der Regel, dass man ein überzeugendes visuelles Element benötigt? Nur eine. Sie können dann mit einem direkten Video davonkommen, wenn Sie eine Persönlichkeit mit starkem Charisma und Charme sind, die noch dazu vor der Kamera gut rüberkommt. Fernsehproduzenten werden Sie dann einladen – und sogar wiederholt einladen – wenn Sie ein Angehöriger dieser seltenen Spezies eines guten Gastes sind – fotogen, begeistert, mitreißend, und vielleicht ein wenig ungewöhnlich. Dann sind Sie eventuell ein Naturtalent fürs Fernsehen und kommen vielleicht nur mit Ihrer eigenen Persönlichkeit aus. Aber das ist äußerst selten. Bei den meisten Kunden empfehle ich, die Chancen mit einer cleveren Kampagne, die um ein unterhaltsames visuelles Element gestaltet ist, zu erhöhen.

Fernsehsendungen auswählen

Nicht alle Fernsehsendungen sind gleich. Indem Sie die unterschiedlichen Sendungen und Programme kennen, erhöhen Sie Ihre Chancen, eine Geschichte anzubieten, die in das jeweilige Format passt. Hier sind einige Sendeformate, die Sie in Erwägung ziehen könnten:

✔ **Nachrichten,** wie lokale oder nationale Fernsehnachrichten, suchen nach interessanten Kurzberichten. Lokale Sender bevorzugen natürlich einen lokalen Blickwinkel.

✔ **Nachrichtensendungen,** wie *Tagesthemen, Auslandsjournal* und *Stern TV/Spiegel TV* bringen längere Reportagen, die sich oft auf ein wichtiges Thema konzentrieren, einen Trend oder die Geschichte einer Familie oder einer einzelnen Person.

✔ **Talk-Shows** reichen von *Sabine Christiansen, Bärbel Schäfer* und *Die Johannes B. Kerner Show* bis zu *Boulevard Bio*. Die Geschichten variieren von Moderator zu Moderator und Show zu Show. Beispielsweise sucht Alfred Biolek nach menschlichen und interessanten persönlichen Geschichten von Prominenten; Sabine Christiansen nach politischen Themen.

In Kapitel 12 erläutere ich, wie ich meine Rolle als PR-Profi sehe, nämlich nicht nur Berater und Partner für meinen Kunden zu sein, sondern auch für die Presse, um ihnen das Material zu geben, was sie brauchen. Ich praktiziere diese Philosophie insbesondere, was Fernseh-PR angeht. Wenn eine Fernsehsendung erwägt, einen Beitrag über Sie zu bringen, sollten Sie die Sendung als Ihren Kunden betrachten. Stellen Sie zur Verfügung, was auch immer sie brauchen, um den Beitrag auf Sendung zu bringen.

Vor kurzem arbeitete meine Agentur für IKEA mit der *Oprah Show* zusammen. Ophrah Winfrey ist die berühmteste Talkmasterin der USA, genau so berühmt wie David Letterman. Zuschauer schrieben, um Oprah ihre Horrorgeschichten über Neudekorierungen ihrer Wohnungen zu erzählen. Die Show lud zwei Zuschauer ein und IKEA-Fachleute dekorierten und möblierten ihre Wohnungen neu. Der gesamte Prozess dauerte von der Idee bis zur abschließenden Umsetzung etwa vier Monate, aber um in die Oprah-Show zu kommen, war es das wert.

Eine bestimmte Sendung für Ihre PR-Kampagne auswählen

Wie gehen Sie vor, um bestimmte Sendungen für Ihre PR-Kampagne zu gewinnen? Hier ist der Prozess – Schritt für Schritt:

1. Sehen Sie fern.

   Sie werden schnell herausfinden, welche Sendungen für Ihre PR-Ziele gut passen, und welche das Publikum ansprechen, das Sie haben wollen.

2. Wenn Sie eine Sendung gefunden haben, von der Sie glauben, dass sie in Frage kommen könnte, sollten Sie sich diese mehrmals ansehen. Achten Sie auf das Format und die Beitragstypen, die gesendet werden.

3. Denken Sie sich einen Weg aus, wie Sie Ihre Botschaft in das Format der Sendung einpassen können, oder noch besser, in eine der regelmäßigen Themenblöcke dieser Sendung.

4. Erstellen Sie eine Pressemappe, um diese an die Sendung zu schicken.

   Was sollte diese enthalten? Die beiden Dokumente, die ich später in diesem Kapitel vorstelle – ein Anschreiben mit Themenvorschlag und eine Presseankündigung – sind unabdingbar. Sie können außerdem Hintergrundinformationen, Ihre Biografie, veröffentlichte Artikel über Ihre Firma beilegen – alles, was helfen könnte, die Geschichte an den Produzenten zu verkaufen.

5. Schicken Sie die Mappe.

6. Fassen Sie mit einem Anruf an den Produzenten nach.

   Fragen Sie, ob er Interesse hat, die Geschichte zu bringen. Falls nicht, warum nicht? Inwiefern entspricht die Geschichte nicht seinen Bedürfnissen? Wenn er an dieser Geschichte nicht interessiert ist, nach welcher Art von Geschichten sucht er dann? Entlocken Sie ihm Informationen darüber, warum er Ihre Geschichte ablehnt, so dass Sie bei Ihrer nächsten Grundidee für einen Artikel eine bessere Chance auf eine positive Antwort haben.

7. Wenn Sie abgelehnt werden, bleiben Sie verbindlich und beenden Sie den Anruf positiv.

   Opfern Sie nicht das, was eine wertvolle langfristige Beziehung mit einem wichtigen Medium sein könnte, in dem fruchtlosen Versuch, den Produzenten mit Ihrer Geschichte zu bedrängen. Es wird wahrscheinlich nicht funktionieren und es könnte den Produzenten für immer befremden.

 Viele PR-Neulinge sagen mir, dass das Anrufen des Produzenten ihnen am meisten Unbehagen verursacht. »Wie kann ich einen Fernsehproduzenten anrufen, den ich nicht einmal kenne?«, fragen sie. »Für den bin ich schließlich ein Nobody.« Das Geheimnis liegt darin, dass die Person, die den Anruf macht, eventuell in die Sendung kommt, aber die, die nie genügend Mut aufbringt, um den Hörer in die Hand zu nehmen, definitiv *nicht* in der Sendung sein wird!

Als ich anfing, die PR für den Buchautor Matthew Lesko zu machen, war ich ein Jüngling Anfang 20, frisch vom College und mit null PR-Erfahrung. Weil ich es am ersten Tag meiner Arbeit nicht besser wusste, nahm ich den Hörer in die Hand und rief die *Larry King Live*-Show an, die von CNN gesendet wird, und fragte, ob sie Lesko – der damals noch fast völlig unbekannt war – in der Show haben wollten. Und stellen Sie sich vor: Sie buchten ihn! Als die Leute ihn damals fragten, wie er in *Larry King Live* gekommen sei, war seine Antwort: »Ein zwanzigjähriger Junge, der nicht weiß, dass »nein« eine mögliche Antwort ist.«

Akzeptieren Sie Nein nicht als Möglichkeit. Oder denken Sie zumindest, dass Nein »Jetzt nicht« bedeutet – es heißt nicht »niemals«. Ich rufe immer wieder an. Als PR-Profi, der für die Produkte und Dienstleistungen seiner Kunden Platzierungen sucht, bemühe ich mich immer, ein »Nein« in ein »Vielleicht« und ein »Vielleicht« in ein »Ja« umzudrehen.

Ihre Pressemappe fürs Fernsehen

Sie können dieselben Pressemitteilungen und Pressemappen benutzen wie für andere Medien (vergleiche Kapitel 9), wenn Sie versuchen PR im Fernsehen unterzubringen, ohne diese für das Fernsehen zu modifizieren oder anzupassen. Zusätzlich zu Ihrer Standard-Pressemappe sind einige weitere Mittel besonders effektiv. Sie können sie einzeln einsetzen oder in Verbindung mit der Pressemappe.

Nachdrucke von Artikeln

Wann immer Sie in führenden Printmedien wie der *Frankfurter Allgemeinen Zeitung (FAZ)* oder der *Financial Times Deutschland* einen Bericht über sich sehen, sollten Sie Nachdrucke anfertigen (inklusive Namenszug der Publikation in der Kopfzeile). Legen Sie diese allen Pressemappen bei, die Sie an Radio- oder Fernsehmedien verschicken. Ein Fernsehproduzent wird viel eher einen Bericht über Sie bringen, wenn eine renommierte nationale Printpublikation bereits darüber berichtet hat. Produzenten denken, wenn die *Zeit* oder der *Focus* die Geschichte bereits gebracht haben, muss etwas dran sein.

Zwischen Print- und Funkmedien bestehen vielfältige Beziehungen. Beobachten Sie die Medien aufmerksam. Sie werden schnell bemerken, dass Geschichten, die Sie morgens in der *Welt* lesen, abends auf dem Nachhauseweg im Autoradio hören. Vor kurzem machten wir eine Promotion für unsere PR-Agentur, die auf die Fernsehsendung *Survivor* anspielte und Firmenchefs fragte, was sie tun würden, wenn sie auf einer einsamen Insel stranden würden. CNBC übernahm die Geschichte über unsere Umfrage direkt von der *Washington Post*. Auch in Deutschland gibt es Printmedien, die eine Signalfunktion für Hörfunk- und Fernsehredakteure haben, wie zum Beispiel die *tageszeitung (taz)*, die *Zeit* oder die *Frankfurter Rundschau (FR)*.

Die Leute in der Fernsehwelt sehen ausgewählte Nachdrucke aus einer führenden Tageszeitung als Referenz für die Geschichte an. Ich versuche immer, zunächst eine große Print-Platzierung zu erzielen, so dass ich den weiteren Pressemappen, die rausgehen, einen Nachdruck davon beilegen kann. Artikel, die in einem Magazin oder einer Zeitung gedruckt wurden, unterliegen dem Copyright des Verlegers genauso wie der Namenszug der Publikation. Holen Sie sich daher unbedingt eine Erlaubnis ein, bevor Sie diese in großem Stil vervielfältigen lassen.

Presseankündigungen

 Eine *Presseankündigung* ist eine kurze, einseitige Notiz, die aussieht wie die Kreuzung aus einer normalen Pressemitteilung mit einer Einladung zu einer Hochzeit. Sie führt kurz und übersichtlich die Highlights auf, wobei zur schnelleren Lesbarkeit ein grafisches Format benutzt wird, und bleibt bei den reinen Fakten ohne Ausschmückung und Details. Konzentrieren Sie sich in Presseankündigungen auf die grundlegenden »sechs Ws« – wer, was, wann, wo, warum und wie.

Die am häufigsten verwendete Übermittlungsmethode ist das Fax. In Kapitel 13 haben wir die Faxsendedienste aufgelistet. Aber manchmal liefern wir PR-Unterlagen auf ungewöhnliche Weise: Um auf dem Washingtoner Markt eine neue Pizzasorte einzuführen, lieferten wir die Pressemitteilung per Bote an die größten Fernsehstationen – die Pressemitteilungen waren auf Pizzakartons aufgeklebt, die frisch gebackenen Pizzen der neuen Sorte enthielten.

Ihre Story an Produzenten verkaufen

Wie sollten Sie einen Fernsehproduzenten ansprechen? Ziemlich genauso wie einen Zeitungs- oder Zeitschriftenredakteur (siehe Kapitel 10), mit nur einigen kleinen Unterschieden.

✔ Wenn Sie einen Produzenten beeindrucken möchten, mit dem Sie bisher noch nicht gearbeitet haben, dann mag eine schön zusammengestellte Pressemappe helfen.

✔ Wenn Sie Ihre Chancen erhöhen möchten, in eine bestimmte Sendung zu kommen, sollten Sie dem Produzenten ein Exklusivrecht anbieten – der Sendung das Erstveröffentlichungsrecht anbieten. Wenn der Produzent das annimmt, kann er die Geschichte als erster senden; danach sind Sie frei, sie auch anderen Sendungen und Sendern anzubieten.

 Bieten Sie ein Exklusivrecht nur dann an, wenn die Geschichte bahnbrechende Neuigkeiten enthält oder etwas anderes, was wichtig genug ist, um dies anzubieten. Als meine Agentur PR für das Buch *Personal Fouls* des Bestseller-Autors Peter Golenbock machte, betrachtete die Presse das als große Story. Wir bekamen ständig Publicity, indem wir jeden Tag einem anderen Medium einen neuen Blickwinkel der Geschichte exklusiv anboten.

✔ Wenn Zeit ein entscheidender Faktor ist – und das ist für Fernsehproduzenten, die täglich Beiträge produzieren und sich oft auf die Nachrichten des Tages konzentrieren, immer der Fall – sollten Sie Pressemitteilungen und Ankündigungen faxen. Die beste Möglichkeit sicherzustellen, dass ein Produzent von Ihrem Event weiß, ist es, eine Presseankündigung zu faxen und später mit einem Anruf nachzufassen. Das Erste, was Sie wissen möchten, ist, ob der Produzent Ihre Ankündigung erhalten hat. Wenn er sie erhalten hat, fragen Sie, ob er weitere Informationen benötigt oder jemanden interviewen möchte.

Der richtige Aufhänger

Für eine Kampagne sollten wir Publicity für ein Werkzeug namens RotoZip machen, mit dem man kleine Dellen im Auto glätten konnte. Das Medieninteresse war gering. Aber als ich die Frau des Firmenchefs das Werkzeug vorführen ließ, begann das Fernsehen sich für die Geschichte zu interessieren. Die Idee, dass eine Frau ihr eigenes Auto reparierte, ohne sich auf einen Mann zu verlassen, schien der richtige Blickwinkel, nach dem die Produzenten suchten.

Wenn Sie nachfassen, fragen Sie den Produzenten, ob er gerade Zeit hat oder dies ein ungünstiger Zeitpunkt ist. Wenn der Produzent beschäftigt ist, fragen Sie, wann Sie noch einmal anrufen können.

✔ Geben Sie nicht auf, wenn das Feedback negativ ist. Fragen Sie: »Warum ist das nichts für Sie?« Wenn der Produzent den Grund angibt, können Sie oft einen Weg finden, um diesen zu umgehen und ihn zu überzeugen, die Geschichte zu bringen.

Pushen Sie jedoch nicht zu sehr, um Ihre Story an die Presse zu bringen. Ja, Sie hätten sie gerne veröffentlicht. Aber Sie bauen gleichzeitig auch eine Beziehung zu diesem Produzenten auf. Zu aggressiv aufzutreten, kann ihn vor den Kopf stoßen und Ihre Chancen auf spätere Platzierungen völlig zunichte machen.

Versuchen Sie TV-Segmente anzugehen, die andere nicht berücksichtigen. Eine Möglichkeit, die wenige nutzen, ist die Ansprache von Fernseh-Textern und Drehbuchautoren. Fragen Sie, wer den Talkmastern die Monologe schreibt und schicken Sie dieser Person Ihr Material. Diese Shows können gute Pointen immer gebrauchen, und wenn das, was sie senden, passt, können Sie sich vielleicht am selben Tag auf der Show hören.

Einmal führten wir eine witzige Kampagne für Domino's Pizza durch, in der wir allen College-Abgängern, die Absagen von potenziellen Arbeitgebern erhielten, Gratis-Pizza versprachen. Johnny Carson redete in seinem Monolog in der *Tonight Show* darüber und die Umsätze bei Domino's Pizza schossen am nächsten Tag in die Höhe.

Viele Fernsehsendungen planen ihre Tagesaufnahmen nach dem Terminkalendern der Deutschen Presse Agentur (dpa). Ich empfehle, dass Sie alle Ihre Presseankündigungen an die *dpa* schicken; das kann die Fernsehberichterstattung über Ihre Events und Kampagnen kräftig erhöhen. Die dpa-Büros sind über die ganze Republik verteilt, und jedes Büro gibt seinen eigenen Terminkalender heraus.

Wenn die Medien ein Feature machen wollen, sollten Sie volle Unterstützung geben. Für einen solchen Beitrag mit dem IKEA-Vorsitzenden in einem IKEA-Laden waren wir um 4.30 Uhr früh dort und halfen der Fernsehcrew beim Aufbau für eine 7-Uhr-Schaltung in eine Morgensendung. Warum ist das wichtig? Als wir in den Laden kamen, mussten wir feststellen, dass eine Automatik die Klimaanlage eingeschaltet hatte, deren Geräuschpegel den Live-Beitrag unhörbar gemacht hätte. Weil wir aber persönlich vor Ort waren, konnten wir das Problem beheben, die Sendung ging weiter und IKEA erhielt seine Publicity.

Es gibt einen alten Spruch: »Der Teufel steckt im Detail.« Nun, das Fernsehen ist ein Detail-orientiertes Medium. Die Fernsehteams, die kommen, erwarten, dass Ihre Site »Fernseh-fertig« ist – keine seltsamen Geräusche, keine Lichtprobleme, kein logistisches Durcheinander. Wenn die Dinge einfach nicht passen, wird der Beitrag nicht geschossen.

Abgebrannt ins Fernsehen

Es gibt viele preiswerte und effektive Möglichkeiten, um mit Fernseh-PR Sie und Ihr Produkt berühmt zu machen.

Mein Co-Autor Bob Bly hat ein Büro in Dumont, N.J., was gerade mal ein oder zwei Kilometer die Straße entlang von *Napolitano's Obst und Gemüse direkt vom Erzeuger* in Bergenfield liegt. In den drei Staaten rund um New York City gibt es viele Verkaufsstände direkt vom Erzeuger, aber Napolitano's ist einer der erfolgreichsten und bekanntesten. Warum? Weil es die Heimat von »Pete Your Produce Pal« ist. Ein Sprecher der Firma, Pete, ist im New Yorker Fernsehen der Marktexperte in der Morgenshow.

Die Publicity kostet Pete nicht einen Cent aus seiner Tasche – der Fernsehsender produziert seine Show und macht ihn berühmt. Und es gibt keinen Grund, warum Sie nicht eine ähnliche Strategie benutzen können, um sich und Ihr Produkt ins Lokalfernsehen zu bringen.

Wie können Sie, wie Pete Your Produce Pal, ins Lokalfernsehen kommen? Hier sind einige Techniken, die ich mit Erfolg eingesetzt habe:

✔ **Finden Sie einen Aufhänger, der für das Fernsehpublikum interessant ist.** Wenn Sie einen Aufhänger haben, wird der Produzent Sie für ein Interview ins Studio einladen, oder noch besser, Sie irgendeine Demonstration vorführen lassen. Für Jeff Star, Mitbegründer von Camp Beverly Hills Clothing, erzielten wir breite Fernsehberichterstattung, indem wir ihn als »Kleidungspsychologe« positionierten. Auf Sendung würde er jemanden anschauen und dann Kleidungstipps für den jeweiligen Personentyp empfehlen.

✔ **Achten Sie aufmerksam auf die Medien.** Bestimmte Segmente wiederholen sich im Fernsehen jedes Jahr; wir nennen sie »Evergreens«. Sie können sich beispielsweise darauf verlassen, dass zum nächsten Weihnachtsfest wieder Hunderte lokaler Fernsehstationen einen Küchenchef ins Studio einladen, um ihn ein Weihnachtsmenü vorkochen zu lassen. Eine Firma der Lebensmittelbranche könnte einen Themenvorschlag schicken, um ihren Chef für dieses Segment vorzuschlagen und einige einzigartige Rezeptideen (die die Produkte dieser Firma benutzen) vorzustellen. Wenn der Produzent auf der Suche nach einem neuen Chef für die diesjährige Sendung ist – und das ist oftmals der Fall – werden Sie vielleicht der neue Feiertags-Gourmet dieses Senders.

Frisch aus der Druckerpresse (Printmedien sind noch nicht tot)

In diesem Kapitel

▶ Der Kniff kreativer Pressemitteilungen

▶ Eine freie Broschüre als Köder

▶ Ihre News in einen Event, einen Trend oder aktuelle Nachrichten einbinden

▶ Telefon-Hotlines oder Tauschaktionen bewerben

▶ Ein neues Produkt, eine Umfrage oder einen Aufruf zum Handeln als Aufhänger

---

Das Internet hat die Geschäftswelt verändert und verändert nun unseren Lebensstil. Es ist »in«.

Printmedien wie Zeitungen und Zeitschriften werden dagegen von vielen Leuten unterschiedlich betrachtet. Einige sagen, Printmedien seien nicht nur »nicht in«, sondern kurz davor, völlig von der Bildfläche zu verschwinden. Einige Skeptiker sagen voraus, dass gedruckte Worte auf Papier so selten werden wie das Eingravieren von Botschaften auf Steintafeln.

Ich bin da anderer Meinung. Printmedien leben noch immer und leben gut. Im Jahr 2000 gab es in Deutschland rund 850 Publikumszeitschriften und rund 3.500 Fachzeitschriften.

Um Ihr Unternehmen darzustellen, müssen Sie also noch immer Printjournalisten erreichen und in ihren Publikationen Berichte platzieren. Dieses Kapitel zeigt Ihnen, wie Sie dies erfolgreich umsetzen.

Redaktionsgeheimnisse knacken

 Wie wir alle, haben auch Journalisten zu viel zu tun und nicht genug Zeit, um es zu tun. Wenn Sie ihnen eine gute Idee für einen Artikel liefern, verbessern Sie automatisch Ihre Chancen, dass etwas über Sie gedruckt wird. Wenn Sie die Geschichte bereits geschrieben, verpackt und fertig für die Druckerpresse liefern, steigen die Chancen eines Abdrucks ganz erheblich. Der beste Weg, um eine derartige Geschichte zu liefern, ist ein Standard-PR-Dokument, das Pressemitteilung genannt wird.

Kapitel 9 berichtet über Struktur und Stil einer Pressemitteilung. In diesem Kapitel möchte ich mich darauf konzentrieren, wie Sie Ihre Pressemitteilung mit Inhalten füllen, den die Redakteure drucken.

Mit einer kreativen Pressemitteilung die Aufmerksamkeit des Redakteurs gewinnen

Kreative Pressemitteilungen sind effektiver als Routine-Pressemitteilungen. Eine *Routine-*Pressemitteilung ist ein fast obligatorischer Bericht über einen Event, der gewöhnlich für die Organisation, die die Meldung herausgibt, wichtig ist, aber für die Medien und die allgemeine Öffentlichkeit unbedeutend ist. In Routine-Meldungen werden die Mitteilungen von den Fakten bestimmt – etwas passiert oder existiert, und der PR-Mensch, auf der Suche nach Themen, findet sie und schreibt darüber.

Eine *kreative* Pressemitteilung hat einen »Aufhänger« – einen Blickwinkel oder Tenor, der die Aufmerksamkeit der Medien erregen soll (so dass sie die Story publizieren) und der Öffentlichkeit (so dass sie die Story liest). Wir benutzen den Begriff »kreativ«, weil der PR-Texter, statt mit den Fakten zu arbeiten, wie sie sind, entweder einen Aufhänger kreiert oder ihn formen hilft, durch eine Idee, die in der Story selbst nicht offensichtlich ist.

Aber die kreative Mitteilung ist immer rund um eine echte Geschichte gestrickt, einen wirklichen Event, eine wichtige Information oder sonstiges »Fleisch«. Wenn es nur ein Blickwinkel ist mit nichts dahinter, wird die Pressemitteilung zwar Aufmerksamkeit erhalten, aber nicht als veröffentlichungswert angesehen.

Eine wirkungsvolle Meldung jedoch beginnt nicht mit dem Produkt oder dem Punkt, der dem Verfasser wichtig ist; im Gegenteil, die Story ist um etwas drum herum gebaut, das Kunden interessieren würde – die Leser der Publikation oder Hörer der Sendung.

Zu viele Leute schreiben Pressemitteilungen aus dem Blickwinkel des Produktvermarkters. Sie erstellen Mitteilung um Mitteilung über Dinge, die nur die Firma und ihre Manager interessieren.

Sie tun das entweder in dem Irrglauben, dass andere an ihnen und der Firma genauso interessiert sind wie sie (was nicht zutrifft) oder um jemandes Ego zu streicheln. Oftmals wird eine PR-Abteilung oder Agentur dazu aufgefordert, eine Mitteilung über eine Person und deren Erfolge zu erstellen, um diese Person zu ehren und ihr besondere Achtung zukommen zu lassen. Es mag der betroffenen Person schmeicheln, aber Redakteure kümmert das nicht ... und ebenso wenig ihre Kunden.

Wie jede effektive Marketingmaßnahme konzentriert sich gute PR ebenfalls auf den Kunden, nicht auf das Produkt. Was PR angeht, sollten Sie nicht darüber nachdenken, was für Sie wichtig ist, sondern was für die Kunden wichtig ist. Was sind die Probleme, Bedürfnisse und Bedenken der Kunden? Welche Information, Ratschläge, Produkte, Tipps, Dienstleistungen oder Anleitung benötigen diese, um ihr Leben zu verbessern, ihren Beruf besser auszufüllen oder Zeit und Geld zu sparen? Welche Information haben Sie, die die Kunden wissen wollten und in einer Zeitschrift lesen oder im Radio hören würden?

Eine Pressemitteilung sollte nicht dazu dienen, das Ego des Kunden zu streicheln oder internen Erfordernissen zu genügen, die bestimmte Themen in den Mitteilungen verlangen.

Pressemeldungen sind dann erfolgreich, wenn sie sich auf das konzentrieren, was die Presse und deren Publikum interessiert.

Einen Aufhänger nutzen, um Aufmerksamkeit zu gewinnen

Sie können unter einer Vielzahl von Möglichkeiten wählen, um eine Pressemitteilung kreativer zu gestalten. Ich liste und erläutere zehn Aufhänger, mit denen Sie die Aufmerksamkeit der Massenmedien auf eine Art und Weise gewinnen, die sich immer und immer wieder als erfolgreich erwiesen hat. (Andere Taktiken werden in den Kapiteln 4, 5 und 6 beschrieben. Passen Sie diese Formeln an Ihre eigene PR-Kampagne an oder entwickeln Sie eigene Ideen.)

✔ Freie Broschüre oder Bericht

✔ Telefon-Hotline

✔ Spezieller oder zeitlich passender Event oder Gag

✔ Neues Produkt oder Dienstleistung

✔ Neue Literatur

✔ Einbindung in aktuellen Trend oder Nachrichtenthema

✔ Umfrageresultate

✔ Freies Giveaway oder Tauschaktion, die an ein Produkt gebunden sind

✔ Aufrufe zu Handeln

✔ Auffällige Werbung

Wenn Sie Ihre Pressemitteilung schreiben, können Sie dem Format und Stil der Beispieltexte dieses Buches eng folgen, indem Sie nur die spezifischen Details Ihres Themas ersetzen. Zum Beispiel habe ich das Format für die »freie Broschüre«-Mitteilung bereits für verschiedene Produkte mit signifikanten Ergebnissen benutzt.

Gratis-Broschüre als Aufhänger für Ihre Pressemitteilung

Die »Gratis-Broschüre«-Pressemitteilung funktioniert folgendermaßen: Sie schreiben eine Broschüre, einen Bericht oder ein Blatt mit Tipps zu einem bestimmten Thema, das mit Ihrem Produkt zu tun hat. Wenn Sie beispielsweise Blumensamen auf dem Postweg vermarkten, schreiben Sie eine Broschüre mit Aussaat- und Pflegetipps und bieten diese gratis an. Wenn Sie Gewürze verkaufen, bieten Sie ein freies Rezeptbüchlein an. Sie verschicken dann eine Meldung, die (1) die Publikation Ihrer Broschüre bekannt gibt, (2) einige der enthaltenen, nützlichen Informationen beschreibt und (3) die Broschüre den Lesern der Publikation oder dem Publikum einer Radio- oder Fernseh-Show kostenlos anbietet.

Alle drei Elemente sind von entscheidender Bedeutung: Redakteure sind vor allem daran interessiert, was neu ist, wenn Sie also eine neue Broschüre zu einem Thema anbieten, sollte Ihre Headline immer mit »Neue Gratis-Broschüre« beginnen, gefolgt von einer Beschreibung der behandelten Themen und Inhalte.

Als Nächstes sollte Ihre Pressemitteilung einige wichtige Punkte aus der Broschüre oder dem Bericht wiederholen (Wort für Wort oder zusammengefasst). Diese Technik erleichtert es dem Redakteur, Ihre Mitteilung als »Mini-Bericht« zu dem Thema abzudrucken.

Einfach nur zu sagen, dass die Broschüre erhältlich ist, erzeugt vielleicht eine kleine Erwähnung. Aber wenn Sie den Redakteuren erlauben, einige Inhalte nachzudrucken, indem Sie derartiges Material der Pressemitteilung beifügen, erhöht das die Wahrscheinlichkeit, dass längere, mehr in die Tiefe gehende Artikel gedruckt werden, die alle nützlichen Informationen, die Sie zur Verfügung gestellt haben, enthalten.

»Aber wenn alle Informationen meiner Broschüre in dem Artikel genannt werden, dann werden die Leute keinen Grund haben, um diese noch anzufordern!«, mögen Sie einwenden. Das klingt wie ein berechtigter Einwand. Aber die Erfahrung zeigt, dass das Gegenteil der Fall ist. Je mehr Inhalte der Artikel beschreibt, desto mehr Leute werden den Artikel lesen und die Broschüre anfordern. »Je mehr Sie sagen, desto mehr verkaufen Sie.« Das ist ein alter Ausspruch von Textern, die Anzeigentexte für Versandhäuser und Kataloge schreiben, aber es trifft auf Pressemitteilungen über kostenlose Broschüren ebenso zu.

Die Erfahrung hat gezeigt, dass, selbst wenn der gesamte Text einer Broschüre in einem Artikel (oder einer Anzeige) abgedruckt ist, die Menschen immer noch den Text in Broschürenform haben möchten. Warum? Vielleicht mögen es die Leute nicht, eine Anzeige oder einen Artikel herauszureißen, und finden, dass Broschüren und Berichte einen bleibenden Wert haben.

Gehen Sie nicht davon aus, dass der Redakteur Ihre Broschüre lesen und relevantes Material für einen Artikel heraussuchen wird. Die Pressemitteilung sollte ein sich selbst genügender Mini-Artikel sein, den man so, wie er ist, veröffentlichen kann, so dass der Redakteur sich etwaige Beilagen oder weiteres Material nicht anzuschauen braucht.

Schließlich sollte Ihre Mitteilung einen Aufruf zum Handeln enthalten. Im letzen Absatz schreiben Sie:»Die kostenlose Broschüre [Titel der Broschüre] erhalten Sie bei [Ihr Firmenname, Adresse, Telefonnummer].«

Viele Redakteure drucken diese Kontaktinformation bei Veröffentlichung der Mitteilung ab und Sie werden viele Nachfragen erhalten. Einige Redakteure jedoch werden diese Kontaktinformation nicht drucken. Aber darüber haben Sie keinerlei Kontrolle. Wenn Sie jedoch die Kontaktinformation und Aufforderung zur Bestellung nicht in Ihre Mitteilung aufnehmen, kann _kein_ Redakteur seinen Lesern sagen, wie und wo sie die Broschüre bestellen können. Und ohne diese Information wird Sie niemand kontaktieren. Also: Schließen Sie immer mit einer Handlungsaufforderung.

Sollten Sie ein Exemplar Ihrer freien Broschüre mit der Pressemitteilung mitschicken?

Ein Beispielexemplar kann wünschenswert sein, aber es ist nicht notwendig. Ich habe mit großem Erfolg Pressemitteilungen verschickt, denen kein Beispielexemplar der angebotenen Broschüre beigelegt war.

Der größte Vorteil waren dabei die gesparten Kosten. Je nach Format und Gewicht der Broschüre können die Kosten pro Mitteilung erheblich höher sein. Ein einzelnes Blatt mit Tipps oder eine dünne Broschüre erhöht die Kosten in geringerem Umfang als ein dicker Bericht oder ein Handbuch dies tut. Wenn die gesparten Kosten von einem oder mehreren Euro Portokosten pro Stück für Sie wichtig sind, lassen Sie die Broschüre weg und sparen die zusätzlichen Kosten.

Fügen Sie am Ende Ihrer Mitteilung eine weitere Zeile ein, die sagt: »Anmerkung für die Redaktionen: Ein Rezensionsexemplar der Broschüre [Titel der Broschüre] ist auf Anfrage erhältlich bei Michael Müller unter [Telefonnummer].« Einige Redakteure bestehen vielleicht darauf, ein Exemplar Ihrer Broschüre zu sehen, bevor sie sie in ihrer Publikation vorstellen, also sollten Sie anbieten, ein Freiexemplar an jeden Redakteur zu schicken, der eines wünscht. Der Redakteur kann die Information umgehend per Fax oder E-Mail erhalten.

Wenn Ihre Broschüre dünn und preiswert ist oder Kosten kein Faktor sind, legen Sie jeder Mitteilung ein Beispielexemplar bei. Das kann mit Sicherheit nicht schaden. Und einige Redakteure werden eventuell aufmerksamer reagieren, wenn sie den Umschlag öffnen und Ihren Bericht oder Ihre Broschüre sehen.

In Abbildung 15.1 ist das Beispiel einer Pressemitteilung des Bundesfamilienministeriums für ein kostenloses Broschürenangebot zu sehen.

Beispiel Pressemitteilung: Kostenlose Tipps, wie Software zu vermarkten ist

Ihre Gratisbroschüre braucht kein gebundenes Büchlein zu sein, Sie können kostenlos den Abdruck eines Artikels, eines Berichts, eine Kassette oder andere kostenlose Informationen in Ihrer Pressemitteilung anbieten.

Eine Pressemitteilung, wie sie in Abbildung 15.2 gezeigt wird, bietet einen kostenlosen Ratgeber an, wie Software zu vermarkten und zu verkaufen ist. Beabsichtigt war Publicity zu erhalten, den Autor als eine Autorität in Sachen Software-Vermarktung darzustellen und potenzielle Kunden für seine Beratung zu erhalten.

Der Ratgeber war ein normal großes Blatt Papier, beidseitig bedruckt, und jede Seite enthielt einen Nachdruck eines kurzes »Wie zu tun«-Artikels, den der Autor über den Verkauf und die Vermarktung von Software geschrieben hatte.

Die Pressemitteilung wurde an 50 Werbe- und Handelszeitungen und an einige Hundert Computerzeitschriften versandt. Acht oder neun dieser Publikationen nahmen seine Geschichte auf, generierten so Hunderte von Nachfragen und resultierten schließlich in zwei neuen Kundenbeziehungen und Beraterverträgen.

Nr. 242   Berlin, 27. Oktober 2000

Auf der Suche nach einem Heim

**Bundesseniorenministerium stellt Broschüre
zur Wahl eines Pflegeheims vor**

Menschen, die sich im Alter ein neues Zuhause suchen, können meist zwischen mehreren Heimen auswählen. Pflegeheime unterscheiden sich nach Leistungen, Qualität und Preisen. Darüber hinaus hat jeder Mensch unterschiedliche Ansprüche. Wer das passende Heim finden will, braucht umfassende Informationen und Kriterien zur Beurteilung. Das Bundesministerium für Familie, Senioren, Frauen und Jugend hat deshalb mit dem Landesseniorenrat Baden-Württemberg die Broschüre »Auf der Suche nach einem Heim. Leitfaden zur Wahl eines Pflegeplatzes« erstellt.

Die Broschüre erklärt und begleitet Schritt für Schritt Auswahl und Entscheidung, nennt Informationsmöglichkeiten und erläutert gesetzliche Regelungen. Mit einer Checkliste lassen sich persönlich wichtige Kriterien bestimmen. Die Liste soll helfen, sich auf eine Besichtigung und ein Gespräch mit der Heimleitung vorzubereiten sowie das Heim zu beurteilen. In der Broschüre sind auch die Bedürfnisse demenzkranker Menschen berücksichtigt.

Die **Bundesministerin für Familie, Senioren, Frauen und Jugend, Dr. Christine Bergmann**, erklärt: »Alten- und Pflegeeinrichtungen sind Orte des Lebens und Wohnens, die den Bedürfnissen ihrer Nutzer entsprechen müssen. Wir wollen mit der Broschüre Betroffene und ihre Angehörigen unterstützen, die nach einem neuen Zuhause suchen. Sie sollen sich kompetent und gut informiert entscheiden können.«

Die Broschüre ist ab sofort kostenlos unter der Telefonnummer 01805 – 329 329 erhältlich.

Abbildung 15.1: Pressemitteilung des Bundesfamilienministeriums für ein kostenloses Broschürenangebot

Die Kosten, um die Pressemitteilung zu drucken und zu verteilen, beliefen sich auf unter 200 Euro, inklusive Porto, und die ersten Verträge erbrachten mehr als 9.000 Euro für den Kauf von Handbüchern und Beratergebühren.

Zusätzlich bestellten mehrere Leute, die diesen Ratgeber-Zettel angefordert hatten, weitere Ratgeber, Bücher und Berichte des Autors, was zu mehreren Tausend Dollar an Verkaufserlösen führte.

Von: Bob Bly, 174 Holland Avenue, New Milford, NJ 07646
Kontakt: Fern Dickey, 201 385-1220

Neuer Ratgeber zeigt etablierten und neuen Software-Produzenten, wie sie ihre Produkte effektiv vermarkten und verkaufen können

New Milford, NJ – Bei der Masse von Software-Produkten, die den Markt überschwemmen, ist es wichtig, Werbebriefe, Broschüren, Anzeigen und anderes gedrucktes Material zu erstellen, das schnell, klar und eindringlich die Grundfunktionen und die Vorteile ihrer Software möglichen Käufern darstellt.

Das ist die Meinung von Robert W. Bly, ein Berater aus New Milford, der sich auf Software-Vermarktung spezialisiert hat. Er ist auch der Autor des neuen Ratgebers »Wie verkaufe ich Software?«, der sowohl etablierten als auch neuen Software-Herstellern Hilfe bietet, effektiv ihre Software für PCs, Großrechner und Mini-Computer vorzustellen, zu vermarkten und zu verkaufen.

Eine der schwierigsten Entscheidung für Software-Anbieter ist im Marketing-Bereich die Frage, ob sie einen Ein-Schritt- oder Zwei-Schritte-Ansatz benutzen sollten, so sagt Bly. Das heißt, ob das Produkt direkt aus der Anzeige oder dem Direkt-Mail-Order-Brief bestellt werden soll oder ob stattdessen eine Verkaufsstrategie entwickelt werden sollte, bei der eine Broschüre versandt wird oder ein Verkäufer zu einem persönlichen Gespräch vorbeikommt.

»PC-Software-Produkte, die zwischen 50 $ und 299 $ kosten, sind gute Kandidaten für den Ein-Schritt-Ansatz«, rät Bly. »In dem Bereich von 399 $ bis 899 $ sollten Sie den Ein-Schritt-Ansatz und den Zwei-Schritte-Ansatz testen, und sehen, was am besten läuft. Und ab 1.000 $«, so Bly, »ist der Zwei-Schritte-Ansatz die beste Methode. Nur wenige Leute bezahlen für ein 1.999-Dollar-Software-Paket, ohne von einem Verkäufer, einer Probeversion oder einer Demo-Diskette überzeugt worden zu sein«, merkt er an.

Einige weitere Software-Marketing-Tipps aus seinem Ratgeber:

- Weit oben in Ihrer Werbebroschüre sollten Sie dem möglichen Käufer sagen, welchen Typ oder welche Kategorie von Software Sie verkaufen. »Leute sind normalerweise auf dem Markt mit einem Produkt für die bekannten, identifizierbaren größeren Anwendungen – Projekt-Management, Textverarbeitung oder Tabellenverarbeitung«, sagt Bly.

- Sprechen Sie eine Sprache, die der Leser versteht. Anstatt von einem »56-KBPS-Modem« zu schreiben, sollten Sie besser »Das SuperSpeedy-Modem transportiert Daten in einer Geschwindigkeit von 56.000 Bits pro Sekunde – ungefähr ein Drittel einer Sekunde für eine ganze Seite Text« sagen ...

Um ein Exemplar von Blys Ratgeber »Wie man Software verkauft« zu erhalten senden Sie 1 $ und einen an sich selbst adressierten und frankierten DIN-A-4-Umschlag an: Bob Bly, Abt. 105, 174 Holland Avenue, New Milford, NJ 07646.

Abbildung 15.2: Sie können die Antworten auf Ihre Pressemitteilung enorm steigern, wenn Sie dem Leser etwas Sinnvolles anbieten, das er bestellen kann.

Der Autor verlangte 1 $ und einen frankierten und adressierten Rückumschlag von dem Leser. Das wurde nicht getan, um den Prospekt zu »qualifizieren«, sondern um sich die Mühe der Adressen-Tipperei zu ersparen und die Kosten zu decken.

Wenn ich eine ähnliche PR-Aktion für Kunden oder Unternehmer mache, rate ich ihnen eigentlich, keinen frankierten Rückumschlag anzufordern und den Ratgeber kostenlos zu versenden – es sei denn, sie wären knapp bei Kasse und bräuchten eine »sich selbst tragende« Werbung (eine, die ihre eigenen Kosten bezahlt).

Achten Sie im letzten Absatz der Pressemitteilung auf die Kennung »Abteilung 105« in der Adresse. Wenn Sie die Anzahl der Anforderungen zählen, die an »Abteilung 105« gesandt werden, wissen Sie genau, wie viele Antworten Sie als Ergebnis auf diese Pressemitteilung erhalten haben.

Einige Praktiker gehen noch einen Schritt weiter und setzen eine unterschiedliche Kennung auf jede individuelle Pressemiteilung. Die Kennung zeigt so die spezielle Publikation an, an die die Pressemitteilung gesandt wurde. So hat also die Pressemitteilung, die an »Computer Entscheidungen« gesandt wurde, die Kennung »Abt. CE«, und die Kopie, die an »InfoWelt« gesandt wurde, die Kennung »IW«.

Der Vorteil, die Pressemitteilung individuell mit Kennungen zu versehen, liegt darin, dass Sie so erfahren können, wie viel Resonanz jede einzelne Publikation gebracht hat und nicht nur die komplette Aktion. Mit diesem Wissen können Sie Ihre Verteilerliste feiner abstimmen, indem Sie die Publikationen, die die größte Resonanz brachten, weiter nach oben setzen. Der größte Nachteil, jede einzelne Pressemitteilung mit einer individuellen Kennung zu versehen, besteht darin, dass es Zeit aufwendig ist: Sie müssen es für jede einzelne Pressemitteilung machen. Ich glaube nicht, dass es die Zeit und Mühe wert ist, aber tun Sie das, was Sie für sich am besten finden.

Spezieller oder zeitlich passender Event oder Gag als Aufhänger für Ihre Pressemitteilung

Die Presse sucht immer nach Geschichten, die die Fantasie der Öffentlichkeit anregt. Wenn Sie also einen speziellen Event, ein zeitlich passendes Thema oder eine ungewöhnliche Geschichte aus dem Leben haben oder wenn Sie Ihrer Mitteilung einen Aufhänger beifügen können, werden Sie eine bessere Chance auf Veröffentlichung haben.

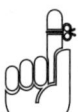 Redakteure interessieren sich für Geschichten, die Substanz und Wert haben sowie einen ungewöhnlichen Blickwinkel oder Gag. Wenn Sie ein wenig anders sein können (obgleich in relevanter Weise), werden Sie bemerkt werden.

Beispiel Pressemitteilung: Adresse im Empire State Building

Abbildung 15.3 zeigt eine Pressemitteilung, die ein perfektes Beispiel für eine Geschichte mit einem Aufhänger ist. Diese Gesellschaft vermietet Briefkasten-Adressen – eigentlich ein alltägliches Geschäft. Aber der Aufhänger für diese Geschichte ist der außergewöhnliche Ort dieser Briefkasten-Adresse: das Empire State Building.

Zu erwähnen, dass das Empire State Building eins der wenigen Gebäude im Land mit eigener Postleitzahl und eigenem Postamt ist, ist eine nette Ergänzung, denn manche Redakteure fügen gern etwas Triviales oder nicht so Bekanntes in ihre Artikel ein

Beispiel Pressemitteilung: Unternehmer-Seminar

Ein spezieller Event, wie ein Kongress, eine Verkaufsausstellung, eine große Eröffnung, eine Handelsmesse oder ein Seminar ist auch ein gutes Thema für eine Pressemitteilung, weil es kurzfristig ist. Als der Communication Workshop sich entschloss, ein Seminar zu dem Thema zu veranstalten, ein Unternehmer zu sein, veröffentlichte es die Pressemitteilung, die in Abbildung 15.4 gezeigt wird, in den lokalen und überregionalen Geschäftsmagazinen.

Auch wenn diese Pressemitteilung *nicht* umwerfend erfolgreich war, sie zog die Aufmerksamkeit eines Reporters von *Nation's Business* auf sich, der The Communication Workshop an herausragender Stelle in einer Titelgeschichte über Unternehmer in den Vereinigten Staaten veröffentlichte.

Eine erfolgreiche Promotion meiner Agentur für IKEA war das »Gemeinsam für die Gemeinde-Programm« – ein gutes Beispiel für das PR-Prinzip des »zeigen, nicht sagen«.

Wie viele große Einzelhändler erfährt IKEA manchmal Widerstand, wenn ein großer Laden in einer neuen Nachbarschaft eröffnet werden soll: Die Nachbarn wollen keinen großen Laden in ihrer Nachbarschaft wegen des Verkehrs und Lärms.

Eine mittelmäßige PR-Taktik wäre es, eine Pressemitteilung zu verschicken, die sagt »Die Nachbarschaft ist uns wichtig« mit einigen nichts sagenden Zitaten der Geschäftsführer. Im »Gemeinsam für die Gemeinde-Programm« zeigt IKEA, dass es sich um die Nachbarschaft und die Menschen dort kümmert, indem es einen freien Familien-Jahrmarkt veranstaltet, an dem Bildung und Dienstleistungen angeboten werden, die den Einwohnern zu einem besseren Leben verhelfen – alles von Wasserqualitätstests bis zu Gesundheits-Checkups. Was glauben Sie, erzielt mehr Publicity in der Presse – der Familientag oder das gewöhnliche Unternehmens-Geschwätz?

Telefon-Hotline als Aufhänger für Ihre Pressemitteilung

Telefon-Hotlines – Nummern, die Menschen anrufen können, um kostenlos Tipps und Informationen von einem Telefonisten, einem Band oder einem Voicemail-System zu erhalten – sind bei Konsumenten und daher auch bei Redakteuren sehr beliebt. Die Leute mögen es, eine Nummer zu wählen, um ein Produkt zu bestellen, eine Frage zu stellen oder freie Hilfe oder Ratschläge zu bekommen.

VON: Empire State Communications, 650 Fifth Ave.
New York, NY 10118
KONTAKT: Arthur Goodman, Tel: 800 447-0099

Jetzt können Firmen aus dem ganzen Land eine Niederlassung in New Yorks renommiertem Empire State Building mieten – für etwas mehr als 35 $ im Monat

New York, NY – Möchten Sie Ihrer Firma mehr Prestige geben und Ihre Kunden beeindrucken? Der in New York City ansässige Unternehmer Arthur Goodman hat einen Vorschlag: eine »Niederlassung« an New Yorks angesehenster und bekanntester Adresse: dem Empire State Buildung.

Goodmans Gesellschaft, Empire State Communications, bietet Postempfang, Fax- und Telefonservice für Unternehmen im gesamten Land, die eine Zweigstelle in New York haben möchten, ohne tatsächlich dort ein Büro zu unterhalten. Und der Preis ist angemessen: Empires Service fängt bei 35 $ im Monat an.

»Unser Service erlaubt Firmen aus dem gesamten Land sofort und preiswert eine New Yorker Niederlassung an einer von Manhattans eindrucksvollsten und eingängigsten Adressen zu haben«, sagt Goodman. »Das Empire State Building ist weltweit ein Status-Symbol. Und die Adresse können sich Ihre Kunden leicht merken; es ist keine mehrstellige Postfach-Adresse erforderlich.«

Welche Firmen nutzen Goodmans Empire-State-Service? »Es ist sowohl für kleine Firmen interessant, die nicht in größeren Städten sitzen und die den Eindruck von einer größeren Gesellschaft durch eine New Yorker Adresse erwecken wollen, als auch für große Unternehmen, die meinen, dass sie eine New Yorker Adresse haben sollten, aber die Ausgaben für den kostspieligen Büroraum sparen wollen«, sagt er.

Wie funktioniert Goodmans Service? Für einen kleinen monatlichen Beitrag erhalten Goodmans Kunden das Recht, seine Empire-State-Building-Adresse als ihre eigene auf Briefköpfen, Visitenkarten und Broschüren zu nutzen. »Wir fungieren als Ihr New Yorker Büro«, sagt Goodman. »Sie können Post, Telefonate und Faxe erhalten, gerade so, als wenn Sie selbst in New York ansässig wären.

Tatsächlich haben weder Ihre Prospekte noch Ihre Kunden die Möglichkeit, zu sagen, dass Sie nicht wirklich ein großes, schickes Büro im Empire State Building besitzen«, fügt er hinzu.

Post, die an der Empire-State-Adresse eingeht, wird täglich von Goodman an jeden Ort gesandt, den seine Kunden angeben – normalerweise die Poststelle ihrer Hauptstelle. Laut Goodmann ist das Empire State Building eins der wenigen Gebäude in den Vereinigten Staaten, die ein eigenes Postamt und eine private Postleitzahl haben (10118) ...

Abbildung 15.3: Redakteure schauen nach einem ungewöhnlichen Aufhänger oder Gag, wie die »einzigartige Postleitzahl«, die diesen Büroraum so ungewöhnlich macht.

VON: The Communication Workshop, 217 E., 85th St.
New York, NY 10028
KONTAKT: Gary Blake, 718-575-8000

Neues Seminar in New York zeigt den »normalen Leuten«, wie sie erfolgreiche Unternehmer werden können – ohne viel Geld auszugeben oder große Risiken einzugehen.

New York, NY, 30. Oktober – Computergenies, Schokoladen-Streusel-Plätzchen-Bäcker und andere junge frisch gebackene Millionäre haben Erfolgsstorys geschrieben. Aber was ist, wenn Sie ein ganz normaler Mann oder eine ganz normale Frau sind, wenn Sie gar keine Millionen machen wollen, sondern nur ein kleines, bescheidenes, eigenes Unternehmen aufbauen wollen?

Fassen Sie sich ein Herz! Zwei ortsansässige Unternehmer – Gary Blake und Bob Bly, Co-Autoren des neuen Buches Auf eigenen Füßen: vom Angestellten zum Selbstständigen (New York: John Wiles & Söhne) – haben ein neues Ein-Tages-Seminar zusammengestellt zum Thena: Wie werden Sie Unternehmer.

Das Seminar lehrt zukünftige Unternehmer, dass jeder es tun kann – und Erfolg hat – ohne viel Geld zu haben, ohne ein Genie zu sein und ohne große Risiken einzugehen.

Bly sagt:»Auch wenn ich nie gern Angestellter war, war ich doch immer derjenige, über den die Leute sagten »der Letzte, der ein Risiko eingeht«. Aber indem ich ein paar ganz einfache Regeln befolgte, habe ich den Sprung von einem 8-Stunden-Job in die Selbstständigkeit erfolgreich geschafft. Ich hatte weder Geld auf der Bank noch ein großartiges neues Produkt. Dennoch habe ich mein Angestellten-Gehalt in drei Jahren vervierfacht.«

Blake, 42 Jahre alt, Direktor von Communication Workshop, einer Management-Beraterfirma, fügt hinzu:»Es ist ein Trauma, die Welt der monatlichen festen Gehaltszahlung zu verlassen; wir wissen es, denn wir haben es selbst getan. Unser Seminar ›Wie werden Sie Unternehmer‹ hilft Leuten den Traum, zu kündigen, in die Tat umzusetzen, so dass sie wirklich Pläne machen und dann nach diesen Plänen handeln.«

Das erste »Wie werden Sie Unternehmer«-Seminar, das 85 Dollar pro Teilnehmer kostet, wird am 24. Januar in Manhattan abgehalten. Das Seminar richtet sich an Leute, die nicht mit ihrem Angestellten-Dasein zufrieden sind, aber nicht den Mut, das Selbstvertrauen oder den Nerv haben, auszubrechen. Bei »Wie werden Sie Unternehmer« gibt es für jeden Teilnehmer einen Fahrplan für unternehmerischen Erfolg, der die positiven und negativen Aspekte aufzeigt, die es mit sich bringt, sein eigener Chef zu sein.

Abbildung 15.4: Diese Pressemitteilung war auf der Titelseite von Nation's Business.

Telefon-Hotlines sind zu jedem denkbaren Thema möglich, von Krebs bis Rasenpflege, von Autosicherheit bis Glücksspiele. Auch wenn manche Hotlines karitativ sind, werden viele von Unternehmen bezahlt, die diese benutzen, um Kontakte, Verkäufe, Anfragen, Sichtbarkeit und Publicity zu erreichen.

Eine der besten Wege, um eine solche Hotline bekannt zu machen, ist eine Pressemitteilung. Redakteure veröffentlichen häufig kurze Absätze und Artikel, die die Hotline bekannt geben, die dort erhältlichen Informationen beschreiben und die Nummer angeben. Solche Bekanntgaben können Hunderte oder Tausende Anrufe sowie eine Menge Presseveröffentlichungen auslösen.

Beispiel Pressemitteilung: PR-Hotline

Alan Caruba, ein PR-Berater aus New Jersey, wollte Publicity für sein Geschäft. Die Herausforderung: Caruba ist einer von Hunderten unabhängiger PR-Berater, und nichts ist eine Nachricht über einen PR-Berater per se wert.

Alans Lösung? Eine PR-Hotline einrichten, über die er seine Beraterdienste auf einer Stunden-Basis über Telefon kleineren Firmen anbietet, die entweder schnelle Hilfe brauchen oder es sich nicht leisten können, die traditionell hohen monatlichen Beiträge zu zahlen, die die meisten PR-Firmen in Rechnung stellen.

Ein anderer interessanter Aspekt: Alan akzeptiert MasterCard und Visa, was ein außergewöhnlicher Weg ist, für professionelle Dienste zu kassieren. Seine Pressemitteilung zu dem Thema, die großes Interesse fand und viele Nachfragen nach der Hotline erzielte, sehen Sie in Abbildung 15.5.

Beispiel Pressemitteilung: Die Werbe-Hotline

Vor Jahren wollte Bob Bly sich selbst als Autorität zum Thema Werbung bekannt machen. Im Gegensatz zu den großen Werbe-Agenturen wusste er allerdings, dass lediglich eine Pressemitteilung über seine letzten Projekte oder Kunden nicht effektiv sein würde. Die Geschäfte von J. Walter Thompson, einer der weltgrößten Werbe-Agenturen, ist von Interesse für die Handelspresse und *The New York Times;* die Geschäfte eines freiberuflichen Schreibers sind es nicht.

Die Lösung bestand darin, eine Neuigkeit dadurch zu erzeugen, dass die Werbe-Hotline eingerichtet wurde. Die Idee ist einfach: eine landesweite Telefon-Hotline, die Geschäftsleute anrufen können, um schnell ein paar Tipps und Tricks zu bekommen, wie sie ihre Werbung verbessern können.

Die Idee zu realisieren, war noch einfacher: Bob richtet eine Telefonnummer in seinem Büro ein und schloss einen Anrufbeantworter mit einer langen Begrüßungsansprache an. Wer die Hotline anrief, erhielt erst einmal ein zweiminütiges aufgezeichnetes »Mini-Seminar auf Band« über wöchentlich wechselnde Themen. Abbildung 15.5 zeigt die Pressemitteilung, die Bobs Hotline ankündigt.

THE CARUBA ORGANIZATION
Box 40, Maplewood, NJ 070400
201 763-6392

Bezahlen Sie PR-Beratung mit Ihrer Kreditkarte
»PR-Hotline« – Neue Geschäftsdienstleistung

Maplewood, NJ – Mike Wallace von »Sixty Minutes« steht mit einem Kamerateam vor Ihrer Tür. Was machen Sie jetzt?

»Die meisten Public Relations haben nichts mit einer Krise zu tun«, sagt PR-Berater Alan Caruba aus Maplewood. »In Wirklichkeit kann gute PR solche Probleme vermeiden, indem sie hilft, Produkte, Dienstleistungen und Fälle aller Art bekannt zu machen.«

Caruba merkt an, dass »viele Unternehmen und Geschäftsleute eine Vollzeit-PR-Agentur oder einen Vollzeit-PR-Berater weder brauchen noch wollen. Was sie brauchen, sind von Zeit zu Zeit gute Ratschläge.« Das ist der Grund, warum Caruba seine »PR-Hotline« geschaffen hat, ein Telefon-Service (201 763-6392), bei dem jeder mit einer PR-Frage oder einem PR-Problem anrufen kann. Man kann den Service entweder mit MasterCard oder Visa bezahlen.

Für 50 Dollar für die ersten vierzig Minuten oder 75 Dollar für bis zu einer vollen Stunde »kann eine Menge spezifischer Analyse und Beratung gegeben werden«, sagt Caruba. »Public Relations können lokal, regional oder landesweit sein. Es kann sich um ein einzelnes Projekt oder um ein Langzeit-Programm handeln.«

Caruba stellt seinen Rat und Service Unternehmen, Gemeinschaften, kleinen Geschäften und Personen seit mehr als zwanzig Jahren zur Verfügung. Er ist Mitglied bei The Counselors Academy of the Public Relations Society of America und hält oft Vorlesungen und schreibt über dieses Thema.

Abbildung 15.4: Redakteure mögen kleine Geschichten über Telefon-Hotlines, bei denen ihre Leser anrufen können.

Bob sandte die Pressemitteilung an 50 Publikationen, die auf Werbung, PR und Verkauf spezialisiert sind. Achtzehn Publikationen brachten Storys, die sich auf die Pressemitteilung bezogen. Zumindest fünf brachten bald die komplette Pressemitteilung, praktisch Wort für Wort. Diese Publicity verursachte Tausende von Telefonanrufen zu der Hotline innerhalb von zwölf Monaten.

Sie brauchen keine kostenfreie 0800-Nummer. Sie können mit einer einfachen Nummer Erfolg haben, die von Ihren Mitarbeitern bedient wird oder an ein elektronisches Voicemail-System oder einen Anrufbeantworter angeschlossen ist.

VON: Die Werbe-Hotline, 174 Holland Ave.
New Milford, NJ 07646
KONTAKT: Amy Sprecher, 201 385-1220

Neue landesweite Telefon-Hotline bietet kostenlose Werbe- und Verkaufstipps für Werbe-Agenturen, Unternehmen und kleine Geschäfte

New Milford, NJ, 4. Dezember – Die »Werbe-Hotline« ist »eine neue landesweite Telefon-Hotline«, sie gibt kostenlos Rat, Informationen und Tipps zu Werbung, Direktmailing, Öffentlichkeitsarbeit und anderen Formen der Werbung für Werbe-Agenturen, PR-Firmen, große Unternehmen und kleine Geschäfte zu geben. Die Hotline-Nummer ist 555-5555.

»Kunden und ihre Agenturen brauchen heute solide, verlässliche Informationen darüber, was heute in der Werbung geht – und was nicht«, sagt Bob Bly, der Direktor der Hotline. »Als freiberuflicher Journalist kenne ich Hunderte von Leute, die mich anrufen und Fragen stellen wie »Wie kann ich Rücklauf auf meine Viertelseite-Werbe-Anzeige bekommen? Wie kann ich eine Direktversandaktion starten, die großen Erfolg hat?« Ich habe die Werbe-Hotline eingerichtet, um diesen Leuten einige der Antworten zu geben.«

Im Gegensatz zu den meisten anderen Informationsquellen, macht Bly deutlich, ist die Werbe-Hotline kostenlos. »Viele Unternehmen können es sich nicht leisten, Berater einzustellen, und es kostet Zeit, ein Buch zu lesen, einer Kassette zuzuhören oder ein Seminar zu besuchen«, bemerkt Bly. »Die Hotline ist kostenlos und nimmt nur fünf Minuten Zeit in Anspruch.«

In den folgenden Monaten können die Anrufer, die die Werbe-Hotline unter 555-5555 anrufen, aufgenommene »Mini-Seminare« zu wechselnden Themen hören. Vorgesehen ist: »10 Wege, um besser mit Ihrem Budget auszukommen«, »Wie erfolgreiche Werbebriefe gestaltet werden«, »Neue Ideen für Ihren Firmen-Newsletter« und »Finanzdienstleistungen mit der Post verkaufen«. Das im Moment laufende Thema können Sie sich sofort anhören, wenn Sie die Hotline unter 555-5555 anrufen ...

Abbildung 15.5: Diese Pressemitteilung löste 5.000 Hotline-Anrufe innerhalb von ein paar Monaten aus.

Sie können dieselbe Art von Pressemitteilung benutzen, um Ihre Website darzustellen, aber die redaktionellen Veröffentlichungen werden wahrscheinlich geringer sein. Das ist deshalb so, weil relativ wenige Telefon-Hotlines beworben werden, im Vergleich zu der riesigen Anzahl von Websites. Und je gewöhnlicher etwas ist, desto weniger interessiert es die Presse.

Produkteinführung als Aufhänger für Ihre Pressemitteilung

Die populärste Art der Pressemitteilungen ist die Meldung, die ein neues Produkt bekannt gibt. Das Produkt muss nicht tatsächlich brandneu sein, um für eine derartige Meldung geeignet zu sein. Verbesserungen, Weiterentwicklungen, neue Modelle, neue Möglichkeiten, neue Zusatzteile, neue Anwendungen, neue Größen und Stile können alle die Basis für eine derartige Meldung bilden.

Meldungen zu neuen Produkten werden normalerweise unter der Rubrik »Neue Produkte« einer Publikation veröffentlicht. Redakteure drucken kurze zwei oder drei Absätze umfassende Produktbeschreibungen mit einem Foto oder einer Zeichnung, wenn diese der Mitteilung beilag. Diese Art von Veröffentlichung ist zwar reine Routine, bietet aber für Ihr Produkt zusätzliche Publicity, schafft Bewusstsein und kann bei geringen Kosten zahlreiche Anfragen auslösen.

Abbildung 15.6 ist ein Beispiel für eine Pressemitteilung zu einem neuen Produkt, die effektiv ist, weil sie die Produktankündigung mit aktuellen Nachrichten verknüpft – in diesem Fall die kontroverse Diskussion über genetisch veränderte Lebensmittel, ein Thema, das im Moment absolut »in« ist.

Eine Pressemitteilung über eine Produkteinführung kann für jedes Produkt funktionieren, ob es nun aktuelle Nachrichten als Aufhänger benutzt oder nicht. Abbildung 15.7 zeigt eine Pressemitteilung, die enorm erfolgreich für eine industrielles Produkt war, das die meisten von uns nur für äußerst uninteressant und langweilig halten.

Diese Pressemitteilung wurde von mehr als 35 Wirtschaftsmagazinen aufgenommen, manche druckten die komplette 3-seitige Pressemitteilung Wort für Wort. Das Ergebnis: 2.500 Anfragen nach einer technischen Broschüre über das Produkt in sechs Monaten. Geamt-Werbekosten: unter 500 $.

Abbildung 15.8 zeigt eine andere Produktankündigung, diesmal für ein Software-Produkt.

Neue Informationsangebote als Aufhänger für Ihre Pressemitteilung

Diese Form der Pressemitteilung gibt die Publikation einer neuen Produktbroschüre, eines Katalogs, Informationsblatts oder anderer Informationen zu einem Produkt oder einer Dienstleistung bekannt.

Wenn Ihre Information »Was tun, wenn ...«-Informationen oder Hinweise enthält – zum Beispiel, wie man die richtige Ausführung wählt, die richtige Befestigung installiert oder Ähnliches – sollte Ihre Mitteilung dies besonders betonen.

Einführung der weltweit ersten Babynahrung, die absolut unverfälscht ist

Earth's Best stellt die einzige biologisch erzeugte Babynahrung vor, die keine genetisch veränderten Zutaten enthält.

Uniondale, New York – Eltern wollen alles in ihrer Macht Stehende tun, damit ihre Kinder gesund und sicher aufwachsen können. Und es ist die Pflicht der Unternehmen, die Babynahrung herstellen, dasselbe zu tun. Earth's Best, ein führender Hersteller natürlicher, biologischer Babynahrung stellt ab dem 1. Januar 2000 die gesamte Babynahrung ohne genetisch veränderte Zutaten her.

Einfach ausgedrückt ist Genmanipulation der Prozess, Gene aus einer Pflanze, einem Tier oder einem Virus zu entnehmen und sie in einem anderen wieder einzupflanzen mit dem Ziel, die charakteristischen Besonderheiten der Original-Spezies zu reproduzieren. Einige der geläufigsten damit in Verbindung gebrachten Nahrungsmittel sind Mais, Sojabohnen, Kartoffeln – alles ganz normale Zutaten in Babynahrung.

Die Verbraucher haben ein Recht auf Information. Deshalb kennzeichnen wir unsere Earth's Bests Babynahrung als frei von genetisch veränderten Mikroorganismen, sagt Vorstandssprecher Irwin Simon, der schon ein Fan von Earth's Best war, bevor es ein Teil der Hain Food Group wurde. »Vor vier Jahren, als meine Tochter geboren wurde, wollte ich wie alle Eltern nur das Beste für sie. Ihre erste feste Nahrung war von Earth's Best und nun sind auch meine Zwillingssöhne Earth's-Best-Babys.«

Eine der größten Gefahren genetisch veränderter Nahrungsmittel sind unvorhersehbare Gesundheitsbeeinträchtigungen wie Nahrungsmittelallergien. Sie werden hervorgerufen durch das Einsetzen neue Gene in andere Organismen oder Pflanzen. Andere Sorgen gelten dem Schaden an der Umwelt, da neue genetische Informationen auf andere verwandte Lebensformen überspringen und so diese Spezies möglicherweise ausrotten könnten. Zusätzlich könnten unbekannte tierische Gene, die in Nahrungsmitteln auftauchen, strenge Vegetarier oder Anhänger bestimmter Religionen gefährden.

Schätzungsweise 60 bis 70 Prozent der Nahrungsmittel, die es in Lebensmittelgeschäften gibt, sind von Wissenschaftlern genetisch manipuliert worden. Viele glauben, dass ein Produkt, das als biologisch gekennzeichnet ist, frei von genetisch veränderten Mikroorganismen ist, obwohl das nicht immer der Fall ist. Landwirte können einer unbeabsichtigten und unerwünschten Befruchtung ihrer Pflanzen durch einen nahe gelegenen anderen Hof ausgesetzt sein. Earth's Bests Produkte werden einem strengen Test- und Sicherheitsverfahren ausgesetzt, um die Reinheit ihrer Produkte zu gewährleisten ...

Abbildung 15.6: Pressemitteilung zu einer Produkteinführung mit einem Aufhänger zu aktuellen Nachrichten (genmanipulierter Nahrungsmittel)

KOCH ENGINEERING COMPANY, INC
Kontakt: Mike Mutsakis, 212 682-5755

Koch Engineering entwickelt ein Trocken-So2-Reinigungssystem

Koch Engineering Company, Inc, aus Wichita, Kansas und New York City hat ein Trocken-SO2-Reinigungssystem entwickelt, um Rauchgase in kohlebefeuerten Kesseln zu reinigen.

Das System benutzt einen Trockner mit einem Zuleitungsschlauch zu einem Sammelbehälter für die SO2- und Schmutzteilchenentfernung. Um das Reinigungssystem an individuelle Anforderungen anzupassen, hat Koch Engineering eine voll ausgestattete Trockenreinigungs-Pilotanlage gebaut, zum Test und Ausbau für Kunden mit Kohleanlagen oder Chemikalien.

»Koch Engineering ist der einzige Hersteller im Trockenreinigungsbereich, der eine Trocken-SO2-Reinigungs-Pilotanlage für Heizungsanlagen, die mit Kohlestaub betrieben werden, eine groß angelegte Sprühtrockenanlage und ein auf den Gewerbebetrieb ausgelegtes System in Betrieb hat«, sagt David H. Koch, Vorsitzender von Koch Engineering. »Kein Unternehmen ist besser ausgestattet, Trockenreinigungssysteme für industrielle Heizungsanlagen zu planen, herzustellen und zu installieren.«

Das Koch-Trocken-SO2-Reinigungssystem, so fügt er hinzu, benutze eine Zwei-Flüssigkeiten-Düse in dem Sprühtrockner und nicht einen Dreh- oder Zentrifugen-Zerstäuber. Das führe zu größerer Zuverlässigkeit, leichterer Handhabung und geringeren Investitionskosten ...

Abbildung 15.7: Diese Pressemitteilung wurde von 35 Publikationen aufgenommen. Manche haben sie Wort für Wort benutzt.

Einbindung der Pressemitteilung in aktuelle Trends oder Nachrichten

Auch wenn nicht immer einfach, kann das Einbinden Ihrer Mitteilung in einen Trend, ein aktuelles Ereignis oder die Nachrichten Ihre Publicity maximieren.

Nach der ersten Folge der äußerst populären Fernsehshow *Survivor* machte meine Agentur eine Umfrage, um die Unterschiede in Überlebensinstinkten und -strategien zwischen Geschäftsführern in traditionellen Unternehmen versus in E-Business-Unternehmen herauszufinden. Das Ziel: den Bekanntheitsgrad unseres Namens zu steigern und Kenntnisse auf dem E-Business-Sektor zu demonstrieren. Die Umfrage wurde in der japanischen Ausgabe des *Wall Street Journal* publiziert.

Einzigartiges Buchaltungs-Software-Paket kann leicht vom Benutzer an seine Geschäftsumgebung angepasst werden – ohne Programmierung

Kingston, NY – PLATO Software hat vor kurzem eine neue Version seines anpassbaren Geschäfts- und Buchhaltungs-Software-Pakets, P&L-Pro Version 6.0, herausgebracht.

»P&L-Pro ist so einzigartig, weil es die einzige erschwingliche Buchhaltungs-Software ist, die von dem Benutzer angepasst werden kann, ohne dass Programmierkenntnisse erwartet werden«, behauptet Richard Rosden, Vorsitzender von Plato Software.

»Die meisten billigen, Geschäftsanwendungen von der Stange zwingen Sie, Ihre Geschäftsabläufe den Grenzen des Programms anzupassen«, sagt Rosen. »Das Ergebnis ist, dass Sie die Software nicht dazu bringen können, die Dinge so zu tun, wie Sie das wollen. Einige bessere Geschäftsanwendungen können zwar angepasst werden, aber sie fangen bei 10.000 Dollar bis 25.000 Dollar und mehr für ein komplettes System an.«

P&L-Pro ist im Vergleich dazu ein komplettes und erschwingliches Geschäfts- und Buchhaltungs-Software-Paket, das von den Benutzern modifiziert werden kann, auch von Nicht-Programmierern, damit es sich ihren Vorgängen und Abläufen anpasst. Der Basis-Preis liegt bei ungefähr 100 Dollar pro Modul.

Wie P&L-Pro funktioniert:

Die meiste Geschäfts-Software ist, laut Rosen, in komplexen Programmiersprachen geschrieben und kann deshalb auch nur von Programmierern verändert werden.

P&L-Pro dagegen benutzt Alpha Four, ein einfach anzuwendendes Datenbank-Management-System. Als Ergebnis können die Benutzer Funktionen hinzufügen oder ihre Kopien von P&L-Pro direkt modifizieren, ohne Hilfe eines Programmierers oder Software-Beraters. Die neue Version, P&L-Pro 6.0, bringt schnellere und einfachere Kontopläne, Scheckverfolgung, Zahlungseingangsverfolgung, Bildschirmeingaben und Berichtsausgaben. Es hat ebenfalls zwei neue Module, Gehalt und Inventur, die – zusammen mit den vorhanden Modulen Hauptbuch, Geldeingang und Geldausgang – P&L-Pro zu einem vollständigen Geschäfts- und Buchhaltungs-Software-Paket machen, das vollständig vom Benutzer an seine Bedürfnisse angepasst werden kann ...

Abbildung 15.8: Pressemitteilung für die Veröffentlichung eines neuen Software-Produktes

1997 wurden virtuelle Haustiere (Pixel-Pets) populär und Bob Bly verschickte eine Pressemitteilung (s.a. Abbildung 15.9). Innerhalb von drei Tagen nach dem Versand hatten sechs Zeitungen Bob angerufen und um ein Interview gebeten, eine hatten einen Fotografen und einen Reporter zu seinem Haus geschickt und eine Titelgeschichte veröffentlicht.

VON: Microchip Gardens, 174 Holland Avenue, New Milford, NJ 07646
Kontakt: Bob Bly, Telefon 201-385-1220

Microchip Gardens, der weltweit erste Pixel-Pet-Friedhof im Norden von New Jersey eröffnet

Als das Pixel-Pet des siebenjährigen Alex Bly starb, nachdem er es in die Toilette hatte fallen lassen, konnte er keinen Platz finden, um es zu begraben. So schuf sein Vater, der in NJ lebende Unternehmer Bob Bly, Microchip Gardens – den weltweit ersten Friedhof für virtuelle Haustiere – im vorstädtischen Hinterhof der Familie.

Wenn nun das Pixel-Pet Ihres Kindes stirbt und nicht wieder belebt werden kann, brauchen Sie es nicht in den Abfalleimer zu werfen, sondern Sie können es an einer wunderschönen, von Bäumen umstandenen Stelle zur letzten Ruhe betten.

Für Gebühren ab 5 Dollar, abhängig von der Lage und der Art des Grabes (Erdbestattung, Einäscherung, Mausoleum), gibt Bly Ihrem teuren dahingeschiedenen Pixel-Pet eine ewige Ruhestätte in Microchip Gardens, komplett mit Beerdigungsfeier und Graburkunde. »Selbst Pixel-Pets halten nicht für immer«, sagt Bly. »Da gibt es Tierfriedhöfe für Hunde und Katzen, nun haben Pixel-Pets auch einen.«

Um den Besitzern von Pixel-Pets zu helfen, die größte Freude an ihrem Besitz zu haben, hat Bly – Autor von 35 veröffentlichten Büchern wie The *»I Hate Kathie Lee Gifford« Book* (Kensington) und *The Ultimate Unauthorized Star Trek Quiz Book* (HarperCollins) – eine informative neue Broschüre geschrieben: »So ziehst du dein Pixel-Pet groß«. Die Broschüre deckt Themen ab wie Kauf des ersten Pixel-Pets, es mit nach Hause nehmen, Pflege und Fütterung, Spiel und Disziplin. Begräbnis-Riten für Pixel-Pets und die Ursprünge von Microchip Gardens sind ebenfalls beschrieben.

Um Ihr Exemplar von »So ziehst du dein Pixel-Pet groß« zu erhalten, in dem auch vollständige Informationen über den Pixel-Pet-Friedhof Microchip Gardens enthalten sind, senden Sie bitte 4 Dollar an: CTC, 22 E. Quackenbush Avenue, Dumont, NJ 070628.

Abbildung 15.9: Diese Pressemitteilung brachte meinen Co-Autor Bob Bly auf die Titelseite einer lokalen Tageszeitung.

Was ist die Titelgeschichte in den Nachrichten in dieser Woche? Wer ist eine gefragte Persönlichkeit? Welcher Trend ist absolut »in«? Mit ein wenig Kreativität können Sie wahrscheinlich einen Weg finden, um Ihre Organisation oder Ihr Produkt in diese Geschichte einzubinden.

Umfragen als Aufhänger für Ihre Pressemitteilung

Es ist schon ironisch: Journalisten betrachten sich als im Nachrichtengeschäft tätig, jedoch abgesehen von Enthüllungs- und Nachrichtenreportern haben die meisten Journalisten es schwer, etwas zu finden, was wirklich neu ist. Das meiste, was sie finden, ist recycelt und hat es schon vorher gegeben. Wenn Sie ihnen also wirkliche Neuigkeiten präsentieren, werden sie anbeißen und sie publizieren.

In meiner PR-Agentur ist unsere beliebteste Strategie, um wirkliche Neuigkeiten – und neue Informationen – zu kreieren, eine Umfrage zu machen. Das ist einfach. Jeder kann eine Umfrage machen und die Ergebnisse in Tabellen eintragen. Indem Sie das tun, kreieren Sie Fakten, die auf numerischen Werten basieren, und die Journalisten lieben harte Zahlen.

Pressemitteilungen, die Tauschaktionen anbieten

Ein anderer Gag, der in der PR Wunder vollbringt, ist es, eine Tauschaktion zu publizieren. Das klassische Beispiel ist unsere Promotion für *British Knights Sneakers*: Wir boten ein freies Paar Sneakers an Stubenhocker an, die die Fernbedienung ihres Fernsehers an uns schickten. In unserer Agentur benutzen wir derartige Tauschaktionen oft. Die einzige Voraussetzung ist, dass Sie einen logischen Grund für die Tauschaktion haben: Zum Beispiel wollen Sie den Leuten Sneakers geben und ihre Fernbedienung einsammeln, damit sie sich mehr bewegen und weniger fernsehen. Wenn Sie die Kosten im Rahmen halten wollen, sollten Sie die Zahl der angenommenen Einsendungen begrenzen: »Die ersten tausend Einsender erhalten ...«

Für Calyx & Corolla, ein landesweiter Florist, bot meine Firma eine Tauschaktion zum Muttertag an: Sende ein Spielzeuggewehr ein (um Gewaltlosigkeit zu propagieren) und erhalte kostenlos Blumen (s.a. Abbildung 15.10).

Pressemitteilung mit Aufruf zum Handeln

Kreieren Sie einen Grund oder Aufruf zum Handeln und publizieren Sie ihn. Ein Beispiel ist die Strike-Back-Promotion, die ich in Kapitel 1 beschrieben habe und die mich auf die Titelseite von *USA Today* brachte. Alles, was ich tat, war, Baseballfans dazu aufzurufen, die Spiele jeweils für einen Tag zu boykottieren im Gegenzug für jeden Streiktag der Profispieler.

Auffällige Werbung

Manchmal ist Werbung so ausgefallen und einprägsam, dass sie praktisch ihre eigene PR-Kampagne in Gang setzt.

Toyota legte in den neunziger Jahren Tieren den Slogan: »Nichts ist unmöglich« in den Mund. Die Kinospots von Camel mit animierten Kamelen hatten unter Filmfreunden bald Kultcharakter. Thomas Gottschalk (Deutsche Post) und Manfred Krug (Telekom) zeigen auch in Werbespots hohe Unterhaltungsqualitäten.

Kontakt: Lauren Weinberg
Jericho Communications
212/645-6900-110

Mach deiner Mutter an diesem Muttertag das größte Geschenk, das es gibt ... ein Spielzeuggewehr

Calyx & Corolla bittet Kinder landesweit, dabei zu helfen, die Waffengewalt einzudämmen, indem sie ihre Spielzeuggewehre gegen Blumen eintauschen

San Franciso, CA, 25. April 2000 – Jedes Jahr werden über 4.000 Kinder unnötig durch Gewehre getötet. Calyx & Corolla, The Flower Lover's Flower Company, will die Mütter im ganzen Land unterstützen, die dafür kämpfen, dass Gewehre nicht in Kinderhand gelangen. In den nächsten Wochen lädt Calyx & Corolla Kinder ein, mitzuhelfen, indem sie ihre Spielzeuggewehre gegen eine Blume für ihre Mutter zum Muttertag eintauschen.

»Blumen sind das Symbol für Frieden, Harmonie und das Beste der Natur, was eben unsere Kinder sind«, sagt Ruth M. Owades, Geschäftsführerin und Gründerin von Calyx & Corolla. »Calyx & Corolla freut sich, mit dieser Tauschaktion Kinder zu ermutigen, ihre Spielzeuggewehre gegen etwas einzutauschen, das für Frieden steht, eine Blume für ihre Mutter.«

Die ersten 1.000 Kinder, die ihre Spielzeuggewehre einreichen, können für ihre Mutter ein Muttertagsgeschenk erhalten, zur Verfügung gestellt von Calyx & Corolla. Dieses Geschenk, ein Orchideen-Strauß und eine klassische Glasvase, wird direkt vom Erzeuger via FedEx versandt. Kinder, die teilnehmen wollen, sollten ein Spielzeuggewehr und ihren Namen, den Vor- und Zunamen der Mutter, Adresse und Telefonnummer (wegen korrekter Zustellung) senden an:

Das größte Geschenk, das es gibt
Jericho Communications
304 Hudson Street, Ste. 700
New York, NY 10013

Zusätzlich hat Calyx & Corolla noch ein spezielles Mutertags-Bukett kreiert und wird einen Teil des Erlöses an die Organisation Million Mom March spenden. Für weitere Informationen schauen Sie unter www.calyxandcorolla.com/mmm.html oder wählen Sie 1-800-800-7788 ...

Abbildung 15.10: Ich glaube, es ist das Raffinierte an Tauschaktionen, das Aufmerksamkeit der Redakteure und Leser weckt.

AOL lässt Tennis-Star Boris Becker Szenen aus seinem eigenen Leben darstellen: Mit »Bin ich drin?« spielte man mit dem Wortwitz und seinem alten Image als naiver Jüngling. Nach seiner Scheidung erzählte er in einem Werbespot seiner Mutter, dass der Kühlschrank leer und die Wäsche nicht gewaschen ist – natürlich per E-Mail über AOL.

Neue Medien nutzen: Internet und E-Mail

16

In diesem Kapitel

▶ Ein virtuelles Pressezentrum einrichten

▶ Erfolgreiches Internet-Marketing

▶ Ihre Website attraktiver gestalten

▶ Ihr Produkt online bewerben

▶ Die Medien über E-Mail erreichen

Das Internet verändert die Art und Weise, wie Geschäfte gemacht werden, und die PR-Branche ist da keine Ausnahme. Untersuchungen zeigen, dass ein Drittel der Bevölkerung mindestens einmal pro Woche ins Internet geht, um sich über Neuigkeiten zu informieren. Wenn Sie nicht online sind, haben Sie keine Ahnung, was über Sie im Internet gesagt wird oder wie Ihre Marke oder Ihr Image in der neuen digitalen Wirtschaftswelt dasteht.

Für eine Firma, die PR macht, ist die wichtigste Anwendung im Bereich der Webtechnologie der »virtuelle Presse-Treff« – einzelne Seiten innerhalb eines Internet-Auftritts, die speziell für die Nutzung durch die Medien kreiert wurden.

Einige der medienfreundlichsten Websites sind auf die Bedürfnisse dieses Publikums abgestimmt, sowohl was die Geschwindigkeit als auch was den Inhalt angeht. Wenn Sie als Journalist kurz vor Drucklschluss stehen, möchten Sie sich nicht durch drei oder vier Seiten klicken, nur um den Namen eines Managers zu finden, eine Finanzstatistik oder eine Produktspezifikation.

Jeder weiß, dass es Sinn macht, die Website verbraucherfreundlich zu gestalten, insbesondere falls Sie online verkaufen. Aber das ist keine Entschuldigung dafür, andere wichtige Adressaten, darunter die Presse, zu vergessen. In diesem Kapitel stelle ich Ihnen einen Plan vor, wie Sie die Presse auf Ihrer Internet-Seite gut bedienen.

Eine pressefreundliche Website gestalten

Wenn Sie ein Fabrikant oder Dienstleister sind, sollten Sie ausführliche Informationen und Datenbanken anbieten. Angebote, die es erleichtern, Ihr Unternehmen und Ihre Produkte so akkurat und detailliert wie möglich darzustellen. Eine Chemiefabrik zum Beispiel könnte der Presse Informationen über chemische Formeln, wissenschaftliche Untersuchungen, Gebrauchsanweisungen und Sicherheitsangaben für jedes ihrer Produkte geben.

Von welchen Informationsmöglichkeiten ich spreche? Die folgenden Überschriften können Ihnen als eine Art Qualitäts-Check dienen. Und denken Sie daran, wenn Sie Ihren Internet-Auftritt erweitern: Machen Sie niemals Zugeständnisse hinsichtlich *Übersichtlichkeit* und *Schnelligkeit* Ihrer Seite. Journalisten schätzen: Eine Sitemap (Übersicht über die Struktur Ihrer Website), eine Volltextsuche und einen eigenen Presse-Button im Menü.

Firmengeschichte/Hintergrund

Unter einer Rubrik »Alles über die Firma XYZ« werden oft so viele verschiedene Informationen in einen Topf geworfen, dass Sie diese eventuell in separate Sektionen unterteilen sollten. Hier einige Arten von Informationen, die Sie angeben können:

✔ Was die Firma macht

✔ Unternehmensleitbild / -philosophie

✔ Produktanwendungen

✔ Unternehmensdaten (Anzahl Mitarbeiter/Auszubildende, Produkte etc.)

✔ Die Firmengründer und eine Erklärung, wie die Firma angefangen hat

✔ Entwicklung/historische Meilensteine

✔ Events und Messeauftritte – Terminkalender

Eine andere Schlüsselinformation, die Sie anbieten können, ist eine Liste der Kunden. Fallstudien oder Kundenerfolgsgeschichten sind ebenfalls wertvolle Informationen. Selbstverständlich ist dabei zu beachten, dass, wenn Vertraulichkeit Teil Ihrer Dienstleistung ist, das Veröffentlichen einer Kundenliste und der Projekte eine Verletzung dieser Vertraulichkeit darstellt, es sei denn, Sie merken an, dass alle Kunden, die hier aufgelistet werden, dies ausdrücklich erlaubt haben.

Top-Manager

Lesen Sie Wirtschaftsartikel und Sie werden merken, dass Journalisten gerne die Schlüsselpersonen eines Unternehmens porträtieren. Also stellen Sie auf Ihrer Website Biografien der leitenden Mitarbeiter Ihres Unternehmens zur Verfügung. Geben Sie dabei an:

✔ Wo die Manager herkommen

✔ Individuelle Biografien

✔ Verantwortlichkeiten

✔ Kontaktinformationen

✔ Links zu ihren E-Mail-Adressen

Es ist immer wieder erstaunlich, wie manche Firmen Kontaktinformationen verstecken. Eine große Anzahl der Websites geben Adressen und Telefonnummern an, aber auf vielen Seiten sind diese fast nicht zu entdecken. Die meisten Journalisten benötigen diese grundlegenden Informationen.

 Machen Sie stets E-Mail- und Telefonnummer des PR-Direktors, oder wer sonst in Ihrer Firma für die Kontakte mit der Presse verantwortlich ist, leicht zugänglich. Sie können auch die Abteilungs- oder Gruppenleiter auflisten, aber seien Sie gewarnt: Websites sind eine ideale Informationsquelle für Headhunter, die Ihre Mitarbeiter abwerben wollen. Die drei Dinge, die Journalisten schnell finden wollen, wenn sie auf Ihre Website gehen, sind detaillierte Finanzdaten (bei Aktiengesellschaften), ein Archiv aller Pressemitteilungen und E-Mail-/Telefon-/Adress-Informationen.

Eine Umfrage bei Redakteuren zeigt, dass nur 60 bis 75 Prozent der Firmen diese Basisinformationen liefern. Befragt, wie oft sie genötigt sind, zu telefonieren, zu faxen oder per E-Mail die Informationen bei einer Firma nachzufragen, die auf der Website hätte angegeben werden können, liegen die Antworten der Redakteure zwischen 25 bis 50 Prozent.

Archiv der Pressemitteilungen

Es ist inzwischen weit verbreitet, alle Pressemitteilungen einer Firma zu archivieren, um sie auf der Website weiterhin zugänglich zu machen. Auf umfangreicheren Internet-Auftritten gibt es in den Suchmaschinen die Möglichkeit, Pressemitteilungen von der Suche nach Schlagwörtern auszuschließen – ansonsten wären die Suchergebnisse überwältigend. Wenn Sie sich entscheiden, auf Ihrer Website ein Online-Pressearchiv anzubieten, schlage ich vor, folgende Punkte zu integrieren:

✔ Eine chronologische Liste der Pressemitteilungen (angefangen bei den neuesten) mit Datum und Überschrift

✔ Fotos Ihrer Produkte zum Herunterladen (Fotos mit hoher Auflösung ablegen, damit sie als Druckvorlagen genutzt werden können)

✔ E-Mail-Link und Telefonnummer Ihres PR-Verantwortlichen oder Ihrer Agentur

✔ E-Mail-Links zu Pressekontakten, Literatur oder zitierter Literatur innerhalb des Textes

Finanzdaten

Immer mehr Aktiengesellschaften machen ihre Finanzdaten online zugänglich. Mindestens enthalten sein sollten:

✔ Die wichtigsten Finanzdaten pro Jahr und Vierteljahr (aus den Jahres- und Vierteljahresberichten entnommen)

✔ Historische Finanzinformationen

Ein zusätzlicher Bonus, insbesondere für Finanzreporter und Börsenanalysten, sind Diagramme ggf. mit Excel-Tabellen, die die finanzielle Entwicklung des Unternehmens darstellen.

Immer öfter stellen größere an der Börse notierte Unternehmen ihre Jahres- und Quartalsberichte ins Internet. Achten Sie darauf, wie Ihre gedruckten Dokumente ins Web übertragen werden. Die Jahresberichte von *Alaska Airs* beispielsweise werden immer auf mit Farbfotografien bedrucktes Papier gedruckt – schwer lesbar, insbesondere im Internet. Um dieses Problem zu beheben, schob der Webdesigner den Text auf die Seite neben die Fotos, um die Lesbarkeit zu verbessern.

Wenn Sie Jahresberichte und andere Finanzdaten für Analysten, Aktionäre und Finanzreporter ins Web stellen, bieten Sie diese am besten als PDF-Dateien an. Sie können Broschürentexte und Druckvorlagen in PDF-Dateien umwandeln, diese im PDF-Format anschließend mit Querverknüpfungen (Hyperlinks) und Gliederungshilfen ausstatten, so dass auch größere Textmengen übersichtlich bleiben. Eine PDF-Datei hat den Vorteil, dass sie mit Hilfe einer kostenlosen Software (Adobe-Acrobat-Reader) auf allen großen Systemplattformen in gleicher Qualität gelesen, gespeichert und ausgedruckt werden kann. Die Verknüpfungen sind sinnvoll, da ohne Verknüpfungen der Aktionär oder der Journalist sich in langen Dokumenten verlieren kann, ohne die Information zu finden, die er sucht.

Katalog der Produkte und Dienstleistungen

Kunden und potenzielle Kunden suchen auf Ihrer Website nach Produktinformationen, also sollten dort erst recht jede Menge davon für die Presse vorhanden sein. Die Produktinformationen, die Sie der Presse auf Ihrer Site anbieten, sollten umfassen:

✔ Produkt- oder Service-Beschreibungen und Spezifikationen

✔ Gebrauchsanweisungen

✔ Aktuelle Preise und Verfügbarkeiten

✔ Mini-Fotos Ihrer Produkte, die man anklicken kann, um sie zu vergrößern und um weitere Informationen zu erhalten, sowie Pressefotos, die in einem Format abrufbar sind, das auch als Druckvorlage dienen kann.

Presseschau

Wie ich bereits an verschiedenen Stellen in diesem Buch erwähnt habe, hilft die Publicity, die Sie in der Presse erhalten haben, bei weiteren Medien glaubwürdig zu erscheinen. Diese fühlen sich dann oft wohler dabei, Ihre Geschichten zu drucken. Daher sollte Ihre Website Journalisten den Zugang zu Presse-Ausschnitten und anderen Beweisen wichtiger Medienpräsenzen ermöglichen. Sie sollten folgendes Material zur Verfügung stellen:

✔ Farbaufnahmen (im HTML- oder PDF-Format) von wichtigen Magazinen, in denen Ihr Unternehmen im Leitartikel dargestellt wurde

✔ Links zu diesen Artikeln, wenn diese auf der Website der jeweiligen Publikation online geschaltet sind (Achtung: Überprüfen Sie regelmäßig, ob diese Artikel noch online sind.)

✔ Links zu den E-Mails der jeweiligen Autoren

Messeauftritte

Journalisten möchten wissen, wo Sie präsent sind und auf welchen Branchenevents Sie sprechen oder ausstellen werden. Ihre Internetseite ist ein idealer Ort, um Folgendes anzukündigen:

✔ Messen, auf denen das Unternehmen sich präsentiert, die es bewirbt oder sponsert

✔ Links zu Pressemeldungen, die mit diesen Messen zusammenhängen

✔ Links zu Internetseiten der Messeveranstalter oder der gesponserten Projekte

✔ Die Möglichkeit, einen persönlichen Gesprächstermin am Messestand zu vereinbaren (Standnummer und Halle nicht vergessen)

Informationen zu Firmensitz oder Fertigungsstandorten

Im Cyberspace vergisst man leicht, dass Menschen von Ihnen auch eine physische Präsenz erwarten, nicht nur Megabytes von Texten und Bildern auf einem Server. Vergessen Sie daher nicht:

✔ Karten/Anreisebeschreibungen zum Firmenhauptsitz und wichtigen regionalen Zweigstellen sowie Verkaufsbüros

✔ Links zu einer Website, auf der man eine detaillierte Wegbeschreibung abrufen kann, z.B. www.falk.de

✔ Fertigungskapazitäten (was wo produziert wird oder die zentralen Aktivitäten/Dienstleistungen)

✔ Anzahl der Mitarbeiter jeder Anlage

✔ Link zur E-Mail-Adresse des Direktors/Leiters jeder Anlage

Geschwindigkeitsfallen auf Ihrer Website vermeiden

Nichts verärgert Internetnutzer mehr als eine l-a-a-n-g-s-a-m-e Seite. Hier zwei Vorschläge, wie Sie Ihre Site leicht und schnell halten:

✔ Benutzen Sie keine ausgefallenen Grafiken, die beim Herunterladen zu lange brauchen (denken Sie an die Systeme Ihrer Nutzer). Nicht jeder hat DSL oder einen Pentium III. Einige benutzen tatsächlich noch ein 28K-Modem und einen 486er PC!

✔ Überbetonen Sie nicht den Unterhaltungswert (Animationen, Spezialeffekte, Grafiken) gegenüber dem Inhalt (Informationen), insbesondere auf Seiten, die sich an Geschäftskunden wenden.

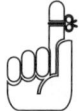 Denken Sie daran, dass die meisten Redakteure keine Zeit dazu haben, auf schlecht gestalteten Seiten herumzusurfen. Für die Presse ist ein gut durchdachtes Design ausschlaggebend. Kurz vor Druckschluss kann eine übersichtliche und schnelle Internetseite darüber entscheiden, ob Ihre Firma im Artikel genannt wird oder nicht.

Geschwindigkeit ist sehr wichtig – habe ich das bereits erwähnt? Tatsache ist, dass Presse-Surfer fast immer vor Druckschluss stehen. Designer sollten Sites übersichtlich gestalten. Die Informationen sollten nie weiter als ein oder zwei Klicks entfernt sein. Schnelles Herunterladen ist genauso wichtig wie Übersichtlichkeit. Hübsche Bilder sind nicht wichtig, und die Geschwindigkeit beim Herunterladen kann sowohl vom Server als auch von der Art und Komplexität der Grafiken beeinflusst werden.

Möchten Sie einige Beispiele von Unternehmen, deren Sites von Redakteuren als pressefreundlich gelobt werden? Schauen Sie mal rein unter

✔ Microsoft (`www.microsoft.com`)

✔ Intel (`www.intel.com`)

✔ Motorola (`www.motorola.com`)

Erfolg im E-Business

Internetspezialisten sprechen von drei Bereichen des E-Business: Verkauf, Inhalt, Community.

Der erste – Verkauf – bezieht sich auf die Möglichkeit, auf einer Internetseite online etwas zu kaufen. Ohne E-Commerce können Sie auf einer Seite nur E-Mail-Kontakte generieren und Offline-Verkäufe tätigen.

Der zweite – Inhalt – bezieht sich auf die Informationen und Dienstleistungen, die auf der Website erhältlich sind. Internetseiten, die nur Produktinformationen präsentieren, sind für den Internetnutzer nicht so interessant wie Sites, die nützliche Informationen und Tools (Handlungsanleitungen) anbieten. (Ein Beispiel für ein solches Tool fand ich auf einer Gesundheits-Site: Sobald Sie Ihre Körpergröße eingeben, zeigt es Ihr Idealgewicht an.) Je besser ihr Inhalt, desto mehr Internetnutzer werden Ihre Site bevorzugen.

Die interaktive und grafische Natur des Internets mag es, oberflächlich gesehen, als Marketinginstrument attraktiv erscheinen lassen. Aber Internetsurfer werden von Inhalten angezogen, nicht von Grafiken. Animationen lassen eine Internetseite vielleicht lebendig und einladend erscheinen, aber inhaltsreiche Seiten sind diejenigen, die Surfer anlocken und sie lange genug festhalten, damit sie zu Käufern werden.

Der dritte E-Business-Bereich – Community – bezieht sich auf die Beziehung, die Nutzer mit der Website und untereinander haben. Es ist das Online-Äquivalent der Buchhandlung oder des Cafés in der Nachbarschaft. Websurfer merken, dass Ihre Seite ein guter Ort ist, um dorthin zu gehen und dort Zeit zu verbringen, insbesondere mit anderen Besuchern der Seite. Leute, die die Welt des Webs mehr studieren, als ich das tue, sagen, es gibt da draußen drei Arten von Communitys:

✔ Internet-Communitys, die als Marketing- und Werbeinstrument dienen

✔ Extranet-Communitys, die Beziehungen mit Handelspartnern und Kunden stärken sollen

✔ Intranet-Communitys, die die Kommunikation von Informationen innerhalb einer Organisation erleichtern

Chat-Rooms und Foren können ein Gefühl von Gemeinschaft erzeugen. Wenn Sie in Chat-Rooms sehen, wie Leute nicht nur zu der Person sprechen, die die ursprüngliche Nachricht geschickt hat, sondern außerdem auch Dritte namentlich ansprechen und einbeziehen, wie sie argumentieren oder Meinungen austauschen, dann wissen Sie, dass Sie auf einer Site mit einem starken Gemeinschaftsgefühl sind.

Ein gutes Beispiel ist `iVillage.com`. Die Benutzung des Wortes »village« (Dorf) erzeugt sofort die Vorstellung von einer Internet-Community. Die Website deckt eine Vielzahl von Interessen ab, darunter Nachrichten, Gesundheit, Kindererziehung, Geldanlagen, Haustiere, Beziehungen, Reisen und sogar ein Buchklub speziell für Frauen. Sie können anderen Mitgliedern online Botschaften schicken, an Chats teilnehmen, Nachrichten unter der Rubrik »Schwarzes Brett« hinterlassen und sogar Ihre eigene Mitgliederseite bekommen.

Um Ihrer Internetseite zum Erfolg zu verhelfen, könnte der Bereich der Community der wichtigste sein. Je stärker das Gemeinschaftsgefühl, desto enger die Beziehung zwischen Benutzer und Website. Daher haben die Nutzer, die sich registriert haben und nun auf Ihrer E-Liste sind (und Sie können fast alle dazu animieren, sich zu registrieren, indem Sie dies zur Nutzung von Chat-Rooms, Foren und anderer beliebter Features erforderlich machen) eine enge Bindung an die Site. Allzu oft merken wir nicht, dass unser Geschäft oder unsere Website für uns viel interessanter ist als für die Masse der Internetsurfer. Je mehr Inhalt und Nutzen Sie anbieten, desto mehr Besucher werden Ihre Website schätzen lernen und desto mehr Bekanntheitsgrad werden Sie schaffen.

Denken Sie daran, die Aktivitäten der Surfer aufzuzeichnen. Diejenigen, die Ihre Seite besuchen und etwas kaufen, kennen Sie besser als diejenigen, die nur ab und zu auf Ihre Site gehen oder niemals kaufen. Faktoren, die Sie messen können, sind Hits (Besuche auf einer Website), Page Views (die spezifischen Seiten, auf die ein Besucher geht), Dauer (Zeit, die ein Besucher auf der Site verbringt) und Verkäufe (Anzahl der Besucher, die etwas kaufen).

Sie können die Besucher nach Tageszeit, Wochentag oder Tag im Jahr aufspüren. Benutzen Sie diese Daten zur Netzwerkplanung, um sicherzustellen, dass in Spitzenzeiten genügend Kapazitäten zur Verfügung stehen. Erinnern Sie sich daran, was Internet-Spielzeughändlern passierte, als sie in einem Jahr mehr Bestellungen erhielten, als sie abwickeln konnten? Die Kunden waren wütend und die Aktien dieser E-Commerce-Firmen stürzten in den Keller.

Das Fazit ist: Nehmen Sie keine engere Beziehung zwischen Ihrer Site und Besuchern an, als tatsächlich vorhanden ist. Ihr Kunde diktiert die Tiefe dieser Beziehung, die darauf basieren muss, was er braucht. Also sollten Sie nicht versuchen, jeden Besucher Ihrer Seite an sich zu binden. Lernen Sie Ihre Kunden über die virtuellen Kontakte immer besser kennen. Wenn Sie diese Verbindung langfristig pflegen, entwickeln sich wirkliche Beziehungen.

Besuchertreue: Eine attraktive Website gestalten

Auf einer attraktiven Website halten sich die Leute auf, verbringen Zeit dort und kommen regelmäßig wieder. Je anziehender die Site, desto mehr Umsätze wird sie generieren (wenn es eine E-Commerce-Site und nicht nur eine Anzeigenseite ist, die Produktbeschreibungen ins Internet gestellt hat).

Wenn Sie sich dem ersten Bereich – Verkauf – gewidmet haben und dieser funktioniert, dann erhöhen Sie Attraktivität und Umsätze, indem Sie die Bereiche Content und Community stärken. Wenn der Inhalt nützlich und interessant ist, werden die Leute Ihre Site öfter und länger benutzen – und mehr kaufen. Wenn die Site ein echtes Gemeinschaftsgefühl vermittelt, werden die Leute oft nachschauen, was passiert.

National Geographic erhöhte seine Online-Umsätze, indem sie beobachteten, was das beliebteste Produkt in ihrem Geschenkeladen war. Es waren Postkarten. In der nächsten Online-Kampagne präsentierte *National Geographic* also einen Satz Postkarten mit Motiven wilder Tiere, vier Karten wurden pro Seite dargestellt. Ein Mailing via E-Mail ermunterte Konsumenten, auf die Website zu gehen und die Beispielkarten anzuschauen. Konsumenten konnten dann eine elektronische Version der Karten an einen Freund mailen. Die Leute mochten, was sie sahen – weniger als 0,04 Prozent der Leute machten nicht mit; 32 Prozent klickten sich auf die Internetseite. Innerhalb von drei Wochen konnte *National Geographic* 25.000 neue Namen auf seine E-Mail-Liste setzen.

Weitere Ideen für größere Online-Profite

Hier einige Tipps, wie Sie das Web dazu einsetzen können, Ihre Geschäfte zu bewerben:

✔ **Sie brauchen einen Internetauftritt.** Heutzutage gibt es keinen Weg daran vorbei. Sie brauchen die Site, und wenn es nur der Verstärkung der Glaubwürdigkeit dient. Aber eine Site kann auch Service und Umsätze erhöhen. In einer kürzlich erschienen Studie von

Thomas Register und *Visa USA* sagten 30 Prozent der Unternehmen, dass die primären Gründe für die Umstellung auf E-Business Geschwindigkeit und Bequemlichkeit seien. Außerdem sagten die Befragten in einem Verhältnis von 2 zu 1, dass sie einen Lieferanten bevorzugen würden, der Online-Kauftransaktionen akzeptiert.

- Eine Website sichert jederzeitige Kontaktmöglichkeit mit Ihnen und gibt Informationen zu Ihren Dienstleistungen und erleichtert so Ihnen und Ihren Kunden das Leben.

✔ **Sie müssen den Leuten einen Grund geben, warum sie auf Ihre Site gehen sollen.** *Internic*, die Behörde, die die Vergabe von Domainnamen im Internet kontrolliert, berichtet, dass es mehr als 1,5 Millionen Internetseiten gibt. Also warum in aller Welt sollte irgendjemand sich die Zeit nehmen, auf Ihre Site zu gehen? Wenn Sie Ihr Foto, Ihre Broschüre oder einen geistreichen Ausspruch zeigen – wen kümmert es? Die Leute interessieren sich nur für sich selbst. Wenn Sie ihnen keinen attraktiven Grund geben, auf Ihre Site zu gehen, warum beklagen Sie sich dann, dass sie nicht kommen?

✔ **Sie müssen den Leuten die Möglichkeit geben, zu kaufen.** Wenn Sie Ihre Produkte und Dienstleistungen nicht auf Ihrer Seite auflisten, mit verschiedenen Möglichkeiten, einen Kauf zu tätigen, dann verpassen Sie Umsätze. Denken Sie daran, dass die Leute noch immer sehr nervös sind, etwas online zu kaufen. Geben Sie ihnen beide Möglichkeiten zu kaufen – online und offline – inklusive einer gebührenfreien Rufnummer, Kontaktadresse und Faxnummer.

✔ **Sie müssen Ihre Site ständig verändern.** Sie bringen Leute vielleicht dazu, Ihre Seite einmal anzuschauen, aber wie bringen Sie sie dazu, zurückzukommen? Fügen Sie kontinuierlich neue Inhalte hinzu. Das ist, was die Leute dazu bringt, immer und immer wieder zu kommen. Also präsentieren Sie Spezialangebote, Neuigkeiten und zusätzliche Produktangebote.

✔ **Lassen Sie sich in Suchmaschinen eintragen.** Nur sechs bis zwölf Suchmaschinen sind tatsächlich wichtig. Sie können und sollten Ihre Site selbst registrieren bei Yahoo, Lycos, Alta Vista, Excite, Go, Netscape Search, AOL Search, MSN Search, Snap, HotBot, Google und Infoseek, web.de.

Ist Ihre Website über-designed?

Je mehr Grafiken Sie in Ihren Internetauftritt einbauen, desto langsamer wird die Seite für den Surfer. Laut *Zona Research* können Webseiten drei bis elf Sekunden zum Herunterladen brauchen, abhängig vom Modem des Benutzers und der Internetverbindung. Der Durchschnitt-Surfer wird abbrechen und auf eine andere Site gehen, wenn es länger als acht Sekunden dauert, bis eine Seite geladen ist. *Zona* schätzt, dass diese Abbrüche die E-Unternehmen pro Jahr 4,35 Milliarden Euro Umsätze kosten. Geschwindigkeit macht den Unterschied aus: Eine Site verringerte ihre Abbrecherrate von 30 auf 8 Prozent, indem sie einfach die Ladezeit um eine Sekunde pro Seite verringerte. Eine Studie fand heraus, dass 84 Prozent der untersuchten Websites zu langsam luden.

- Wenn Sie möchten, dass Ihre Seite von den Suchmaschinen gelistet wird, zahlen Sie Ihren Webmastern dafür, die besten Kandidaten auszuwählen und sie von Hand einzufüttern. Internetdienste, die zu einem geringen Preis anbieten, Ihre Site von verschiedenen Suchmaschinen automatisch listen zu lassen, können einen Überfluss von Anfragen schlechter Qualität generieren.

- Geben Sie der Suchmaschine zehn bis zwanzig Schlagwörter, unter denen Sie Ihre Site gelistet haben möchten, geordnet nach ihrer Wichtigkeit. Im Zweifel geben Sie eher mehr als weniger Stichwörter an. Treffer, die auf weniger wichtige Schlagwörter zurückzuführen sind, können sich schnell addieren.

Sorgen Sie für inhaltsreiche, textreiche Seiten, nicht nur für Grafiken. Roboter von Suchmaschinen – Software, die im Web nach Inhalt sucht und automatisch in der Suchmaschine registriert – finden Sites nach Wörtern, nicht nach Bildern.

Eine Untersuchung zeigt, dass nur 42 Prozent der heutigen 800 Millionen Webpages bei den elf wichtigen Suchmaschinen auftauchen. 1997 waren es noch 60 Prozent aller 320 Millionen Webpages gewesen. Websites vermehren sich schneller, als die Suchmaschinen bewältigen können. Also sollten Sie nicht zu sehr von Suchmaschinen abhängig sein, um Surfer auf Ihre Site zu lenken. Stattdessen sollten Sie PR einsetzen, um Ihre Internet-Seite bei Ihren Offline-Kunden bekannt zu machen, und Allianzen mit gegenseitiger Verlinkung auf Websites forcieren, deren Produkte Ihre eigenen ergänzen.

✔ **Benutzen Sie Ihre E-Mail-Signatur, um Ihre Website zu bewerben.** Ihre *E-Mail-Signatur* ist der vier bis acht Zeilen lange Paragraf am Ende jeder Ihrer E-Mails. Das Internet erlaubt es Ihnen, sich in Ihrer Signatur zu bewerben. Es ist Ihre Gelegenheit, Ihre Web-Adresse zu listen und den Menschen einen Grund zu geben, sie anzuklicken.

✔ **Drucken Sie Ihre Internet-Adresse überall ab.** Jede Anzeige, die Sie schalten, jeder Spot, der gesendet wird, jede Visitenkarte, die Sie ausgeben, jeder Katalog, den Sie verschicken, jede Pressemappe und Broschüre, die Sie verteilen, sollten Ihre Web-Adresse enthalten. Benutzen Sie die Offline-Welt, um Ihren Online-Auftritt bekannt zu machen.

✔ **Nehmen Sie an Online-Diskussionsforen teil.** Nehmen Sie an E-Mail-Diskussionen teil, an denen Ihre Kunden-Zielgruppen teilnehmen. Verbringen Sie etwas Zeit auf der Site, um ein Gefühl für den Charakter der Gruppe zu bekommen, und schicken Sie dann nützliche Antworten. Während Sie das tun, bewerben Sie sich und Ihr Unternehmen. Und wenn Ihre Signatur Ihre Web-Adresse enthält, bewerben Sie außerdem mit jeder E-Mail, die Sie schicken, Ihre Internetseite auf eine Weise, die in der Internetwelt völlig akzeptabel ist. Sie wären überrascht, wie viele Journalisten an Diskussionsforen, die ihr Gebiet behandeln, teilnehmen oder diese beobachten.

✔ **Sorgen Sie für Cross-Promotions mit verwandten Internet-Auftritten.** Offline würden wir das Netzwerke und Marketingkooperation nennen. Sie können dasselbe online tun. Finden Sie Internetseiten, die denselben Markt bedienen wie Sie, und tun Sie sich mit ihnen zusammen. Vielleicht Werbung auf deren Site. Vielleicht Links austauschen. Tun Sie sich zu Online-Partnerschaften zusammen, um online Geld zu verdienen.

✔ **Geben Sie in Presse-Interviews immer Ihre Internet-Adresse an.** Wann immer Sie mit der Presse sprechen, aber insbesondere mit Rundfunk und Fernsehen, sollten Sie dem Publikum Ihre Website als Quelle für weitere Informationen geben. Einige Medien haben Richtlinien, die Werbung und die Nennung von gebührenfreien Nummern einschränken, aber bisher hält Sie keiner davon ab, Ihre Internet-Adresse zu nennen. Vermutlich deshalb, weil das Netz als Informationsmedium wahrgenommen wird, gebührenfreie Rufnummern aber als Marketing-Instrument. Das sollten Sie ausnutzen! Die Dinge mögen sich in Zukunft ändern, wenn mehr und mehr Journalisten merken, dass das Internet sich rasend schnell zu einem Marketing-Werkzeug entwickelt, und nicht nur ein Medium der freien Rede ist.

✔ **Experimentieren Sie.** Das Internet ist relativ jung als Vehikel für Handel. Die meisten von uns wenden alles, was sie jemals über Marketing gelernt haben, auf dieses neue Medium an. Wir müssen außerhalb dieser Kategorien denken, unsere Ideenfühler ausstrecken und neue Wege finden, um online Geschäfte zu machen. Wir müssen bereit sein, Risiken einzugehen und neue Ideen zu testen. Einiges davon mag Geld kosten. Oder Zeit. Aber wie Flip Wilson sagte: »Sie können nicht erwarten, den Jackpot zu gewinnen, wenn Sie nicht ein paar Münzen in die Maschine werfen.«

Häufig gestellte Fragen

Richten Sie eine Rubrik für häufig gestellte Fragen (frequently asked questions, kurz FAQ) auf Ihrer Website ein. Diese Rubrik ist im Listenstil und Frage-Antwort-Format aufgebaut. Die Vorteile? Sie erhalten weniger E-Mails zu denselben grundlegenden Fragen, wenn diese Information auf der Site leicht abrufbar ist. Diese Frage-Antwort-Rubrik spart Ihnen Zeit, macht die Kunden glücklich und steigert Ihre Umsätze.

Surfer auf Ihre Website lenken

Erfolgreiche Website-Besitzer berichten, dass 70 Prozent ihres Marketing-Budgets an Medien außerhalb des Netzes geht, um mögliche Kunden auf die Seite zu lenken. Hier sind einige Techniken, wie Sie die Klickzahlen auf Ihre Site erhöhen können:

✔ **Integrieren Sie Ihre Internet-Adresse in all Ihre Promotions – Direktmailings, Kataloge, Faxe, Anzeigen, Pressemitteilungen, Werbemittel, Rechnungen und Verträge.**

✔ **Benutzen Sie Suchmaschinen.** Schreiben Sie kurze, attraktive Titel und Beschreibungen für jede Seite. Konzentrieren Sie sich auf Schlagwörter und benutzen Sie diese in Titeln, Site-Beschreibungen, Texten usw. Die Schlagwörter erhöhen die Wahrscheinlichkeit, dass eine Internetsuche nach dem Thema auf Ihre Seite gelenkt wird.

✔ **Ermuntern Sie potenzielle Kunden, sich zu registrieren, um Ihre E-Mail-Datenbank zu vergrößern.** Bieten Sie ein Informationszentrum mit Dokumenten, Gratis-Demos, Katalogen, Zeichnungen oder einem freien Newsletter. Einer meiner Kunden, ein Internet-Vermarkter von Heilkräutern und Vitaminen – AllHerbs.com – verschickt einen regelmäßigen E-Mail-Newsletter an eine Datenbank von 700.000 Abonnenten. Der E-Mail-Newsletter, der eine Antwortrate von 30 Prozent generiert, ist ein Mischmasch von nützlichen Informationen über Heilkräuter, nützlichen Fakten und besonderen Angeboten.

✔ **Denken Sie über Banner-Anzeigen nach** (diese kleinen Werbeanzeigen, die unaufgefordert auf dem Bildschirm erscheinen, wenn Sie auf eine Site gehen). Die Effektivität von Banner-Anzeigen ist allerdings stetig zurückgegangen mit Klickraten von nur einem halben Prozent.

✔ **Verschicken Sie Pressemitteilungen, die Ihre Website (und die dort enthaltenen Informationen) bewerben.** Diese Pressemitteilungen können sich auf Inhalte konzentrieren (freie Informationen, die auf der Site erhältlich sind), auf Community (Online-Foren und Diskussionsgruppen) oder Verkauf (Breite der Produktauswahl oder Sonderangebote).

✔ **Verlinken Sie Ihre Site mit anderen Sites.** Setzen Sie sich als Ziel, eine bestimmte Anzahl von Verlinkungsanfragen pro Woche zu verschicken. Suchen Sie nach Ihren Schlagwörtern, um relevante Sites zu finden, mit denen Sie verlinkt sein möchten, und schreiben Sie diese dann an. Berücksichtigen Sie Verbände, Zeitschriften, Berater und ergänzende Sites.

✔ **Bauen Sie strategische Partnerschaften und Allianzen auf.** Listen Sie Ihre Produkte auf der Site eines anderen Unternehmens im Gegenzug für eine kleine Umsatzbeteiligung. Zum Beispiel könnte eine Site, die Gourmet-Kaffees anbietet, die Dosenmilch einer anderen Site listen. Sie könnten auch Beiträge für einen E-Mail-Newsletter anbieten im Gegenzug für einen Link und zusätzliche Promotion.

✔ **Gestalten Sie die Seite attraktiv und nützlich.** Bieten Sie einen Grund, zurückzukommen. Gute Inhalte, freie Quellen und Tools, Verlosungen und Grafiken funktionieren diesbezüglich gut.

• Wenn die Leute Ihre Seite nicht in Scharen besuchen, sollten Sie über ein wenig Offline- (Print-) Werbung nachdenken. Zum Beispiel: Drucken Sie Postkarten, die Ihre Website vorstellen, und schicken Sie diese an jede Person auf Ihrer Mailingliste.

• Internet-Direktmail ist ein nützliches Instrument, um Leute auf Ihre Seite zu ziehen. Sie können auch E-Mail-Newsletter oder E-Mail-Zeitschriften benutzen.

✔ **Geben Sie Ihre Web-Adresse unter der Unterschrift auf Briefen an.**

✔ **Kreieren Sie ein Lesezeichen mit Ihrer Internet-Adresse darauf und verschicken Sie es mit Ihren Lieferungen.**

✔ **Bieten Sie ein wöchentliches Update irgendeiner Art, damit die Leute wiederkommen.** Schreiben Sie einen E-Mail-Newsletter, den Sie an Ihre potenziellen Kunden schicken, um sie an Ihre Internetseite zu erinnern.

Wer früh aufsteht, bekommt die Internet-Adresse

Registrieren Sie Ihre Internet-Domäne frühzeitig. Registrieren Sie auch alle anderen freien Domains, unter denen Ihre Kunden nach Ihnen suchen könnten. Viele Surfer geben einfach einen nahe liegenden Domainnamen ein, wenn sie Ihre Firma suchen. Wenn Sie sich bei dem Namen noch nicht sicher sind, registrieren Sie ihn trotzdem. Registrierung ist preiswert, wenn Sie den Namen direkt von Internic oder Denic, der Behörden, die diese Namen kontrollieren, erwerben. Aber wenn jemand anderes den Namen, den Sie wollen, registriert, müssen Sie eventuell teuer dafür zahlen, dass derjenige ihn an Sie abtritt. Kürzlich wurde `drugs.com` für 823.456 Euro verkauft. Und ein texanischer Unternehmer verkaufte `business.com` für 7,5 Millionen Euro an eine kalifornische Firma. Zwei Jahre zuvor hatte er den Namen von jemand anderes für 150.000 Euro gekauft. Mein Co-Autor Bob Bly registrierte `bly.com` ein Jahr oder länger, bevor er seinen Internet-Auftritt tatsächlich realisierte, nur um den Namen zu sichern. Und natürlich wurde er von einigen Blys angesprochen, die sich wünschten, sie hätten ihn als Erstes registriert. Um einen Namen für eine Domäne zu registrieren, gehen Sie zu `www.denic.de` oder fragen Ihren Internet-Provider.

Sollten Sie Pressemitteilungen per E-Mail verschicken?

Laut einer Umfrage bevorzugen 55 Prozent der Redakteure gedruckte Pressemitteilungen per normaler Post; 25 Prozent bevorzugen E-Mail und 15 Prozent bevorzugen Faxe.

Einige Redakteure, mit denen ich gesprochen habe, sagen, dass sie nicht alle ihre E-Mails öffnen und reguläre Post sei zu langsam. Aus diesem Grund schicken wir die meisten unserer Pressemitteilungen per Fax. Damit erreicht man eine Geschwindigkeit und Unmittelbarkeit, die E-Mail gleichkommt, aber die beiden großen Probleme von E-Mails vermeidet: Angst vor dem Öffnen einer E-Mail wegen möglicher Viren und Schwierigkeiten beim Öffnen aufgrund inkompatibler Datenformate.

Unterlagen, die nicht per Fax geschickt werden können, wie beispielsweise Pressemappen, können per Post geschickt werden.

Wenn ein Redakteur uns wissen lässt, dass er Pressemitteilungen via E-Mail akzeptiert oder diesen Weg sogar bevorzugt, ändern wir die Datenbank, so dass er in Zukunft alle Meldungen via E-Mail erhält. Pflegen Sie eine separate Verteilerliste der Redakteure, von denen Sie wissen, dass sie bevorzugen, Pressemeldungen elektronisch zu erhalten und e-mailen Sie dieser Gruppe die Meldungen separat.

E-mailen von Pressemitteilungen funktioniert am besten, wenn Sie ein reguläres Mailing per Post mit einem Anruf verabfolgen möchten. Wenn der Redakteur dann seine Interesse bekundet, aber sich nicht daran erinnern kann, das Original erhalten zu haben oder es nicht aufgehoben hat, können Sie ihm umgehend eine Kopie zugehen lassen und ihn später am Tag noch einmal anrufen, um sich den Erhalt der E-Mail bestätigen zu lassen.

Senden Sie Pressemitteilungen per E-Mail als eingefügte Texte oder als Anhang in üblichen Formaten wie Text (ASCII), WordPerfect oder Microsoft Word. Vermeiden Sie Dateiformate, die der Redakteur eventuell nicht öffnen kann. (Beispiel: Einige Unternehmen benutzen Lotus WordPro, aber wenige Redakteure haben es.) Wenn der Redakteur nur die geringste Schwierigkeit beim Öffnen des Anhangs hat, wird er schneller auf »Löschen« klicken, als Sie »Kein Interesse« sagen können.

Teil V

Aufmerksamkeit
erhaschen

The 5th Wave   By Rich Tennant

*»Tarzans Gemälde gut, aber niemand kommt in Galerie.
Muss man die Aufmerksamkeit der Öffentlichkeit haben.
Das ist, warum Tarzan Elefantenparade auf
Bahnhofstraße gerufen.«*

In diesem Teil ... Jetzt ist es an der Zeit, Ihre PR-Maschine auf Volldampf zu stellen. Eine Möglichkeit ist das Inszenieren spezieller PR-Events, wie sie in Kapitel 17 beschrieben werden. In der PR bedeutet der richtige Zeitpunkt alles. Kapitel 18 hilft Ihnen dabei, mit dem richtigen Timing die Resultate Ihrer PR-Aktivitäten zu maximieren. Manchmal ist der Wind, der Ihnen entgegenweht, sehr kalt. Daher hilft Ihnen Kapitel 19, mit Krisensituationen fertig zu werden. Kapitel 20 zeigt Ihnen schließlich, wie Sie die Resultate Ihrer PR-Arbeit messen und den Investitionen gegenüber stellen.

Publicity Events inszenieren

In diesem Kapitel

▶ Menschen und Presse anlocken

▶ Budgets und Ziele festlegen

▶ Ideen für Ihren Event sammeln

▶ Den Event planen

▶ Den Erfolg Ihres Events messen

*W*er sagt, dass Publicity Stunts passé seien? Ungewöhnlich inszenierte Events, die nur dazu dienen, um in die Abendnachrichten zu kommen, erledigen ihre Aufgabe noch immer, wenn sie clever geplant und witzig sind.

Ein typisches Beispiel: Stan Heimowitz, Eigentümer von *Celebrity Gems* in Castro Valley, Kalifornien, inszenierte kürzlich in den Straßen von San Francisco, wie die kleine Software-Firma *IntraLinux* – Heimowitzs Kunde – Microsoft, den Software-Giganten herausfordert.

Vor dem Moscone Center in San Francisco, wo Microsoft sein neues Produkt Windows 2000 präsentierte, trat ein Bill-Gates-Doppelgänger in einem Boxring gegen einen Pinguin (dem Maskottchen von IntraLinux) an. Der Pinguin schlug natürlich den falschen Gates, während ein Flugzeug mit einem IntraLux-Banner über dem Boxring kreiste. Dieses kreative Straßentheater brachte seinen Punkt rüber, für Zuschauer wie die Presse gleichermaßen.

Publicity Stunts gehen zurück auf die Tage des Zirkusdirektors P.T. Barnum, der ankündigte, dass sein Zirkus in der Stadt eingetroffen war, indem er neben den Bahngleisen einen Elefanten vor einen Pflug spannte. Dieser Stunt machte so viel Rabatz, dass das Pflügen eines Feldes mit einem Elefanten in North Carolina noch heute illegal ist.

Spannung wurde ein Element eines Stunts, der 1980 auf der Titelseite der *Los Angeles Times* landete, als die Zeitung Bob Allen herausforderte, seine Prahlerei zu realisieren, dass man ihn mit 100 Dollar in der Tasche in jeder beliebigen Stadt aussetzen könne, und er 72 Stunden später mehrere Grundstücke besitzen würde, ohne eine Sicherheit zu hinterlegen. Obwohl die Leser zweifelten, ob Allen dies wirklich schaffen würde, zog der Autor des Ratgebers *Nothing Down* das tatsächlich durch.

Auch intellektuelle Themen können die Aufmerksamkeit auf sich ziehen. 1989 überzeugte der Schauspieler Norman George, der in einer Ein-Mann-Show Edgar Allen Poe spielt, die Stadt Boston, die Carver Street, in der der Autor von »Der Rabe« geboren worden war, zu Ehren des Poeten anlässlich seines 180. Geburtstags umzubenennen.

Publicity Stunts und sanftere Events sind niemals eine sichere Sache. Ihre Parade kann verregnet werden und eine bahnbrechende Nachricht kann die Presse woanders hin ziehen. Als der Einzelhändler Rick Segel aus Massachusetts einen Gala-Wettbewerb für den besten Friseur von Medford inszenierte, wurden die Pelzmäntel, die die Nummern der Teilnehmer trugen, vertauscht, so dass die Preise an die falschen Personen überreicht wurden. Zwei Jurymitglieder verließen die Veranstaltung und unter den Friseuren brachen fast Prügeleien aus.

Trotz der Risiken hatte Stan Heimowitz mit seinem Wettkampf IntraLinux-Pinguin gegen Gates einen derartigen Erfolg, dass er sich für PR- und Werbeagenturen als Publicity-Stunt-Fachmann empfahl. Der Event kostete ihn ganze 3.700 US-Dollar, sagt Heimowitz, inklusive Schauspieler und Kostüme. Vergleichen Sie die Kosten für eine Farbanzeige in einem Magazin – 10.000 Euro oder mehr –, die zwei Sekunden lang die Aufmerksamkeit des Lesers erreicht!

Mengen anziehen und Publicity erzielen

Spezielle Events – wie große Eröffnungen, Ponyritte für Kinder, Grillpartys und Picknicke oder Kostümfeiern – sind auf zweierlei Weise effektive Publicity-Transporteure:

✔ Sie helfen, Ihre Firma, Ihr Produkt oder Ihre Dienstleistung der Öffentlichkeit zu verkaufen. Menschen kommen zu der Veranstaltung, kommen in Ihr Geschäft, um eine kostenlose Bratwurst oder Eiscreme zu bekommen, und schauen sich dann im Laden um und kaufen etwas, während sie da sind.

✔ Man kann sie publik machen und eine Menge Presseveröffentlichungen erzielen. Viele Redakteure mögen spezielle Events und berichten darüber. Allerdings kommen sie nicht, um über eine kostenlose Bratwurst zu berichten.

Wenn der Event auf einem cleveren Aufhänger oder Gag basiert, werden viele Redakteure ihn nicht nur in den Veranstaltungskalender aufnehmen, sondern auch ausführlicher darüber berichten, entweder als Ausblick oder auch als Nachbericht. Das gleicht den Zeit- und Arbeitsaufwand, den Sie in die Planung und Durchführung des Events stecken, wieder aus, denn Sie erreichen mit der Publicity nicht nur die Personen, die Ihren Event tatsächlich besuchen, sondern auch Tausende weitere Menschen, die nicht teilgenommen haben.

Spiderman lockt Kinder, aber macht Umsatzverluste

Es ist wichtig, die Verkaufsmöglichkeiten während eines Events zu maximieren. Ein örtliches Kaufhaus beispielsweise warb damit, dass die Comicfigur Spiderman persönlich während der großen Eröffnung anwesend sein würde, um für Fotos mit Kindern zu posieren und signierte Comic-Hefte verteilen würde. Als wir dort ankamen, ging die Warteschlange von Eltern mit Kindern, die Spiderman sehen wollten, rund um das Kaufhaus und man musste etwa 50 Minuten anstehen.

Spiderman stand vor der Spielzeugabteilung, schüttelte Hände und posierte für Fotos mit seinen jungen Fans. Zu meiner Überraschung gab es nirgendwo neben ihm irgendwelches Spiderman-Spielzeug oder Comic-Hefte in der Auslage! Tatsächlich gab es in der gesamten Spielzeugabteilung keinerlei derartiges Angebot! Der Laden verpasste eine Gelegenheit, einen Umsatz von mehreren Tausend Dollar an Spiderman und anderen Figuren, Puppen, Kostümen und anderen Comicbuch-Utensilien zu machen. Machen Sie nicht denselben Fehler.

Außerdem wurde der Auftritt von Spiderman nur in Anzeigen oder Zeitungsbeilagen angekündigt. Das Kaufhaus kümmerte sich um keinerlei kostenlose Publicity. Sie mögen sagen: »Was erwarten Sie? Es ist nur irgendein Typ, der sich als Spiderman verkleidet hat. Das sind doch keine Neuigkeiten.«

Das ist der Punkt, an dem Kreativität und Cleverness den Unterschied ausgemacht hätten. Warum nicht eine Pressemitteilung kreieren und verteilen, die als eine Art witziges Frage-Antwort-Interview mit Spiderman aufgezogen ist? Wenn eine solche Mitteilung mit einigen Action-Fotos von Spiderman in einer dramatischen Pose verschickt worden wäre, dann hätte bestimmt mindestens ein örtlicher Redakteur seinen Spaß an der Geschichte gefunden und die Mitteilung als Reportage abgedruckt, und so zusätzliche Publicity für das Kaufhaus generiert.

Hier sind einige schnelle Vorschläge, wie Sie spezielle Events kreieren, die nicht nur viel Publikum anziehen, sondern auch viel Publicity generieren:

✔ Binden Sie den Event in aktuelle Nachrichten oder Begebenheiten ein. Zum Beispiel hätte ein Laden, der nostalgische Andenken der fünfziger Jahre verkauft, eine Elvis-Presley-Andenken-Verkaufsaktion durchführen können, als die amerikanische Post mit großem Publicity-Aufwand eine Elvis-Briefmarke einführte.

✔ Binden Sie den Event in einen Feiertag, Jubiläum oder Gedenktag ein. Fast jeder Tag ist der Geburts- oder Todestag irgendeiner berühmten Person, die Wiederkehr irgendeines wichtigen Ereignisses oder ein Feier- oder Gedenktag irgendeiner Art. Zum Beispiel könnten Sie am Nationalen-Linkshänder-Tag allen Linkshändern einen Bonus von 25 Prozent auf alle Produkte in Ihrem Laden einräumen.

✔ Beziehen Sie die Lokalprominenz mit ein. Laden Sie beispielsweise den DJ eines populären Regionalsenders ein, als Zeremonienmeister zu agieren und Autogramme zu geben. Prominenz zieht Massen an und generiert Presseveröffentlichungen. Kaufhäuser bedienen sich oft prominenter Leute für ihre Eröffnungsfeiern.

✔ Kreieren Sie Ihre eigenen Nachrichten. Als eine Gewerkschaft von Sozialarbeitern kaum Publicity bekam, als sie gegen eine staatliche Behörde streikten, um eine kleine Lohnerhöhung zu erzielen, schlug ich vor, dass sie ein Video-Grußkarte produzierten und an den Direktor der Behörde sandten. In dem Video sprechen sich Familien, die von der Behörde betreut werden, für ein Ende des Streiks aus, weil die Ersatzarbeiter der streikenden Sozialarbeiter die Familien und deren spezielle Bedürfnisse nicht kennen. Der PR-Aufhänger? Wir schickten das Video nicht nur an den Direktor der Behörde, sondern auch an alle lokalen Fernsehstationen.

Die Kosten abschätzen und ein Budget festlegen

Der größte Nachteil von Events sind die Kosten, und der zweitgrößte Nachteil die Arbeit, die Sie hineinstecken müssen. Bei der Planung eines Events ist es am besten, beim Budget anzufangen, denn dieses wird Ausmaß, Umfang und selbst den kreativen Ansatz Ihres Events letztlich bestimmen.

Einmal bat mich ein Kunde, Ideen für einen Publicity-Event vorzuschlagen. In der Annahme, dass er sparsam sei, präsentierte ich verschiedene Ideen, die mit einem kleinen Budget auskommen würden. Er wurde wütend und sagte: »Ich will *große* Ideen. Überlegen Sie sich etwas absolut Spektakuläres.« Als ich mit einigen spektakulären Ideen zurückkam, hielt er für ein Sekunde inne und sagte dann: »Die sind klasse, aber wir können sie uns nicht leisten.« Sie müssen zuerst ein Budget festlegen und dann ein Event planen, das Sie im Rahmen dieses Budgets durchführen können.

Ich habe mit Event-Budgets von 30.000 bis einer Million Euro gearbeitet. Mit einer Million Euro können Sie eine Promotion durchführen, bei der Sie den Stürmer der Fußball-Nationalmannschaft in verschiedenen Städten auftreten lassen können. Wenn Ihr Budget kleiner ist, bleiben Sie bei etwas Einfacherem wie Heißluftballonfahrten oder einfach eine Grillparty auf dem Firmenparkplatz.

Der größte Vorteil von Events ist ihre einzigartige Fähigkeit, eine Botschaft zu dramatisieren, sie sozusagen lebendig werden zu lassen. PR ist die Kunst der Demonstration. Sie können nicht einfach sagen, Sie seien umweltfreundlich oder technisch auf dem neuesten Stand – damit die Öffentlichkeit Ihnen das glaubt und die Presse Sie zitiert, müssen Sie zeigen, dass dem so ist. Nehmen Sie folgendes Beispiel: Als das *Park Central Hotel* in New York City die Botschaft kommunizieren wollte, dass es seinen Gästeservice erheblich verbessert hatte, bot es einen freien Tag »persönlicher Renovierungen« in der Lobby an. Besucher konnten Ihr Haar frisieren lassen, Massagen genießen oder eine Maniküre bekommen (mehr zu diesem Event später).

Event-Kosten kontrollieren

Eine Faustregel sagt, dass ein Event immer mindestens zehnmal so viel kostet wie eine reine Print-Promotion (zum Beispiel das Verschicken einer Pressemitteilung). Es ist so: Events kosten Zeit, Geld und Arbeit.

Sie können jedoch verschiedene Schritte in die Wege leiten, um die Kosten zu kontrollieren und das Event-Budget auf einem vernünftigen Level zu halten:

✔ Bleiben Sie bei einem lokalen Event. Führen Sie es in Ihrer eigenen oder der nächstgelegenen Stadt durch, nicht in der Hunderte Kilometer entfernt liegenden Stadt, in der das jährliche Branchentreffen Ihres Industriezweiges immer stattfindet.

✔ Lassen Sie nur das notwendige Personal daran teilnehmen. Sachbearbeiter auf die Show oder die Konferenz zu schicken, vergeudet Ihr Budget und deren Zeit.

✔ Seien Sie ein Geizkragen, was Ausgaben angeht. Wenn Sie zum Beispiel während eines Events Wein servieren lassen, weise ich die Servierkräfte an, die Teilnehmer zu fragen, ob sie mehr Wein möchten, statt diesen automatisch nachzuschenken. Die Einsparungen sind beträchtlich.

✔ Sehen Sie sich um, bevor Sie bestellen. Sie wären schockiert, wenn Sie wüssten, wie die Preise für scheinbar vergleichbare Produkte und Dienstleistungen sich unterscheiden. So arbeiten beispielsweise Prominente »aus der zweiten Reihe«, die sehr bekannt sind und die Massen anziehen, für einen Bruchteil der Gagen, die ein Superstar mit einem geringfügig höheren Bekanntheitsgrad und nicht sehr viel mehr Anziehungskraft verlangt.

Die feinen Dinge des Lebens genießen

Zigarren, einst ein heißer Trend, sind in den letzten Jahren in den USA bereits wieder etwas in Vergessenheit geraten. Unser Kunde, der Club Macanudo – ein Zigarrenclub in New York City – wollte zeigen, dass Zigarrenliebhaber Menschen mit Geschmack sind, die die feineren Dinge im Leben zu schätzen wissen. Unsere Agentur kreierte die »Ultimate Cars, Premium Cigars Road Rallye«, bei der die Teilnehmer in 25 luxuriösen Autos mit hohem Sammlerwert durch das Westchester County bei New York fuhren.

Bei jedem Stopp bekamen die Fahrer eine edle Zigarre zu rauchen. Zuschauer konnten glückliche Leute sehen, die wunderschöne Autos fuhren und ihre Zigarren rauchten und genossen. Die Erträge des Events, die aus Startgeldern, dem Verkauf von Zigarrendosen an die Zuschauer und dem Abendbankett nach der Rallye zusammenkamen, wurden der Wohltätigkeitsorganisation »Essen auf Rädern« zur Verfügung gestellt, die an ältere New Yorker Essen ausfährt. *The New York Post* und *The New York Daily News* sowie WB Channel 11 und andere Medien berichteten über den Event.

Thema und Konzept Ihres Events festlegen

Die Demonstration einer Kernbotschaft sollte immer der Grund für und das Ziel von einem Promotion-Event sein. Schauen Sie sich Ihr Produkt an. Identifizieren Sie die Kernaussagen, die Sie kommunizieren möchten. Dann werden Sie kreativ und finden Sie (mit den in Kapitel 6 beschriebenen Methoden) Wege, wie Sie diese Botschaften durch Events veranschaulichen.

Hier sind einige Beispiele:

✔ *Carvel Ice Cream* wollte sein Image verjüngen und sich als ein Unternehmen platzieren, das sich wirklich um Kinder kümmert. Um diese Botschaft lebendig werden zu lassen, brachte die Firma freie Eiscreme an die 55 größten Schulen in und um New York.

✔ Um die Einführung der a.i.r Produktlinie von IKEA (aufblasbare Möbel) zu unterstützen, half ich, ein *IKEA a.i.r Open Golf Tournament* zugunsten der *Asthma and Allergy Foundation of America* (AAFA) durchzuführen. Wir dekorierten einen Golfplatz mit Zimmereinrichtungen, für die wir aufblasbare und andere Möbel von IKEA benutzten. Die Serienstars Jackie Zeman und Julian Stone waren vor Ort, um Spenden zu sammeln, mit denen 100 an Asthma und Allergien leidende Kinder in das Sommerlager der AAFA geschickt werden könnten. *The Los Angeles Times,* Reuters, CNN und Lokalsender aller großen Sender berichteten über den Event.

 Ein anderer Kunde, das *Park Central Hotel* in New York City, wollte eine Renovierung im Umfang von 50 Millionen Dollar publizieren. Das mag nach viel klingen, ist aber tatsächlich in der Welt aufwendiger Hotelrenovierungen eher Mittelmaß. Um Aufmerksamkeit und Presseberichterstattung zu generieren, veranstaltete das Hotel einen »Renovieren Sie sich selbst«-Tag in der Lobby. Die Leute konnten hineinkommen und eine freie Gesichtsbehandlung, Maniküre, Massage, Frisur oder Schuhputz und sogar eine Beratung eines Schönheitschirurgen bekommen, der per Video zeigte, wie die Menschen vor und nach einem Face-Lifting oder einer Fettabsaugung aussahen. Über den Event – und die Renovierung des Hotels – wurde in allen großen Fernsehstationen und in der *Daily News* berichtet.

Events wie dieser können dazu beitragen, sich von der Konkurrenz abzusetzen – Sie spielen in einer anderen Liga. Das kreative Thema und die Tatsachen, dass Sie einen Event durchführen, setzt Sie von Konkurrenten ab, die Ihr Unternehmen vielleicht nur mit der gewöhnlichen Pressemitteilung (z.B. »Hotel hat 50 Millionen Dollar umfassendes Renovierungsprogramm abgeschlossen«) publik machen – zum Gähnen.

Mit ein wenig Kreativität können Sie dieses Denken in die Tat umsetzen und Ihr Unternehmen mit einem Event in die Öffentlichkeit bringen. Als Erstes entscheiden Sie über Ihre Kernbotschaft, die Sie kommunizieren wollen und wen Sie damit erreichen wollen. Eine örtliche Reinigungsfirma, zum Beispiel, möchte vielleicht mit anderen Reinigungsunternehmen – zum Beispiel einer bundesweit verbreiteten Kette – konkurrieren, indem sie zeigt, dass der Laden ein Eckpfeiler der Gemeinde ist.

Als Nächstes überlegen Sie sich einen Weg, wie Sie diese Botschaft beleben können. Wie können Sie im genannten Fall beweisen – nicht nur sagen – dass Sie ein Teil der Gemeinde sind? Vielleicht können Sie eine Spende geben oder eine Dienstleistung anbieten.

Dann überlegen Sie, wie Sie die Spende oder den Service in Ihr Produkt oder Ihre Dienstleistung einbinden. Eine Reinigungsfirma reinigt, also kann sie vielleicht einen »Gemeinde-Reinigungstag« inszenieren. Einwohner treffen sich im städtischen Park, um aufzuräumen; die Reinigungsfirma stellt Mülltüten, Unterhaltung und Erfrischungen für die Freiwilligen zur Verfügung. Und was reinigt eine Reinigung? Kleidung. Also lädt die Reinigung vielleicht alle Einwohner dazu ein, ihre alten Kleidungsstücke vorbeizubringen, die dann von der Reinigung gereinigt und dann an die örtliche Obdachlosenorganisation gespendet wird.

Den Event und die Logistik planen

Obwohl ein cleveres Thema und ein kreativer Ansatz Ihr Event erfolgreich machen können, kann schlechte Planung für den Misserfolg sorgen. Das Planen eines Events ist eine Detailorientierte Aufgabe, also sollten Sie für diese Aufgabe jemanden aus Ihrem Team wählen, der gut mit Details umgeht.

Hier sind einige Tipps, die Ihnen bei der Event-Planung helfen:

✔ Bestimmen Sie die Anzahl der Teilnehmer, den Ort, die genaue Zeit und den Tag des Events sehr früh im Planungsprozess. Viele Dinge hängen ab von der Jahreszeit, vom Wetter, von der Tageszeit und dem Wochentag, an dem der Event stattfindet.

✔ Schauen Sie sich den Ort des Events so früh wie möglich im Planungsprozess an, sowohl vor als auch während des kreativen Prozesses. Nehmen Sie Ihr Team für das Brainstorming mit zum Veranstaltungsort.

✔ Spielen Sie den Event von Anfang bis Ende in Gedanken komplett durch. Schreiben Sie die wichtigsten Schritte auf und notieren Sie alle damit verbundenen Aufgaben. Stellen Sie einen Plan mit Deadlines und Zuweisung der Verantwortlichkeiten auf. Spezifizieren Sie, wann jedes Detail erledigt sein muss und von wem. Überprüfen Sie Ihr Timing noch einmal für alle Dinge, die bestellt werden müssen. Planen Sie Zeit für Verzögerungen ein.

✔ Kommunizieren Sie regelmäßig mit allen Lieferanten, Teilnehmern und Freiwilligen, um sicherzustellen, dass sie zeitlich im Plan liegen. Stetige Kommunikation hilft, dass sie sich wohl fühlen und verringert die Wahrscheinlichkeit, dass sie aussteigen. Und wenn sie tatsächlich aussteigen, erfahren Sie es dann früh genug, um Ersatz zu finden.

✔ Während Sie den Event gedanklich durchgehen, sollten Sie ihn visualisieren. Brauchen Sie Beleuchtung, Dekoration, Schilder, Zelte, eine Bühne, Heizung oder Klimaanlage, Unterhaltung, Musik, Toiletten, Umkleideräume, Wasser, Sicherheitskräfte, Speisen und Getränke, Vorratsräume, Garderoben?

✔ Fertigen Sie eine grobe Zeichnung der Veranstaltung an. Stellen Sie sicher, dass Sie genug Platz haben. Aktualisieren Sie Ihre Zeichnung mit Fortgang der Planung.

✔ Lassen Sie keine Details aus, egal wie klein. Erfolg oder Scheitern eines Events liegt in der Organisation und Präzision von Details. Wenn alles perfekt organisiert ist und alle Details stimmen, wird Ihr Event viel eher ein Erfolg werden.

✔ Schreiben Sie alles auf. Machen Sie Checklisten. Gehen Sie diese immer wieder durch. Je öfter Sie diese durchgehen, desto mehr Details können Sie ergänzen.

✔ Stellen Sie eine Agenda oder einen Ablaufplan für den Event selbst auf. Alles muss zeitlich perfekt geplant sein, manchmal bis auf die Sekunde genau. Proben Sie so lange, bis der zeitliche Ablauf stimmt.

✔ Bei einer Besprechung vor dem Event geben Sie dem Personal und allen Teilnehmern ein Informationspaket. Darin sollten etwaige Pressemitteilungen zu dem Event enthalten sein (s.a. Kapitel 9), ein Überblick, Agenda/Ablaufplan des Events, die Verantwortlichkeiten jeder einzelnen Person, Einteilung des Personals inklusive der Pausen, ein Layout / eine Karte des Events, Orte, an denen sich Toiletten und Verpflegungsstationen befinden. Falls Uniformen getragen werden, geben Sie diese jetzt aus.

 Eine Bemerkung zur Zeitfrage. Sie mögen fragen: »Wie können wir sicherstellen, dass der Event nicht durch ein Gewitter ruiniert wird oder von einem Skandal oder Verbrechen überschattet wird, die die Schlagzeilen des Tages stehlen?« Die Antwort lautet: Das geht nicht. Unvorhergesehene Dinge passieren immer, und es gibt nichts, was Sie dagegen tun können. Das ist, was derartige Events so riskant macht.

Beispielsweise planten wir mit großem Zeitaufwand einen Event für _Earth Grains_, ein Kunde, der ein neues Brotprodukt auf dem kalifornischen Markt einführen wollte. Alle drei lokalen Fernsehstationen hatten Ü-Wagen auf den Weg geschickt, um von unserem Event zu berichten. Dann begann auf dem Dach eines Hauses etwa zehn Blocks von unserem Event entfernt, ein Heckenschütze in die Menge zu schießen. Die Ü-Wagen drehten unterwegs um, um über den Heckenschützen zu berichten – kein einziger Sender berichtete an diesem Tag über den Earth-Grains-Event.

Ich sage meinen Kunden, die einen Event organisieren möchten, immer gerne, dass sie mir irgendeine große Nachrichten-Geschichte nennen sollen – Krieg, Flugzeugabsturz, politischer Skandal – und ich sage Ihnen, welcher unserer Events an diesem Tag aus den Schlagzeilen gedrängt wurde. Es ist einfach ein Risiko, dass Sie eingehen.

 Die Checkliste für Meeting-Planer auf der Dummies-Website enthält eine Liste mit Fragen und Bedürfnissen, die Sie bei der Planung _jedes_ Events klären sollten – vom kleinen Frühstücks-Seminar bis zu einem großen Themen-Event für Tausende von Menschen. Außerdem finden Sie auf der Website auch den Artikel »20 Tips for Great Events.«

Ihren Event publik machen

Die Werkzeuge, die in diesem Buch vorgestellt werden, um die Presse zu erreichen – per Telefon, E-Mail (Kapitel 16), Pressemitteilung (Kapitel 9), Themenvorschlägen (Kapitel 10) und Meetings – gelten genauso für Events. Weil Events zeitabhängiger sind als andere Promotion-Aktionen, schlage ich vor, dass Sie Ihre Unterlagen per E-Mail oder Fax schicken, damit sie schneller ankommen und ein stärkeres Gefühl von Dringlichkeit vermitteln.

Sollten Sie eine Art clevere Einladung kreieren, um die Presse zu Ihrem Event zu locken? Wenn das Konzept der Veranstaltung die Presse nicht interessiert, wird sie nicht kommen, egal, was Sie schicken. Aber wenn der Event faszinierend ist, kommt sie auch. Eine Pressemitteilung, die den Event ankündigt, genügt völlig als Einladung.

Was Fernsehberichterstattung angeht, schauen Sie die Abendnachrichten an. Bei vielen Sendern ist die letzte Story ein leichter, unterhaltsamer Bericht. Wenn Ihr Event das Interesse des Produzenten erregt, dann ist dies der Platz, an dem Ihre Reportage wahrscheinlich gesendet wird.

Resultate eines öffentlichen Events messen

Mein Maßstab für den Erfolg eines öffentlichen Events ist einfach: Wenn keine Berichterstattung bei den wichtigsten Medien dabei rauskommt, war es ein Misserfolg.

Der Event selbst ist wichtig, aber es ist die PR, die den Erfolg oder Misserfolg ausmacht. Wie ich in den Kapiteln 9 und 12 beschreibe, ist der Schlüssel eine starke Pressemitteilung, die in weiter Verbreitung an die entsprechenden Medien verteilt wird und durch fleißige Telefonate verfolgt wird, um so viele Redakteure wie möglich davon zu überzeugen, über den Event zu berichten.

Es kümmert mich nicht, wie viele Leute kamen oder welchen Eindruck Sie auf sie gemacht haben. In Anbetracht der Zeit, des Geldes und der harten Arbeit, die in einen derartigen Event involviert sind, ist es – meiner Meinung nach – die Kosten und den Aufwand nur dann wert, wenn Presseberichterstattung generiert werden kann.

Tausende Menschen kamen, um das IKEA-a.i.r-Open-Golf-Turnier zu sehen. Über den Golfplatz verteilt waren Zimmereinrichtungen mit IKEAs neuen aufblasbaren Möbeln aufgebaut.

Die mehreren Tausend Menschen sahen die neuen Möbel, aber das wirklich lohnenswerte Resultat war die Presseberichterstattung mit mehr als 40 Millionen Leser- und Zuschauer-Kontakten. Ein großer, gut besuchter Event kann bis zu 5.000 Leute anlocken, aber ein gut publizierter Event kann über Presseveröffentlichungen Hunderttausende weitere Menschen erreichen. Diese Presseberichterstattung zu bekommen, ist das wirkliche Ziel von Promotion-Events.

Je kürzer der Event, desto kleiner ist die Gelegenheit für die Presse, darüber zu berichten. Wo immer dies möglich ist, gestalte ich einen Event über zwei Tage, um die Chancen einer Berichterstattung zu erhöhen.

Wenn guten Events etwas Schlechtes zustößt

Events sind riskant, denn die Berichterstattung über Ihren Event kann von den Nachrichten des Tages verdrängt werden. Und das ist etwas, was Sie nicht kontrollieren können. Wie ich bereits erwähnt habe, passiert das so häufig, dass ich Ihnen wahrscheinlich zu jeder Weltkrise, die Sie nennen, einen PR-Event sagen kann, denn wir an diesem Tag durchgeführt haben.

Der Baseball-Spieler Cal Ripken Jr. erschien eines Morgens für meinen Kunden *Itsy Bitsy Entertainment* auf einer großen Messe in Manhattan. Ich erfuhr in der Nacht vor dem Event, dass der damalige Vizepräsident Al Gore in die Stadt kommen würde! Glücklicherweise kam Gore am Nachmittag. Wäre er am Morgen gekommen, hätte die Presse über den Gore-Besuch berichtet und unsere Cal-Ripken-Promotion ignoriert. Zum Glück war dies nicht der Fall und der Event brachte Itsy Bitsy auf die Titelseite der Wirtschaftsrubrik der *New York Times*. Aber es hätte genauso gut schief gehen können – wir hatten sehr viel Glück.

Gelegenheiten sehen und ergreifen

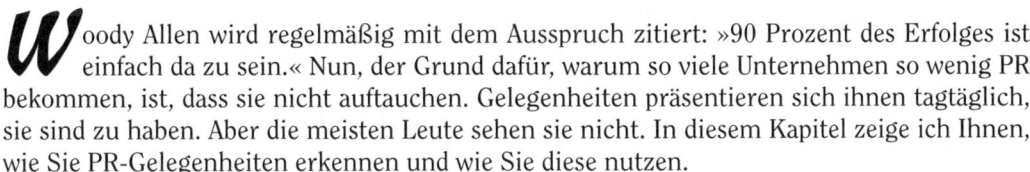

In diesem Kapitel

▶ Das richtige Timing

▶ Aktuelle Ereignisse und Events nutzen

▶ Von veränderten Bedingungen profitieren

▶ Den richtigen Aufhänger finden

▶ Wege finden, um schnell bemerkt zu werden

Woody Allen wird regelmäßig mit dem Ausspruch zitiert: »90 Prozent des Erfolges ist einfach da zu sein.« Nun, der Grund dafür, warum so viele Unternehmen so wenig PR bekommen, ist, dass sie nicht auftauchen. Gelegenheiten präsentieren sich ihnen tagtäglich, sie sind zu haben. Aber die meisten Leute sehen sie nicht. In diesem Kapitel zeige ich Ihnen, wie Sie PR-Gelegenheiten erkennen und wie Sie diese nutzen.

Die Bedeutung des Timings

Ich habe bereits erwähnt, dass Sie, um ein Gespür für PR zu bekommen, die Medien aus dem Blickwinkel eines PR-Profis betrachten sollten, und nicht wie die allgemeine Öffentlichkeit. Dies ist besonders wichtig, damit Sie lernen, PR-Gelegenheiten zu erkennen und zu nutzen. Wenn Sie mit einem Auge auf mögliche PR-Gelegenheiten Zeitungen lesen und die Abendnachrichten sehen, bemerken Sie Regelmäßigkeiten, die Sie vorher niemals groß beachtet haben. Zum Beispiel:

✔ Am 15. April bringen die Abendnachrichten in den USA immer eine Reportage über Steuerzahler, die bei der Post Schlange stehen, um noch den Poststempel des Tages für Ihre Steuerunterlagen zu bekommen – jedes Jahr.

✔ Am letzten Schultag vor den Sommerferien bringt die Presse immer Ideenvorschläge, was Sie im Sommer mit Kindern unternehmen können und welche Aktivitäten Kindern Spaß machen.

✔ Vor dem Muttertag wird berichtet, wie man Blumen überreicht, wie man sie kauft und lange frisch hält.

Tatsache ist, dass die Presse immer diese sich wiederholenden Geschichten bringen wird. Und weil sie immer auf der Suche sind nach neuen Blickwinkeln für dieselbe alte Geschichte, ist das der Punkt, an dem Sie ins Spiel kommen. Wenn Sie diesen neuen Blickwinkel in einer

Weise finden können, dass dabei Ihr Produkt, Ihr Unternehmen oder Ihr Ziel beworben wird, können Sie auf den Wellen mitreiten, die das Thema ohnehin produziert.

Ein Beispiel ist »Streicheltag in der Post«, eine Kampagne, die wir für den Verband der Hersteller von Produkten für Haustiere durchführten. Das Ziel war, das Halten eines Haustieres als »gesund« zu positionieren, indem wir zeigten, dass Haustiere helfen, Stress abzubauen.

Wir wissen, dass das Fernsehen seine Kameras am Abend des 15. April immer zur Post schickt, um eine kurze Reportage zu bringen über die Steuerzahler, die dort in der Schlange stehen, um ihre Steuererklärung noch rechtzeitig abzugeben. Wir bauten in der Post einen Streichelzoo auf und luden die genervten Steuerzahler ein, einen süßen Welpen oder ein goldiges Kätzchen zu streicheln, nachdem sie ihre Papiere endlich auf den Postweg gebracht hatten.

Natürlich filmten die Kameras auch unseren Streichelzoo und zeigten die Steuerzahler, die vorher gestresst und genervt waren, jetzt völlig entspannt und lächelnd, während sie die Tiere streichelten. Der Grund, warum die Kampagne erfolgreich war, war das Timing.

Die typische leichte Kampagne? Sicher, sie ist ein wenig flauschig. Aber Sie kommuniziert tatsächlich die wichtige Botschaft – die Reduzierung von Stress – auf eine sichtbare und sehr einprägsame Art und Weise. Sicher, die Kampagne ist niedlich. Aber sie transportiert auch das Ziel des Kunden.

Wenige Dinge sind so stressig wie das Ausfüllen Ihrer Steuererklärung, und der 15. April ist der einzige Tag des Jahres, wenn alle Medien sich auf das Thema konzentrieren. Wenn wir den Streichelzoo an irgendeinem anderen Tag irgendwo anders aufgebaut hätten, dann hätte der »Streicheltag« sicherlich längst nicht die Berichterstattung erzielt, die er erhalten hat.

Auf aktuelle Ereignisse reagieren

Gelegenheiten können an einmalige Ereignisse genauso wie an wiederkehrende Begebenheiten geknüpft sein. Ein Jahrzehnt lang war Seinfeld die führende Comedy Show im Fernsehen, also war das Absetzen der Show eine große Nachricht. Nun, Seinfeld sagte viele Male, es sei eine Show über nichts. Also kreierten wir für einen Kunden eine Kampagne, die wir »Nichts zu danken, Seinfeld!« nannten.

Die Ziele waren, ein bestimmtes Zielpublikum zu erreichen, dessen Demographie dasselbe Publikum umfasste, das Seinfeld erreichte, und 100.000 Konsumenten in diesem Publikum dazu zu animieren, eine Tüte Kartoffelchips zu testen.

Da Seinfeld von »nichts« handelte, war »nichts« das, was sie tun mussten, um eine Gratis-Tüte dieser Chips zu erhalten. Jeder, der einen Umschlag einsandte, der nichts enthielt, würde kostenlos eine Tüte Kartoffelchips erhalten. Diese Kampagne erhielt viel Medienaufmerksamkeit und gewann mehrere PR-Auszeichnungen. Tatsächlich fragten die Seinfeld-Produzenten an, ob sie die Geschichte selbst für ihre letzte Episode von Seinfeld benutzen könnten.

Von veränderten Bedingungen profitieren

Weihnachtsbäume fällen ist eine jahrhundertealte Tradition, aber viele Leute in der modernen Gesellschaft finden es verschwenderisch, wenn nicht gar schädlich für die Umwelt. IKEA führt eine jährliche Aktion durch, die »Miet dir einen Baum« heißt – perfekt für die heutigen, umweltbewussten Zeiten. Statt dass Sie einen Weihnachtsbaum kaufen, können Sie bei IKEA für wenig Geld einen mieten. Wenn Sie ihn zurückbringen, bekommen Sie einen Teil des Geldes zurück. IKEA wird dann den Baum einpflanzen und dadurch die Verschwendung eines weggeworfenen Baumes vermeiden.

Oder denken Sie an die einstmals Furcht einflößenden Geschäftsführer von Großunternehmen. In der heutigen Zeit mit einer neu sensibilisierten Männerwelt, mit immer mehr Frauen in der Führungsebene und der neuen Geschäftsführer der Generation X in der Online-Branche, geben die Geschäftsführer nicht mehr das Bild steinerner Männer wieder. Wir führten für *Calyx & Corolla*, einem Direktvermarkter von Blumen, eine Kampagne durch, die zeigte, dass mehr und mehr Geschäftsführer es mögen, Blumen geschenkt zu bekommen – und dass die, die welche bekamen, sozialer und großzügiger waren als die, die keine bekamen. Die Kampagne wirkte Wunder.

»Evergreens« pflanzen

Einige Promotions sind als »Evergreens« bekannt, weil sie wieder und wieder benutzt werden können, und eine PR-Kampagne, die auf Änderungen basiert – in Politik, Wirtschaft, Technologie, Gesellschaft, Kultur – ist ein ausgezeichnetes Beispiel für »Evergreens«. Und der Grund dafür ist, dass die Veränderung selbst ein konstantes Merkmal unserer Gesellschaft ist, das ständig passiert. Ein Weg, sich ändernde Trends kennen zu lernen, die möglicherweise als Quelle für eine PR-Kampagne dienen können, ist, die Abendnachrichten zu sehen und eine Tageszeitung zu lesen.

Den richtigen Aufhänger finden

Haben Sie ein Marketingproblem, das mit PR gelöst werden kann, aber Sie finden keinen Aufhänger, der die Presse interessieren würde? Wenn Sie kreativ denken, finden Sie sicherlich einen Weg, um es in aktuelle Ereignisse oder Nachrichten einzubinden.

Astor Chocolate ist ein Produzent feinster Schokoladen mit einem Imageproblem: Niemand weiß, wer das ist. Wenn Sie jedoch in einem guten Hotel übernachten, liegen die Chancen bei 70 Prozent, dass die Schokolade auf Ihrem Kopfkissen von Astor ist.

Wie dies irgendwo einbinden? Nach einiger Gehirngymnastik kreierten wir den »Academy-Awards-Weckruf«. Jedes Jahr wird die Academy-Awards-Show (Oscar-Verleihung) länger und länger, so dass die Menschen, die das Ende sehen möchten, gezwungen werden, länger und länger aufzubleiben. In unserer Kampagne versprachen wir, dass Sie so lange zuschauen konnten, wie Sie wollten und doch nicht verschlafen würden, weil wir Sie rechtzeitig mit kostenloser Schokolade für Ihr Kopfkissen wecken würden.

Um die PR-Berichterstattung zu maximieren, sollten Sie dorthin gehen, wo die Kameras bereits sind. Nun, wo sind die Kameras am 4. Juli (dem amerikanischen Nationalfeiertag)? Dort wo die Feuerwerke sind. Und am Labor Day (einem amerikanischen Feiertag, an dem traditionell Ausflüge mit Schwimmen und Picknick unternommen werden)? An den Seen und Ufern, um die Badenden und die Bötchenfahrer zu filmen. Zu Beginn der Sommerferien berichten sie garantiert von den Staus auf den Autobahnen.

Ein anderer unserer Kunden, *Progressive Boat Insurance*, wollte zeigen, dass er an der Sicherheit der Bootsbesitzer, die er versicherte, wirklich interessiert war. Wir erdachten die »Die Schlüssel bitte«-Kampagne, eine Variante der Alkohol-Kampagnen, die Leute in Bars ermuntern, ihren Schlüssel an einen Freund zu geben, damit dieser sie heimfährt. Wir boten während des Labor-Day-Wochenendes einen kostenlosen Abschleppdienst für Bootsbesitzer an, die zu viel getrunken hatten, um ihre Boote sicher zurück in den Hafen zu bringen.

Beachten Sie, dass die Kampagne für Sicherheit beim Bootfahren nicht nur das Image von Progressive Boat Insurance stärkt, sondern unter dem Strich auch finanzielle Vorteile erbringt: Je weniger Bootsunfälle die Versicherungsnehmer verursachen, desto weniger muss die Versicherung zahlen.

Schnelle Aufmerksamkeit für Ihre Botschaft

Viele PR-Agenturen sagen ihren Kunden, dass Public Relations ein strategischer Prozess ist und dass Sie hinsichtlich der Resultate Geduld haben müssen. Und der strategische Planungsprozess, wie ich ihn in Kapitel 3 geschildert habe, braucht Zeit.

Aber fast kein Kunde wartet geduldig die zukünftigen Ergebnisse ab. Wenn ich für meine Kunden nicht viele und schnelle Presseartikel generiere, sind sie unglücklich und ungeduldig. Wie also erzeugen Sie einen schnellen Start Ihrer Kampagne, sobald Ihre Strategie genehmigt ist?

 Der sicherste und schnellste Weg, um PR zu generieren, ist, dorthin zu gehen, wo die Presse bereits ist, und sich Ihren Anteil am bestehenden Rampenlicht zu sichern. Das ist viel leichter und effektiver, als zu versuchen, dass die Presse ihretwegen kommt und die Scheinwerfer auspackt.

Einbindungen in Jahreszeiten oder Feiertage sind Dauerbrenner. Ihre Botschaft in aktuelle Ereignisse einzubinden, erfordert schnelles Denken und sofortiges Handeln, aber es kann Wunder vollbringen, wenn Ihnen das gelingt. Wenn eine heiße Story in den Nachrichten kommt und Sie eine Idee haben, wie Sie darauf huckepack reiten können, dann steht Ihnen diese Chance nur für ganz kurze Zeit offen – meist eine Woche lang und selten länger als zwei Wochen (O.J. Simpson und Monica Lewinsky hatten eine ungewöhnliche Langlebigkeit). Danach sind die Neuigkeiten bereits alt und die Kampagne funktioniert nicht mehr.

Kontakt: Tim Schramm
Jericho Communications
212645-6900

Progressive startet Erstes-seiner-Art-Pilot-Programmfür Bootfahrer an diesem Labor Day

Das Programm »Ihre Schlüssel, bitte« zwingt Bootfahrer dazu,Spaß zu haben – mit Sicherheit

Cleveland, OH, 30. August, 1999 --- Es ist Labor Day ... Zeit für jeden, nach draußen zu gehen und die letzten Sonnestrahlen dieses Sommers zu genießen. Wenn die Wasserwege überfüllt sind mit den Wochenend-Skippern, die mit ihren Booten eine letzte Runde drehen, ist es wichtig, sich klarzumachen, dass Sicherheit auf den Wasserstraßen genauso wichtig ist wie auf den Autostraßen.

Aus diesem Grund veröffentlicht Progressive Watercraft Insurance **»Ihre Schlüssel, bitte«**, ein neues Pilot-Programm, um Skippern zu einem sicheren und erholsamen Wochenende zu verhelfen. Dieses Programm stellt einen kostenlosen Schlepper-Dienst für diejenigen zur Verfügung; die zu viel getrunken haben und nun in Sorge sind, ob sie ihr Boot noch sicher navigieren können. Als einen zusätzlichen Sicherheitsaspekt wird Progressive denjenigen, die in letzter Minute feststellen, dass sie mehr Gäste als Schwimmwesten an Bord haben, für das gesamte Wochenende Schwimmwesten für Erwachsene und Kinder zur Verfügung stellen.

Dieses einzigartige Programm wird über das gesamte Wochenende für alle Bootfahrer auf dem Lake Erie (den »Flats«) angeboten. Von Freitagmorgen, 3. September, bis Montag, 6. September, wird Progressive in einem speziell gekennzeichneten Boot in dem Gebiet patrouillieren ...

»Uns ist es sehr wichtig, dass die Leute an diesem Labor-Day-Wochenende Spaß haben, aber dennoch ihre Verantwortung nicht vergessen«, kommentierte Jeanette Hisek, Produkt-Manager von Progressive Watercraft Insurance. »Wir haben dieses Programm aufgelegt, weil es all das verdeutlicht, für das Progressive steht – den Menschen so gut wir können zu helfen, Risiken vermindern und vollständig auf ihre Wünsche und Bedürfnisse eingehen. Wir möchten, dass sich jeder an diesem Labor Day amüsiert und zwar auf die sicherste Art, die möglich ist« ...

Abbildung 18.1: Progressive Boat Insurance – »Ihre Schlüssel, bitte«-Pressemitteilung

Wissen, was in einer Krise zu tun ist

In diesem Kapitel

▶ Wissen, was eine Krise ist

▶ Richtlinien für Krisen-Management

▶ Den Spieß umdrehen: Eine Bedrohung als Gelegenheit nutzen

▶ Pro-aktive Krisenplanung

▶ Wenn der Notfall eintritt

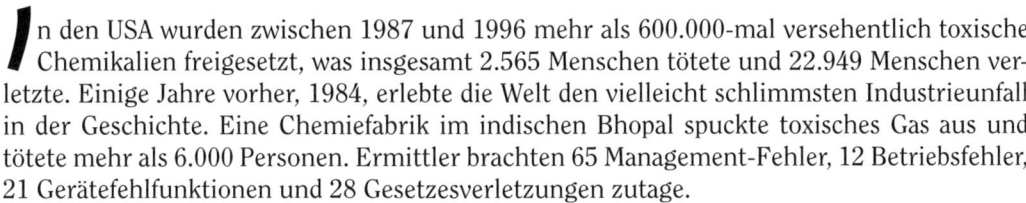

*I*n den USA wurden zwischen 1987 und 1996 mehr als 600.000-mal versehentlich toxische Chemikalien freigesetzt, was insgesamt 2.565 Menschen tötete und 22.949 Menschen verletzte. Einige Jahre vorher, 1984, erlebte die Welt den vielleicht schlimmsten Industrieunfall in der Geschichte. Eine Chemiefabrik im indischen Bhopal spuckte toxisches Gas aus und tötete mehr als 6.000 Personen. Ermittler brachten 65 Management-Fehler, 12 Betriebsfehler, 21 Gerätefehlfunktionen und 28 Gesetzesverletzungen zutage.

Ich definiere ein Krise als einen Event, ein Gerücht oder eine Geschichte, die das Potenzial hat, den Ruf, das Image oder die Glaubwürdigkeit einer Firma negativ zu beeinflussen. Beispiele umfassen alles von Produktmanipulationen und Verunreinigungen (erinnern Sie sich an den gepanschten Wein?) bis zu vermeintlicher Diskriminierung oder Klagen (Microsoft ist ein aktuelles Beispiel für Letzteres). Die Börse sackte einmal in den Keller wegen eines falschen Gerüchts, dass der Vorsitzende der amerikanischen Zentralbank Alan Greenspan in einem Autounfall getötet worden sei.

Die meisten kleinen Firmen denken, dass »Krisen-PR« nur etwas für die großen, an der Börse notierten Unternehmen sei. Aber eine Krise kann jede Organisation zu jeder Zeit treffen. Für Ihr Unternehmen könnten mögliche Krisensituationen folgende sein:

✔ Öffentliche Gesundheit (zum Beispiel eine toxischer Unfall oder ein krebserregendes Produkt)

✔ Arbeitsunfälle und Sicherheitsfragen

✔ Finanzen und Wirtschaftsfragen

✔ Umweltfragen

✔ Katastrophen (Produktmanipulation, Betriebsausfälle)

✔ Geschäftspraktiken und Ethik

✔ Schlechte Mitarbeiterführung

✔ Rechtsfragen

✔ Unfälle (Fahrunfälle, Unglücke, Brände, Gebäudeeinstürze)

✔ Fehlerhafte Werbe-Anzeigen

✔ Kundenbeschwerden

✔ Nicht vorrätige Produkte

Wenn Sie denken, dass Sie ein kleines Unternehmen sind, außerhalb des Blickpunktes der Öffentlichkeit, unverwundbar durch eine Krise, dann liegen Sie falsch! Kleine Unternehmen, die sich oft auf einen oder zwei wichtige Kunden stützen, können diese im Bruchteil einer Sekunde verlieren. Aus diesem Grund rate ich jedem, sich auf eine potenzielle Krisensituation vorzubereiten.

Je besser Sie vorbereitet sind, desto größer die Chancen, dass Sie eine Krise überleben, wenn sie kommt – wie auch immer die Chancen stehen, dass dieser Fall tatsächlich eintritt. Wenn Sie der Notwendigkeit eines Krisenplans skeptisch gegenüber stehen, behalten Sie dies im Kopf: Viele Firmen haben niemals mehr als eine Krise, weil die erste Krise, die sie hatten, sie bankrott gemacht hat. Ich habe dieses Kapitel geschrieben, um sicherzustellen, dass Ihnen das nicht passiert.

Verhaltensregeln für den Krisenfall

In dem Film *Zwillinge* rezitiert Arnold Schwarzenneger vor Danny DeVito wiederholt seine »Regeln im Krisenfall«. Nun, was PR-Krisen angeht, habe ich auch einige davon. Die erste Regel ist: Ermöglichen Sie einen schnellen und rechtzeitigen Informationsfluss. Wie schnell Sie die Fakten an Opfer, Presse, Investoren, Aktieninhaber und andere Zielgruppen kommunizieren können, bestimmt in großem Maße, wie Sie am Ende dastehen.

Hier sind einige kritische Regeln zum Verhalten im Krisenfall:

✔ Sagen Sie immer die Wahrheit.

✔ Seien Sie so offen, wie Sie können. Seien Sie nicht irreführend oder unehrlich.

✔ Seien Sie vorbereitet. Bestimmen Sie einen Kommunikationsplan, bevor die Katastrophe eintrifft. Warten Sie nicht, bis etwas passiert, bevor Sie anfangen darüber nachzudenken, was Sie tun sollen.

✔ Zeigen Sie durch Ihr Handeln, dass Sie betroffen und besorgt sind. Zeigen Sie Mitleid.

✔ Handeln Sie schnell. Stehen Sie nicht benommen da.

✔ Treffen Sie schnelle Entscheidungen und rasche Änderungen. Wenn Sie Geld ausgeben müssen, um eine Situation zu bereinigen, tun Sie es jetzt, wenn es noch aussieht, als ob Sie die Wahl hätten, nicht später, wenn es so aussieht, als ob Sie nur aufgrund des Drucks handeln.

✔ Sagen Sie niemals »Kein Kommentar«. Wenn Sie eine Antwort nicht wissen, sagen Sie das und recherchieren dann die Antwort.

✔ Erwidern Sie umgehend alle Presseanrufe. Mit jedem Tag, an dem Sie auf eine Anschuldigung nicht reagieren, verschlimmert sich die schlechte Presse, die das erzeugt, exponentiell.

✔ Vermeiden Sie die Presse nicht. Suchen Sie aktiv nach Gelegenheiten, um vor den Kameras Ihre Geschichte zu erzählen.

✔ Geben Sie zu, wenn Sie etwas falsch gemacht haben, entschuldigen Sie sich und erklären Sie, wie Sie es wieder in Ordnung bringen. Und tun Sie dann, was Sie versprochen haben.

Sorge, Mitgefühl und Verantwortung zeigen

Ich sage im gesamten Buch immer wieder, dass PR die Kunst der Demonstration ist – des Zeigens statt Behauptens einer Botschaft – und Krisen-Management bildet da keine Ausnahmen. Wenn Sie sagen, dass Sie betroffen sind und es Ihnen Leid tun, reagieren die Leute zynisch. Wenn Sie Mitgefühl und Betroffenheit auf dramatische und sichtbare Art und Weise demonstrieren, glauben die Leute Ihnen nicht nur, sondern hören auch zu und merken sich, was Sie zu sagen haben.

Beispielsweise machte ich vor Jahren die PR für ein Broadway-Stück. Nun, das Stück erhielt eine schreckliche Kritik in der *New York Times,* was normalerweise das Todesurteil für eine solche Produktion bedeutet. Wir fühlten, dass der Kritiker einen Fehler gemacht hatte und wollten diese Botschaft kommunizieren, ohne dass es beleidigt klang. Wir verschickten eine Pressemitteilung mit der Headline »Selbst die *New York Times* macht Fehler!« Der Gag: Wenn die Leute einen Tippfehler in der *New York Times* fanden, konnten sie uns diesen schicken und wir würden ihnen ein Freiticket für die Show schicken. Die Kampagne generierte viel Presse und demonstrierte den Punkt – dass Rezensionen nicht das letzte Wort haben, was Kunst oder Unterhaltung angeht, sondern nur die Meinung einer einzelnen Person wiedergeben – nicht aus der Defensive, sondern auf eine frische und glaubhafte Art und Weise.

Ein anderer Kunde, ein Einzelhändler für Möbel und Zubehör, veröffentlichte in seinem Katalog die falsche Telefonnummer und plötzlich bekam irgendein armer Mensch tagtäglich Hunderte von Telefonanrufen. Unsere Lösung? Wir bezahlten ihm nicht nur das Einrichten einer neuen Nummer, sondern wir statteten ihm auch seine Wohnung mit den Möbeln unseres Kunden neu aus. Er war hoch erfreut, und die Presse liebte die Geschichte.

 Untersuchungen über Kundenservice zeigen Folgendes: Wenn ein Kunde ein Problem hat und Sie beseitigen dieses schnell und korrekt, dann ist der Kunde Ihnen gegenüber sogar treuer als vor dem Problem. Bei Krisen-PR ist das ähnlich: Wenn Sie die Krise schnell lösen und Ihre Geschichte an die Presse bringen, kann das Vorkommnis sogar Ihr Markenimage stärken.

Deshalb sehe ich Krisen-Management mehr als Gelegenheit denn als Bedrohung. Wenn der Krise angemessen begegnet wird, ist das ein Schaukasten für großartige Firmenführung. Sie kann die Sichtbarkeit einer Firma auf eine positive Art und Weise vergrößern und Charakter und Kompetenz demonstrieren.

Als einem meiner Kunden, einem Pizza-Bringdienst, beispielsweise vorgeworfen wurde, dass er Geschwindigkeitsübertretungen für schnelle Lieferungen guthieß, mussten wir ein Gegenbeispiel bringen. Mein Kunde wurde beschuldigt, weil er in seiner Werbung die schnelle Lieferung betonte. Die Wahrheit, warum die Firma schneller liefern konnte, war jedoch, dass der Backbetrieb effektiver gestaltet war als bei der Konkurrenz.

Um dies zu zeigen – dass die Lieferung so schnell war, weil schneller gebacken wurde, und nicht durch rücksichtsloses Fahren – veranstalteten wir unter allen Firmenmitarbeitern einen Wettbewerb, wer die schnellste Pizza zubereitete. Der Siegerkoch wurde mit einer ganzen Seite im *People Magazine* belohnt und als Gast in die *Late Night with David Letterman* als auch zu *Good Morning America* eingeladen.

Bei jeder Krise in Alarmbereitschaft sein

 Wenn die Bedrohung in der alten *Star Trek*-Serie wirklich ernst wurde, dann stufte Captain Kirk den Status des Raumschiffes immer von gelbem Alarm auf roten Alarm hoch. Ich rate meinen Kunden, jede PR-Krise als roten Alarm zu behandeln. Das bedeutet, dass Sie

✔ der Situation beim Management höchste Priorität einräumen

✔ Pläne zum Krisen-Management fertig haben, bevor die Krise passiert; wenn Sie warten bis sie passiert, bevor Sie einen Plan erstellen, kommen Sie zu spät.

✔ in allen Belangen am selben Tag reagieren – morgen ist nicht gut genug.

In Krisenplänen für große Unternehmen sagen wir, dass jeder einzelne im Top-Management immer auf Abruf ist. Wenn eine Krise passiert, muss jeder der wichtigen Entscheidungsträger innerhalb weniger Stunden erreichbar sein – per Telefon, wenn es nicht anders geht, aber vorzugsweise alle im selben Raum. Wenn Sie in einem Raum sitzen (oder per Telefon zu den Leuten in diesem Raum zugeschaltet sind), dann verlässt keiner den Raum, ehe nicht Einigkeit darüber herrscht, was getan wird. Die Person, die die Krisenkommunikation managt, sollte die Telefonnummern aller Mitarbeiter dieser Gruppe haben und sollte nicht zögern, diese zu jeder Tages- oder Nachtzeit anzurufen.

 Das Team nicht beisammen zu haben, verlangsamt den Entscheidungsprozess, was für PR-Zwecke verheerend sein kann – der Job der Presse ist es, zu recherchieren und die Wahrheit herauszufinden, und ihre Deadline ist morgen (für Print), heute Nacht (für Rundfunk und Fernsehen) und jetzt (für das Internet). Beispielsweise wurde einmal ein amerikanischer Schuhhersteller mit dem Gerücht kon-

frontiert, dass eine Straßenbande seine Sneakers trug. Er reagierte wie eine Schnecke statt wie ein Blitz – die Marke war zerstört.

Weitere Tipps für erfolgreiches Krisen-Management

Erinnern Sie sich an Dorothy's berühmten Kommentar zu ihrem Hund Toto in dem Film *The Wizard of Oz*: »Irgendwie glaube ich, dass wir nicht mehr in Kansas sind«? Beim nächsten Mal, wenn Sie in Ihrem Job dieses mulmige »Wir haben ein Problem«-Gefühl haben und Ihre Bedenken mit Presseberichterstattungen zusammenhängen, die dem Ruf Ihres Unternehmens zu schaden drohen, atmen Sie tief durch, werden Sie ruhig und gehen Sie dann nach folgender Taktik vor:

✔ Setzen Sie alles daran, alle relevanten Fakten zu sammeln, schätzen Sie schnell die Situation ab, und begegnen Sie wichtigen Zielgruppen auf offene und ehrliche Art und Weise.

✔ Setzen Sie die notwendigen Maßnahmen in die Tat um, um die Situation schnell zu bereinigen, ohne die Integrität und Sicherheit Ihres Unternehmens, Ihrer Mitarbeiter und Kunden in Gefahr zu bringen.

✔ Berufen Sie Mitarbeiter in ein Krisen-Kommunikationsteam, das in Krisenzeiten zusammengerufen wird, um Entscheidungen zu treffen und das Vorgehen festzulegen. Darin sollte mindestens das Top-Management vertreten sein. Ernennen Sie ein Teammitglied – normalerweise den PR-Manager – als primäre Kontaktperson zwischen dem Team und der Öffentlichkeit. Ernennen Sie für den Fall der Fälle auch eine Vertretung für den primären Krisenverwalter.

✔ Schulen Sie Mitarbeiter, insbesondere das obere und mittlere Management, im Verhalten in Krisensituationen.

✔ Legen Sie Kommunikationsstrategien für Krisensituationen fest. Wählen Sie den geeigneten Firmensprecher. Erstellen Sie Presseunterlagen. Kommunizieren Sie die Krisenreaktion an alle wichtigen Zielgruppen: Mitarbeiter, Regierungsbehörden, Händler, Verbraucher und die Presse.

✔ Beobachten Sie kontinuierlich die Presse und achten Sie auf Zeichen für eine Eskalation. Sollten diese auftreten, sind eventuell Anpassungen Ihrer Strategie notwendig. Bleiben Sie objektiv und gewillt, die notwendigen Anpassungen vorzunehmen. Denken Sie daran, dass es okay ist, Ihre Strategie zu ändern, falls Ihr ursprünglicher Plan nicht so gut funktioniert, wie Sie es sich vorgestellt hatten.

✔ Scheuen Sie keine Mühen, so dass zu keiner Zeit der Eindruck entsteht, dass Ihr Unternehmen sich nicht kümmert oder es ihr an Integrität mangelt.

✔ Seien Sie bei der Bewertung von Daten so objektiv wie möglich. Analysieren Sie Verbraucher- und Pressereaktionen und beurteilen Sie die Effektivität Ihres Krisen-Kommunikationsprogramms. Ist die Medienberichterstattung positiv oder negativ? Welche wichtigen

Kernaussagen werden in der Berichterstattung über die Krise genannt? Wenn Ihre Kernbotschaften dort nicht reflektiert werden, sollten Sie diese Botschaften vielleicht klarer, glaubhafter oder dramatischer zum Ausdruck bringen.

✔ Nach Beendigung der Krise sollten Sie einen zusammenfassenden Bericht anfertigen. Er sollte den Grund für die Krise nennen, Umfang und Ton der Presseberichterstattung, vorgeschlagene Verbesserungen im Krisenplan, Wege, um diese Änderungen umzusetzen, sowie mögliche Änderungen von Firmenpolitik und -vorgehen.

✔ Nachdem Sie die kurzzeitige Bedrohung überlebt haben, sollten Sie daran arbeiten, zu jeder Ihrer Zielgruppen langfristig den guten Willen und die positive Beziehung wiederaufzubauen.

PR-Ergebnisse bewerten

In diesem Kapitel

▶ Mit (fehlerhaften) Formeln messen

▶ Den Anzeigengegenwert kalkulieren

▶ Kernaussagen erfassen

▶ Instrumente der Marktforschung einsetzen

▶ Anfragen und Verkäufe zählen

▶ Die lange Sicht – Umsätze und Gewinne

Möchten Sie sehen, wie sich der Gesichtsausdruck eines PR-Profis mit wahnwitziger Geschwindigkeit drastisch verändert? Schauen Sie ihm zu, wie er vor einem potenziellen Kunden eine tolle Präsentation hinlegt, der potenzielle Kunde diese Präsentation liebt, an jedem Wort seiner kreativen Strategie hängt und eifrig zuhört, was er zu sagen hat. Dann fragt der potenzielle Kunde: »Wie messen wir Ihren Erfolg?«

Wie eine Sonnenfinsternis verdüstert sich das selbstbewusste Lächeln des sonnigen PR-Profis. Die knackigen Worte, die vor Sekunden noch aus ihm hervorsprudelten, scheinen wie weggeblasen und er entwickelt ein leichtes Stottern – wie bei Ally McBeals Anwaltskollegen klingt dann alles, was er noch sagen kann, so ähnlich wie *Pu-pu-pukipsi*.

Die PR-Branche versucht seit Jahren, sich dieses Themas anzunehmen und ein System zu entwickeln, um PR-Ergebnissen empirisch messbare Zahlen gegenüberzustellen. Bisher haben diese Bemühungen lediglich zu einer Art Gute-Nachricht/schlechte-Nachricht-Dilemma geführt.

Anzeigengegenwert

Die gute Nachricht ist, dass die PR-Branche verschiedene Formeln entwickelt hat, um Ergebnisse zu berechnen, insbesondere den *Anzeigengegenwert* und die *Reichweite*. Die schlechte Nachricht ist, dass beide Formeln fehlerhaft sind, begrenzt in ihrem Nutzen und nur einen Vergleichswert, aber keinen empirischen Wert zur Verfügung stellen. Lassen Sie mich zeigen, was ich damit meine.

Den Anzeigengegenwert erhalten Sie ganz einfach dadurch, dass Sie sich anschauen, in welchem Medium der Artikel gedruckt wurde, wie lang er ist, seine Positionierung im Medium (zum Beispiel Titelseite versus weiter hinten in der Zeitschrift). Sie rechnen dann aus, was die Platzierung einer Anzeige derselben Größe und Platzierung Sie gekostet hätte. Wenn Sie beispielsweise einen Bericht im Reiseteil der *Welt am Sonntag* platzieren konnten, und dieser eine halbe Seite inklusive Farbfoto umfasste, wie viel würde es Sie kosten, an derselben Stelle mit demselben Umfang eine Anzeige zu schalten? Oder wenn Sie im Fernsehen einen Sprecher Ihrer Firma um 7.40 Uhr ins *Morgenmagazin* bringen konnten, wie viel würde es Sie kosten, dort einen Werbespot zu senden? Zum Schluss rechnen Sie den Wert aller Platzierungen zusammen und haben dann Ihren Anzeigengegenwert für diese PR-Kampagne.

Ich habe gesagt, dass PR Marketingziele mit einem Bruchteil der Anzeigenkosten erzielen kann, und der Anzeigengegenwert zeigt deutlich, warum das stimmt. Wenn Sie alles selbst machen, sind Ihre Barauslagen für das Versenden einer Pressemitteilung an einige Hundert Medien nur einige Hundert Euro. Wenn Sie den Anzeigengegenwert für die Veröffentlichungen aus dieser Pressemitteilung addieren, werden Sie oft herausfinden, dass Sie Anzeigen im selben Umfang Zehntausende oder mehr Euros gekostet hätte.

Der größte Makel des Anzeigengegenwerts: Es ist gewissermaßen unfair gegenüber Ihrem PR-Programm, denn eine PR-Veröffentlichung ist oft effektiver im Einfluss auf das Bewusstsein des Konsumenten als eine bezahlte Anzeige derselben Positionierung und Größe. Verbraucher betrachten Werbung skeptisch, genau deshalb, weil sie wissen, dass es ein Verkaufsversuch ist, der bezahlt wurde. Aber PR sehen sie als objektiv an, weil die Quelle ein neutraler Journalist ist, nicht eine bezahlte Werbeagentur. Tatsächlich sind sich viele Konsumenten nicht bewusst, dass vieles von dem, was sie in den Medien lesen, sehen und hören, von PR-Agenturen kommt und nicht durch die Recherche eines Journalisten. Also ist die zugrunde liegende Voraussetzung für den Anzeigengegenwert – dass eine Anzeige derselben Größe und Platzierung denselben Wert wie eine PR-Platzierung mit demselben Umfang und Platzierung hat – falsch.

Beispielsweise arbeitete ich einmal mit dem Bestseller-Autor Matthew Lesko. Lesko hat ein sehr erfolgreiches Unternehmen, in dem er im Eigenverlag Bücher publiziert über alle möglichen Themen, wie man Regierungszuschüsse und -subventionen erhält, wie man ein Haus baut oder wie man Klavierspielen lernt. Ich übernahm nicht nur Leskos PR, sondern einmal auch seine Fernsehspots mit direktem Feedback über seine kostenfreie Telefon-Hotline. Ich brachte Lesko in Fernsehsendungen unter, er machte sein Interview und gab dann die Hotline-Nummer an und die Leute bestellten das Buch wie wild. Nachdem er auf *Larry King Live* (eine Sendung des Fernsehsenders CNN) aufgetreten war, verkauften wir innerhalb der ersten halben Stunde nach der Sendung 30.000 Bücher über das Telefon.

Einmal brachten wir Lesko in die *Oprah*-Show als Teilnehmer einer Diskussionsrunde. Obwohl das noch vor der Einführung des *Oprah Book Clubs* war, galt dies trotzdem als bester Sendeplatz im Fernsehen, um ein Buch zu bewerben. (Um Ihnen eine Vorstellung davon zu vermitteln, wie effektiv Fernseh-PR in den populärsten Talk-Shows ist: Ich brachte einmal eine Woche vor Thanksgiving einen Küchenchef in die *Phil Donahue Show*, die ein viel kleineres Publikum hatte. Dieser eine Auftritt brachte sein Buch auf den ersten Platz der *Times*-Bestseller-Liste.) Leskos Auftritt bei *Oprah* hatte nicht ganz dieselben Resultate, aber die Bestellungen rasten dennoch in die Höhe. Also dachte ich: Wenn ein Interview in der Show funktionierte, warum dann nicht ein Direct-Response-Werbespot in der Show? Wenn es so etwas wie Anzeigengegenwert gibt, dann müssten wir per definitionem ähnliche Resultate erzielen.

Das war nicht der Fall. Wir nicht. Wir kamen nicht einmal in die Nähe. In der Tat generierte der Spot fast überhaupt keine Bestellungen.

Reichweiten erzielen

Reichweiten sagen aus, wie viele Personen die Botschaft sehen, lesen oder hören. Sagen wir einmal, dass Ihre Pressemitteilung in einem Frauenmagazin mit einer Auflage von 200.000 Lesern abgedruckt wird. Um Reichweiten für Print-Medien zu berechnen, nehmen Sie die Auflage und multiplizieren sie mit 2,5. Die Auflage von 200.000 multipliziert mit 2,5 ergibt also insgesamt 500.000 Kontakte.

Der Grund dafür, dass Sie die Druckauflage mit 2,5 multiplizieren, ist, dass angenommen wird, dass eine Zeitung oder ein Magazin, das von einer Person gekauft wird, weitergereicht und von anderen ebenfalls gelesen wird. Im Verlagswesen wird die Reichweite der gedruckten oder verkauften Auflage gegenübergestellt. Wenn Sie einen Artikel im *Spiegel* platzieren, erreichen Sie eine Druckauflage von 1,3 Millionen. Diese gedruckte Auflage erreicht 5,5 Millionen Leser. Die Reichweite des *Spiegel* beträgt also 4,2.

Für Fernsehen und Radio sind die Reichweiten einfach die Hörer oder Zuschauer, wie sie durch Medien- und Meinungsforschungsinstitute wie beispielsweise die *Arbeitsgemeinschaft für Medienanalyse e.V.* – kurz AG.MA – als Einschaltquoten ermittelt werden. Wenn Sie Gast in einer Radiosendung sind, die eine Millionen Zuhörer erreicht, dann haben Sie eine Million Kontakte erzielt. Nun, das Problem mit den Reichweiten ist, dass spezifische Unterscheidungsmerkmale auf allgemeinen Annahmen basieren. Nehmen Sie den Faktor 2,5, mit dem Sie die Leserschaft ermitteln. Dieser Faktor wird in der Branche nicht einheitlich verwendet. (Ich benutze den Faktor 2,5 als Multiplikator, um auf der konservativen Seite zu stehen.) Aber welchen Faktor auch immer Sie wählen, wie können Sie wissen, dass eine Zeitung oder ein Magazin tatsächlich an andere Personen weitergegeben wurde?

Der Faktor 2,5 wird seit Jahren benutzt. Wenn er einmal gestimmt hat, dann müsste er logischerweise heutzutage reduziert werden. Warum? Die Menschen haben nicht mehr dieselbe Beziehung zu Printmedien, die sie einmal hatten. Während der Depression gehörte es zum guten Ton, die Zeitung im Zug liegen zu lassen, so dass jemand anderes sie noch lesen konnte. Heutzutage teilen wir längst nicht mehr so viel. Und Zahlen zeigen, dass junge Leute nicht mehr so viel lesen wie früher, so dass die Theorie überholt ist, dass die Tageszeitung in der Familie rumgereicht wird. Recycling hat auch seine Wirkung auf die Weitergabe-Gewohnheit: Viele von uns fühlen sich schuldig, wenn wir die Zeitung nicht in die richtige blaue Tonne schmeißen, sobald wir durch sind. Wenn sie einmal recycelt ist, kann sie nicht mehr weitergereicht werden.

Vermehrte »vertikale« Spezifizierung der Branche (das Auflegen von Special-Interest-Magazinen, die auf eine spezifische enge Marktnische zugeschnitten sind) mag die Weitergabe-Mentalität ebenfalls beeinflussen. Als es nur ein *People Magazine* gab, mochte das jeder und jeder wollte es lesen. Nun gibt es *Teen People* und *Latino People* und *On-line People*. Die Eltern, die das normale *People* lesen, möchten kein weitergereichtes Exemplar von *Teen People* eines ihrer Kinder lesen. Publikationen werden immer mehr genau auf Sie zugeschnitten, was darauf hinweist, dass der Multiplikator niedriger sein müsste.

Es gibt noch weitere Probleme mit Reichweiten. Zuschauerzahlen als Berechnungsgrundlage zu benutzen kann irreführend sein. Nur weil durchschnittlich 350.000 Menschen die Abendnachrichten sehen, heißt das nicht, dass auch nur annähernd so viele Ihre Story sehen. Nur weil eine Zeitung 200.000 Leser hat, heißt das nicht, dass viele Menschen die Kolumne, die Seite oder den Artikel lesen, in dem über Sie berichtet wird.

Und dann gibt es da noch dieselbe Frage wie bei der Anzeigenäquivalenz. Reichweite setzt voraus, dass Werbe- und redaktionelle Inhalte dieselbe Beziehung zum Publikum haben – eine falsche Annahme, die PR oft bestraft.

Obwohl weder die Anzeigenäquivalenz noch Reichweite wirklichen empirischen Wert besitzt, haben sie doch etwas Wert. Beide Methoden sind nützlich zum Vergleich mehrerer PR-Kampagnen untereinander. Sie können Ihnen zeigen, ob Ihre PR-Aktivitäten besser oder schlechter funktionieren als die vorherigen und ob eine Taktik eine andere übertroffen hat. Aber das ist auch ungefähr alles.

Die erschreckende Wahrheit über das Messen von Anzeigen- und PR-Ergebnissen

Denken Sie nicht, dass PR in irgendeiner Weise anders ist als andere Marketing-Formen. Hier ist ein großes Geheimnis: Es gibt auch keine Methode, um die Auswirkungen von Werbung zu messen – gar keine. Untersuchungen, die die Effektivität von Anzeigen beweisen sollen, sind eher dazu da, weitere Anzeigen zu verkaufen. Den Anteil einer Werbekampagne an den Gesamtverkäufen zu beweisen ist schwierig, mit Ausnahme von Direkt-Anzeigen (Direktmailings, Telemarketing, Infomercials etc.).

Kernaussagen erfassen

Eine etwas wertvollere, obgleich kompliziertere Methode zum Messen von PR-Resultaten ist das Erfassen von *Kernaussagen*. Sie legen in der Planungsphase Ihrer PR-Kampagne wichtige Kernaussagen fest, die Sie kommunizieren möchten. Ein Kartoffelchips-Hersteller beispielsweise könnte als Kernaussage festlegen: »Unsere Kartoffelchips schmecken leichter.« Eine weitere könnte sein, dass die Chips weniger fettig sind.

Sie arbeiten bewusst diese Kernaussagen in alle Ihre Materialien zu Ihrer PR-Kampagne ein. Wenn Sie die Presseschau erhalten, analysieren Sie die Berichte und zählen die Kernaussagen. Dann addieren Sie die Textstellen, wo Ihre Kernaussagen genannt werden und erhalten so eine Gesamtpunktzahl. Wenn Ihre Kernaussage »weniger Kalorien« lautet und drei Artikel die niedrigere Kalorienanzahl jeweils zweimal erwähnen, bekommen Sie dafür insgesamt sechs Punkte.

Ein häufiger Fehler, den Amateure machen, ist Publicity zu suchen, zu bekommen und dann begeistert davon zu sein, auch wenn die Kernaussagen nicht genannt sind. Die Leute lieben es, ihren Namen in der Zeitung zu sehen oder Freunden und Verwandten zu erzählen: »Schaut heute Abend die Nachrichten, ich bin heute Abend im Fernsehen.« Aber wenn Sie während des Auftritts nicht Ihre Kernbotschaft kommunizieren können, was bringt es Ihnen dann? Wie hat es Ihrem Unternehmen geholfen? Publicity, die Ihre Kernbotschaften nicht vermittelt, ist reine Zeit- und Geldverschwendung.

Marktforschung

Werbeleute prüfen Ihre Anzeigen in Testgruppen. Sie benutzen Testgruppen seit Jahrzehnten, aber Testgruppen geben nicht immer akkurate Ergebnisse wieder. Wenn Testgruppen immer funktionieren würden, würden Sie niemals eine schlechte Anzeige sehen. Nun, hier ist ein Schocker für Sie: Es gibt jede Menge schlechte Anzeigen.

Testgruppen haben, abgesehen davon, dass sie keine statistisch repräsentative Auswahl darstellen, folgendes Problem: Sagen wir, wir beide sind zusammen in einer Fokusgruppe. Der Gruppenleiter zeigt ein Dia eines wunderschönen Luxusschlittens, erklärt, dass der Kaufpreis 85.000 Euro betrage, und fragt dann jeden einzelnen, ob er dieses Auto kaufen würde.

Die ersten beiden Personen antworten mit ja. Die dritte Person, die sich ein solches Auto nicht leisten kann, antwortet auch mit ja. Ebenso die vierte Person, die sich das Auto leisten könnte, aber niemals Geld für so eine Ausstattung ausgeben würde. Die dritte und vierte Person antworteten mit ja, weil sie nicht wollten, dass die ersten beiden gering von ihnen denken sollten. Ihre Antwort wurde also davon beeinflusst, dass sie den anderen Gruppenmitgliedern imponieren wollten. Und das ist häufig der Fall.

Nehmen wir an, dass ein Testgruppenleiter eine Anzeige zeigt, und die Mitglieder fragt, ob die Anzeige sie dazu bewegen würde, das Produkt zu kaufen. Leute lesen Anzeigen als Kritiker ganz anders, als sie sie als Verbraucher lesen würden. In Testgruppen geben sie gerne an und erzählen, wie viel besser sie selbst die Anzeige hätten entwerfen können. Aber das ist kein Beweis dafür, dass sie das Produkt tatsächlich kaufen würden, wenn sie die Werbung im Fernsehen sehen würden. Werbeleute benutzen auch Wirkungsstudien, um das Bewusstsein eines Produktes, Bildes und der Kaufwahrscheinlichkeit zu testen. Sie führen diese Studien in einem bestimmten Gebiet vor und nach dem Senden der Werbekampagne durch. Dann sagen sie ihren Kunden: »Die Leute erinnern sich an unseren Spot.« oder: »Die Verkaufszahlen sind gestiegen, nachdem wir unsere Kampagne gestartet haben.«

Alle, die eine PR- oder Werbe-Agentur beauftragen, fordern *nachweisbare Ergebnisse*. »Wir wollen direkte Verkäufe sehen für jeden Euro, den wir ausgegeben haben!« Selbstständige Unternehmer und Manager hoffen auf den Tag, an dem jede Anzeige oder PR-Kampagne sofortige Verkäufe bewirkt. Sicherlich, das Aufkommen von E-Business – der Möglichkeit, Produkte über das Internet zu kaufen – bietet eine neue elektronische Verbindung zwischen Marketing-Kommunikation und dem Kaufvorgang. Es ist eine schöne Idee, aber für viele Produktkategorien und Dienstleistungen ist das keine Realität. Leute treffen ihre Kaufentscheidungen meist nicht in Sekundenschnelle und werden auch nicht so schnell zu treuen Kunden. Das braucht Zeit.

Unternehmen lieben treue Kunden, weil es viel weniger kostet, treue Kunden davon zu überzeugen, mehr zu kaufen, als jemanden zu überzeugen, erstmals die Marke zu wechseln. In dem Streben, jeden Aspekt Ihres Marketing-Mixes so auszurichten, dass er einen umgehenden Verkauf erzielt, vernachlässigen Sie den Aufbau Ihrer Marke – des Bildes, zu dem sich ein Kunde in Beziehung setzen kann und dem er treu sein kann.

Ein gutes Beispiel ist IKEA. Wenn IKEA in einer Stadt ein neues Geschäft eröffnet, bekommen sie sofort am ersten Verkaufstag enorme Umsätze, einfach des Namens wegen. Wie viel mehr Geld müssten sie ausgeben, um so viele Leute zu erreichen und davon zu überzeugen, in das Geschäft zu kommen, wenn niemand einen Bezug zur Marke IKEA hätte?

Anfragen und Verkaufszahlen messen

Wenn es Ihr Ziel ist, Anfragen oder Bestellungen zu generieren, statt Markenbewusstsein aufzubauen oder zu verstärken, finden Sie es vielleicht leichter, eine direkte Verbindung zwischen PR und Verkäufen zu zeigen. Diese Art der PR wird manchmal *Direct-Response-PR* genannt, weil sie – wie ein Infomercial, ein Direct-Mail-Paket oder eine Anzeige mit integrierter Bestellkarte – als direktes Ziel hat, eine umgehende Antwort (eine Anfrage oder Bestellung) zu generieren, statt ein Image aufzubauen.

Die Marketingziele von Direct-Response-PR sind folgende:

✔ Nicht nur den Namen einer Firma in die Presse zu bekommen, sondern auch Adresse, Telefonnummer und Website, so dass die Firma von dem interessierten Leser/Zuhörer/Zuschauer, der mehr über ein Produkt wissen möchte, leicht zu erreichen ist.

✔ Anfragen direkt aus der Veröffentlichung von PR-Beiträgen zu generieren.

✔ Quantität und Qualität von Kaufanfragen durch PR-Aktivitäten steigern. Das bedeutet, die größtmögliche Zahl qualifizierter potenzieller Kunden dazu zu bringen, sich als Resultat einer PR-Veröffentlichung über das Produkt zu informieren.

✔ Falls angebracht, direkte Verkäufe oder Laufkundschaft aus PR-Berichten zu erzielen.

In Ihren Pressemitteilungen sollten Sie die gebührenfreie Buchungsnummer, die Sie in Anzeigen verwenden, ebenfalls angeben. Wenn Sie über das Internet verkaufen, geben Sie auch die Web-Adresse an.

Vermarkter denken an PR traditionellerweise als Instrument zum Markenaufbau, weniger als Aktivität, die direkte Verkäufe erzielt. PR ist jedoch eine der kosteneffektivsten und erfolgreichsten Methoden, um große Volumen an direkten Anfragen und Verkäufen zu generieren. Einer meiner ehemaligen Kunden, Trillium Health Products, benutzte eine gebührenfreie Rufnummer in Infomercials, die Saftpressen verkaufen sollten. Es gelang uns, den Saftexperten der Firma für ein 20-minütiges Gespräch in eine Radio-Talk-Show auf WBZ in Boston zu vermitteln. Die Anrufer wurden dazu ermuntert, eine kostenlose Informationsbroschüre über Säfte anzufordern, die Information über Säfte enthielt, aber auch Promotion für die Presse machte.

Ungefähr 50.000 Zuhörer riefen an, um die freie Broschüre anzufordern. Von diesen kauften zehn Prozent eine Saftpresse für 350 Euro. Aus dem einzelnen Radioauftritt wurde also ein Umsatz von 1,75 Millionen Euro erzielt.

Wenn Sie Direct-Response-PR machen, sollten Sie sichergehen, dass der Produzent oder Redakteur es Ihnen erlaubt, die Telefonnummer und Internet-Adresse zu nennen. Ohne diese Kontaktinformationen werden Sie keine Direktbestellungen erzielen können.

Ein Autor, der ein »Wie man ...«-Buch im Eigenverlag publizierte, ging in die *Oprah Show,* ohne vorher abzuklären, ob die Show seine gebührenfreie Bestellnummer einblenden würde. Sie tat es nicht, und das Buch gab es nicht im Buchhandel. Also konnte er nur ein Dutzend Bücher verkaufen.

Ein anderes Beispiel: Adrienne Zoble, eine Marketing-Beraterin und Autorin des Buches *The Do-Able Marketing Plan* machte etwas PR für ihr Buch und konnte einen kleinen Artikel (ungefähr 1/6 Seite) über ihr Buch im *Inc.*-Magazin platzieren. Dieser winzige Artikel, der den Preis des Buches und eine Bestell-Hotline (keine Adresse) angab, generierte 650 Bestellungen à 49,70 Euro und einem Umsatz von 32.305 Euro – der Beweis, dass PR effektiv eine messbare und substanzielle direkte Reaktion erzeugen kann.

Marketing-Profis, die für Kunden arbeiten, die Kontakte und Verkäufe durch Direct-Response-Aktionen generieren möchten, empfehlen traditionellerweise solche Instrumente wie Direktmailings und Anzeigen. Obwohl ich an beide Instrumente glaube und sie beide regelmäßig einsetze, sind sie teuer. Direktmail zum Beispiel: Die Kosten pro Tausend für ein Direktmail-Paket liegen beispielsweise bei 600 Euro, inklusive Druck, Versand, Porto und Adressenlisten. Wenn die Antwortrate bei zwei Prozent liegt, erhalten Sie 20 Kaufanfragen pro 1.000 angeschriebene Adressen, bei Stückkosten von 30 Euro pro Kaufanfragen.

Im Vergleich dazu bezahlte mein Co-Autor Bob Bly, als er Werbemanager bei *Koch Engineering* war, seiner PR-Agentur 1.000 Dollar, um eine Pressemitteilung über das Trockenfilter-Luftgütekontrollgerät der Firma zu schreiben, zu drucken und an die Presse zu verteilen. Veröffentlicht in 18 Publikationen, generierte die Aktion 2.500 Kaufanfragen bei Stückkosten von etwa 40 Cent. Der Vorteil von Direct-Response-PR gegenüber Direktmailings (und Direct-Response-Anzeigen) ist, dass sie dieselbe Art von direkter Anfrage oder Bestellung erzeugt, aber zu einem Bruchteil der Kosten pro Kaufanfrage. Auf der anderen Seite können Sie ein Direktmailing, das eine bestimmte Prozentzahl an Antworten generiert, an eine große Anzahl von Adresslisten wieder und wieder schicken, während Sie eine Pressemitteilung in der Regel nur ein einziges Mal benutzen können. (Natürlich gibt es Ausnahmen.)

Daher ersetzt Direct-Response-PR nicht notwendigerweise traditionelle Direktmailings und Print-Anzeigen als Instrument zur Erzeugung von Kaufanfragen, aber die Kosteneffektivität legt nahe, dass Sie fast immer eine Direct-Response-PR-Kampagne nutzen sollten, um ein Direktmailing oder Anzeigen zu ergänzen und deren Wirkung zu verstärken. Die Erfahrung zeigt, dass ein Angebot, das in Direktmailings und Anzeigen mit Bestellkarte funktioniert, meist in einer PR-Kampagne auch funktioniert.

PR-Erfolg auf lange Sicht

Das Fazit ist: Wenn Ihre PR erfolgreich ist, wird sie Gesamtumsätze und Einnahmen auf lange Sicht steigern. Wenn Sie eine Menge Veröffentlichungen generieren, Ihr Publikum angeregt ist, Ihre Verkäufe steigen und das Telefon klingelt, ist es wahrscheinlich, dass Sie ein gutes PR-Programm haben; wenn nicht, dann wahrscheinlich nicht.

In den meisten Fällen kann PR mit dem verglichen werden, was vor Beginn der PR-Kampagne war und dem, was danach war. Wie ist Ihre Geschäftssituation jetzt im Gegensatz zu der Zeit, bevor Sie das PR-Programm gestartet haben? Zwei schnelle Fallbeispiele sollen diesen Punkt erläutern.

Einen New Yorker Anwalt als Experten positionieren

Ein erfolgreicher New Yorker Scheidungsanwalt wollte sein Image stärken und sich als einer der wichtigsten Autoritäten des Landes positionieren. Die Strategie war, ihn als Anwalt in allen Gebieten des Familienrechts zu positionieren. Weil die Hauptpersonen in wichtigen Rechtsfällen mit Anfragen für Presseinterviews überhäuft werden, ist ein außenstehender Experte, der einen durchdachten und verständlichen Kommentar zu aktuellen Rechtsfällen abgeben kann, für einen Journalisten oder Reporter etwas sehr Wertvolles.

Die PR-Strategie? Als die Presse über einen Aufsehen erregenden Fall (die Scheidung der Trumps) berichtete, verschickten wir Anschreiben, die die Beobachtungen des Anwalts zu diesem Fall zusammenfassten und vorschlugen, ihn als Quelle für eine »juristische Expertenmeinung« in die Veröffentlichungen zu dem Fall mit einzubinden.

Die Strategie erzeugte einen stetigen Fluss an Publicity, als die Presse sich seiner Kompetenz bewusst wurde und immer häufiger seine Expertenmeinung abfragte. Außerdem ließ die PR-Agentur den Anwalt ein regelmäßiges Erwachsenenseminar zum Thema »Die Legalität der Liebe« abhalten.

Kurierdienst

Zu der Zeit, als das PR-Programm begann, war diese Firma ein Botendienst, der durch die Akquise anderer Botendienste wachsen wollte. Das Problem war, dass die Branche unter der rasch wachsenden Popularität des Faxes litt. Früher wurde ein dringendes Dokument per Schnellbote zugestellt. Aufgrund von Faxgeräten,

E-Mail und fast unmittelbarer Übertragung kann es nun zu einem Bruchteil der Kosten eines Boten verschickt und empfangen werden.

In dem Bewusstsein, dass die Kurierbranche niemals zu ihrem Status zurückkehren würde, den sie vor Fax und E-Mail einmal innehatte, wollte die Firma einen neuen Service auf den Markt bringen: »Service-Leistungen«, das heißt die Übernahme aller unterstützenden Dienste für ein Unternehmen (Post/Versand, Botendienste und firmeninterne Kopierzentren) als Möglichkeit, Mitarbeiter und Gemeinkosten einzusparen und auf diese Weise die Gesamt-betriebskosten zu senken. Die PR-Kampagne konzentrierte sich darauf, Service-Leistungen als Zukunftstrend zu positionieren, da die Geschäftswelt auf der Suche nach schlankeren und Kosten-effektiveren Betriebsmethoden war.

Die Rolle der Kurierdienst-Firma in dieser neuen Management-Strategie wurde in zahlreichen Anschreiben und Pressemitteilungen an die Medien hervorgehoben, die das Zielpublikum ansprachen: oberes Management und Unternehmensführung. Die Presseunterlagen umfassten auch verschiedene Zeitungsartikel zum Thema Service-Leistungen, die den Namen des Kurierdienstes als Verfasser nannten.

Leader's, eine Publikation, deren geprüfte Auflage ausschließlich an Top-Manager großer Unternehmen geht, war eine der vielen Publikationen, die einen Artikel abdruckten. Die PR-Aktivitäten brachten den Firmenchef des Kurierdienst-Unternehmens auch in *Financial News Network* und *Business News Network,* ein landesweit verbreitetes Radionetzwerk. Außerdem publizierten verschiedene Wirtschaftsmagazine, darunter *Fortune* und *Forbes* einen Bericht über Dienste-Management, in dem der Kunde an prominenter Stelle vorgestellt und zitiert wurde.

Teil VI

Der Top-Ten-Teil

The 5th Wave

By Rich Tennant

In diesem Teil ...

Unsere Top-Ten-Liste der Public Relations: Kapitel 21 stellt die zehn erfolgreichsten und kreativsten PR-Kampagnen aller Zeiten zusammen. Kapitel 22 beschreibt zehn Situationen, in denen PR eine äußerst effektive Lösung für Ihr Marketingproblem bietet. Kapitel 23 hilft Ihnen dabei, gut dazustehen: Ich zeige Ihnen zehn Wege, mit denen Sie wie ein PR-Profi auftreten, selbst wenn Sie auf dem Gebiet ein Neuling sind. Kapitel 24 bewahrt Sie vor unangenehmen Situationen mit einer Liste von zehn Dingen, die Sie in der PR nie und nimmer tun sollten. Und Kapitel 25 verhilft Ihnen mit zehn Regeln zu einer besseren Schreibe, die besser fokussiert als ein Laser und klarer erscheint als Kristall.

Die zehn besten PR-Coups aller Zeiten

In diesem Kapitel

▶ Schlechte Publicity vermeiden

▶ Ein positives Image aufbauen

▶ Ein Zielpublikum ansprechen

▶ Erfolgreiche PR-Kampagnen planen

Was macht eine PR-Kampagne erfolgreich? Zwei Dinge. Erstens muss sie ihre Ziele erreichen und übertreffen – Resultate erzielen, die über das, was irgendjemand hätte erwarten können, weit hinausgehen. Zweitens muss sie unvergesslich sein – die Art von Kampagne, an die sich die Menschen auch zehn oder hundert Jahre später noch erinnern. Wenn die Kampagne außerdem eine völlig neue Idee beinhaltet oder gängige Praxis auf besonders innovative Art und Weise verbessert, so ist das die absolute Krönung.

In diesem Kapitel möchte ich Ihnen die, meiner Meinung nach, zehn besten PR-Coups aller Zeiten präsentieren – leuchtende Beispiele für den Einsatz von Public Relations zur Umsetzung von Marketingzielen. Ich hoffe, diese Liste kann Ihr Denken (und meines) zu ähnlichen Höhenflügen inspirieren.

Lucky Strike

Edward Bernays ist für seine bahnbrechenden Erfolge weithin bekannt als »Vater der Public Relations«. Eine seiner berühmtesten Kampagnen aus den Anfängen des 20. Jahrhunderts war die Positionierung von Lucky Strike, eine von vielen Marken, als die bevorzugte Zigarette von Frauen. (Vergessen Sie nicht, dass dies lange vor der Zeit war, von der an Tabakkonsum mit der Erzeugung von Krebs in Verbindung gebracht wurde.)

Lucky Strike ist 1871 von R.A. Patterson in Richmond, Virginia gegründet worden. Der Name nimmt Bezug auf einen Ausdruck aus der so genannten Zeit des »Gold Rush«. Wenn Goldgräber etwas gefunden hatten, nannte man dies einen »lucky strike« – einen Glücksfall oder Treffer. Bernays erkannte, dass die Vermarktung von Zigaretten zu seiner Zeit entweder geschlechtsneutral oder Männer-orientiert war. Indem er Lucky Strike als eine Zigarette für Frauen positionierte, hoffte er, bei der Hälfte des Gesamtmarktes eine dominierende Stellung erreichen zu können.

In jenen Tagen war es für Frauen nur zu Hause akzeptabel zu rauchen, falls überhaupt – aber ganz bestimmt nicht in der Öffentlichkeit. Eine Studie, die Bernays für Lucky Strike durchführte, zeigte, dass Frauen Rauchen in der Öffentlichkeit als ein Zeichen von Freiheit empfanden. In seiner PR-Kampagne positionierte Bernays Lucky Strike als »Fackeln der Freiheit« für amerikanische Frauen.

John D. Rockefeller

John D. Rockefeller Sr. (1839 – 1937), Amerikas erster Milliardär, hatte den Ruf eines rücksichtslosen Geschäftsmannes. Die Öffentlichkeit sah ihn als kalt, kalkulierend, beherrschend und gierig. Und dieses Image enthielt einen Funken Wahrheit: Rockefeller gab einmal seinem Gärtner einen Weihnachtsbonus von lediglich fünf Dollar, um ihm dann dieselbe Summe von seinem Gehalt wieder abzuziehen, weil er Weihnachten als Feiertag freimachte.

Was die Öffentlichkeit nicht wusste, war, dass Rockefeller ein aktiver Philanthrop war. Er hatte seit seiner Kindheit zehn Prozent seines Einkommens gespendet, und als er 66 Jahre alt wurde, betrug diese Summe beinahe 100 Millionen US-Dollar.

Weil ihn die schlechte Presse, die er bekam, ärgerte, heuerte Rockefeller Ivy Lee als Berater an, um sein Image zu verändern. Lee hatte einmal 25.000 US-Dollar Honorar erhalten – eine riesige Summe zu der Zeit – für einen einzigen Tag Arbeit bei Charles Schwab, CEO von Bethlehem Steel. Lee hatte Schwab lediglich gezeigt, wie dieser effizienter arbeiten konnte, indem er jeden Tag eine einfache Aufgabenliste erstellte.

Lee begann umgehend damit, Rockefellers Großzügigkeit und seine karitativen Aktivitäten, die zu dieser Zeit nicht üblich waren, an die Öffentlichkeit zu bringen. Eine von Lees Ideen war, dass Rockefeller immer eine Rolle glänzender 10-Cent-Stücke bei sich trug und diese in der Öffentlichkeit an Kinder verteilte. Ein Fotograf war jeweils zugegen, um alles aufzunehmen. Rockefeller verteilte in seinem Leben mehr als 30.000 10-Cent-Stücke.

Tylenol

Tylenol ist ein klassischer Fall von guter Krisenplanung und Umsetzung. 1982 wurden sieben Todesfälle auf die Einnahme vergifteter Tylenol-Pillen zurückgeführt. Als Berichte in die Abendnachrichten und Schlagzeilen gerieten, dass jemand an Tylenol herumgepfuscht habe und Menschen dadurch gestorben seien, reagierte *Johnson & Johnson* darauf, indem sofort Produkte im Wert von 100 Millionen US-Dollar an einem einzigen Tag aus den Geschäftsregalen genommen wurden.

Die PR war einfach, aber wirkungsvoll: Johnson & Johnson tat das Richtige. Die Firma verletzte niemanden absichtlich oder auch nur durch einen Fehler oder Unfall; jemand hatte ihr Produkt vergiftet. Es hätte jedem Fabrikanten passieren können, der seine Produkte in Apotheken oder Lebensmittelläden verkauft. Aber statt diese Tatsache in Erklärungen zu ihrer Verteidigung anzuführen und andere für den Vorfall verantwortlich zu machen, konzentrierte sich Johnson & Johnson auf die Lösung des Problems.

Die Firma war während der Krise für die Presse erreichbar, um Fragen zu beantworten und Informationen zur Verfügung zu stellen. Sie benutzte tägliche Meinungsumfragen, um die öffentliche Reaktion korrekt einzuschätzen und die Kommunikationsstrategie entsprechend anzupassen.

Johnson & Johnson lieferte so lange kein Tylenol aus, bis eine sichere Flasche entwickelt war, die vor Manipulationen schützte. Als die verbesserte Verpackung fertig war, brachte Johnson & Johnson Tylenol mit einer umfassenden Pressekampagne, die eine Tele-Konferenz aus 30 Städten beinhaltete, wieder zurück auf den Markt. Innerhalb eines Jahres hatte Tylenol seinen 70 Prozent umfassenden Marktanteil zurückerobert.

Bill Clintons Kampagne vor den Präsidentschaftswahlen 1992

Bill Clintons Rang unter den Präsidenten und Menschen mag umstritten sein, aber wenige bestreiten, dass er eine meisterhafte Kampagne umsetzte, um den Amtsinhaber George Bush in den Präsidentschaftswahlen von 1992 zu besiegen. Clintons Manager steuerte ihn bewusst von den traditionellen Diskussionen um harte Fakten weg, hin zu Fernsehprogrammen mit einem jüngeren Publikum.

Ein Wendepunkt war Clintons Auftritt in der *Arsenio Hall Show*, während der er in einem nationalen Fernsehprogramm sein Saxophon spielte. Stunts wie diese gaben dem Kandidaten ein menschliches Wesen und wiesen auf sein im Vergleich zu seinem Konkurrenten relativ junges Alter hin.

Eine Serie von Diskussionsrunden im Fernsehen, darunter eine auf MTV, zeigten, dass Clinton auch schwierige Fragen beantworten konnte. Tatsächlich waren die meisten Teilnehmer an diesen Diskussionsrunden idealistische College-Studenten, die große Lebensfragen stellten (beispielsweise ob er für oder gegen Abtreibung sei), die sich im Fernsehen gut machten. Gleichzeitig erlaubte es das fehlende politische Detailwissen des Publikums – im Vergleich zu professionellen Journalisten –, dass Clinton komplexe Themen vermeiden konnte und keine diffizilen Fragen beantworten musste.

Selbst damals zirkulierten schon Gerüchte über Clintons Untreue. Er erschien sofort in der Sendung *60 Minutes* und bestritt diese Anschuldigungen vehement, so dass sie zerstreut wurden, bevor sie richtig aufblühen konnten.

Der neue VW-Käfer

Als in den sechziger Jahren des 20. Jahrhunderts der Original-VW-Käfer auf den Markt kam, machten ihn der niedrige Preis und die seltsame Käfer-ähnliche Form zu einem beliebten Kleinwagen. Aber als 1998 der neue Beetle eingeführt wurde, war der Preis längst nicht mehr niedrig.

Was machte den neuen Beetle so populär? Zum Teil ist das auf eine PR-Kampagne zurückzuführen, die die nostalgische Anziehungskraft des Käfers ausnutzte – die Leute kauften, weil sie das Auto aus ihrer Jugend in guter Erinnerung hatten. Laut einer Pressemitteilung von Volkswagen ließ der neue Beetle sofort die Magie des legendären Namensvetters neu aufleben.

Eine Anzahl kreativer PR-Initiativen verhalf der Einführung des neuen Beetle zum Erfolg. Im März 2000 sponserte Volkswagen einen »New Beetle Cup«, ein Rennen auf der Auto-Show in Atlanta, mit Preisgeldern von einer halben Million D-Mark. Volkswagen machte außerdem eine innovative Internet-Promotion, bei der spezielle Farb-Editionen des neuen Beetle nur über die Website verkauft wurden. Um eingefleischte Käfer-Enthusiasten anzusprechen, führte VW eine Serie von Käfer-Sammelkarten ein. Die Karten wurden nur an Personen ausgegeben, die einen Beetle kauften oder auf die VW-Website gingen.

Üblicherweise publizieren Autohersteller neue Modelle, indem sie Redakteuren von speziellen Auto- und Konsumentenmagazinen Testfahrten anbieten. VW brach mit dieser Tradition und bot die Testfahrten stattdessen Redakteuren und Produzenten von Medien mit weiterer und allgemeiner Verbreitung an.

Die Fahrt mit dem neuen Beetle brachte freudige Erinnerungen an die Jugendzeit dieser Leute zurück und generierte so zahlreiche Veröffentlichungen für das Auto. Indem allgemeine Konsumentenmagazine angesprochen wurden statt der üblichen spezialisierten Automobil-Publikationen, verlegte VW auf einen Schlag die gesamte Kampagne auf ein neues Spielfeld, auf dem kein anderes Auto nach Aufmerksamkeit strebte. Es folgte eine massive Berichterstattung in den Medien.

Cabbage Patch Kids

PR kann Trends starten oder beschleunigen. Dies war der Fall mit den »Cabbage Patch Kids«, eine Serie von seltsam aussehenden Puppen, die in den achtziger Jahren von Mattel auf den Markt gebracht wurde.

Die Cabbage Patch Kids wurden von Anfang an nicht als gewöhnliches Spielzeug positioniert; die Kinder wurden dazu gedrängt, die Cabbage Patch Kids zu »adoptieren«, als ob sie echte Babys wären. Jede Puppe kam mit einem »Adoptionsformular« daher – blau für Jungen, rosa für Mädchen, auf den der Name der Puppe gedruckt war.

Die Kinder wurden dazu ermuntert, ihren Namen unter der Rubrik Eltern in das Adoptions-zertifikat einzutragen und gut für ihre Kinder zu sorgen. Indem sie das Formular einschickten, wurden sie Mitglied bei der Cabbage-Kids-Elternvereinigung und erhielten per Post eine Gratulationskarte. Ein Jahr später erhielten die adoptierten Kinder Geburtstagskarten von ihrem Fabrikanten. Diese Kampagne wandelte die Cabbage Kids um von irgendeinem anderen Spielzeug zu einem Kameraden. Viele Kinder begannen verschiedene Cabbage Patch Kids zu sammeln und bildeten Familien.

Zur Ferienzeit erschienen Artikel in der Presse, die sagten, dass die Geschäfte zu wenige Puppen auf Lager hatten. Die Eltern hechteten in die Läden, um Cabbage-Patch-Kid-Puppen für ihre Kinder zu bekommen. Ich weiß nicht, ob es wirklich einen Mangel an Puppen gab, oder ob das nur ein anderes Gerücht war, das von der Spielzeugfirma in Umlauf gebracht wurde, um die Verkaufszahlen zu stimulieren.

Später kreierte Mattel eine Internetseite unter `www.cabbagepatchkids.com`, die als Online-Community für die Puppenbesitzer und ihre Eltern dient.

Dominos »Pizzameter«

Ich habe in diesem Buch bereits verschiedene Kampagnen vorgestellt, die meine PR-Agentur für Domino's Pizza durchgeführt hat und mein Favorit darunter ist das »Pizzameter«. Meine Agentur maß die Anzahl der Pizzalieferungen ins Weiße Haus, ins Pentagon und die CIA und fand heraus, dass, wann immer es eine nationale Krise gab, die Anzahl der Lieferungen hochging, damit die Beschäftigten dieser Regierungsbehörden bei Konferenzen zu später Stunde etwas zu essen bekamen. Wir verschickten eine Pressemeldung über diese Studie, die für Domino's Pizza viele Presseveröffentlichungen generierte.

Der Grund dafür, dass ich diese Kampagne in dieses Kapitel mit einbeziehe, ist, dass sie ungewöhnlich langlebig war.

IBM Big Blue gegen Gari Kasparow

1997 führte IBM eine der brillantesten PR-Kampagnen überhaupt durch: Die Firma forderte den Schach-Weltmeister Gari Kasparow zu einer Partie gegen ein IBM-Schachprogramm heraus. Der Computer »Big Blue« enthielt einen speziellen Chip, der 2,5 Millionen Schachpositionen pro Sekunde evaluieren konnte.

In unserem technologisierten Zeitalter ist die Konstellation Mensch gegen Maschine eine der dramatischsten und emotionalsten: Liftführer werden entlassen, weil die Lifte automatisch laufen. Grafikkünstler müssen lernen, einen Macintosh zu benutzen statt ein Exacto-Messer, oder sie verlieren ihren Job. Den IBM-Computer gegen den Schach-Weltmeister kämpfen zu lassen, war die ultimative Mensch-gegen-Maschine-Herausforderung.

Die Kampagne war für IBM eine Situation, bei der die Firma nichts zu verlieren hatte. Falls Big Blue gewann, würde dies auf dramatische Weise die Überlegenheit der IBM-Technologie demonstrieren. Wenn Big Blue verlor, würden die Menschen davon beeindruckt sein, dass ein Computer überhaupt eine Chance gegen einen Großmeister hatte.

Big Blue gewann und Kasparow verlor – die Schachwelt war geschockt. Aber der Event als solches tat der Schachwelt letztlich gut: Seit Bobby Fischer hatte Schach nicht mehr so viel Presseaufmerksamkeit erzielen können.

Gillette Sensor Rasierapparat

Die PR-Kampagne zur Einführung des Gillette Sensor war in einer Hinsicht ein absolutes Novum, das vielleicht auch einmalig bleiben wird: Der neue Rasierer schaffte es in die Top-Ten-Liste neuer Produkte des _Fortune_-Magazins von 1989 – der Apparat war aber vor 1990 nicht erhältlich.

Der Name _Sensor_ implizierte Hightech, und der SensorExcel für Frauen sah eher wie ein Star-Trek-Phaser aus als wie ein Rasierapparat. Anzeigen bewarben den einzigartigen Gummigriff, der dem Rasierer mehr Kontrolle für eine glattere und sicherere Rasur ermöglichte. Durch den Gummigriff rutscht Ihre Hand nicht, selbst wenn sie nass ist, und daher schneiden Sie sich nicht.

Die unglaubliche PR-Kampagne für den Sensor erzielte mehr als 800 Veröffentlichungen weltweit in 19 Ländern, darunter _Good Morning America, CBS Evening News, Newsweek, Forbes, The Wall Street Journal, The New York Times_ und _Associated Press_.

Jack in the Box

Jack in the Box ist ein weiteres hervorragendes Beispiel für Krisenplanung und -management. Im Januar 1993 starben vier Kinder und Hunderte Menschen erkrankten, nachdem sie in einem Jack-in-the-Box-Restaurant Hamburger gegessen hatten, die mit Kolibakterien in Berührung gekommen waren. Als Reaktion baute die Jack-in-the-Box-Kette sofort ein umfassendes Nahrungsmittel-Sicherheitssystem nach dem Vorbild des Nahrungsmittel-Sicherheitsprogramms der NASA auf. Sie arbeitete auch mit Staats- und Bundesbehörden, Gesundheitsbeauftragten und Konsumentenverbänden zusammen, um neue Gesetze und Regularien zu erarbeiten.

Nach dem Vorfall gab Jack in the Box große Gewinne bekannt, und das Kommunikationsteam platzierte diese positiven Wirtschaftsmeldungen aggressiv in der Presse und half, die Glaubhaftigkeit als überlebensfähige Firma wiederherzustellen. Die Muttergesellschaft erzielte etwas später mit neun Rindfleischlieferanten wegen des infizierten Fleisches einen Vergleich über 58,5 Millionen US-Dollar. Die Kette zahlte außerdem Wiedergutmachungen an die Familien der Opfer.

1997 rief Hudson Foods 25 Millionen Pfund Hamburgerfleisch zurück, und der frühere Jack-in-the-Box-Vorfall wurde in der Presse wiederum zitiert. Zu der Zeit halfen dem Restaurant die Schritte, die es 1993 unternommen hatte, als die Presse wiederum anrief.

Die Muttergesellschaft von Jack in the Box, Foodmaker, positionierte Dr. David Theno, den Vizepräsidenten der Firma im Bereich Sicherheit, als Experten zum Thema Kolibakterien. Das PR-Team stellte Pressemappen zusammen, die Kolibakterien als Problem der Nahrungsmittelkette darstellten, nicht ausschließlich als Problem von Jack in the Box. Aufgrund dieses Bildungsprogramms konstatierte die Presse 1997, wie weit sich Jack in the Box weiterentwickelt hatte, wie viel verbessert worden war und dass sich die Firma seit der schwierigen Situation von 1993 erholt hatte.

Dieser Fall ist ein Beispiel dafür, dass eine Firma ein Problem identifiziert, Schritte unternimmt, um es zu beheben (was möglicherweise über das, was andere Firmen tun würden, weit hinausgeht), und sich – aufgrund dieser Schritte – distanzieren kann, wenn weitere Vorfälle auftreten, und eine schlechte Situation für die Firma in eine positive umwandeln kann.

Zehn Gründe
für eine PR-Kampagne

22

In diesem Kapitel

▶ Der Öffentlichkeit von Ihrem Produkt berichten

▶ Mehr für Ihr Geld

▶ Etablieren Sie sich als Experte

▶ Risikokapital an Land ziehen

▶ Das Scheinwerferlicht suchen

---

*I*ngenieure haben einen Spruch: »Ein Ingenieur kann mit einem Euro das tun, wofür andere zehn brauchen.« Analog dazu sage ich meinen Kunden, dass PR mit einem Euro mehr Publicity erzielen kann, als man mit dem Kauf von Werbung für 10 Euro jemals bekommt.

Tatsächlich schlägt PR die Werbung in puncto Kosteneffektivität meiner Meinung nach nicht nur mit 10:1, sondern mit 100:1. Wenn das alleine noch nicht Grund genug ist, PR als Marketing-Instrument einzusetzen, dann finden Sie hier noch zehn weitere:

Sie sind ein kleiner Fisch in einem großen Teich

Ihre Konkurrenten mögen größer sein und bewährter und haben mehr Geld. Sie haben wahrscheinlich für den riesigen Messestand letzte Woche und für die ganzseitige Print-Anzeige letzten Monat mehr Geld ausgegeben, als Sie in einem ganzen Jahr aufbringen können.

Der Anzeigenkampagne eines Konkurrenten mit einer eigenen zu begegnen, kann schwierig sein, wenn der Konkurrent ein zehnmal höheres Budget zur Verfügung hat. Aber PR gleicht die unterschiedlichen Voraussetzungen aus. In der Werbung kauft Geld mehr Platz und mehr Sendezeit. In der PR gewinnt kreatives Denken Ihnen Raum in der Berichterstattung. Hier haben die großen Firmen keinen Vorteil. Wenn überhaupt, dann behindern die bürokratischen Strukturen oftmals kreative PR-Ideen, während kleinere Firmen diese sofort umsetzen können.

Einige der PR-Techniken, die in diesem Buch beschrieben werden, wie Events, können teuer sein. Aber das meiste kann mit einem Minimaletat umgesetzt werden. Sendezeit für Fernsehspots während der Fußballweltmeisterschaften kostet Millionen, ganz zu schweigen von den 100.000 Dollar oder mehr Produktionskosten. Aber das Verschicken einer Pressemitteilung, die Sie in eine populäre Fernseh-Show bringt, kostet nur eine Briefmarke.

Ihr Produkt ist das beste auf dem Markt – und keiner weiß es

Werbung kann überraschenderweise manchmal sehr ineffektiv sein, bei dem Versuch, den Verbraucher vom Kauf des Produktes und seiner Vorteile zu überzeugen. Sie können eine Anzeige schreiben, die die Vorteile ganz klar herausstellt, aber die Konsumenten sind skeptisch gegenüber Werbung. Dass Sie, der Werber, den Vorteil Ihres Produktes beschreiben, ist genau der Grund, warum der Leser dazu tendiert, Ihnen nicht zu glauben.

Konsumenten wissen, dass eine Anzeige eine Anzeige ist. Wenn Sie also über eine Anzeige zu ihnen sprechen, schließt sich unbewusst die Schranke der Verteidigung, und nur eine absolut großartige Anzeige kann die Schranke überwinden. PR mit ihrer größeren Glaubwürdigkeit verursacht das Schließen der Schranke erst gar nicht: Wenn Leute einen Bericht über Sie lesen, neigen sie dazu, den Inhalt für wahr zu halten.

Über Public Relations können Sie eine Behauptung über ein Produkt oder eine Dienstleistung nicht einfach aufstellen, denn die Presse ist nicht daran interessiert, für Ihr Produkt kostenlos Werbung zu machen. Um Medienpräsenz zu erzielen, müssen Sie Ihre Behauptung auf interessante und unterhaltsame Weise zeigen. Als meine PR-Agentur beispielsweise Domino's Pizza vertrat, führten wir einen »Schnellster Pizzabäcker der Welt«-Wettbewerb unter den Firmenmitarbeitern durch. Dieser Event veranschaulichte, dass Domino's deshalb schneller liefern konnte, weil sie die Pizza schneller buken, nicht weil die Fahrer zu schnell fuhren.

PR hat gegenüber bezahlter Werbung zwei Vorteile: Erstens werden Sie gezwungen, Ihr Produkt auf unterhaltsame Weise zu präsentieren. Zweitens ist der Konsument, der Ihre Botschaft in einem Artikel liest oder im Fernsehen sieht, eher geneigt, sie zu glauben, weil sie irgendwie von den Medien »unterstützt« wird.

Ihr Produkt ist nicht besser als alle anderen

Winston March, ein australischer Unternehmensberater, sagt über Erfolg: »Es ist wichtiger, ein guter Vermarkter dessen zu sein, was Sie tun, als ein guter Macher dessen, was Sie tun.« Sie mögen zusammengezuckt sein, als Sie diesen Satz gelesen haben, aber Tatsache ist, dass die erfolgreichsten Leute und Unternehmen oft ihre besten Eigenwerber sind, nicht die besten Produzenten von was auch immer sie herstellen. Können Sie einen besseren Hamburger machen als McDonald's? Natürlich können Sie das. Warum macht McDonald's dann mehr Geld als Sie? Marketing spielt hier eine große Rolle.

Je mehr PR Sie machen, desto eher etablieren Sie sich gegenüber Ihren Konkurrenten als Branchenführer. Lesen Sie die kurze Fallstudie des Scheidungsanwalts in Kapitel 20, wenn Sie es noch nicht getan haben. Ist er notwendigerweise ein besserer Anwalt als seine Konkurrenten? Das spielt keine Rolle. Solange er den Herausgebern nützliches Material schickt, das diese veröffentlichen, werden die Leute seine Artikel lesen und ihn als sachkundige Autorität anerkennen.

In Kapitel 11 haben wir die Strategie erörtert, wie Sie »der, den man fragt« werden – sich selbst als Informationsquelle für die Presse zu etablieren, die als Interviewpartner angerufen wird, wenn ein Bericht zu Ihrem Fachgebiet ansteht. Sie mögen empört über einen Konkurrenten zu sich gesagt haben: »Warum wird immer er in der Presse zitiert? Er weiß überhaupt nichts über die XYZ-Technologie. Der Reporter sollte *mich* interviewen!«

Er wird so oft zitiert, weil er die Presse gezielt angesprochen und sich als gute Informationsquelle erwiesen hat, daher befragt die Presse ihn, wann immer sie jemanden aus diesem Gebiet benötigt. Selbst wenn er nicht so viel weiß wie Sie, ist er für die Journalisten verständlich und glaubhaft. Und was genauso wichtig ist: Er ist immer erreichbar, wenn eine Deadline droht, zu jeder Tages- und Nachtzeit.

Glauben Sie mir, diese »die man fragt«-Leute müssen nie nach draußen gehen und irgendwo kalt anrufen, um neue Kunden zu gewinnen. Die Neukunden kommen zu ihnen in Scharen, Cash in der Hand, und bereit die heftigen Honorare für Beratung, Service, Expertise und Produkt zu zahlen – einfach nur deshalb, weil sie die Medien benutzt haben, um sich von der Masse abzuheben.

Das Marketing-Budget wird reduziert

Die Kosten für Marketing gehen Jahr für Jahr nach oben. Anzeigenplatz kostet mehr, Druckkosten steigen, die Honorare der Grafikdesigner gehen in die Höhe und Fotografen erhöhen ihre Tagessätze. Dennoch bleiben Marketingbudgets oft gleich, obwohl das Management neue Produkte, neue Abteilungen, neue Dienstleistungen und neue Märkte erschließt.

Public Relations ist möglicherweise das kosteneffektivste Marketing auf dem Planeten. PR kann vergleichbare oder bessere Resultate erzielen als bezahlte Werbung, oft zu einem Hundertstel der Kosten. Wenn Ihr Anzeigenbudget gekürzt wird und Sie nicht so viele Anzeigen schalten können, wie Sie es gewohnt waren, sollten Sie Ihre PR-Aktivitäten verstärken. PR kann Ihre Präsenz in den Medien fortsetzen, die Ihnen wichtig sind, aber in denen Sie sich Anzeigen nicht mehr in derselben Häufigkeit wie früher leisten können.

Das Management fordert spürbare Resultate der Marketing-Ausgaben

Wenn Managern vor zwanzig Jahren das Layout Ihrer Anzeige gefiel oder Sie von Freunden oder Nachbarn Komplimente über die Werbung bekamen, waren Sie glücklich.

Aber in den letzten zwei Jahrzehnten waren schöne Bilder nicht mehr genug. »Welche Resultate erzielen wir mit unseren Marketing-Geldern?« will das Management wissen. »Zeigen Sie mir die Zahlen.«

In Kapitel 20 schreibe ich über die Vor- und Nachteile unterschiedlicher Methoden zum Messen von PR-Ergebnissen. Wenn Ihr Management zahlenorientiert ist, benutzen Sie diese Methoden nach Belieben. Auch sollten Sie dann mehr PR-Aktionen planen, die direkte Rückmeldungen hervorrufen Erstellen Sie Berichte, die aufzeigen, wie viele Anfragen und Kontakte eine PR-Aktion generiert hat und wie gering der Kostenaufwand pro Kontakt ist.

Zeigen, nicht reden

Denken Sie darüber nach, alle Presse-Clippings in einem vierteljährlichen Newsletter zusammenzufassen und ihn an Management und Kunden zu verteilen. Dies wird dem Management sichtbar demonstrieren, dass Ihre PR funktioniert und bringt Ihre Kunden und Neukunden ein zweites Mal mit den Presseberichten in Kontakt.

Traditionelles Marketing funktioniert nicht mehr so gut wie früher

Viele Marketingleute meinen, dass gängige Taktiken im Laufe der Zeit an Effektivität verlieren. Manchmal funktioniert eine bestimmte Promotion nicht: Die Reaktion auf eine Anzeige sinkt nach mehreren Veröffentlichungen. Ein anderes Mal ist die Beschaffenheit des Mediums selbst vielleicht das Problem: Rückmelderaten auf Direktmailings sind in den letzten Jahren zurückgegangen, während Porto- und Druckkosten in die Höhe gegangen sind, was erschwert, aus einem Direktmailing einen Profit zu generieren.

Wenn gängige Taktiken nicht die gewünschten Resultate erzielen, sollten Sie etwas Neues versuchen. Und denken Sie dabei auch an PR. PR kann einen bedeutenden Gewinn aus Ihren Marketing-Geldern erzielen, entweder alleine oder in Verbindung mit der übrigen Marketing-Kommunikation.

Synergien verzweifelt gesucht

Stellen Sie sicher, dass die Ziele und Botschaften all Ihrer Marketing-Kommunikation – PR, Print-Anzeigen, Direktmailings, Messen, Internet – synchron laufen. Sie wollen den Einfluss einer erfolgreichen PR-Kampagne nicht dadurch aufheben, dass Ihre Print-Anzeigen eine völlig andere Botschaft rüberbringen.

Ihre Konkurrenten bekommen die ganze gute Presse

Einer der gefürchtesten Anrufe für einen PR-Profi ist, wenn der Kunde oder Chef anruft und fragt: »Die Wichtig-Zeitschrift hat gerade einen Branchenüberblick veröffentlicht und wir sind nicht gelistet – warum nicht?« Der Chef ist, verständlicherweise, ungehalten, dass die Journalisten so wenig über die Firma oder das Produkt wissen, dass sie es nicht einmal in einem Branchenüberblick erwähnt haben.

Solch unangenehmen Erfahrungen kann man am besten durch fleißige, wachsame PR begegnen. Motivator Rob Gilbert sagt: »Die Methode, um dann da zu sein, wenn die Leute nach Ihnen suchen, ist, immer da zu sein.« Sie können es sich nicht leisten, ständig mit einer bezahlten Anzeige präsent zu sein. Aber indem Sie ein laufendes PR-Programm durchführen, können Sie die Wahrscheinlichkeit, dass die Redakteure beim Schreiben einer Branchen- oder Produktübersicht an Sie – und nicht nur an Ihre Wettbewerber – denken werden, bedeutend erhöhen.

Ich höre oft, wie Leute sagen: »Heute haben wir aber Glück gehabt«, wenn ein großer Bericht über sie in der Zeitung ist oder ein Fernsehteam über ihren Event berichtet. Aber wenn Sie PR betrieben haben, ist es nicht wirklich Glück – es ist Bemühung verbunden mit Gelegenheit. Oder wie Pasteur bemerkte: »Das Glück begünstigt den, der vorbereitet ist.«

Sie brauchen Risikokapital oder planen und niemand kennt Ihren Namen

Im E-Commerce-Bereich konzentrieren sich die Unternehmer auf die Beschaffung von Risikokapital, um ihr Geschäft ins Rollen zu bringen und neue Wertpapiere anzubieten (initial public offering, kurz IPO).

Public Relation kann Sie bis zum Erreichen beider Meilensteine sehr weit vorwärts bringen. Einige wenige Seiten Publicity in herausragenden Publikationen, im Anhang Ihres Geschäftsplanes, beeindrucken Risikokapitalisten in einer Weise, wie Ihre sorgfältig kalkulierten Aufstellungen das nicht vermögen: Wenn bereits im Wirtschaftsmagazin *Wired* über Sie berichtet wird, müssen Sie ein ernst zu nehmender Mitspieler sein.

Bei IPOs werden Aktienkurse zu einem großen Teil von der Presse beeinflusst. Ein positiver Bericht in einem großen Magazin kann Aktienkurse in den Himmel schießen lassen, insbesondere im E-Commerce. Wenn Investment-Banker sehen, dass Sie positive Publicity generieren können, werden Sie bei dem Gedanken, Ihre Firma an die Börse zu führen, zuversichtlicher sein.

Sie sind medienwirksam

Fast jedes Produkt oder jede Dienstleistung kann durch PR beworben werden, aber bei einigen fällt es von Natur aus leichter als bei anderen. Wenn Sie ein Produkt oder eine Dienstleistung anbieten, die irgendein spaßiges Element enthält, zum Beispiel einen Trend wie der Wacky Wallwalker der achtziger Jahre, sind Sie bereits hervorragend positioniert, um Tonnen an Presseclippings zu bekommen.

Ebenso sind einige Leute einfach »medienwirksamer« als andere. Bunte und exzentrische Charaktere sind hier im Vorteil. Wenn Sie also schillernd und extravagant sind, sollten Sie nicht schüchtern sein. Nutzen Sie Ihr natürliches Charisma zu Ihrem Vorteil, um die Öffentlichkeit und die Presse für Sie zu gewinnen.

Es macht Ihnen Spaß, mit der Presse zu arbeiten

Ich mache nie PR um der PR willen: meinen Namen in die Zeitung zu bekommen, nur um meinen Namen dort zu lesen. Dazu ist mir meine Zeit zu schade. Wenn ich die Presse kontaktiere, um eine Story zu platzieren, ist es, weil diese Story mir dabei hilft, ein spezifisches Geschäftsziel zu erreichen.

Abgesehen davon sollten Sie Ihre natürliche Begeisterung einsetzen, wenn Sie Presseaufmerksamkeit bekommen – in einer PR-Kampagne, die für Ihre Firma und Ihr Produkt Resultate erzielt. Schließlich neigen wir dazu, die Dinge mehr und besser zu tun, die wir gerne tun. Wenn es also Ihr Ding ist, im Rampenlicht zu stehen – nur zu! Verlieren Sie dabei nur nicht Ihre Geschäftsziele aus den Augen – das Endergebnis all dieser PR sollte mehr Geld in Ihrer Tasche sein. Ihr Bild in die Zeitung zu bekommen ist nur ein Nebeneffekt, nicht die Hauptsache.

Wenn umgekehrt das Scheinwerferlicht Sie zum Schwitzen, Zucken und Blinzeln bringt, dann sollten Sie es auf Ihre Firma oder Ihr Produkt scheinen lassen, aber nicht auf Sie persönlich. Oder Sie beauftragen einen Firmensprecher, der für Sie im Rampenlicht steht.

Weitere Vorteile durch PR

Hier sind einige weitere Vorteile, die PR Ihrem Unternehmen einbringen kann:

✔ Neuigkeiten sind die wichtigste PR-Waffe – PR ist daher ein starkes Werkzeug, um eine Marke aufzubauen und zu stärken.

✔ Weil eine dritte Partei die Botschaft überbringt und das Publikum nicht realisiert, das ihm etwas verkauft wird, kann PR sehr wirksam ein gewünschtes Verhalten hervorrufen.

✔ Im Unterschied zu Werbung und Werbepost kann PR ein kostengünstiger Weg sein, um Aufmerksamkeit zu erzielen. (Bitte beachten Sie, dass PR gut mit anderen Marketing-Taktiken zusammenarbeitet, aber auch alleine eingesetzt werden kann.)

✔ Public Relations können Sie von Ihren Wettbewerbern absetzen und Ihnen einen Vorteil verschaffen.

✔ Public Relations können Umsätze generieren, Gewinne steigern und das Gesamtergebnis verbessern.

✔ Public Relations können Ihre potenziellen Kunden positiv einstimmen, bevor diese mit Ihren Verkäufern in Kontakt kommen, und PR kann die Loyalität bestehender Kunden bestärken.

✔ In einer extrem zersplitterten Umgebung mit Internet, Werbepost, Fernsehen, Radio, Plakaten, Zeitungen, Zeitschriften, Laden-Displays, Gutscheinen etc. kann PR helfen, diesen Wirrwarr zu durchbrechen.

✔ Public Relations können in jeder Branche angewendet werden, in jedem Geschäft oder von jeder Person, um eine Botschaft zu überbringen oder ein Ziel zu erreichen: Produkte für Endverbraucher, Geschäfte, Autoren, Unterhalter, karitative Einrichtungen, Websites, Politiker, Restaurants, Verbände, Dienstleister und Unternehmen.

✔ Public Relations können Ihnen bei der Bewältigung eines Problems, einer Krise oder eines schlechten Images helfen.

✔ Public Relations können vielschichtig sein und können individuell auf ausgewählte Zielgruppen abgestimmt werden oder Ihr Gesamtpublikum im Ganzen ansprechen. Sie können Aktivitäten an der Basis durchführen, auf lokaler, regionaler oder nationaler Ebene; oder bestimmte Fach- oder Konsumentenmedien mit unterschiedlichen Aspekten des Lebensstils Ihres potenziellen Publikums ansprechen (Eltern, Sportfans, Gourmets, Wirtschaft, Männer, Frauen, Teenager, Kinder, Gesundheit, Unternehmer, Techniker, Manager etc.) bei minimalen Kosten.

Zehn Tipps, wie Sie als PR-Profi rüberkommen

23

In diesem Kapitel

▶ Über aktuelle Ereignisse, Trends und Spleens auf dem Laufenden bleiben

▶ Ihre Branche verstehen

▶ Sich auf Ihrem Gebiet einen Namen machen

▶ Positiv denken

Der alte Spruch »Wenn eine Sache es wert ist, sie zu tun, dann ist sie es auch wert, sie gut zu tun« trifft mit Sicherheit auf PR zu. Indem Sie bei Ihren Bemühungen einen Kilometer extra gehen, können Sie Ihre Resultate oft um 10, 20, oder 100 Kilometer und mehr erweitern.

Im Unterschied zur Werbung, wo Medienpräsenz mit Geld erkauft wird, können Sie in der PR durch Zeit und Ideen Medienpräsenz erzeugen. Hier sind zehn Vorschläge, die Ihnen helfen, für Ihr Unternehmen die bestmögliche PR zu machen. Sie helfen Ihnen, egal ob Sie ein Vollzeit-PR-Profi sind oder ein PR-Assistent oder ein Unternehmer, der die PR seiner Firma selbst übernommen hat als eine weitere der Millionen Aufgaben, die Sie ohnehin bereits haben.

Bereisen Sie die Medienlandschaft

Gucken Sie Nachrichten. Eine PR-Person, die weiß, was in der Welt vor sich geht, sieht immer smart aus. Und fühlen Sie sich nicht gezwungen, alles zu lesen; selbst wenn Sie nur die Schlagzeilen überfliegen, kann Sie das auf dem Laufenden halten.

Lesen Sie mindestens eine Tageszeitung sowie die wichtigsten Fachpublikationen Ihrer Branche. Lesen Sie neue Zeitschriften zur Probe, wenn Sie diese am Kiosk entdecken oder in einem Abonnementsangebot. Wenn Sie sich nach der ersten Ausgabe entscheiden, dass die Zeitschrift nichts für Sie ist, können Sie das Abonnement meist noch ohne Bezahlung wieder abbestellen.

Durch ständiges Lesen, Sehen und Hören erweitern Sie ständig Ihr Wissen. Die Tatsache, dass fast jedes Wissen, das Sie sich irgendwo aneignen, egal ab allgemein oder spezifisch, in Ihren PR-Bemühungen irgendwie zur Anwendung kommen kann, ist gleichzeitig ein Segen und ein Fluch. Neues zu lernen macht Spaß. Aber weil Sie nie wissen, wo die nächste tolle Idee herkommen könnte, sind Sie ständig auf der Suche nach neuen Informationen und Daten.

Erfolgreiche PR-Leute verschlingen Medien und Informationen, als ob es Steaks oder Kaviar wäre – und das sollten Sie auch tun. Besuchen Sie Seminare, hören Sie Aufnahmen, lesen Sie Bücher, sammeln Sie Zeitschriftenartikel, zapfen Sie Online-Datenbanken an, durchforsten Sie das Internet und schürfen Sie rücksichtslos nach Informationsquellen, um die Goldklumpen des Wissens zu finden, die Ihnen helfen, Ihre Kunden besser zu betreuen. Es macht Spaß, wenn es auch ermüdend ist – und absolut unabdingbar.

Geraten Sie in Sammelwut

Wenn Sie in Printmedien blättern, werden Sie Artikel entdecken, die für Freunde, Kollegen, Mitarbeiter, Kunden und potenzielle Kunden von Interesse sind. Schneiden Sie diese Artikel aus und schicken Sie sie an die entsprechende Person mit einer kurzen handschriftlichen Notiz, die einfach sagt: »Zu Ihrer/deiner Information. Ich dachte, das sollten/st Sie/du sehen.« Eine tolle Möglichkeit, Menschen wissen zu lassen, dass Sie an sie denken, und sie an Ihre Existenz zu erinnern.

Auf dem Laufenden sein: Aktuelle Trends und Spleens

Wenn Sie nicht wissen, was ein Pokemon ist, muss ich annehmen, dass Sie erst kürzlich aus einem Koma erwacht sind. Was die Trends von morgen angeht – wer weiß, was das sein wird?

Seien Sie sich der aktuellen Trends bewusst. Bleiben Sie auf dem Laufenden, was im Fernsehen, der Musik, der Mode oder im Kino populär ist. Blättern Sie in Publikationen wie die *Bunte,* die *Gala* und die *Vogue.* Beobachten Sie und reden Sie mit Kindern. Die sind normalerweise an der äußersten Spitze neuer Trends oder Spleens. Schlendern Sie hier und da mal durch ein Einkaufszentrum, insbesondere in Spielzeug- und Geschenkeläden. In der Erwachsenenwelt sollten Sie aus demselben Grund auf die Leute der Generation X (also Menschen um die dreißig) schauen. Sie sind normalerweise die Ersten, die neue Technologien und Trends annehmen. Besuchen Sie Elektronikmessen, um den neuesten technischen Schnickschnack zu sehen.

Surfen Sie auch im Internet. Wenn sich ein neuer Trend zusammenbraut, raunt es oft zuerst im Internet und tritt viel schneller zutage als in der Welt der Print- oder gar Radio-/TV-Medien.

Wissen, wer worüber berichtet

Wer berichtet bei der *Welt* über Gesundheitsfragen? Wer bei der *Süddeutschen Zeitung* über Werbung? Sie werden überrascht sein, wie oft dies bei einem Kunden zur Sprache kommt. Als äußerstes Minimum sollten Sie herausfinden, wer bei den wichtigsten Medien (nationales Fernsehen, Zeitungen und Online-Journalisten) sowie den Lokalmedien über Ihre Branche berichtet.

Kennen Sie Ihre Branche

Kennen Sie die Branche, für die Sie Publicity machen. Jede Branche hat Ihre eigenen Fachpublikationen. Abonnieren sie diese, so dass Sie die Branche in- und auswendig kennen, ob es Fast Food oder Agrarindustrie ist. Werden Sie Mitglied in den Fachverbänden Ihrer Branche. Nehmen Sie an der Jahresversammlung des größten Fachverbandes teil. Besuchen Sie pro Jahr mindestens zwei oder drei Meetings von lokalen Gruppen dieser Verbände. Tun Sie sich mit anderen Mitgliedern zusammen. Finden Sie heraus, was deren Probleme sind, wie sie Ihre Unternehmen positionieren und welche Marketingkampagnen für sie am besten funktionieren. Die Atmosphäre bei vielen Treffen auf lokaler Ebene ist recht offen und die gleich gesinnten Mitglieder sind bereit, ihre Geheimnisse miteinander zu teilen.

Zuhören

Zuhören ist eine der Charaktereigenschaften, die am schwierigsten zu lernen sind, aber auch eine der wertvollsten Fähigkeiten in der PR oder in irgendeiner anderen Betätigung. Der Erfolg vieler Geschäftsaktivitäten hängt davon ab, wie gut Sie zuhören. Untersuchungen zeigen, dass Menschen 80 Prozent des Tages mit Kommunikation verbringen und mindestens 45 Prozent dieser Zeit mit Zuhören.

Aber obwohl das Zuhören in unserem alltäglichen Leben von so entscheidender Bedeutung ist, wird es weniger gelehrt und gelernt als die anderen drei grundlegenden kommunikativen Fähigkeiten: Lesen, Schreiben, Sprechen. Schlechtes Zuhörvermögen ist der Grund der meisten Probleme, die wir in der gegenseitigen Kommunikation haben.

Die meisten Menschen sind keine guten Zuhörer. Vor Jahren fand die *Sperry Company*, ein Technologieunternehmen, das seine Corporate Identity um das Thema des guten Zuhörens aufbaute, heraus, dass 85 Prozent der Personen in einer Umfrage ihre Zuhörfähigkeit als durchschnittlich oder unterdurchschnittlich einstuften. Weniger als fünf Prozent stuften sich als überdurchschnittlich oder hervorragend ein.

Die gute Nachricht ist, dass Sie Ihre Fähigkeit beim Zuhören verbessern können, wenn Sie die einzelnen Schritte verstehen, die den Prozess des Zuhörens ausmachen, und den folgenden grundlegenden Richtlinien folgen.

Sie können sich ein recht gutes Bild davon machen, wie gut Sie zuhören können, wenn Sie über Ihr Verhältnis zu anderen Menschen in Ihrem Leben nachdenken: Chef, Kollegen, Mitarbeiter, bester Freund oder Freundin, LebenspartnerIn. Wenn sie danach gefragt würden, was würden sie sagen, wie gut Sie zuhören können? Missverstehen Sie oft Aufgaben oder erinnern sich nur vage daran, was Leute zu Ihnen gesagt haben? Falls ja, dann sollten Sie vielleicht Ihr Zuhörvermögen verbessern.

Hören ist der erste Schritt in diesem Prozess. In dieser Phase passen Sie nur darauf, dass Sie die Botschaft verstehen. Wenn Ihr Chef sagt: »Herr Schön, ich brauche den Bericht über die Verkaufszahlen der letzten Monate« und Sie diesen Satz wiederholen können, dann haben Sie ihn gehört.

Der zweite Schritt ist die Interpretation. Das Unvermögen, die Worte des Sprechers korrekt zu interpretieren, führt regelmäßig zu Missverständnissen. Menschen interpretieren Worte je nach Erfahrung, Wissen, Vokabular, Kultur, Herkunft und Einstellungen ganz unterschiedlich.

Ein guter Redner benutzt Tonfall, Mimik und Gestik, um seine Botschaft an den Zuhörer zu verdeutlichen. Wenn Ihre Chefin beispielsweise laut spricht, die Stirne runzelt und die Hände in die Hüften stützt, dann wissen Sie, dass sie wahrscheinlich aufgeregt und wütend ist.

Im dritten Schritt, der Bewertungsphase, entscheiden Sie, was Sie mit der Information, die Sie erhalten haben, tun. Wenn Sie beispielsweise einer Verkaufspräsentation zuhören, haben Sie zwei Möglichkeiten: Sie glauben dem Vertreter oder Sie glauben ihm nicht. Das Urteil, das Sie in der Bewertungsphase fällen, ist ein entscheidender Teil im Prozess des Zuhörens.

Der letzte Schritt ist die Reaktion auf das, was Sie gehört haben. Das ist eine verbale oder visuelle Antwort, die dem Sprecher zu verstehen gibt, ob Sie seine Botschaft erhalten haben und wie Ihre Reaktion ist. Wenn Sie dem Vertreter sagen, dass Sie etwas bestellen möchten, zeigen Sie ihm, dass Sie seine Botschaft gehört haben und sie glauben.

Beeindrucken

Dieser Tipp ist für Leser gedacht, die für PR-Agenturen, in PR-Abteilungen oder als freie PR-Berater arbeiten.

Vor einem wichtigen Kundenmeeting mit dem Direktor oder einem anderen Repräsentanten des Unternehmens, mit dem Sie arbeiten werden, sollten Sie versuchen, etwas über die Interessen dieser Person herauszufinden (Sie können diese gewöhnlich über einen Lebenslauf oder eine Biografie auf der Website des Unternehmens finden). Wo studierte die Person oder irgendeine andere interessante Tatsache. Wenn Sie hier oder da im Gespräch etwas einstreuen können, was für die Person von persönlichem Interesse ist, dann wird Ihnen das helfen, einen guten Eindruck zu machen.

Einem PR-Verband beitreten

Zusammenschlüsse der PR-Branche, wie die *Deutsche Public Relations Gesellschaft (DPRG)* oder ein lokaler PR-Club, helfen Ihnen dabei, auf dem Laufenden zu bleiben, was in der PR-Branche vor sich geht. Diese Gruppen sind auch gute Netzwerk-Instrumente.

Wenn Sie ein Newcomer in der PR sind, dann können diese Gruppen eine Goldmine für Sie sein. Lassen Sie sich von der Tatsache, dass viele Mitglieder erfahrener sind als Sie, nicht abschrecken. Leute lieben es, ihr Wissen mitzuteilen und weiterzugeben, insbesondere an Anfänger. Dadurch fühlen sie sich schlau und geschmeichelt. Netzwerkarbeit auf derartigen Meetings kann Ihnen PR-Tipps einbringen, die Sie ansonsten Tausende Euro kosten würden.

Stoßen Sie in Ihr eigenes Horn

Machen Sie für sich selbst Publicity, nicht nur für Ihre Kunden oder Ihr Unternehmen. Welch besseren Weg gibt es, um möglichen Kunden oder Ihren Vorgesetzten zu zeigen, dass Sie Publicity für Ihr Unternehmen erzielen können, als wenn Sie sie für sich selbst erzielen? Sie besitzen einen unschätzbaren Vorteil, wenn ein potenzieller Kunde Sie wieder erkennt, weil er in der Presse über Sie gelesen oder Sie in einem Fernseh-/Radiobeitrag gesehen bzw. gehört hat.

Erheben Sie die Stimme für sich und Ihr Unternehmen

Wie ich in Kapitel 11 skizziert habe: Es gibt keinen besseren Weg, schnell bekannt zu werden, als über öffentliche Auftritte. Fangen Sie an zu sprechen, und die Leute werden zuhören und sich Ihren Namen einprägen.

Sachkundige Redner für eine Vielzahl von Themen sind immer gesucht, und Sie können vor vielen verschiedenen Gruppen und Branchen auftreten. Rede-Engagements sind eine weitere gute Gelegenheit, um ein Netzwerk zum Erfahrungsaustausch aufzubauen. Sprechen Sie bei genug Gelegenheiten vor genügend Leuten, und Sie mögen in Ihrem Bereich sogar berühmt werden.

Glauben Sie an sich

In Ihrer PR-Karriere werden Sie jede Menge Leute treffen – Kunden, Kollegen, Vorgesetzte – die Ihnen sagen werden, was nicht gemacht werden kann. Wenn Selbstzweifel sich Ihnen in den Weg stellen, werden Sie eine kurze oder zumindest unerfüllte Karriere haben.

Lassen Sie nicht die Meinung anderer Leute darüber entscheiden, ob Sie erfolgreich sind. Wenn Sie haben, was Sie wollen und das ehrlich erreichen, ohne andere zu verletzen, dann sind Sie erfolgreich.

Erfolg und Versagen sind eher temporäre als permanente Erscheinungen. Es gibt Ebbe und Flut im Geschäftsleben. Gerade wenn Sie einen Kunden verlieren, weil Ihrer Kontaktperson in der Firma gekündigt wurde, mag ein größerer Wettbewerber kommen und Ihnen einen größeren Auftrag mit einem höheren Honorar geben. Freuen Sie sich nicht zu sehr, wenn Ihre Kunden sagen, Sie seien der beste PR-Berater, den sie je beauftragt haben; werden Sie umgekehrt auch nicht allzu sehr depressiv, wenn ein anderer Kunde Sie und Ihre Arbeit nicht mag. Sir Winston Churchill sagte einmal: »Erfolg ist die Fähigkeit, von Misserfolg zu Misserfolg zu schreiten, ohne die Begeisterung zu verlieren.«

Finden Sie Ihre eigene Definition für Erfolg. Meine ist: »Das zu tun, was ich tun möchte, wann und wo ich es tun möchte, und dafür gut bezahlt zu werden – manchmal sehr, sehr gut.«

Wenn Sie Ihren ersten (oder Ihren nächsten) großen PR-Coup landen, behalten Sie Ihren Kopf unten und bleiben Sie bescheiden. Denken Sie nicht, dass eine große Platzierung oder eine bemerkenswerte Kampagne Sie zu einem Meister macht. Sie haben noch immer viel zu lernen, und das wird auch immer so bleiben. Die Schule ist für einen Profi niemals aus.

Einige PR-Profis entwickeln große Egos. Ich rate Ihnen davon ab. Es ist besser, bescheiden zu sein als arrogant. Sie mögen viele Dinge wissen, aber nicht die meisten Dinge; es gibt einfach so viel Information aufzunehmen, dass niemand mehr als nur einen kleinen Bruchteil des Ganzen kennen kann. Sie sind clever, aber oft wird Ihr Ratschlag nicht funktionieren und Ihr Kunde wird von den Ergebnissen enttäuscht sein. Thomas Edison sagte einmal: »Wir wissen nicht einmal ein Millionstel Prozent von einem Prozent von allem.« Denken Sie daran, falls Ihr Kopf jemals davonzufliegen droht.

Zehn PR-Gebote

In diesem Kapitel

▶ Du sollst nicht unehrlich oder unerreichbar sein

▶ Du sollst Deine Pressekontakte nicht missbrauchen

▶ Du sollst nicht unfair kritisieren

▶ Du sollst nicht unmoralisch handeln

*I*n diesem Buch habe ich Ihnen bisher eine Reihe von Verhaltensweisen in der PR erklärt. In dem nun folgenden Kapitel möchte ich Ihnen zehn Dinge zeigen, die Sie *niemals* tun sollten, wenn Sie für sich, Ihre Firma oder Ihre Kunden PR machen:

Lügen oder irreführen

Regel Nummer eins: Niemals einen Journalisten belügen oder irreführen. Wenn ein Reporter Sie bei einer Lüge erwischt, wird er Ihnen nie wieder vertrauen. Er wird es außerdem seinen Kollegen erzählen, und Ihr Ruf als vertrauensunwürdige Quelle wird sich verbreiten. Das wird Ihre Fähigkeit, mit Medien zu arbeiten, in höchstem Maße beeinträchtigen, selbst wenn Sie die Wahrheit sagen.

Mauern

Regel Nummer zwei: Sagen Sie zu einem Journalisten niemals »Kein Kommentar«. »Kein Kommentar« ist nicht weit davon entfernt, von seinem Aussageverweigerungsrecht Gebrauch zu machen, um sich nicht selbst zu belasten. In beiden Fällen hält die andere Partei Sie automatisch für schuldig.

Wenn ein Journalist Ihnen eine Frage stellt, auf die Sie keine Antwort wissen oder die Sie nicht sofort beantworten möchten, dann lautet die richtige Antwort ungefähr so: »Herr Müller, Sie wissen, dass wir die Presse immer mit Informationen versorgen, aber ich bin nicht die richtige Person, um Ihnen diese Frage zu beantworten. Ich werde mich darum kümmern, dass Sie diese Informationen rechtzeitig vor Druckschluss bekommen werden.«

Hinhalten

Was Deadlines und Zusagen angeht, sollten Sie Journalisten so behandeln, wie Sie Ihre Kunden behandeln. Tun Sie immer das, was Sie sagen, dass Sie es tun werden. Journalisten haben Deadlines, die nicht flexibel sind. Wenn Sie Informationen versprechen und diese nicht rechtzeitig liefern, werden Sie die Presse bestenfalls kräftig verärgern. Schlimmstenfalls wird der Artikel gedruckt, ohne dass Sie die Chance haben, sich zu verteidigen, möglicherweise mit dem Ergebnis eines negativen Berichts über Sie in der morgigen Zeitung.

Unerreichbar sein

Ich rate allen meinen Kunden, vom Angestellten zum obersten Geschäftsführer, den Anruf eines Journalisten stets als das Wichtigste zu betrachten, was sie in diesem Moment zu tun haben. Einmal nahm ich an einer Pressekonferenz teil, auf der der Sportler des Jahres erscheinen sollte. Top-Sportjournalisten warteten aufgeregt auf das Erscheinen des Superstars. Als er nicht auftauchte, warteten sie 40 Minuten und verschwanden dann.

Wenn Sportjournalisten dem Sportler des Jahres nur 40 Minuten geben, dann können Sie sich glücklich schätzen, wenn die Presse Ihnen zehn Minuten gibt. Wenn die Presse anruft, dann sind Sie für sie nur in dieser Sekunde von Interesse. Morgen wird die Story schon zu den Akten gelegt worden sein, und es wird noch nicht einmal Ihr Rückruf entgegengenommen.

Schmieden, während das Eisen heiß ist, ist die einzige Möglichkeit, um einen stetigen Fluss an regelmäßiger Medienberichterstattung zu erzielen. Ich betone stets, wie wichtig es ist, 24 Stunden am Tag an sieben Tagen die Woche für die Presse erreichbar zu sein – ob es Weihnachten ist oder Mitternacht. Die meisten erfolgreichen PR-Leute haben einen ähnlichen Grundsatz, immer für die Presse erreichbar zu sein.

Eine Bestechung anbieten

Sagen Sie nie zu einem Redakteur: »Drucken Sie meine Pressemitteilung und ich schalte eine Anzeige in Ihrer Publikation.« Rufen Sie ebenso wenig den Redakteur einer Publikation an, in der Sie bereits Anzeigen schalten, und versuchen Sie, ihn zu bedrängen: »Drucken Sie meine Pressemeldung oder ich ziehe meinen Werbeauftrag zurück.« Die meisten Publikationen verfügen über drei Abteilungen: Redaktion, Anzeige, Distribution. Das sind getrennte Bereiche und ein PR-Fachmann, der einen gegen den anderen ausspielt, macht einen großen Fehler.

Als allgemeine Regel lassen Top-Publikationen niemals den redaktionellen Inhalt durch Werbegelder beeinflussen. Wie ich meinen PR-Kunden gerne erkläre, niemand erhält von der *New York Times* einen Gefallen.

Bei Fachblättern spezieller Branchen oder kleineren regionalen oder lokalen Publikationen bevorzugen die Herausgeber manchmal diejenigen, die Anzeigen schalten, mit redaktionellen Berichten. Aber Sie sollten niemals derjenige sein, der dieses Thema zur Sprache bringt.

Wenn jemand aus der Anzeigenabteilung Ihnen im Gegenzug für eine Anzeige einen redaktionellen Beitrag anbietet, ist das völlig in Ordnung. Aber überlassen Sie dies dem Anzeigenleiter, dem Herausgeber und dem Redakteur. Wenden Sie sich Ihrerseits mit einem derartigen Vorschlag nie direkt an den Redakteur.

Die Nase rümpfen

Werbung, PR und Promotions werden mehr und mehr akzeptiert, selbst in Branchen, in denen das vor Jahrzehnten noch undenkbar war.

Wenn Sie denken, Werbung ist unter Ihrer Würde und unprofessionell, dann bietet PR eine Alternative, die es Ihnen ermöglicht, sich, Ihre Praxis oder Ihr Unternehmen auf eine würdevolle und professionelle Art und Weise darzustellen. Vielleicht wollen Sie nicht mit Werbespots ins Spätfernsehen oder mit ganzseitigen Anzeigen in die Sonntagszeitung. Aber was halten Sie von einer wöchentlichen Kolumne in ihrer lokalen Tageszeitung, in der Sie als Experte Ratschläge auf Ihrem Fachgebiet erteilen? Oder ein Vortrag von Ihnen über dasselbe Thema in der Bibliothek oder dem Lions Club? Selbst für Leute, die Marketing nicht leiden können, bietet die PR eine Menge an unaufdringlichen, sanften Marketingmöglichkeiten, mit denen sie sich wohl fühlen können.

Langweilen

David Ogilvy sagte: »Sie können niemanden in den Kauf Ihres Produktes hineinlangweilen.« In unserer Agentur ist die größte aller Sünden, langweilig zu sein. Nicht weil wir die Kreativität um der Kreativität willen lieben, sondern weil Langeweile in der PR einfach nicht funktioniert.

Das Langweiligste, was Sie tun können, ist die gleiche PR und das gleiche Marketing zu machen, das jeder sonst macht. Wenn jedermanns Pressemitteilungen und Broschüren gleich aussehen, wie kann Ihre dann hervorstechen und auf sich aufmerksam machen? In der PR ist das ewig Gleiche und Althergebrachte der Kuss des Todes.

Wir werden heutzutage von Informationen und Werbebotschaften überhäuft, und das meiste davon ist, offen gesagt, stinklangweilig. Erfolgreiche PR findet oder erfindet den Spaß an einem Produkt, einer Dienstleistung, einer Organisation oder einem Event – den Punkt, mit dem man die Aufmerksamkeit der Medien auf sich ziehen kann, während man die wichtigste Botschaft auf eine interessante und einprägsame Art und Weise rüberbringt.

Joseph Kelley, Redenschreiber für den ehemaligen US-Präsidenten Dwight Eisenhower, sagte einmal: »Alles, was Gott geschaffen hat, birgt einen Krümel Aufregung in sich, ebenso wie alles, was die Zivilisation erfunden oder entdeckt hat.« Zu sagen, dass Ihr Produkt langweilig ist, nur weil es technisch ist oder ein Rohstoff ist, ist keine Entschuldigung. Was macht es für einen potenziellen Kunden aufregend? Irgendwas muss es ja sein, sonst würde es niemand kaufen. Ihre Aufgabe ist es, diesen Krümel Aufregung zu finden und eine PR-Kampagne drumherum zu bauen. Es gibt keine Entschuldigung dafür, ein Langweiler zu sein, zumindest nicht in der PR.

Ein Nein-Sager sein

Die Menschen lieben es, Ideen zu töten. Sie scheinen seltsam erpicht darauf, nein zu sagen oder zu erklären, warum etwas nicht funktionieren kann. Nein zu sagen, wann immer jemand etwas vorschlägt, ist ein Ausweichmanöver. Eine solche Antwort ist zu einfach. Kritiker gibt es im Dutzend billiger. Aber in der PR verdienen die Kreativen und Macher Jahresgehälter ab 100.000 Euro aufwärts.

Eine Menge großartiger PR-Kampagnen werden aus Angst getötet. Jemand macht einen bahnbrechenden Vorschlag, der anders ist – nicht das ewig Gleiche – und das Top Management sagt: »Warum das Risiko eingehen?« Weil der potenzielle Gewinn desto größer ist, je größer das Risiko. Das gilt für viele Branchen, ob das PR oder Investitionen sind, oder ein anderes Geschäft.

Ich habe mit Kritikern keine Geduld. In unserer PR-Agentur sage ich meinen Mitarbeitern, dass es okay ist, eine brillante Idee oder Meinung zu haben, die sich von meiner unterscheidet. Was nicht okay ist, ist _keine_ Idee oder Meinung zu haben. Sagen Sie nicht einfach: »Das finde ich nicht gut.« Sagen Sie, was Sie stattdessen vorschlagen.

In ihrem Buch _Der siebte Sinn_ präsentiert Doris Wild Helmering Kriterien, durch die sich konstruktive (d.h. hilfreiche und nützliche) Kritik von destruktiver (d.h. kleinlicher, verunglimpfender und nutzloser) Kritik unterscheidet. Ihre Kriterien sind auf die generelle Kritik kreativer Arbeit gemünzt, aber sie treffen auf das Machen und Bewerten von PR-Kampagnen mit Sicherheit zu.

Laut Helmering hat konstruktive Kritik drei Eigenschaften. Damit Ihre Kritik konstruktiv ist, müssen alle drei erfüllt sein.

✔ Zwischen den beteiligten Personen gibt es einen Vertrag. Derjenige, der die Kritik äußert, ist an dem Projekt beteiligt, verfügt über entsprechende Kenntnisse und wurde nach seiner Meinung gefragt.

✔ Die negativen Äußerungen betreffen einen bestimmten Punkt (z.B. »Dieser Artikel übersieht den derzeitigen Sturz von Technologieaktien« versus »Der Artikel ist schlecht«.).

✔ Es wird ein Änderungsvorschlag gemacht (z.B. »Warum nicht davon sprechen, warum jetzt ein guter Zeitpunkt ist, um aussichtsreiche Aktien zu Schnäppchenpreisen zu kaufen, bevor der Markt sich wieder erholt?«).

Unangebrachte Kritik dagegen erfüllt eines oder mehrere der folgenden Kriterien:

✔ Sie geschieht unaufgefordert. Es gibt keinen Vertrag. Sie ist unerbeten.

✔ Die Äußerungen sind unspezifisch oder allgemein.

✔ Der Kommentar beinhaltet keine Verbesserungsvorschläge.

Wenn Sie etwas negativ kritisieren, sagen Sie, was Sie an der Sache mögen, bevor Sie sagen, was Sie daran nicht mögen. Dieses Vorgehen schützt das Ego des Adressaten, schwächt den Schlag ab und schafft eine positive Arbeitsatmosphäre.

Suchen Sie stets mindestens drei positive Punkte. (Wenn Sie sich bemühen, ist es unmöglich, in fast allem nicht wenigstens drei positive Dinge zu finden.) Dann sagen Sie: »Wenn ich das machen müsste, ...« und dann nennen Sie Ihre spezifischen Kritikpunkte. Diese Phrase drückt aus, dass das, was Sie sagen, Ihre Meinung ist, und nicht ein Vorwurf von Inkompetenz oder schludriger Arbeit seinerseits.

Wenn jemand Sie unangemessen kritisiert, insbesondere bei Kommentaren, die Sie als Person angreifen oder Ihre Professionalität herabsetzen, fragen Sie die Person: »Gibt es einen Grund dafür, dass Sie dies zu mir sagen?« Diese Reaktion macht die Person darauf aufmerksam, dass Sie sich des herabsetzenden Tons bewusst sind und Sie nicht damit einverstanden sind.

Von der Kritik getötet

Ich werde oft gefragt: »Welche wirklich guten PR-Ideen hatten Sie, die Ihre Kunden ablehnten und nicht umsetzen wollten?« Hier sind vier meiner Lieblingsbeispiele, die nie das Tageslicht erblickten:

»Nun, das ist eine *Mutter*tagskampagne.« Wir schlugen vor, dass Palmer Video am Muttertag jeder Kundin, die einen positiven Schwangerschaftstest mitbrachte, ein Gratis-Video geben sollte.

»Ruf Deine Oma an.« Für eine Telefongesellschaft schlugen wir eine Kampagne für den »Tag der Großeltern« vor. Großeltern schreiben uns, dass sie Ihre Enkelkinder lieben. Wir würden dafür sorgen, dass die Enkelkinder Oma und Opa am »Tag der Großeltern« kostenlos anrufen könnten.

»Gewehre für Schuhe.« Für British Knights Sneakers schlugen wir eine Kampagne vor, die die Straßen von New York City sicherer machen sollte. Wer ein illegales Gewehr abgab, sollte ein Gratis-Paar British Knights Sneakers bekommen.

Langjährige Beziehungen für kurzfristige Resultate aufs Spiel setzen

Viele Kunden haben mich gedrängt: »Sie müssen diese Pressemitteilung auf die erste Seite des Handelsblatts bekommen. Rufen Sie Ihre Kontakte dort an und setzen Sie sie unter Druck.«

Ich rate Ihnen von erpresserischen Taktiken ab, wenn Sie mit den Medien sprechen. Die Annahme, dass irgendeine Story wichtig genug ist, um Ihre Beziehung zu einem Redakteur aufs Spiel zu setzen, ist falsch. Sie wollen schließlich für lange Zeit im Geschäft bleiben. Nun raten Sie mal. Dieser Redakteur möchte auch noch viele Jahre in der Branche bleiben. Genauso wie das _Handelsblatt_, _SAT1_ oder ihre lokale Fernsehstation.

In den vergangenen Jahrzehnten haben Unternehmen den Wert eines lebenslangen Kunden und das Management der Beziehung zum Kunden gelernt – dass die langfristige Kundenzufriedenheit wichtiger ist als ein sofortiger Verkauf und sein Gewinn.

Behandeln Sie die Presse so, wie Sie einen Kunden behandeln. Setzen Sie nicht eine aktuelle Story über eine langfristige Beziehung. Wenn der Redakteur nein sagt und Sie jeden denkbaren Blickwinkel angebracht haben, um ihn vom Gegenteil zu überzeugen, belassen Sie's dabei. Sie werden morgen weitere Geschichten platzieren wollen. Erhalten Sie die Beziehung, damit der Redakteur bei Ihrem nächsten Anruf freundlich bleibt und empfänglich für Ihre neue Story.

Unmoralisch handeln

Sie werden ein glücklicheres und besseres Leben führen, wenn Sie nicht im Namen der PR (oder eines anderen beruflichen Zieles) Ihre persönlichen Moralvorsätze über Bord werfen. In der PR werden Sie zudem erfolgreicher sein, denn Redakteure und Journalisten scheinen ein besseres Auge für unmoralisches Handeln zu haben als andere Menschen. Wenn Sie versuchen, die Presse auf den Arm zu nehmen und diese das merkt, wird sich das bitter rächen.

Abgesehen von der Empfindlichkeit der Medien – warum sich im Geschäftsleben überhaupt moralisch verhalten? Nun, wegen mehrerer Gründe.

Erstens: Wenn Sie jemals unfair behandelt worden sind, wissen Sie, dass es eine unangenehme Erfahrung ist. Wie du mir, so ich dir. Wenn Sie also möchten, dass die Menschen sich Ihnen gegenüber ehrlich verhalten, dann sollten Sie sich ebenso verhalten.

Zweitens: Der Ruf Ihres Unternehmens ist eines seiner wichtigsten Vermögenswerte. Faires Geschäftsgebaren erhält Ihren Ruf und erhöht diesen Vermögenswert. Die Menschen, die Ihnen vertrauen, machen eher Geschäfte mit Ihnen. Laut einer Untersuchung der Walker-Gruppe aus dem Jahre 1995 kaufen 90 Prozent der Konsumenten bei gleicher Qualität, gleichem Service und gleichem Preis eines Produktes bei der Firma, die in puncto sozialer Verantwortung den besten Ruf hat.

Unmoralisches Verhalten dagegen kann böses Blut schaffen und negative Publicity, die dem Ruf Ihres Unternehmens schaden kann. Ein derartiges Verhalten kann Sie Kunden, Verkäufe und Gewinne kosten und es erschweren, Produkte und Dienstleistungen von guten Lieferanten zu bevorzugten Preisen und Bedingungen zu kaufen. »Eine Gesetzesverletzung durch einen Angestellten kann eine enorme Auswirkung haben – ob es Haftungsfolgen aufgrund einer nicht korrekten Umgehensweise mit einem Umweltproblem sind oder eine finanzielle Strafe, die aus einem Konstruktionsfehler resultiert«, schreibt Norm Augustine, Vorsitzender der Lockheed Martin Corporation. »Noch entmutigender ist der Versuch, den guten Ruf eines Unternehmens wiederherzustellen, wenn er einmal beschädigt ist.«

Ein weiterer Grund, warum man ethische Grundsätze befolgen sollte, ist einfach der: weil es *das Richtige* ist. Für viele von uns gehört es zu den Grundwerten menschlichen Lebens, das Richtige zu tun, und so bemühen wir uns, das Richtige zu tun – auch wenn wir bei vielen Gelegenheiten der Versuchung gegenüberstehen, vom Pfad der Tugend abzukommen. Der Wissenschaftler Charles Darwin sagte: »Das moralische Bewusstsein des Gewissens ist die nobelste aller menschlichen Eigenschaften.«

Wenn Sie keinen Zwang oder keine Verpflichtung verspüren, moralisch zu handeln, dann sollten die beiden anderen Gründe: eine anständiger Behandlung von anderen zu bekommen und den guten Ruf Ihres Unternehmens zu schützen, genügend Motivation bieten, um ethische Geschäftspraktiken zu befolgen.

Oft genug reicht das jedoch nicht. Untersuchungen in den USA zeigen, dass viele Mitarbeiter sich in diesen Tagen versucht fühlen, Dinge zu tun, die an der Grenze des Illegalen oder Unethischen liegen:

✔ In einer Umfrage gaben 57 Prozent der befragten Mitarbeiter an, dass sie mehr Druck verspüren als vor fünf Jahren, im Job unethisch oder illegal zu handeln; 40 Prozent gaben an, dass sich dieser Druck in den letzten zwölf Monaten erhöht habe.

✔ In einer Gallup-Umfrage beklagten die Hälfte der Befragten einen Werteverfall im Geschäftsleben.

✔ In einer im April 1997 durchgeführten Befragung unter leitenden Angestellten wurden Ehrlichkeit und Integrität als wichtigste Qualitäten bei Bewerbern angegeben.

Als Reaktion darauf schulen mehr und mehr Firmen ihre Mitarbeiter in ethischem Verhalten und stellen ethische Verhaltensrichtlinien für ihre Mitarbeiter auf. Laut Professor Joseph L. Badaracco Jr. von der Harvard Business School hat eine von drei amerikanischen Firmen ein ethisches Schulungsprogramm und mehr als 500 haben einen Ethik-Beauftragten. Sechs von zehn Unternehmen haben Ethiknormen, an die die Mitarbeiter sich halten sollen. Lockheed Martin hat sogar eine gebührenfreie »Ethik-Hotline«, die die Mitarbeiter und Lieferanten anrufen können, um Rat in Sachen ethisches Geschäftsgebaren suchen.

Auch in Deutschland haben PR-Fachleute, Werber, Journalisten und Verlage ethische Grundsätze vereinbart, zum Beispiel zur Trennung von Anzeigen und redaktionellem Teil von Printmedien oder zu den Arbeitsprinzipien von PR-Fachleuten.

Zehn Schritte zu einer besseren (PR-)Schreibe

25

In diesem Kapitel

▶ Ordnen Sie Ihre Ideen

▶ Stellen Sie sich auf Ihren Leser ein

▶ Vermeiden Sie nebulöse Formulierungen

▶ Gewöhnen Sie sich an, Ihre Texte mehrmals zu überarbeiten

Sie können eine PR-Agentur, einen Publizisten oder einen freien Journalisten mit dem Schreiben Ihrer Pressemitteilungen beauftragen (s.a. Kapitel 9) – aber Sie können dies natürlich auch selbst tun.

Wenn Ihnen das Schreiben leicht fällt, dann sollte das Verfassen von Pressemitteilungen für Sie keine größere Hürde sein. Wenn nicht, dann sollten Sie es üben, und Sie werden sehen, dass Sie es lernen können. Dieses Kapitel soll die zehn Regeln guten Schreibens für Sie rekapitulieren. Wenden Sie diese Regeln bei Ihren Textentwürfen an, um Ihrer Prosa Klarheit und Kraft zu verleihen.

1. Ordnung ist das halbe Leben

Ein schlechter Textaufbau ist die wichtigste Ursache für unklare Texte. Wenn der Leser denkt, dass der Inhalt eines Textes für ihn wichtig ist, dann kann er sich durch ein Dokument auch dann durchkämpfen, wenn es langweilig geschrieben ist, überlange Sätze und hochtrabende Formulierungen enthält. Aber wenn der Aufbau schlecht ist, vergessen Sie es. Dann kann man den Inhalt nie verstehen.

Ein schlechter Aufbau entsteht durch schlechte Planung. Bevor Sie anfangen zu schreiben, sollten Sie Ihre Ideen ordnen. Entwerfen Sie grob den Textaufbau und Inhalt Ihrer Mitteilung. Der Entwurf braucht keiner bestimmten Form zu folgen. Eine einfache Liste oder gekritzelte Notizen sind völlig ausreichend. Benutzen Sie die Form, die Ihnen liegt.

Bis Sie mit Ihrem Text fertig sind, mag sich der Inhalt von Ihrem ursprünglichen Entwurf entfernt haben. Das ist in Ordnung. Der Entwurf ist ein Hilfsmittel, um Ihre Ideen zu sortieren, kein in Marmor gemeißeltes Gebot. Wenn Sie ihn während des Schreibens ändern möchten – kein Problem.

Der Entwurf hilft Ihnen dabei, den zu erstellenden Text in viele kleine und leichter zu bewältigende Teile zu spalten. Die tatsächliche Anordnung dieser Teile hängt von der Art des Textes ab, den Sie schreiben. Ist das Format nicht durch die Art des Textes, den Sie schreiben, genau vorgegeben, dann wählen Sie den Textaufbau, der am besten zu Ihrem Material passt.

Einige mögliche Kriterien zum Aufbau von Texten sind zum Beispiel:

✔ **Sortierung nach Position:** Ein Text über die Planeten unseres Sonnensystems könnte mit Merkur beginnen (dem Planeten, der der Sonne am nächsten ist) und mit Pluto enden (dem Planet, der am weitesten von der Sonne entfernt ist).

✔ **Sortierung nach wachsendem Schwierigkeitsgrad:** Computer-Handbücher beginnen oft mit einfachen Erklärungen und gehen dann zu komplexeren Themen über.

✔ **Alphabetische Reihenfolge:** Dieser Textaufbau liegt auf der Hand, wenn Sie an einer Broschüre über Vitamine arbeiten (A, B-3, B-12, C, D, E usw.) oder an einem Verzeichnis der Firmenmitarbeiter.

✔ **Chronologische Reihenfolge:** Hier präsentieren Sie die Fakten in der Reihenfolge, in der sie sich zugetragen haben. Geschichtsbücher sind so aufgebaut, ebenso viele Fallstudien oder Firmenbiographien.

✔ **Problem – Lösung:** Ein Format, das sich ebenfalls zur Darstellung von Fallstudien eignet und für viele Arten von Berichten. Diese Texte beginnen mit »Dies war das Problem« und endet mit »So haben wir es gelöst«.

✔ **Auf dem Kopf stehende Pyramide:** Dies ist der Stil von Zeitungsartikeln, in denen der erste Absatz den gesamten Inhalt zusammenfasst und die folgenden Absätze die Fakten in der Reihenfolge ihrer Wichtigkeit präsentieren (die wichtigsten zuerst). Sie können diesen Aufbau auch für Briefe, Memos und Berichte verwenden.

✔ **Deduktiv:** Sie beginnen mit einer Verallgemeinerung, die Sie dann durch Details belegen. Wissenschaftler benutzen diesen Aufbau für Forschungsberichte, die zuerst die Ergebnisse präsentieren und dann die Beweise anführen.

✔ **Induktiv:** Eine andere Möglichkeit ist es, mit der Schilderung von Einzelfällen zu beginnen und den Leser damit an eine generelle Idee oder ein Prinzip heranzuführen, das aus den Einzelfällen abgeleitet werden kann. Dies ist ein Aufbau, der für Beiträge in Fachzeitschriften hervorragend geeignet ist.

✔ **Liste:** Das Kapitel, das Sie gerade lesen, ist eine Liste, denn hier werden in Listenform die Probleme geschildert, die beim Schreiben am häufigsten auftreten. Ein Text in Listenform mag überschrieben sein mit »Wunderschöne Blumengestecke in sechs Schritten« oder »Sieben Tipps, wie Sie Ihre Stromrechnung reduzieren«.

2. Lernen Sie Ihren Leser kennen

Die meisten Marketing-Texte – ebenso wie Beiträge, Pressemitteilungen, Broschüren – sind für viele Leser geschrieben, nicht für einen Einzelnen. Auch wenn Sie die Namen Ihrer Leser nicht kennen, müssen Sie sich ein Bild davon machen, wer Ihre Leser sind – ihr Beruf, ihre Bildung, ihre Branche, ihre Interessen. Sie können sich ein klares Bild von Ihrem Leser machen, indem Sie die Publikationen lesen, an die Sie Ihr Mailing richten.

Berücksichtigen Sie folgende Bereiche, um das Zielpublikum zu identifizieren:

✔ **Beruf:** Ingenieure interessieren sich für die Zuverlässigkeit und die Leistung Ihrer Kompressoren, während der Käufer sich mehr für den Preis interessiert. Der Beruf einer Person beeinflusst seine Sichtweise eines Produktes, einer Dienstleistung oder einer Idee. Schreiben Sie für Produktionsingenieure? Abteilungsleiter? Geschäftsführer? Techniker? Sorgen Sie dafür, dass der Ton und der Inhalt Ihres Textes zu den beruflichen Interessen Ihrer Leser passen.

✔ **Bildung:** Ist Ihr Leser ein Akademiker oder ein Hauptschulabsolvent? Ist er ein Chemiker? Versteht er was von Computerprogrammierung, thermischer Verbrennung, Festkörperphysik oder Differentialrechnung? Schreiben Sie so einfach, dass selbst der Leser mit wenig technischem Verständnis verstehen kann, was Sie sagen.

✔ **Branche:** Wenn Ingenieure ein osmotisches Wasserreinigungssystem für eine Chemiefabrik kaufen, wollen sie jedes technische Detail bis zum letzten Ventil, der Pumpe und den Filtern wissen. Käufer aus der Schifffahrt hingegen haben lediglich zwei grundlegende Fragen: »Was kostet es?« und »Wie zuverlässig ist es?« Insbesondere beim Verfassen von Werbetexten, sollten Sie wissen, welche Eigenschaften Ihres Produkts für die verschiedenen Zielgruppen attraktiv sind.

✔ **Leserinteresse:** Ist Ihr Leser interessiert oder desinteressiert? Freundlich oder feindlich? Aufnahmefreudig oder ablehnend? Das Verständnis für seine Interessenlage hilft Ihnen, Ihre Botschaft angemessen zu formulieren.

3. *Vermeiden Sie Bürokratismen und Fachchinesisch*

Jeder, der firmeninterne Dokumente liest, kennt die Gefahr von Bürokratismen – pompöser, aufgeblasener Stil, der Ihren Text aussehen lässt, als hätte ihn ein Computer geschrieben, nicht ein menschliches Westen.

Bürokratismen und Fachchinesisch sind sprachlich komplexer, als es die Inhalte sind, die sie kommunizieren sollen. Indem sie ihre Texte mit Fachjargon, Klischees, veralteten Phrasen, Passivkonstruktionen und einem Übermaß an Adjektiven aufbauschen, verstecken sich einige Bürokraten hinter einem Wirrwarr unverständlicher Memos und Berichte.

Um Ihnen dabei zu helfen, Fachchinesisch und Bürokratismen zu erkennen, habe ich einige Beispiele aus verschiedenen Quellen gesammelt. Beachten Sie, wie die Autoren eher schreiben, um zu beeindrucken, als um etwas auszudrücken.

»Wir würden es sehr begrüßen, wenn Sie uns baldmöglichst den korrekten Status dieses Produktes zukommen lassen könnten.«

Memo eines Managers aus der Anzeigenabteilung

»Alle Anleihen, die wie in der obigen Aufstellung beschrieben, bisher veräußert wurden, terminieren wir zum heutigen Tag gleichermaßen. Wir fügen entsprechend anliegenden Scheck über die Summe von 30.050 Euro bei, selbige Ihren realisierten Anteil darin darstellen entsprechend beiliegender Aufstellung.«

Brief eines Börsenmaklers

»Diese Funktion ermöglicht es den Benutzern, Datenfelder zu dokumentieren, die in den Zuweisungsdateien beschrieben werden, welche in der Programmbibliothek erklärt und analysiert werden.«

Handbuch eines Computerprogramms

Wie vermeiden Sie diese »Unsprache« in Ihren Texten? Zunächst einmal sollten Sie Fachsprache vermeiden. Benutzen Sie keinen Fachausdruck, wenn er nicht die beabsichtigte Bedeutung präzise ausdrückt. Schreiben Sie beispielsweise nie »mobile Dentition« wenn Sie »lockere Zähne« meinen. Wenn Sie Fachausdrücke vermeiden, kann jeder Anfänger Ihren Text genauso leicht verstehen wie ein erfahrener Profi.

Vermeiden Sie Klischees und antiquierte Phrasen. Schreiben Sie einfach. Bevorzugen Sie das Aktiv. In Aktivkonstruktionen wird die Handlung direkt ausgedrückt: »Johann führte das Experiment durch.« In Passivkonstruktionen ist die Handlung indirekt: »Das Experiment wurde von Johann durchgeführt.«

Wenn Sie das Aktiv benutzen, wird Ihre Schreibe direkter und kraftvoller; Ihre Sätze werden prägnanter. Wie Sie in den folgenden Beispielen sehen können, scheint das Passiv im Vergleich dazu steif und schwach:

Passiv	Aktiv
Die Kontrolle der Ölversorgung in den Kugellagern erfolgt durch Ventile.	Ventile kontrollieren die Ölversorgung der Kugellager.
Lecks in den Dichtungen werden durch die Nutzung von O-Ringen vermieden.	O-Ringe schützen die Dichtungen vor Lecks.
Einsparungen in den Energiekosten wurden durch die Installation von thermischen Isolierungen realisiert.	Die Installation thermischer Isolierungen hat die Energiekosten reduziert.

4. Vermeiden Sie Bandwurmsätze

Bandwurmsätze ermüden den Leser und machen den Text schwer verständlich. Eine Untersuchung des Harvardprofessors D. H. Menzel zeigt, dass wissenschaftliche Aufsätze schwer verständlich werden, wenn die einzelnen Sätze länger sind als 34 Wörter.

Satzlänge und Wortlänge sind ein Maßstab für die Klarheit eines Textes. Das funktioniert folgendermaßen:

1. **Ermitteln Sie in einem kurzen Textstück (100 bis 200 Wörter) die durchschnittliche Satzlänge.**

   Teilen Sie dazu die Anzahl der Wörter in diesem Textstück durch die Anzahl der Sätze. Wenn Satzstücke durch ein Semikolon (;) getrennt sind, zählen Sie diese als getrennte Sätze.

2. **Bestimmen Sie die Anzahl großer Wörter (Wörter mit drei oder mehr Silben) pro 100 Wörter.**

   Lassen Sie dabei Eigennamen, aus kurzen Wörtern zusammengesetzte Wörter (Kaffeekanne, außerdem) oder Verben, die durch Anfügung von Flexionsendungen dreisilbig werden (Fahrrad – die Fahrräder, gehen - gegangen) unberücksichtigt.

3. **Addieren Sie die durchschnittliche Satzlänge und die Anzahl großer Wörter pro 100 Wörter und multiplizieren Sie dann mit 0,4.**

   Das Ergebnis ergibt den *Fog Index* Ihres Probetextes.

Der *Fog Index* steht in Relation zu der Anzahl der Schuljahre, die Sie benötigen, um den Probetext lesen und verstehen zu können. Ein Ergebnis von 8 oder 9 weist auf abgeschlossene Hauptschule hin; 13 auf Abitur und 17 auf einen Hochschulabschluss.

Massenmedien haben einen *Fog Index* zwischen 8 und 13. Technische Magazine sollten nicht mehr als 17 haben. Es ist offensichtlich: je höher der *Fog Index* eines Textes, desto schwieriger ist er zu lesen. Über wissenschaftlichen Texten liegt einer der dichtesten Verständnisschleier, wie der nachfolgende 73 Wörter umfassende Satz demonstriert:

In diesem Buch habe ich versucht, einen korrekten aber gleichzeitig lesbaren Bericht über aktuelle Arbeiten zum Thema Funktionsweisen von Genkontrolle abzufassen, ein umfassendes Thema, das in der biologischen Forschung von heute derzeit schnell eine zentrale Bedeutung erlangt hat und welches unvermeidlich in der Zukunft noch wichtiger werden wird in den Bemühungen der Wissenschaftler verschiedenster Spezialisierungen, zu erklären, wie ein einzelner Organismus Zellen vieler verschiedener Arten, die alle einen gemeinsamen Ursprung haben, enthalten kann.

Für diesen Text bräuchte man laut Fog-Index mindestens 20 Jahre Universitätsausbildung! Der Satz ist ganz offensichtlich viel zu lang. Hier ist eine umformulierte Fassung:

Dieses Buch beschreibt Funktionsweisen der Genkontrolle – ein Thema, das in der modernen Biologie immer mehr Bedeutung erlangt.

Überprüfen Sie Ihre Texte mit dem Fog Index. Wenn Sie sich den 20 nähern oder sogar darüber liegen, ist es an der Zeit die Satzlänge zu kürzen. Gehen Sie den Text noch mal durch und machen Sie aus langen Sätzen zwei oder mehr kurze Sätze. Um die durchschnittliche Textlänge noch weiter zu reduzieren und Abwechslung in Ihren Schreibstil zu bringen, können Sie gelegentlich extrem kurze Sätze oder Satzfragmente mit nur drei oder vier Wörtern einstreuen. Wie diesen hier.

Kurze Sätze sind leichter zu verstehen als lange. Ein guter Anhaltspunkt, um die Satzlänge unter Kontrolle zu halten, ist, Sätze zu schreiben, die laut gesprochen werden können, ohne dass man außer Puste gerät. (Kein Schummeln – atmen Sie vor diesem Test nicht noch einmal extra tief ein!)

5. Benutzen Sie kurze, einfache Wörter

Geschäftsleute bevorzugen es manchmal, große, wichtig klingende Wörter zu benutzen, statt kurze einfache. Dies ist ein Fehler; ausgefallene Sprache frustriert den Leser. Schreiben Sie in klarem, verständlichem Deutsch, und Ihre Leser werden Sie dafür lieben.

Die folgende Tabelle zeigt einige große Wörter, die oftmals in Fachliteratur auftauchen. Die rechte Spalte zeigt die einfacheren, und daher zu bevorzugenden Varianten.

Großes Wort	Ersatz
beendigen	beenden
simplifizieren	vereinfachen
eliminieren	aus dem Weg räumen

Benutzen Sie berechtigte Fachausdrücke dann, wenn sie Ihre Ideen präzise ausdrücken, aber vermeiden Sie es, sie nur deshalb zu verwenden, weil sie so beeindruckend klingen. Schreiben Sie nicht, dass das Material »der Gravimetrie überlassen wurde«, wenn es ganz einfach auf dem Müll gelandet ist.

Benutzen Sie das einfachste Wort, das den Inhalt akkurat und spezifisch wiedergibt. Belassen Sie es nicht dabei, zu sagen, dass etwas gut, schlecht, schnell oder langsam ist, wenn Sie sagen können, *wie* gut, *wie* schlecht, *wie* schnell oder *wie* langsam. Schreiben Sie so spezifisch wie möglich.

Allgemein	Spezifisch
ein großes Schiff	ein 100 Meter langes Schiff
Fabrik	Ölraffinerie
Rohstoffe	Kohle
schlechte Wetterbedingungen	Regen
strukturelle Abnutzungserscheinungen	ein undichtes Dach
hohe Leistung	Wirkungsgrad von 95 Prozent

 Der Schlüssel zu erfolgreichem technischem Schreiben ist: Einfachheit. Schreiben Sie, um etwas auszudrücken, nicht um zu beeindrucken. Ein entspannter Plauderton kann Ihrem Text Kraft und Klarheit verleihen.

Formeller Stil	Informeller/gesprochener Stil
Die Daten, die wir durch die direkte Untersuchung von Proben unter der Linse eines Mikroskops gesammelt haben, reichen nicht aus, um die Komponenten der Substanz einwandfrei zu ermitteln.	Wir können durch die Betrachtung unter dem Mikroskop nicht sagen, woraus es besteht.
Das Unternehmen kündigte den Arbeitsvertrag von Herrn Josef Schmidt.	Josef Schmidt wurde entlassen.

6. Seitensprung: »Schreibblockade«

Eine Schreibblockade kann nicht nur professionellen Autoren zustoßen, sondern auch Amateuren. Eine Schreibblockade ist die Unfähigkeit, die ersten Wörter auf ein Blatt Papier oder in den PC zu schreiben, und liegt in Sorgen und Ängsten vor dem Schreiben begründet.

Wenn Menschen schreiben, dann haben sie Angst Fehler zu machen, und so tasten sie sich Wort für Wort vor und unterbinden dabei den natürlichen Fluss von Ideen und Sätzen. Profis wissen, dass das Schreiben ein Prozess aus verschiedenen Entwürfen, Überarbeitungen, Ergänzungen, Streichungen und Änderungen ist. Sehr selten produziert ein Autor beim ersten Versuch ein perfektes Manuskript.

Folgen Sie diesen Tipps, um Schreibblockaden zu überwinden:

✔ **Unterteilen Sie das Schreiben in kürzere Abschnitte und schreiben Sie dann jeden Abschnitt einzeln.** Viele kleine Schreibaufgaben zu bewältigen scheint eine weniger gewaltige Aufgabe, als ein einziges großes Projekt auf einmal zu schreiben. Diese Technik kommt auch dem Leser zugute. Geschriebenes ist lesbarer, wenn es von einer einfachen Idee handelt, als wenn viele komplexe Ideen auf einmal behandelt werden. Ihr gesamter Text kann nicht immer einfach oder auf eine einzige Idee begrenzt sein, aber jeder einzelne Absatz davon kann es.

✔ **Schreiben Sie die einfachen Passagen zuerst.** Fügen Sie die Überschrift, Unterüberschriften, Deckblatt und weitere Gliederungspunkte ein. Dabei stellt sich umgehend ein Erfolgsgefühl ein, und der Textrumpf als Rahmen wird es Ihnen leichter machen, den Rest einzufüllen.

✔ **Vergessen Sie Schreibregeln aus Textbüchern, die den Schreibfluss behindern.** Eine derartige Regel besagt beispielsweise, dass jeder Absatz mit einem Themensatz (ein erster Satz, der die zentrale Idee des Absatzes zusammenfasst) zu beginnen habe. Durch das strenge Festhalten an Themensätzen produzieren Lehrer und Redakteure eine Blockade, die die Schreiber davon abhält, ihre Gedanken zu Papier zu bringen. Professionelle Publizisten machen sich keine Gedanken über Themensätze (oder Satzdiagramme oder das Beenden eines Satzes mit einer Präposition). Und das sollten Sie auch nicht.

✔ **Schlafen Sie eine Nacht darüber.** Legen Sie Ihr Manuskript zur Seite und nehmen Sie es sich am nächsten Morgen wieder vor – oder einige Tage später. Sie werden den Text mit frischen Gedanken lesen und das Überarbeiten wird Ihnen leicht und effektiv von der Hand gehen.

7. Definieren Sie das Thema

Effektives Schreiben beginnt mit einer klaren Definition dessen, worüber Sie schreiben wollen. Viele Leute machen den großen Fehler, sich ein Thema vorzunehmen, das viel zu breit ist. Zum Beispiel ist der Titel »Projektmanagement« für einen Beitrag in einem Fachjournal viel zu weit gefasst. Sie könnten über dieses Thema ein ganzes Buch schreiben. Aber indem das Thema eingegrenzt wird, sagen wir unter der Überschrift »Wie Sie Konstruktionsprojekte in chemischen Fabriken mit einem Budget unter 500.000 Euro umsetzen«, erhalten Sie eine klarere Definition und ein Thema, das zu bewältigen ist.

Den Zweck des Dokuments zu kennen, ist ebenfalls wichtig. Sie mögen sagen, »Das ist leicht; das Ziel ist, technische Informationen zu vermitteln.« Aber überlegen Sie noch einmal. Wollen Sie, dass der Leser ein Produkt kauft? Seine Arbeitsmethoden ändert? Schauen Sie nach den heimlichen Absichten hinter der puren Faktenübermittlung.

8. Sammeln Sie emsig Informationen

Okay. Sie haben Ihr Thema, Ihr Zielpublikum und Ihr Kommunikationsziel definiert. Der nächste Schritt ist, dass Sie Ihre Hausaufgaben erledigen und so viele Informationen wie möglich zu Ihrem Thema sammeln. Die meisten Manager und Unternehmer, die ich kenne, tun dies nicht. Wenn sie eine Pressemitteilung schreiben, ist ihre Haltung beispielsweise »Ich bin der Experte. Also verlasse ich mich auf meine eigenen Erfahrungen und mein Wissen.«

Diese Vorgehensweise ist verkehrt. Auch wenn Sie ein Experte sind, mag Ihr Wissen begrenzt sein und Ihr Blickwinkel einseitig. Informationen aus anderen Quellen zu sammeln, hilft, Ihr Wissen abzurunden oder zumindest Ihre eigenen Gedanken zu verifizieren. Und es gibt einen weiteren Vorteil: Ihre Behauptungen mit Fakten zu untermauern, verschafft Ihnen wesentlich mehr Glaubwürdigkeit.

Nachdem Sie Ihren Ordner mit Zeitungsausschnitten und Nachdrucken vollgestopft haben, sollten Sie sich auf Karteikärtchen oder im PC Notizen machen. Notizen machen Ihnen nicht nur die wichtigsten Fakten in komprimierter Form jederzeit schnell zugänglich, die Wiederaufbereitung der gesammelten Informationen mit Hilfe Ihrer Finger und Ihres Gehirns lässt Sie auch tiefer in das Material eintauchen.

9. Schreiben, dann umschreiben und wieder umschreiben ...

Nachdem Sie die Fakten gesammelt haben und festgelegt haben, wie Sie den Text strukturieren, setzen Sie sich hin und schreiben. Wenn Sie dies tun, denken Sie immer daran, dass das Geheimnis für erfolgreiches Schreiben das Umschreiben ist.

Sie müssen es nicht auf Anhieb perfekt machen. Die Profis schaffen das selten.

Folgen Sie einer einfachen Drei-Stufen-Methode, nach dem Motto »Spucken, Schneiden, Polieren«:

✔ **Wenn Sie sich hinsetzen, um zu schreiben, spucken Sie's einfach aus.** Machen Sie sich keine Gedanken darüber, wie der Text klingt, ob die Grammatik stimmt oder ob er in Ihr Konzept passt. Lassen Sie einfach nur die Wörter fließen. Wenn Sie einen Fehler machen, lassen Sie ihn stehen, das können Sie später verbessern. Einige weniger Tastatur-orientierte Menschen finden es einfacher, auf ein Diktiergerät zu sprechen oder einem Assistenten zu diktieren. Wenn Sie tippen können und einen PC haben, super. Einige altmodische Leute benutzen sogar eine Schreibmaschine oder Papier und Bleistift.

✔ **Zum Schneiden drucken Sie Ihren ersten Entwurf aus (doppelter Zeilenabstand für Ihre Änderungen) und unterziehen ihn einer groß angelegten Operation.** Nehmen Sie einen Rotstift und streichen Sie alle überflüssigen Wörter und Sätze. Schreiben Sie ungelenke Passagen um, um sie flüssiger zu machen, aber wenn Sie stecken bleiben, lassen Sie es bleiben und gehen weiter, und gehen erst später wieder zu der Stelle zurück. Benutzen Sie die Funktionen »Ausschneiden« und »Einfügen« in Ihrem Textverarbeitungsprogramm, um den Entwurf auseinander zu schneiden und entlang Ihres Konzeptes neu zu strukturieren (oder das Konzept zu verbessern). Dann drucken Sie den Entwurf neu aus. Wiederholen Sie diesen zweiten Schritt so oft, wie Sie wollen.

✔ **Polieren Sie Ihr Manuskript.** Überprüfen Sie Dinge wie Gleichungen, Maßeinheiten, Zitate, Grammatik, Rechtschreibung und Zeichensetzung. Benutzen Sie wiederum einen Rotstift und drucken Sie hinterher eine korrigierte Version aus.

10. Vereinheitlichen Sie Ihren Text

»Törichte Beständigkeit«, schrieb Ralph Waldo Emerson, »ist das Schreckgespenst kleiner Geister.« Das mag so sein. Aber andererseits werden Unstimmigkeiten im Text die Leser verwirren und davon überzeugen, dass Ihre Produkte und Ihre Firma genauso schludrig und unorganisiert sind wie Ihre Prosa. Gute Texte im Geschäftsleben sind so einheitlich wie möglich im Gebrauch von Zahlen, Gedankenstrichen, Maßeinheiten, Zeichensetzung, Gleichungen, Grammatik, Symbolen, Groß- und Kleinschreibung, Fachbegriffen und Abkürzungen.

ISBN 3-8266-2938-8
www.mitp.de

Allen G. Taylor

Datenbanken für Dummies

Kredit ist das einzige, das eine Datenbank Ihnen nicht gewähren kann. Ansonsten können Datenbanken (fast) alles, um Ihnen und Ihren Datenmengen das Leben leichter zu machen.

Wollen Sie Datenbanken nicht nur geschickt nutzen, sondern auch selber erstellen? Mit der Unterstützung von Allen G. Taylor werden Sie diese Herausforderung mit Leichtigkeit annehmen. Denn Sie lernen das für Ihren Zweck passende Datenbankmodell kennen und erfahren alles über Design und Implementierung von Datenbanken. Nicht zuletzt finden Sie jede Menge Kniffe, wie Sie Datenbanken in Netzwerken wie dem Internet nutzen können.

So werden Ihre Datenbanken besser als der Safe der Deutschen Bank: selfmade, super-praktisch und sicher!

Sie erfahren:

- ✔ Welche verschiedenen Datenbankmodelle es gibt und welches dieser Modelle für Sie geeignet ist
- ✔ Wie Sie professionell ein Datenbanksystem entwickeln, z.B. mit Access 2000 oder SQL Server 2000
- ✔ Wie man ein zuverlässiges relationales Design entwirft
- ✔ Wie Sie mit SQL eine Datenbank implementieren
- ✔ Womit Sie Datenbanken sicher machen und was für Wiederbelebungsmaßnahmen Sie bei einem Crash ergreifen können
- ✔ Wie Sie Datenbanken im Netzwerk und Internet nutzen

Stichwortverzeichnis

R

Z

sueddeutsche.de

bin schon informiert

was jetzt gerade passiert,
steht nicht mal in der besten zeitung

ständig aktuelle meldungen, umfassende hintergrundberichte und die sicherheit,
schneller mehr zu erfahren   **www.sueddeutsche.de**

Nichts einfacher als das!

Sprachen lernen

FÜR DUMMIES®

Jetzt auch auf CD-ROM

Nichts einfacher als das!

2 PC CD-ROMs

Spanisch FÜR DUMMIES®

Französisch FÜR DUMMIES®

Englisch FÜR DUMMIES®

Englisch FÜR DUMMIES®

NEU! Interaktive Konversationen, Spiele und mehr!

*0,24 DM/Min.

Bestellhotline: Tel. 01 80 50-53 76 36* Fax 01 80 50-3 29 36*

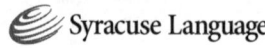

Syracuse Language

Hungry Minds™